왕 곁에 잠들지 못한 왕비들

왕 곁에 잠들지 못한 왕비들

왕비릉 답사를 통해 본 조선왕비열전

홍미숙 지음

악한 끝은 없어도 선한 끝은 있다

조선 왕조 500년 역사의 절반,
구중궁궐 속 감추고 숨겨졌던 왕비의 삶을 엿보다!

문예춘추사

왕 곁에 잠들지 못한 왕비들

초판 1쇄 발행　　　2023년 3월 31일

지은이　　홍미숙
펴낸이　　한승수
펴낸곳　　문예춘추사

편　집　　이상실
마케팅　　박건원·김지윤
디자인　　스튜디오 페이지엔

등록번호　　제300-1994-16
등록일자　　1994년 1월 24일

주　소　　서울특별시 마포구 동교로 27길 53, 309호
전　화　　02 338 0084
팩　스　　02 338 0087
E-mail　　moonchusa@naver.com

I S B N　　978-89-7604-582-9　03900

"악한 끝은 없어도 선한 끝은 있다"

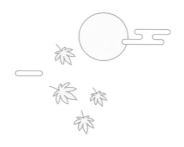

비가 부슬부슬 내리던 날 오후, 서오릉 귀퉁이에 한 자리 차지하고 잠들어 있는 장희빈(희빈 장씨)의 대빈묘大嬪墓를 지나 홍릉弘陵을 다시 찾아갔다. 홍릉에는 조선 제21대 왕 영조의 원비 정성왕후 서씨가 잠들어 있다. 그녀가 세상을 떠난 지 250년이 넘는다. 하지만 그녀는 아직도 영조를 기다리느라 잠들지 못하고 있다. 영조가 그녀의 곁에 잠들기로 약속해놓고 오지 않았기 때문이다.

51년 7개월의 최장기 재위기간을 보유하고 있는 영조는 원비 정성왕후 서씨를 먼저 떠나보내고, 계비로 정순왕후 김씨를 맞아들였다. 그때 영조의 나이는 66세였고, 계비의 나이는 15세였다. 영조는 원비와 53년 동안 부부로 살아왔다. 그런데 그는 원비가 기다리고 있는 서오릉의 홍릉이 아닌, 동구릉의 원릉元陵에 계비와 함께 나란히 잠들어 있다. 원비만 홀로 적막산중을 지키고 있다. 영조는 훗날 자신이 죽으면 원비 곁에 잠들기 위하여 원비의 능침 오른쪽을 비워두었다. 그러나 그 우허제右虛制는 텅 빈 채 영조를 마냥 기다리고 있다.

조선은 519년에 걸쳐 27명(2명의 폐왕 포함)의 왕이 이끌어왔다. 그 왕들 곁에서 41명(3명의 폐비 포함)의 왕비들이 파란만장한 삶을 펼치면서 조선의 역사를 만들어가는 데 동참하였다. 그들은 때로는 감동을 주는 이야기를, 때로는 가슴 아픈 이야기를 만들어냈다. 조선왕조 이야기 중 왕들의 이야기보다 왕비들의 이야기가 흥미를 더해주는 것도 사실이다. 살아서나 죽어서나 왕 곁에 잠들고 싶어 했던 왕비들이 벌이는 한판 승부가 여간 흥미로운 게 아니다. 그 흥미로움에 끌려 나도 이 책을 쓰게 되었다.

왕의 원비라고 왕 곁에 잠들 수 있는 게 아니었다. 조선의 왕비들 중 28명만이 왕 곁에 잠들었고, 원비 8명, 계비 5명은 홀로 잠들었다. 왕이 원비보다 계비와 잠든 경우가 더 많았다. 왕의 아들을 낳았다고, 왕의 총애를 받았다고 해서 왕 곁에 잠들 수 있는 것도 아니었다. 후궁은 아무리 왕의 사랑을 독차지했더라도 왕 곁에는 잠들 수 없었다. 왕을 낳은 후궁이어도 살아서와 달리 죽어서는 왕 곁에 얼씬도 못하였다.

그런데 왕의 사랑을 받다가 결국에는 그 왕이 내린 사약을 받은 장희빈(희빈 장씨)은 숙종의 언저리에 잠들어 있다. 그녀가 잠든 곳이 개발되는 바람에 숙종이 잠든 서오릉 능역 안으로 옮겨왔기 때문이다. 아마 그 둘 사이에는 죽어서도 떼려야 뗄 수 없는 인력引力이 작용하는 모양이다.

10년 전, 문화재청의 허락을 일일이 받아가면서 왕릉 답사를 모두 마친 적이 있다. 그 후 글과 사진을 정리하여 『왕 곁에 잠들지 못한 왕의 여인들』이라는 책을 써서 출판하였다. 이 책을 쓰게 된 직접적인 동기는 숙종과 숙종의 여인들이 4명이나 잠들어 있고, 53년이나 영조의 원비로 살아온 정성왕후 서씨의 홍릉弘陵이 자리한 서오릉을 다녀오고 나서 생긴 궁금증이었다. 갑자기 왕들이 누구와 잠들었는지 궁금해졌고, 그 궁금증을 풀기 위해 조선 왕릉 모두를 답사하면서 글을 정리해나갔다. 그 결과 조선왕조 이야기를 테마별로 나누어 계속하여 글로 정리하게 되었다. 현장 답사도 끊임없이 하였다. 그 덕분에 어느새 6권이나 되는 조선왕조와 관련된 책을 출판하였다.

　이번에 출판하는『왕 곁에 잠들지 못한 왕비들』은 2013년에 첫선을 보인『왕 곁에 잠들지 못한 왕의 여인들』의 수정·보완 판이다. 10년 전과 달리 왕릉의 수복방과 수라간 등이 대부분 복원되어 자료 사진을 다시 찍어 교체하였고,『조선왕조실록』을 일일이 검색하여 내용도 여러 군데 수정·보완하였다. 또한 후궁들의 이야기는 이미『왕을 낳은 칠궁의 후궁들』로 재편집하여 따로 출판을 하였기 때문에 이 책에서는 후궁들의 이야기는 빼고 왕비들의 이야기만 담았다.

　이 책을 다시 쓰기 위해 왕들보다 왕비들이 훨씬 많이 잠들어 있는 서오릉을 시작으로, 1년이 다 되도록 또다시 능·원·묘를 답사하였다. 하루하루가 나를 위해 존재하는 것처럼 참으로 바쁘게 찾아다녔다. 남한에 자리한 40기의 조선 왕릉 중 그동안 가장 크게 변한 곳은 세조의 광릉光陵이다. 동원이강릉同原異岡陵으로 조성된 세조와 정희왕후 윤씨의 능침 사이에 숲이 우거져 있었는데 모두 거둬내어 서로의 능침을 훤히 건너다볼 수 있게 되었다. 수복방과 수라간도 새롭게 복원되었다.

　현재 조선의 왕실 가족 무덤은 120기가 남아 있다. 그중 왕릉이 42기(일반추존 왕릉 5기 포함), 원이 14기, 묘가 64기다. 나는 북한에 있는 2기의 왕릉을 제외한 40기의 왕릉은 물론, 왕위에 오르지 못한 세자와 세손, 왕비가 되지 못한 세자빈, 왕을 낳은 후궁들의 14기 원을 한 곳도 빼놓지 않고 다시 답사하였다. 폐왕이 되어 종묘에 신주가 모셔지지 못한 연산군 부부와 광해군 부부의 묘와 그들의 어머니 묘도 답사하였다. 연산군과 광해군의 어머니 역시 종묘는커녕 칠궁에도 신주가 모셔지지 못하였다. 그 밖의 왕자·공주·후궁들의 묘와 태실도 답사하였다. 덕혜옹주와 영친왕·의친왕의 묘를 비롯하여 대한제국의 왕족들 묘도 다시 찾았다.

　처음 왕릉 답사를 시작한 10년 전보다 지금은 비공개지역이 많이 줄었다. 대부분의 왕릉이 공개지역으로 전환되어 관람객들을 맞이하고 있다. 하지만 예전과 달리 능침 공간까지 올라가 관람할 수 있는 왕릉은 현재 없다. 능침 공간을 관람하려면 문화재청에 서류를 작성하여 허락을 받아내야만 관람할 수 있다.

조선 왕릉은 도성에서 40km(100리) 안에 조성하도록 하였다. 수도권에 살고 있는 나에게는 참으로 다행한 일이었다. 운전을 못하는 내가 강원도 영월의 장릉을 빼고는 그나마 쉽게 찾아다닐 수 있었다. 재답사 때는 처음 왕릉을 답사할 때와 달리 헤매면서 찾아간 곳은 한 곳도 없다. 그동안 심심하면 찾아가 익숙해졌고, 무엇보다 통신이 발달하여 이제는 스마트폰만 있으면 어디든 쉽게 길 안내를 받을 수 있었다. 처음 한 번이 어려웠지 자꾸 찾아가다 보니 고향을 찾아가는 일만큼 익숙해졌다. 통신기기의 혜택을 참 많이도 누렸다.

미치지 않으면 다다를 수 없다는 "불광불급不狂不及"이란 고사를 이번에도 수시로 떠올리며 그야말로 미친 듯이 찾아다녔다. 날이 갈수록 흥미가 더해져 한 번만 답사한 곳은 한 곳도 없다. 꽃도 자꾸 보아야 예쁘다 하듯 왕릉도 그랬다. 찾으면 찾을수록 설렘이 더하다. 왕릉이 그게 그것 같지만 무덤 속의 주인공들이 다르듯 모두가 다르다. 우선 그들이 들려주는 이야기가 다르고, 건축물의 배치와 모습이 조금씩 다르며, 능침의 모습과 석물들의 크기, 조각 솜씨 또한 다르다. 무엇보다 계절마다 자연환경이 달라 가슴 벅찰 때가 너무나 많다. 사계절의 아름다움을 왕릉에서 새삼 더 느끼게 된다. 그러니 찾아갈 때마다 새롭다. 어느 왕릉은 대여섯 번을 넘어 열 번 넘게 다녀온 곳도 있을 정도다. 나는 메모 대신 답사하는 곳마다 사진을 많이 찍는다. 글과 함께 현장감이 살아 있는 사진을 책에 싣기 위해서다.

역사에 가정법을 활용해서는 안 된다지만 나는 능·원·묘를 답사하는 동안 이를 많이 활용하였다. 아마 나의 상상력도 일취월장하였을 것이다. "핑계 없는 무덤은 없다"라는 말을 증명이라도 하듯 무덤 속의 주인공들은 하나같이 할 말이 많았다. 저마다 수많은 사연을 간직한 채 잠들어 있었다. 나는 그들의 안타까운 이야기를 들어주고, 내 생각도 들려주었다. 아프고 슬픈 사연을 품고 있는 주인공들이 많아서 그런지 그들을 만나다 보면 왠지 내 마음도 착잡해진다.

어려서부터 역사에 관심이 많아 꾸준히 공부를 해왔지만 역사에 관한 책을 출판해보겠다는 생각은 한 적이 없었다. 왕의 여인들 중 감히 왕비가 되리라는 생각을 안 하고 있다가 어느 날 갑자기 왕비가 된 여인들이 있었듯, 나 역시 갑자기 글이 써지는 바람에 조선왕조에 관한 책을 여러 권 출판하기에 이르렀다. 조사와 정리를 거듭하면서 시간의 속도감을 이처럼 느껴본 적은 없었다. 하지만 매일매일 행복했다.

이 책을 쓰면서 무엇보다 내 인생을 진지하게 돌아볼 수 있었다. 역사는 인생의 나침반이 되기에 충분하였다. 조선 역사를 만들어내는 데 핵심적인 역할을 하였던 왕과 그 곁에 잠들고 싶어 했던 왕비들을 만나보면서 왕비들이 왕 곁에 잠들 수 있는 것만 해도 큰 행운임을 알 수 있었다. 또, 악한 사람에게는 좋은 결과가 없어도 선한 사람에게는 좋은 결과가 찾아옴을 왕비들의 삶을 들여다보면서 확인할 수 있었다. 어려서 할머니께 수시로 들었던 "악한 끝은 없어도 선한 끝은 있다"는 말의 의미를 실감하였다.

솔직히 왕들을 만나는 것보다 왕비들을 만나 이야기를 나누는 게 더 흥미로웠다. 비운의 왕비들이 많아 마음은 아팠지만 그들로 인하여 조선의 역사가 흥미진진하게 펼쳐진 것도 사실이다. 왕비들을 비롯한 수많은 왕의 여인들 이야기가 오늘날 문화콘텐츠가 되어 문화예술 발전에도 크게 기여하고 있음을 부인할 수 없다. 왕들의 이야기 못지않게 왕비들과 후궁들의 이야기가 문학을 비롯한 TV 드라마, 뮤지컬, 오페라, 영화, 연극 등을 통해 끊임없이 우리 곁을 찾아오고 있다. 그녀들을 만나본 결과 그들 모두가 스토리텔링의 보고임을 확인할 수 있었다.

나 역시 이 책에 왕들보다는 왕비들 이야기를 비중 있게 담았다. 그녀들을 만나 그들과 함께하였던 많은 시간들이 너무나 소중하였고 행복하였다. 그 덕분에 왕비들만의 이야기를 다룬 책으로 새롭게 재편집하여 독자들을 찾아가게 되었다. 가슴 설레고, 가슴 뛰는 일이다.

27명의 왕들 중 태조와 단종·중종 등 3명의 왕은 왕비 곁에 잠들지 못하고 홀로 잠들어 있다. 그와 달리 선조와 헌종·순종은 원비와 계비 모두를 곁에 두고 잠들어 있다. 숙종도 3명의 왕비들과 장희빈(희빈 장씨)까지 같은 능역 안에 두고 잠들어 있다. 하지만 13명의 왕비들은 홀로 잠든 채 오늘도 왕을 기다리고 있다. 그뿐 아니라 왕의 아들을 낳아 그 아들을 왕위에 올린 7명의 후궁들도 왕 곁에 잠들 수 없음이 억울하다며 분통을 터트리고 있지 않나 싶다. 후궁들은 언젠가 법이 바뀌어 자신들도 왕 곁에 잠들 수 있기를 바라고 있을지도 모른다.

이 책을 통해 독자들은 어느 왕비가 왕 곁에 잠들지 못하고 홀로 누워 밤낮으로 뒤척이고 있는지, 어느 왕비가 왕 곁에 나란히 잠들어 행복해하고 있는지, 그 주인공들을 모두 만나볼 수 있을 것이다. 이 책이 조선의 역사를 이해함과 동시에 저마다의 사연을 품고 잠들어 있는 조선의 왕들과 왕비들을 이해하는 데 도움이 될 수 있으면 좋겠다.

519년 동안 유지해온 조선왕조의 큰 틀을 쉽게 이해할 수 있도록 정리한 〈간추린 조선왕조 이야기〉를 '글을 마치며'에 실었다. 그리고 부록으로 왕비와 후궁들까지 이해하는 데 도움이 되도록 〈조선왕계도〉를 그려 넣었으며, 이 책에 등장하는 주인공들을 직접 만나보고 싶은 독자들을 위하여 세계유산에 등재된 왕과 왕비의 〈42기 왕릉〉과 왕세손을 비롯한 세자, 세자빈, 왕을 낳은 후궁들의 〈14기 원〉, 왕을 낳은 대원군의 〈3기 묘〉, 태조의 4대 조상의 〈4기 왕릉〉 등도 소개하여 실었다. 그리고 조선 왕릉을 쉽게 이해할 수 있도록 〈조선 왕릉 주요 상설도〉와 그에 대한 설명을 부록에 곁들였다.

끝으로, 이 책을 행복하게 쓸 수 있도록 누구보다 풍부한 이야깃거리를 제공해준 조선의 왕들과 왕비들께 고마운 마음 가득하다. 그리고 내가 조선 역사에 관심을 갖도록 조선왕조 이야기를 다양하게 써서 먼저 출판해주신 많은 저자들께 이번에도 이 자리를 빌려 고맙다는 말씀을 꼭 드리고 싶다.

아울러 2013년에 출판된 『왕 곁에 잠들지 못한 왕의 여인들』을 사랑해주신 독자들과 이번에 재편집하여 『왕 곁에 잠들지 못한 왕비들』이란 책으로 새롭게 출판해주신 한승수 문예춘추사 대표님을 비롯한 출판 관계자분들께도 고맙다는 말씀을 올린다.

2023년 토끼의 해를 맞아
도서관 열람실에서
홍미숙 씀

목차

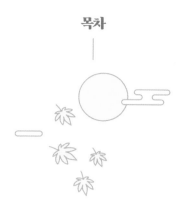

2부 왕 곁에 잠든 왕비들

조선 제21대 왕 영조의 원비 정성왕후 서씨는 오늘도 홍릉弘陵의 우허제右虛制 곁에서 영조를 기다리느라 잠 못 들고 있다. 서오릉의 홍릉은 영조가 잠들기로 약속하여 처음부터 쌍릉으로 조성되었다. 그런데 아직도 왕의 능침 자리는 텅 비어 있다. 영조의 원비는 계비 곁에 잠들어 있는 영조를 눈이 오나 비가 오나 250년이 넘도록 마냥 기다리고 있다.

제1부

왕 곁에
잠들지 못한
왕비들

왕이라고 모두 왕비를 곁에 두고 잠들지 않았다. 519년 동안 조선왕조를 이끌어온 27명의 왕 중 3명은 어느 왕비와도 함께 잠들지 못하였다. 또한 왕비라고 모두 왕을 곁에 두고 잠들 수 있는 것도 아니었다. 왕 곁에 잠들 수 있는 우선권이 원비에게 주어지는 것도 아니었다. 오히려 계비가 왕 곁에 잠든 경우가 더 많았다. 또한 왕을 낳았다고 왕 곁에 잠들 수 있는 우선권이 주어지는 것도 아니었다. 2명의 왕을 낳았어도 태조의 원비는 북한 땅에 홀로 잠들어 있다. 또한 왕을 낳지 못하였어도 왕 곁에 잠들어 있는 왕비들이 많다. 하지만 후궁들은 아무리 왕의 총애를 받았더라도 살아서와 달리 죽어서는 왕 곁에 잠들 수 없었다. 왕을 낳아 왕의 어머니가 되었어도 죽은 후에는 왕 곁에 얼씬도 못하였다.

왕비들뿐 아니라 후궁들 모두는 죽어서도 왕 곁에 잠들고 싶어 했다. 그러나 41명의 왕비들 중 13명이 왕 곁에 잠들지 못하고 왕과 떨어져 홀로 잠들어 있다. 원비 8명, 계비 5명이 왕 곁에 잠들지 못하였다. 아마 그 왕비들은 왕 곁에 잠들고 싶어 오늘도 왕을 기다리느라 잠 못 들고 있을 것이다. 우선 왕 곁에 잠들지 못한 왕비들부터 만나보자.

1

조선 개국을 못 본 향처鄕妻! 신의왕후 한씨

(건국 제1대 왕 태조의 원비)

신의왕후神懿王后 한씨(1337~1391)는 안천부원군 한경과 삼한국대부인 신씨의 외동딸로 1337년(고려 충숙왕 복위 6년) 태어났다. 그녀는 조선 제1대 왕 태조(1335~1408)의 원비가 되어 제2대 왕 정종(1357~1419)과 제3대 왕 태종(1367~1422)을 낳아 왕으로 만들었다. 그녀의 본관은 안변이다.

그녀는 안타깝게도 태조가 조선을 세우고 왕위에 오르기 1년 전인 1391년(고려 공양왕 3년) 세상을 떠나 실제로 왕비 자리에는 오르지 못하였다. 고려 제27대 왕 충숙왕(1294~1339) 복위 6년에 태어나 제34대 왕 공양왕(1389~1392) 때 세상을 떠났다. 남편인 태조 이성계에 의해 폐위된 고려의 공양왕보다 1년 먼저 세상을 떠났다. 그녀는 고려시대에 태어나 고려시대에 생을 마감하였다.

하지만 그녀는 죽은 후 조선의 왕비로 추존되었다. 그녀가 죽고 난 1년 뒤, 남편인 태조가 왕위에 오르면서 절비節妃에 추존되었고, 그녀의 2남인 정종이 조선 제2대 왕이 되면서 신의왕후로 추존되었다. 그녀는 조선이 문을 연 이래 최초로 죽어서 왕비에 추존된 왕의 여인이다. 그녀는 조선시대는 살아보지 못하고 고려여인으로 태어나 고려여인으로만 살다가 세상을 떠났으나 조선을 건국한 태조의 원비이다. 그녀가 신의왕후로 추존된 사실이 『태조실록』에 〈임금의 생모인 절비 한씨를 신의왕후로 추존하고 인소전에 봉안하다〉란 제목으로 기록되어 있다.

그녀가 출생한 후 그녀의 고향인 안변에 위치한 안변 한씨 선산에선 3년 동안 풍류 소리가 그치지 않아 산의 이름이 풍류산風流山으로 바뀌었다고 한다.

신의왕후 한씨의 6남 중 왕위에 오른 2남 정종과 정안왕후 김씨가 나란히 잠들어 있는 개성에 자리한 후릉厚陵과 5남 태종이 원경왕후 민씨와 나란히 잠들어 있는 서울에 자리한 헌릉獻陵 모습이다.

그녀가 가문을 빛낼 줄 선산이 먼저 알고 있었던 모양이다. 그녀는 15세 되던 1351년(고려 충정왕 3년)에 비슷한 호족 신분의 태조 이성계와 혼인을 하였다. 그녀보다 태조 이성계가 두 살 많았다.

그녀는 태조 이성계가 아직 벼슬자리에 오르지 않았을 때 혼인을 하였다. 그 당시 이성계는 1364년(고려 공민왕 13년) 삼선과 삼개의 난을 진압하여 화주 이북의 땅을 회복시키는 등 전쟁터를 누비고 다녔다. 그러는 동안 그녀는 집안의 대소사를 도맡아 처리하였다. 이 같은 그녀의 내조는 태조 이성계가 고려의 정계 일인자로 부상하는 데 큰 힘이 되었다. 그러나 그녀는 남편이 개경에서 강씨를 맞이한 다음에는 남편과 함께 살지 않고 자녀들과 함께 살았다. 향처郷妻인 그녀는 남편 이성계를 경처京妻인 강씨에게 빼앗긴 셈이다. 그녀는 자녀를 6남 2녀나 두었지만 남편을 독점할 수 없었다. 그 시대 최고의 덕목이었던 현모양처賢母良妻의 길을 묵묵히 걸어갈 수밖에 없었을지도 모른다.

태조 이성계의 원비인 그녀는 1388년(고려 우왕 14년) 위화도회군 때 생명이 위태로워지자 식구들을 데리고 황해도 개경에서 벗어나 함경도 동북면으로 피신을 갔다. 그런데 조선 개국 1년 전인 1391년(고려 공양왕 3년) 위장병이 악화되어 그만 세상을 떠났다. 그때 그녀의 나이는 55세였고, 이성계와 그녀 사이에 태어난 자녀로는 진안대군(방우), 영안대군(정종), 익안대군(방의), 회안대군(방간), 정안대군(태종), 덕안대군(방연) 6남과 경신공주, 경선공주 2녀가 있었다. 그녀가 경처京妻인 강씨에게 남편은 빼앗겼지만 그녀가 낳은 두 명의 아들이 왕위에 올랐으니 저세상에서나마 위안이 되고도 남았을 것이다. 그녀가 낳은 6남 중 왕이 된 2남 영안대군(제2대 왕 정종)에 이어 왕위에 오른 5남 정안대군(제3대 왕 태종)과 4남 회안대군(방간)만 남한에 잠들어 있다. 그런데 왕이 된 두 아들의 왕릉이 남과 북에 자리해 있지만 닮아도 너무나 닮았다.

그녀의 4남 회안대군(1364~1421)은 형 영안대군(제2대 왕 정종)에게 적장자가 없자, 왕위 계승에 대한 야심을 품었다. 그 결과 1400년(정종 2년) 제2차 왕자의

조선 제1대 왕 태조의 원비 신의왕후 한씨의 제릉 모습이다. 42기의 조선 왕릉 중 신의왕후 한씨의 제릉齊陵과 제2대 왕 정종과 정안왕후 김씨의 후릉厚陵은 북한에 자리하고 있어 답사하지 못했다. 독자들의 궁금증을 풀어주기 위해 인터넷에서 복사하여 옮겨 실었다.

난 때 동생인 정안대군(제3대 왕 태종)과 충돌하여 패하고, 한양 서동西洞으로 물러났다가 아들 의령군 맹중과 함께 생포되었다. 그는 제1차 왕자의 난이 끝나고 논공행상에 불만을 품던 박포의 거짓 밀고를 믿고 군사를 일으켜 동생 이방원(정안대군)을 공격하여 개경에서 싸움을 벌였으나 패하고 말았다. 이 싸움이 제2차 왕자의 난이다. 그 후 그는 토산, 익산, 전주, 홍성 등지로 유배지를 옮겨 다니며 살았다. 그러다가 마지막엔 스스로 본관지인 전주로 내려갈 것을 청하여 허락받고 전주부 동용진면으로 내려와 20년간 거주하였다. 그 뒤 1421년(세종 3년) 제3대 왕 태종 이방원의 권고로 와병 중에 상경하다가 57세 나이로 홍주군 은진에서 사망하였다. 그의 묘는 전주시 덕진구에 자리하고 있다.

이때 제3대 왕 태종은 사람을 보내 국장國葬으로 장례를 치르게 하고, 지관을 보내 시신은 전주부 동용진면 금상동 법사산(현 전주시 덕진구)으로 운구되어 안장되었다. 그러나 선원보략璿源譜略에서 퇴출된 것은 복권시켜주지 않았다. 그리고 세월이 한참 흐른 뒤 제14대 왕 선조가 태조의 후손이라 하여 선원록璿源錄에 수록을 명하였고, 1607년(선조 40년)부터 선원록에 포함되었다. 그 뒤 선조는 적순부위를 지낸 4대손 이유李愈의 상소로 충남 문화재자료 제352호인 사당 숭덕사崇德祠를 건립하여 그곳에 위패를 모셨다. 현재 회안대군懷安大君 묘는 전라북도의 유형문화재 제123호로 지정되어 있다.

신의왕후 한씨는 안타깝게도 1392년 음력 7월 17일 조선이 개국하기 전 사망을 하였다. 그러나 조선이 개국한 후 1393년(태조 2년) 음력 9월 18일, 절비節

신의왕후 한씨의 남편 태조 이성계가 잠든 건원릉健元陵의 능침 공간 전경과 후경이다. 능침에 억새꽃이 만발했다. 태조는 5남인 태종에 의해 태조의 고향 함흥에서 가져다 입혀준 억새와 벗할 뿐 홀로 잠들어 있다. 그의 원비 신의왕후 한씨는 2명의 왕을 낳았지만 태조 곁에 잠들지 못했다.

태조 이성계와 원비 신의왕후 한씨가 낳은 6남 중 4남인 회안대군 방간의 묘 전경이다.
남한에 자리한 아들들의 묘는 5남인 태종 이방원과 4남인 회안대군 방간의 묘뿐이다.

妃로 추존되었고, 그로부터 7년 후 1398년(정종 원년) 음력 11월 11일, 신의태왕후로 추존되어 종묘에 신주가 모셔졌다. 그 후 1408년(태종 8년) 음력 9월 6일, 그녀의 5남 태종이 존호를 승인순성신의왕태후承仁順聖神懿王太后로 추상하였다. 그리고 제19대 왕 숙종이 1683년(숙종 9년) 음력 6월 12일, 승인순성신의왕후承仁順聖神懿王后로 개책하였다. 또한 1899년(광무 3년) 양력 12월 19일, 고종에 의하여 황후로 격상되어 신의고황후神懿高皇后로 추존되었다. 왕비 자리에는 실제 오르지 못했지만 그녀는 남편과 후손을 잘 둔 덕에 죽어서나마 왕태후가 되고, 왕후가 되고, 황후가 되었다. 그녀는 제2대

조선의 왕과 왕비의 신주가 모셔져 있는 종묘의 정전正殿과 영녕전永寧殿 모습이다. 정전에는 왕 19명과 왕비 30명의 신주가 모셔져 있고, 영녕전에는 왕 15명과 왕비 17명의 신주가 각각 모셔져 있다. 그리고 마지막으로 영친왕(의민황태자) 부부의 신주가 모셔져 있다. 왕을 2명이나 낳은 태조의 원비 신의왕후 한씨의 신주도 종묘의 정전 서쪽 태조 곁에 모셔져 있다.

왕 정종과 제3대 왕 태종을 낳은 왕비이다. 조선의 41명 실제 왕비들 중 그녀와 세종의 비 소헌왕후 심씨만 2명의 조선 왕을 낳았다.

조선의 제3대 왕 태종은 권근이 지은 어머니 신의왕후 한씨의 비문碑文을 다시 지으라고 명했다. 그리하여 권근은 1403년(태종 3년)에 지은 비문을 화장사華莊寺의 묵은 비碑를 갈아서 다시 새기었다. 『태종실록』에 〈제릉의 비를 세우다. 그 비문의 내용〉이란 제목으로 그 사연이 실려 있다.

신의왕후神懿王后 한씨의 능호는 제릉齊陵이며 능은 단릉으로 조성되어 있다. 조선왕조 42기 왕릉 중 2기가 북한에 있는데 그녀의 왕릉이 그 중 하나이다. 북

한에 있는 왕릉을 빼고는 2009년 6월, 모두 유네스코 세계유산에 등재되어 있다. 그녀는 남편의 사랑을 계비인 신덕왕후神德王后 강씨에게 빼앗겼지만 2명의 아들이 왕위에 올랐으니 그렇게 억울하지는 않을 것이다. 만약에 남편 뒤를 이어 계비의 아들들이 왕위에 올랐으면 그녀는 아마 남편에 대한 서운한 마음에 죽어서도 편히 잠들지 못했을 것이다.

그녀는 조선을 건국한 태조의 원비였지만 태조 곁에 잠들지 못하고, 북한의 개성시 판문군 상도리에 위치한 제릉齊陵에 홀로 잠들어 있다. 그녀의 남편 태조도 두 왕비를 두었지만 동구릉의 건원릉健元陵에 홀로 잠들어 있다. 계비 신덕왕후 강씨 역시 정릉貞陵에 홀로 잠들어 있다. 그녀의 제릉齊陵에서 남편의 건원릉健元陵까지의 거리는 알 수 없고, 2남 정종의 후릉厚陵, 5남 태종의 헌릉獻陵까지의 거리도 알 수 없다. 남편의 건원릉健元陵에서 5남 태종의 헌릉獻陵까지 29.61km 정도 떨어져 있다는 것만 알 수 있다. 제릉齊陵과 후릉厚陵이 북한에 소재하고 있기 때문이다. 왕과 왕비의 신주가 모셔져 있는 종묘의 정전正殿 태조 곁에 그녀의 신주神主가 나란히 놓여 있을 뿐이다.

2

살아서 조선 최초의 왕비가 되었지만
죽어서 조선 최초의 폐비가 된 경처_{京妻}!
신덕왕후 강씨(건국 제1대 왕 태조의 계비)

신덕왕후_{神德王后} 강씨(1356~1396)는 상산부원군 강윤성(?~1358)과 진산부부인 강씨의 4남 2녀 중 막내딸로 1356년(공민왕 5년) 태어났다. 그녀는 조선 건국 제1대 왕 태조(1335~1408)의 계비가 되어 2남 1녀를 낳았다. 왕이 될 수 있는 왕자도 둘이나 낳았다. 그 중 차남 방석(의안대군)은 조선이 개국하면서 최초의 세자로 책봉되었다. 그러나 그녀는 자신이 낳은 아들을 왕위에 올리지 못했다. 그녀의 본관은 곡산이다.

신덕왕후 강씨는 황해도 곡산에서 고려 제28대 왕 충혜왕(1315~1344) 때 세도를 떨친 권문세가의 규수로, 1356년(고려 공민왕 5년)에 태어났다. 태조 이성계가 타고난 무예와 지도력으로 그간 쌓은 군공을 바탕으로 권문세족과 어깨를 나란히 할 정도로 크게 성장한 후 그녀와 정략결혼을 하였다. 혼인할 당시 강씨는 이성계보다 21세나 연하였으며, 당시 태조 이성계는 첫 부인 한씨와의 사이에 장성한 아들을 6명이나 두고 있었다. 하지만 둘째 부인이 된 강씨는 태조 이성계가 조선을 건국하는 데 큰 공헌을 한 여인이다. 이성계가 그녀와 처음 만난 일화는 널리 알려져 있지만 소개해본다.

"어느 날 호랑이 사냥을 하던 이성계가 목이 말라 우물을 찾았는데, 마침 그 우물가에 한 여인이 있었다. 이성계가 그 여인에게 물 좀 떠 달라고 청하니, 여인은 바가지에 물을 뜨고 나서 버들잎 한 줌을 물 위에 띄워주었다. 이에 이성계는 이 무슨 고약한 짓이냐며 나무랐다. 여인은 갈증으로 급히 달려온바, 냉수를 마시면 탈이 날 것 같아 버들잎을 불며 천천히 마시라고 일부러 그리하였다고 수줍게 대답하였다. 이 말을 듣고 내심 감탄한 이성계가 그때서야 여인을 유심히 살펴보았는데 여인의 미색이 아주 빼어났다. 이성계는 여인의 지혜와 미모에 한동안 넋을 잃었다."

바로 그 우물가의 여인이 태조 이성계의 계비가 된 신덕왕후 강씨였다. 그런데 이 이야기는 부인을 29명이나 두었던 고려의 건국 왕 태조 왕건(877~943)과 그의 계비 장화왕후 오씨의 만남에 대한 설화와 같다. 이 설화는 고려 태조의 계비 장화왕후 오씨와 조선 태조의 계비 신덕왕후 강씨가 각각 나라를 세운 시조의 두 번째 부인이며, 지방의 세력 있는 호족의 딸이라는 공통점을 가진다는 점에서 와전된 것이거나, 많은 지방에서 전해 내려오는 유사한 구조의 버들잎 설화가 태조 이성계와 결부된 것일 수 있다고 본다. 어찌되었거나 태조 이성계는 고려왕조를 세운 태조를 엄청 존경했던 모양이다. 설화까지 같은 걸 보니 그렇다. 그를 멘토로 삼고 조선을 세운 게 아닌가 싶다.

아무튼 그녀는 조선을 건국한 태조 이성계의 정치적 조언자로, 그녀의 뛰어난 지략은 조선 건국에 큰 영향을 주었던 것이 사실이다. 그녀는 1392년(고려 공양왕 4년) 음력 3월, 태조 이성계가 해주에서 말을 타다가 떨어져서 크게 다친 것을 계기로 고려의 충신 포은 정몽주(1337~1392)가 이성계를 제거하려 했을 때 목숨을 지키게 하였다. 생모인 한씨의 무덤 근처에 여묘를 짓고 살고 있던 이방원

태종 이방원에게 살해된 고려의 충신 중의 충신인 포은 정몽주의 묘 모습이다.

(1367~1422)을 급히 해주로 보내 태조 이성계를 개경으로 불러내게 하였다. 그녀는 훗날 이방원이 자신의 아들을 그렇게 잔인하게 살해하리라는 생각은 꿈에도 하지 못했을 것이다.

또한 그녀는 그해 음력 4월 4일, 남편의 병문안을 왔다가 집으로 돌아가는 정몽주를 이방원이 자객을 보내 개성의 선죽교에서 죽였을 때도, 대신을 함부로 죽였다며 이방원을 크게 꾸짖던 남편의 분노를 무마시켰다. 그래도 고려의 충신 중의 충신이었던 정몽주를 이방원이 살해한 것에 대해 이성계가 안타까워하긴 했나 보다. 포은 정몽주는 고려를 개혁하려는 태조 이성계와 처음에는 뜻을 같이했다. 그러나 고려를 멸망시키고 새 나라를 건국하려는 뜻에는 절대 반대했다. 그 결과 개성의 선죽교善竹橋에서 이방원에 의해 철퇴에 맞아 목숨을 빼앗기고 말았다. 그러고 보니 신덕왕후 강씨의 배포가 이성계 이상이었다. 그녀 역시 고려를 멸망시키고 새로운 나라를 세운다는 목적을 위해 물불을 가리지 않는 대담성을 가지고 있었다. 그 덕분에 그녀는 조선이 개국한 뒤 1392년(태조원년) 음력 8월 7일, 조선의 첫 왕비가 되어 현비顯妃에 봉해지는 영광을 안았다.

신덕왕후 강씨는 겁이 없긴 없었나 보다. 원비인 신의왕후 한씨의 소생들이 버젓이 살아 있는데 나이도 어린 자신의 소생에게 다음 왕위를 물려주려 한 것을 보면 알 수 있다. 그녀는 뜻이 맞는 삼봉 정도전(1342~1398)과 정치적 연합을 하여 그녀의 2남인 의안대군 방석(1382~1398)을 세자로 만들었다. 그런데 장남도 아니고, 후처 소생의 차남이 세자가 된다는 것을 이방원을 비롯한 신의왕후 한씨의 아들들이 받아들일 리 없었다. 그럼에도 태조 이성계는 11세밖에 안 된 신덕왕후 강씨의 차남 방석을 세자로 지명하였다. 이에 신의왕후 한씨의 5남이자 가장 정치적 야심이 컸던 이방원이 격분하였다. 그가 격분하는 것은 어쩌면 당연한 일이라 볼 수 있다. 그 당시 이방원의 나이는 26세였다. 이방원으로서는 나이 어린, 그것도 서모의 아들이 아버지 뒤를 이어 왕이 된다는 것을 용납할 수 없었을 것이다.

태조 이성계를 도와 조선을 건국한 삼봉 정도전의 시신 없는 가묘 모습이다.

그러나 신덕왕후 강씨는 아들이 왕위에 오르는 것을 보지 못한 채 1396년(태조 5년) 음력 8월 13일, 41세 나이로 태조보다 앞서 세상을 떠났다. 남편의 사랑을 넘치도록 받았던 조선의 퍼스트레이디였던 신덕왕후 강씨는 자신이 낳은 아들이 세자로 책봉된 상태에서 안타깝게 죽음을 맞이하였다. 그녀의 복은 거기까지였나 보다. 태조는 사랑하던 신덕왕후 강씨가 죽자 몹시 애통해하며 그녀의 명복을 빌기 위해 온 정성을 다하였다. 태조에게 그녀는 눈에 넣어도 아프지 않을 그런 왕비였다.

태조는 덕수궁 뒤쪽에 있었던 그녀의 정릉貞陵 옆에 조그만 암자를 지어 매일 아침과 저녁마다 향차를 바치게 하였다. 그러다가 1년간의 공사를 거쳐 원찰로 170여 칸이나 되는 흥천사興天寺를 지어주었다. 그 당시 흥천사는 스님이 120명이 기거할 정도로 큰 절이었다. 태조는 그녀의 명복을 빌어주기 위해 지은 흥천사가 완공되자마자 그때부터 능과 절을 둘러보는 게 일상사가 되었다. 그는 아침에 재 올리는 종소리를 듣고서야 수라를 떴으며 저녁에 신덕왕후 강씨의 명복을 비는 불경 소리를 듣고서야 잠자리에 들었다고 한다. 태조가 그녀를 그토록 사랑했다.

현재 전해지고 있는 흥천사의 종은 1462년(세조 8년) 7월 태조의 계비 신덕황후 강씨를 추모하기 위하여 만들었다. 이 종 역시 신덕왕후 강씨처럼 이곳저곳으로 옮겨 다니면서 수난을 많이 겪었다. 그동안 덕수궁의 광명문 안에 국보 제229호인 물시계, 자격루 등과 함께 보물 제1460호로 지정되어 있는 흥천사의 종이 전시되었다. 그런데 지난 2019년 광명문은 함녕전의 정문으로 제자리를 찾아 갔고, 흥천사의 종은 중앙박물관 수장고로 옮겨졌다.

그녀가 잠들어 있는 정릉은 태조와 그녀가 낳은 두 아들이 살고 있는 경복궁과 엎드리면 코 닿을 거리에 있었다. 그녀는 죽었어도 태조와 매일매일 함께할 수 있었다. 원래 정릉은 현재의 영국대사관 근처에 있었다. 덕수궁 바로 뒤에 그녀의 정릉이 있었다. 태조는 경복궁과 마주 보이는 곳에 그녀의 능을 조성하였다. 그녀가 세상을 떠났지만 태조의 사랑은 좀처럼 식지 않았다. 말하면 무엇하랴. 그녀가 세상을 뜨자 왕의 위엄도 생각지 않고 통곡을 하였으며, 상복을 입은 채 안암동으로, 행주로, 직접 능 자리를 보러 다니기도 하였다. 또한 그녀가 위독할 때에는 숭유억불정책을 정치이념으로 삼고 있었음에도 내전에 승려 50명을 불러 불공을 드리기도 하였다. 말년에는 사흘이 멀다 하고 흥천사를 찾았으며, 심지어 백관이 반열을 정돈했는데도 조회는 보지 않고 흥천사에 거둥하여 『태조실록』에 그 기사가 실려 있을 정도였다.

그런데 그게 화를 불러들였다. 그녀를 향한 태조의 지나친 사랑으로 그녀의 아들들이 화를 당하고야 말았다. 세자 책봉문제로 아버지에 대한 화가 풀리지 않았던 이방원은 신덕왕후 강씨가 죽은 지 2년 정도 되었을 즈음 1398년(태조 7년) '제1차 왕자의 난'을 일으켰다. 그로 인하여 세자로 책봉되어 있던 의안대군 방석(1382~1398)을 포함한 그녀의 장남인 무안대군 방번(1381~1398)이 살해되었다. 그녀가 자녀들 곁에 오래 살면서 지켜봐주었으면 그녀의 두 아들이 그렇게 잔인하게 살해되지는 않았을 것이다. 그녀가 살아 있었으면 태조가 왕위에서 물러나지도 않았을 테고, 물러나더라도 왕위를 그녀의 아들 방석에게 물려주었을 것이다. 최소한 태조가 죽기 전까지만이라도 그녀가 살아 있었으면 그녀의 아들 방석은 무사히 왕위에 오를 수 있었을지도 모른다.

그녀의 두 아들뿐 아니라 그녀의 사위까지도 살해당하지는 않았을 것이다. 그녀의 외동딸인 경순공주도 남편을 잃은 뒤 여승이 되고 말았다. 그녀는 태조의 곁을 떠났지만 떠난 게 아니었다. 그녀는 태조의 마음속에서 함께 살고 있었다. 그랬기에 태조는 죽을 때까지 그녀가 잠들어 있는 정릉을 돌아보는 게 일과가 되어버렸다. 『조선왕조실록』 곳곳에서 그녀를 향한 태조의 애틋한 마음을 읽을 수 있다. 〈태상왕이 흥천사의 계성전에 전을 드리다〉란 제목의 기사를 비롯하여 많은 기사들이 남아 있다.

신덕왕후 강씨의 외동딸이었던 경순공주(?~1407)는 두 동생과 남편 이제

1398년(태조 7년) 이방원에게 살해된 신덕왕후 강씨의 소생 의안대군 방석의 묘와 무안대군 방번의 묘이다. 태조의 8남인 방석은 남한산성자락에 그의 부인 심씨와 앞뒤로 나란히 잠들어 있으며, 태조의 7남인 무안대군 방번은 서울 수서동 광평대군 묘역에 그의 부인 왕씨와 합장되어 잠들어 있다.

(?~1398년)가 이복오빠인 이방원에게 살해되자 머리를 깎았다. 1399년(정종 1년) 음력 9월 10일자 『조선왕조실록』은 머리를 깎을 때 경순공주가 한없이 눈물을 흘렸다고 전한다. 태상왕으로 물러나 있던 태조도 자신의 딸이 여승이 되는 것을 반대하지 않았다고 한다. 차라리 속세를 떠나 비구니로 사는 게 안전할지도 모른다는 생각에서 그랬을 것이다. 태조는 자신의 힘으로 본처의 소생인 이방원을 막을 길이 없었나 보다. 경순공주는 그나마 아버지 태조가 살아 있었기 때

문에 문종의 딸이자 단종의 누이인 경혜공주처럼 노비까지는 되지 않았다.

사실 신덕왕후 강씨가 태조의 마음을 사로잡고 개국공신인 정도전 등의 힘을 빌려 자신의 아들 방석을 세자에 앉히면서 이방원의 분노를 사게 되었다. 결국 그 분노는 그녀가 죽은 후 그녀의 자녀들에게 고스란히 영향을 미쳤다. 이방원은 그녀도 미웠지만 드러내놓고 편애를 하는 아버지의 행동에 화가 더 치밀었을지도 모른다. 자신의 어머니가 그래도 본처인데 후처와 후처의 아들들에게 정신을 모두 빼앗긴 아버지를 도저히 이해할 수 없었을 것이다. 아마 아버지에 대한 화풀이를 그녀의 자녀들에게 대대적으로 했는지도 모른다. 불같은 이방원의 성질에 그냥 가만히 지켜볼 수만은 없었던 모양이다. 그래도 아버지 태조 이성계가 살아 있는데 동생들을 살해한 것은 큰 불효가 아니겠는가.

태조는 이방원에게 신덕왕후 강씨의 소생들을 잃고 난 뒤 왕의 자리를 차남인 방과(영안대군) 정종(1357~1419)에게 넘겨주었다. 하지만 아버지 태조에 이어 조선 제2대 왕으로 즉위한 정종은 이방원과 달리 왕의 자리를 좋아하지 않았다. 태조 이성계의 왕위를 이은 정종과 다른 이방원은 그녀의 두 아들을 살해한 뒤, 1400년(정종 2년) 그의 바로 위의 형인 회안대군 방간이 일으킨 '제2차 왕자의 난'을 평정平定하여 승리로 이끌었다. 그리고 마침내 둘째 형인 정종의 뒤를 이어 조선의 제3대 왕에 등극하였다. 이방원이 바라던 일이 생각보다 속전속결로 진행되었다.

이방원은 왕위에 올랐으면서도 이미 세상을 떠난 신덕왕후 강씨에 대한 미움이 가시지 않았다. 그는 1408년(태종 8년) 태조 이성계가 죽자마자 그녀가 잠들어 있는 정릉 파괴와 이전을 지시하였다. 태조 이성계는 그녀 곁에 함께 잠들고 싶어 했지만 이방원은 그녀와 멀리 떨어진 동구릉에 태조를 묻었다. 나아가 신덕왕후 강씨를 태조의 비가 아닌 태조 후궁으로 격하시켰다. 그리고 태조가 특별히 사대문 안에 두었던 신덕왕후 강씨의 능을 1409년(태종 9년) 2월 도성 밖으로 이장하였다.

태종 이방원의 지시에 따라 그녀의 정릉은 당시 사대문 밖인 경기도 양주 지역으로 이장되었다. 그러고도 분이 안 풀렸는지 태종은 그녀의 능침을 완전히 깎아 무덤 흔적을 남기지 말도록 명하였다. 또한 그녀의 정자각을 헐어버린 뒤 그 목재를 중국 사신을 접대하기 위한 태평관太平館을 짓는 데 사용하였다. 그뿐 아니라 능침을 헐면서 나온 병풍석은 청계천의 광통교廣通橋가 1410년(태종 10년) 홍수에 무너지자 광통교 복구공사에 사용하게 하였다. 그러고는 백성들이 그 병풍석을 그대로 밟고 지나다니도록 하였다. 현재 청계천에 놓여 있는 광통교를 찾아가면 그녀의 능침을 헐어다 조성한 석물을 만나볼 수 있다. 왕릉에 가야 만날 수 있는 커다란 병풍석을 서울 한복판에서 만나보는 특이한 경험을 할 수 있다.

광통교 교각에 경진지평庚辰地平, 계사경준溪巳更濬, 기사대준己巳大濬이라는 글씨가 각각 새겨져 있어 청계천 준설사업 역사도 알 수 있다. 그를 보면 경진년인 1760년(영조 36년)에 다리를 보수하고 준설작업을 하였으며, 계사년인 1773년(영조 49년) 다시 준설했고, 기사년인 1869년(고종 26년) 또다시 크게 바닥을 파고 준설사업을 했다는 기록임을 알 수 있다.

태종 이방원은 종묘제례에서도 신덕왕후 강씨에게 올리는 제례를 왕비가 아닌 후궁의 예로 올렸다. 그녀는 전처 소생인 태종 이방원에 의해 죽어서도 혹독한 대가를 치렀다. 살아서 조선 최초의 왕비가 된 그녀였지만 죽어서 조선 최초의 폐비가 되었다. 죽은 뒤 큰 죄가 드러난 사람에게 극형을 가했던 부관참시剖棺斬屍를 떠올리게 한다. 태종 이방원이 그녀의 무덤을 파괴한 일들을 생각하니 그렇다. 죽은 사람의 무덤을 파고 관을 꺼내어 시체를 베거나 목을 잘라 거리에 내건 극형 중의 극형이 부관참시가 아닌가. 이 형벌은 특히 연산군 때 성행하여 김종직·송흠·한명회·정여창·남효온·성현 등이 이 형을 받았다. 생각만 해도 끔찍한 일이다.

태종 이방원은 그 후에도 그녀에 대한 제례를 서모에게 행하는 기신제로 올리도록 하였다. 이처럼 처참하게 버려졌던 그녀는 죽은 지 273년이 지난 1669년(현종 10년) 음력 8월 5일, 우암 송시열(1607~1689)의 주장에 따라 왕비로 복위되었고, 신주도 종묘로 들여왔으며, 황폐하게 버려져 있던 정릉이 복구되었다. 또한 같은 해 음력 8월 20일에는 존호가 순원현경신덕왕후順元顯敬神德王后로 추존되었고, 1897년(고종 34년) 양력 12월 19일 신덕고황후神德高皇后로 다시 추존되었다.

신덕왕후 강씨가 복위되어 종묘에 추봉되던 날 그녀가 잠들어 있는 정릉 일대에는 많은 비가 내렸다고 한다. 사람들은 그 비를 보고 신덕왕후 강씨의 원통함을 씻어주는 비라고 하여 '세원우洗寃雨'라 불

태종 이방원의 명령에 따라 신덕왕후 강씨의 정릉貞陵을 헐어다 세운 청계천의 광통교廣通橋 현재 모습이다. 교각들 사이로 청계천의 상징인 소라상이 보인다. 조선 초에 조각한 교대석의 당초 문양과 구름 문양이 어제 새긴 듯 선명하고 아름답다.

렀다. 사실 그녀는 땅 속에서 원통하고 원통하여 분을 삭이지 못하고 있었을 것이다. 그녀의 소생으로 태어난 방번(무안대군)·방석(의안대군) 형제와 경순공주 등이 어린 나이에 태종 이방원에게 비참한 최후를 맞이하였으니 어찌 원통하지 않았겠는가. 제18대 왕 〈현종대왕 행장行狀〉에도 그 사실이 자세히 실려 있다.

그녀는 자신의 아들을 세자로 책봉한 뒤 왕위에 올리려다가 자신이 잠들어 있는 왕릉까지 파헤쳐져 300년 가깝게 버려진 채 있었다. 어쩌면 그녀의 과도한 욕심이 화를 불러왔을 것이다. 이제 그녀가 편히 잠들어 있기만 바랄 뿐이다.

하지만 여전히 잠들지 못하고 있을 것만 같다. 그녀의 무덤이 파헤쳐져 병풍석을 비롯하여 정자각과 석물들이 여기저기 흩어져 버려진 것은 용서가 될지 모른다. 그러나 두 아들이 잔인하게 살해되고, 사위마저 살해되어 출가한 딸마저 홀로 남아 여승으로 떠돌다가 죽은 것은 도저히 용서가 안 될 것이다. 태종 이방원은 그녀에게 보복을 하여 가슴이 후련해졌을지 모르지만 신덕왕후 강씨는 땅속에서조차 화가 머리끝까지 치밀어올라 잠들지 못하고 있을 것이다. 그녀는 왕비이기 전에 3남매의 어머니니 그렇다.

신덕왕후 강씨의 능호는 정릉貞陵이며 능은 단릉으로 조성되어 있다. 그녀의 능은 다른 왕비들의 능에 비해 초라하다. 봉분도 후궁들의 봉분보다 더 작아 보인다. 홍살문과 이어진 참도가 그녀의 인생을 대변하듯 꺾여 있다. 대부분의 왕릉은 정자각까지 'ㅡ'자로 되어 있는데 그녀의 참도는 'ㄱ'자로 꺾여 있다. 그나마 다행인 것은 고려시대 양식을 계승한 사각 장명등과 혼유석을 받치고 있는 2개의 고석이 옛 정릉에서 이곳으로 따라와 그녀와 함께 있다는 것이다. 그들이 오래된 역사를 차분히 말해주고 있다. 1788년(정조 12년)경에 유의양(1718~?)이 오례의 연혁과 실행 사례를 편찬한 『춘관통고』에 혼유석의 크기는 길이 9척 4촌, 넓이 6촌, 높이 1척 6촌이라고 기록되어 있으며, 중계 가운데에 서 있는 사각의 장명등 크기는 높이 14척, 둘레 18척 2촌으로 기록되어 있다. 정자각은 1699년(숙종 25년)에 중건되어 오늘에 이르고 있다.

정릉은 능침 공간에 비해 고려 공민왕릉 양식을 따른 장명등이 너무 커서 왠지 어색하고 낯설다. 사각인 장명등은 남한에서 이곳이 유일하다. 그리고 초장지에서 따라온 두 개의 고석이 힘겹게 혼유석을 받치고 있는데 그 모습 또한 애처롭다. 그녀의 능침에는 병풍석은커녕 난간석조차 없다. 왕릉에 설치하는 무석인도 없고, 문석인 한 쌍, 석양·석호 각각 한 쌍, 망주석 한 쌍만이 그녀의 정릉을 애써 수호하고 있다. 하지만 태조의 건원릉, 태종의 헌릉에만 남아 있는 소전대가 이곳 정릉에도 남아 있다. 제향을 마친 뒤 축문을 태웠던 소전대는 조선전기에만 설치하였고, 그 후부터는 소전대 대신 예감이 설치되었다. 정자각 오른쪽에는 1770년(영조 46년) 10월에 세운 비각이 자리하고 있다.

이제 정릉은 재실도 깨끗하게 복원되었고, 수라간도 복원되어 갖출 것은 다

정릉 능침 공간의 전경과 후경이다. 정릉의 조산이 아파트 숲에 가려 보이지 않아 안타깝다. 능침 앞의 장명등은 조선 왕릉 중 유일하게 사각이며, 크기도 가장 크다. 능침이 아담해 더 크게 보인다.

새로 복원한 정릉의 재실과 비석 모습이다. 비석에는 1899년(광무 3년)에 신덕왕후를 신덕고황후로 추존한 뒤 세운 '대한
신덕고황후정릉大韓 神德高皇后貞陵'이라고 새겨져 있다.

갖추고 있다. 이곳 역시 숲속에 자리하고 있어 산새들의 합창소리가 끊이질 않
는다. 삼삼오오 모여 앉아 도란도란 이야기꽃을 피우기에 사사사철 좋은 장소
가 바로 정릉이 아닌가 싶다. 도심 속에 자리하고 있어 어른 아이 할 것 없이 언
제 찾아가도 휴식 공간으로 안성맞춤인 곳이다. 산책코스로도 인기 만점이다.

그녀는 태조가 그토록 사랑했던 여인이었지만 태조 곁에 잠들지 못하고 홀
로 잠들어 있다. 1408년(태종 8년) 그녀가 세상을 뜬 후 12년이나 더 살다가 세상
을 뜬 태조는 그녀 곁에 그렇게 잠들고 싶어 했지만 그 꿈을 이룰 수 없었다. 태
종 이방원이 그의 아버지를 자신의 어머니도 아닌 원수 중의 원수로 여기고 있
던 그녀 곁에 잠들게 해줄 턱이 없었다. 태종 이방원은 그녀 대신 태조 이성계
의 고향 함흥에서 억새를 가져다 능침을 덮어주었다. 태조 이성계가 그 일을 좋
아할 리 없어 보인다. 하지만 하얀 억새꽃이 피는 가을엔 건원릉의 능침이 장관
중의 장관이다. 멀리서 바라보아도 멋지다.

신덕왕후 강씨는 서울특별시 성북구 아리랑로 19길 116(정릉동) 정릉貞陵에 홀
로 잠들어 있다. 아마 울분을 삭이느라 그녀는 아직도 편히 잠들지 못하고 있을
것이다. 그녀의 원찰인 흥천사도 현재의 정릉 곁으로 옮겨져 있다. 그녀의 남편
태조는 그녀와 멀리 떨어진 경기도 구리시 동구릉로 197(인창동) 동구릉 능역 안

신덕왕후 강씨의 남편인 태조 이성계의 건원릉 봄·가을 모습이다.

건원릉健元陵에 홀로 잠들어 있다. 아마 그도 그녀를 그리워하느라 잠 못 들고 있을 것이다. 그녀는 왕이 될 수 있는 아들을 둘이나 낳았고, 그 중 차남이 세자로 책봉되었으나 살해되는 바람에 끝내 왕을 낳은 왕의 어머니는 되지 못했다. 그녀가 잠든 정릉貞陵에서 남편의 건원릉健元陵까지는 13.52km 정도. 장남 무안대군撫安大君 묘와는 22.93km 정도, 차남 의안대군宜安大君 묘와는 34.72km 정도 떨어져 있다.

3
그대가 너무 먼 곳에 잠든
정순왕후 송씨(제6대 왕 단종의 비)

정순왕후定順王后 송씨(1440~1521)는 여량부원군 송현수(~1457)와 여흥부부인 민씨의 1남 1녀 중 외동딸로 태어났다. 그녀는 1440년(세종 22년) 태어나 조선 제6대 왕 단종(1441~1457)의 비가 되었다. 하지만 그녀는 왕자는커녕 자녀를 아예 한 명도 낳지 못하였다. 그녀의 본관은 여산이다.

그녀는 너무나 기나긴 세월을 홀로 살아갔다. 단종이 죽은 뒤 64년을 더 살다가 82세가 되어서야 애달픈 인생살이를 마무리했다. 그녀는 단종이 1457년 (세조 3년) 노산군魯山君으로 강등되었다가 그 해 다시 서인庶人으로 강등됨에 따라 그녀도 군부인郡夫人이 되었다가 서인庶人이 되어 살다가 죽었다. 그리고 세월이 흐르고 흐른 뒤, 1698년(숙종 24년) 음력 11월 6일이 되어서야 단종과 함께 복권되어 왕비로 추숭되었다. 세상을 뜬 지 177년 만에 명예회복을 한 것이다.

그녀는 성품이 공손하고 검소해 가히 종묘를 영구히 보존할 수 있는 인물이라 하여 왕비로 간택되었다. 1453년(단종 1년) 왕비로 간택된 뒤 이듬해인

1454년(단종 2년) 음력 1월 22일에 15세 나이로 한 살 연하인 단종과 혼인하여 왕비로 책봉되었다. 하지만 그녀는 1년 남짓밖에 왕비 자리에 올라 있지 못하였다. 1455년(단종 3년) 단종이 수양대군(세조)에게 왕위를 빼앗기고 상왕上王이 되었기 때문이다. 그녀는 단종이 상왕이 되면서 어린 나이에 왕대비王大妃가 되어 의덕懿德 존호를 받았다. 그러나 1457년(세조 3년) 성삼문, 박팽년 등의 사육신이 추진하던 단종복위 운동이 발각되어 상왕으로 물러앉아 있던 단종은 노산군으로 강등되어 영월로 유배되었고, 의덕왕대비였던 송씨는 군부인이 되어 궁궐에서 쫓겨났다.

그녀는 남편 단종이 폐왕이 되면서 폐비가 되었다. 조선왕조를 보면 폐비가 된 왕비들이 꽤 많았다. 살아서 폐비가 된 왕비는 그녀를 비롯하여 폐비 윤씨, 폐비 신씨, 단경왕후 신씨, 인목왕후 김씨, 폐비 류씨, 인현왕후 민씨 등 7명이

단종의 유배지 청령포 모습이 한 폭의 수채화다. 그러나 그곳은 천혜의 감옥으로 단종의 아픔이 곳곳에 깊이 배어 있다.

었고, 죽은 뒤 폐비가 된 왕비는 신덕왕후 강씨, 현덕왕후 권씨, 명성황후 민씨 등 3명이었다. 그리고 궁녀에서 왕비까지 올랐다가 폐비가 된 장희빈(희빈 장씨)이 있었다. 그러고 보면 왕비에 올랐던 11명이 폐비 경력을 가지고 있다. 그 중 단종의 비인 정순왕후 송씨와 신덕왕후 강씨, 현덕왕후 권씨, 단경왕후 신씨, 인목왕후 김씨, 인현왕후 민씨, 명성황후 민씨 등 7명의 폐비는 다행히 왕비로 복위되었다. 그러나 성종의 계비인 폐비 윤씨, 연산군의 부인 신씨, 광해군의 부인 류씨 등은 아예 복위되지 못한 채 조선왕조가 막을 내리고 말았다. 그녀들 중 성종의 계비인 폐비 윤씨만 왕비에서 서인으로 강등되었고, 연산군과 광해군의 비들은 각각 군부인으로 강등되었다. 그리고 장희빈은 폐비가 되었지만 후궁으로 빈자리는 유지하게 되었다. 장희빈의 아들이 연산군이나 광해군처럼 폐왕이 되지 않고 왕의 자리를 지켜낼 수 있었던 것은 그나마 그녀가 영원한 폐비가 되지 않아서였을지도 모른다.

그녀의 남편 단종은 1457년(세조 3년) 6월 22일, 창덕궁을 출발하여 175km 정도 떨어져 있는 강원도 영월 청령포를 7일째 되던 날인 6월 28일에 도착하였다. 단종은 청계천 영도교永渡橋에서 부인인 정순왕후 송씨와 헤어진 뒤 그 멀고도 험준한 유배길에 올랐다. 단종의 피눈물이 배어 있는 그 유배길이 현재 잘 조성되어 걷고 싶은 산책길이 되어버렸다. 단종이 유배지로 향했던 그 길을 한여름이 아닌 선선할 때 한 번쯤 구간 구간 걸어볼 만하다. 길이 험한 곳도 여러 군데 있지만 경치는 정말 아름답다. 넓은 강과 높은 산, 그리고 너른 들판과 마주하면서 걷노라면 힐링이 저절로 된다. 유배길 따라 자동차 길도 잘 닦여 있어 힘들면 자동차를 이용해 쉬엄쉬엄 답사해보는 것도 흥미로울 것이다. 유배길에서 단종의 동상과 조각상도 만날 수 있다. 그들이 단종인 양 바라만 보아도 슬프다.

단종의 유배길 중 단종이 잠시 쉬었던 쉼터에 단종 동상이 세워져 있고, 청령포와 가까워지는 배일치재에 절하는 단종 조각상이 세워져 있다. 그 모습이 애달프기 그지없다. 단종은 쉼터에서 부인 송씨가 그리운지 한양을 하염없이 바라보았고, 배일치재에서는 기우는 해를 바라보며 큰절을 하였다. 부모님을 비롯하여 자신 때문에 목숨을 잃은 사육신과 특히 성삼문의 충절을 생각하면서 눈물을 흘렸다고 한다. 그 모습에 눈물이 앞을 가린다. 단종이 얼마나 슬펐을까

단종의 유배길 중 단종이 잠시 쉬었던 쉼터의 단종 동상과 청령포와 가까워지는 배일치재에서 절을 하는 단종의 조각상 모습이다.

단종의 유배지 청령포에 자리한 어소와 유지비각, 그리고 어소를 향해 담장을 훌쩍 넘어가 고개를 숙인 소나무 모습이다. 이곳의 소나무들은 단종 어소를 향해 하나같이 허리를 숙이고 있다.

는 궁금해할 이유조차 없어 보였다.

단종은 유배지인 청령포에 도착하여 그곳에 지내면서도 숙부인 세조가 자신을 언제 죽일지 몰라 하루하루가 그야말로 지옥 같은 생활이었을 것이다. 처음엔 오열하느라 그의 거처인 어소에서 며칠 동안 나오지도 않았다고 한다. 청령포의 제한된 공간에서 버틴 게 용할 뿐이다. 그곳에는 그가 얼마나 외롭게 생활했을지 느낄 수 있는 흔적들이 많이 남아 있다.

다행인지 불행인지 단종은 유배 온 지 두 달쯤 되었을 때 홍수가 나는 바람에 거처를 청령포에서 영월 읍내의 관풍헌觀風軒으로 옮기게 되었다. 하지만 관풍헌에서 지낸 지 두 달도 안 되어 세조가 단종에게 사약을 내렸다. 그 사약을 한양에서 왕방연이 가지고 왔다. 왕방연은 조선 최초로 폐왕이 되어 유배를 떠나는 단종(1441~1457)을 한양에서 강원도 영월 청령포까지 호송한 인물이다. 직책은 금부도사로 유배길에 단종과 동행한 인물이다. 단종의 비참하고 처참한 마지막 가는 길을 지켜본 인물이라 할 수 있다. 그는 단종에게 사약을 바친 뒤 차마 발길을 떼기 어려웠는지 한양으로 돌아가는 길에 청령포를 바라보며 자신의 심정을 담아 시조를 지어 읊었다. 그의 시조 「천만리 머나먼 길에」를 대하노라면 가슴이 뭉클해진다. 그의 진심이 담긴 시조라 볼 수밖에 없다. 그 시가 새겨진 시조비가 청령포가 마주 건너다보이는 솔밭에 세워져 있다.

그런데 단종은 알려진 것과 달리 사약을 받고 사사된 게 아니고, 17세 어린 나이로 자살하였다고 『조선왕조실록』에 기록되어 있다. 한편에서는 교살당했다고도 한다. 사약을 받고 사사된 게 아니라는 것이다. 1457년(세조 3년), 『세조실록』 9권을 보면 〈송현수는 교형에 처하고 화의군 등을 금방에 처하다. 노산군이 자살하자 예로써 장사지내다〉란 제목의 기사가 실려 있다.

그동안 세조가 내린 사약을 금부도사 왕방연이 들고 와 단종이 그 사약을 받아 마시고 사사된 것으로 알고 있었는데, 위의 내용처럼 『조선왕조실록』에는 그와 다르게 기록되어 있다. 아마 단종이 삼촌인 안평대군 이용李瑢에 이어 금성대군 이유李瑜를 비롯하여 화의군 이영李瓔, 한남군 이어李𤥽, 영풍군 이전李瑔, 매형 정종鄭悰, 장인 송현수宋玹壽 등이 처형되었다는 소식을 듣고 왕방연이 도착하기 전 자살을 했을지도 모른다. 이들은 모두 자신을 복위시키려다가 목숨을 잃었기 때문이다. 이렇건 저렇건 그래도 유네스코 세계기록유산에 등재되어 있는 『조선왕조실록』을 믿을 수밖에 없지 않을까.

단종이 세상을 떠나자 그를 모셨던 궁노 1명, 궁녀 10명 등 11명이 영월의 낙화암落花巖에 몸을 던져 단종을 따라갔다. 부여의 낙화암도, 영월의 낙화암도 왕으로 인해 무고한 사람들이 아까운 목숨을 바친 곳이 아닌가. 그들의 충절에 박수를 보내기는 마음이 너무 많이 아프다. 백제 궁녀들도 그렇지만 단종을 따라 죽은 조선의 11명 꽃들도 생각하면 할수록 애달프다. 그들의 충절忠節을 기리기 위해 세운 민충사愍忠祠가 영월의 낙화암 위에 자리하고 있다. 충절이 아니라 순절殉節처럼 여겨지는 것은 왜인지 모르겠다. 유유히 흘러간 세월도, 유유히 흐르고 있는 동강의 강물도 속절없어 보이기는 마찬가지다. 순절비殉節碑와 그 옆에 세워져 있는 낙화암落花巖이라 새겨진 비석의 글씨가 이토록 슬프게 보일 줄이야.

청령포에는 그녀의 남편 단종의 비통함과 외로움이 곳곳에 배어 있다. 단종이 상왕에서 노산군으로 강등되어 청령포로 유배된 후 한양을 그리워하며 쌓았다는 망향탑도 그렇고, 해질 무렵 한양을 바라보며 시름에 잠겼던 노산대도 그렇고, 두 가지로 갈라진 소나무 사이

단종이 자살하자 단종을 모시던 궁노와 궁녀 11명이 영월의 금강정 앞 낙화암에서 떨어져 죽었다. 그들의 충절을 기리기 위해 세운 민충사愍忠祠의 전경과 낙화암 모습이다.

단종이 정순왕후 송씨가 살고 있는 한양을 그리워하며 돌을 쌓았던 청령포의 망향탑, 해질 무렵 한양을 바라보며 시름에 잠겼던 노산대, 올라앉아 마음을 달랬던 천연기념물 제349호인 관음송 모습이다. 이들에게서 단종의 체온이 느껴진다.

에 걸터앉아 쉬었다는 관음송도 그렇고, 거처인 어소도 그렇고, 금표비도 그렇다. 요즘이야 이곳에 별장을 지으면 좋겠다는 생각마저 들지만 옛 청령포에는 풀이 사람 키를 넘을 정도로 무성했고, 짐승들도 살았다 하니 상상만 해도 섬뜩하다. 정말 청령포가 천혜의 감옥임에 틀림없다. 삼면으로는 강물이 쉼 없이 흘러가고 한 면은 절벽이니 감히 도망갈 생각조차 할 수 없는 곳이다. 관광객들을 위해 조성해놓은 전망대를 올라가보면 아찔함에 겁부터 난다. 잘못하다가는 동강에 골인하기 십상이다. 이런 곳을 어찌 찾아내었는지 기가 막힐 뿐이다.

그녀 또한 남편 단종이 폐위되면서 폐비가 되어 비극적인 삶을 살아내야만 하였다. 그녀의 친정도 그녀가 단종의 비가 된 관계로 멸문당하고 말았다. 왕비로 간택된 그녀의 도움을 받은 게 아니라 집안이 완전 풍비박산風飛雹散나고 말았다. 그녀의 고모는 세종의 8남인 영응대군의 부인으로 시댁에서는 그녀의 숙모가 되었다. 한편 그녀의 어머니와 한명회의 부인은 사촌 간이다. 그런데 한명회는 그녀의 남편 단종에게 몹쓸 짓을 참 많이도 했다. 남도 아니면서 그녀의 남편 단종을 왕위에서 몰아내는 데 앞장섰다. 그녀와 6촌 간이 되는 한명회의 두 딸은 각각 세조의 며느리와 손자며느리가 되어 그녀에게 사촌동서가 되고 조카며느리가 되었지만, 그녀에게는 아무런 도움이 되지 못했다.

단종은 1457년 6월 22일(음력), 창덕궁의 대조전大造殿에서 폐왕이 되어 유배교서를 받고 돈화문敦化門을 나와 동대문구에 자리한 정업원淨業院의 우화루雨花樓에서 정순왕후 송씨와 하루를 묵고, 청계천의 영도교永渡橋에서 영영 이별을 했다고 한다. 전해오는 이야기는 일단 믿어야 흥미로운 게 사실이다. 현재 정업원 터에는 비구니들이 생활하는 청룡사가 들어서 있다. 경내에 들어가면 우화루 현판이 달려 있는 전각이 대웅전과 마주하고 있다. 현판이 하도 낡아 그때의 아픈 역사를 담고 있는 것처럼 느껴진다. 그녀는 폐비가 된 뒤 이곳에 있었던 초막에서 시녀들이 동냥해온 것으로 끼니를 겨우 잇고 염색업을 하며 어렵게 살았다.

어렵게 살고 있는 정순왕후 송씨의 사정을 알게 된 세조가 집과 식량 등을

단종이 죽은 지 270년 뒤 영조가 1726년(영조 2년) 세운, 일반 백성들의 출입을 금한다는 금표비 모습이다. 이 금표비는 '동서로 300척(약 90m), 남북으로 490척(약 147m)은 왕이 계시던 곳이므로 뭇사람은 들어오지 말라'는 출입금지 푯말이다.

하사했으나 그녀는 끝내 받지 않았다. 꼿꼿한 그녀의 성품을 알 수 있다. 아니, 세조에 대한 분노 때문에 받지 않았을 것이다. 한편 그녀를 가엾게 여긴 동네 아녀자들이 조정의 눈을 피해 그녀의 집으로 먹을 것을 건네주고자 시장을 형성하는 일이 있었다. 그녀를 위하여 만들어진 금남의 시장이었던 여인시장은 동대문 밖 동묘 근처 남쪽마을 싸전골에 있었다고 한다. 왕가의 인심보다 민가의 인심이 훨씬 더 후했다고 할 수 있다.

그 여인시장이 있었던 동묘 남쪽에 현재 영도교永渡橋가 놓여 있다. 종로구 숭인동과 중구 황학동을 잇는 청계천 위에 놓인 다리로, 그곳은 현재 인산인해다. 황학동 중고시장이 자리하고 있어서다. 정말 이곳에는 없는 게 없어 보인다. 동묘 역에서 황학동시장을 거쳐 청계천으로 향하다 보면 영도교와 마주하게 된

정순왕후 송씨가 생계를 위해 염색업을 할 때 물을 긷던 자주동 샘이 아직도 남아 있다. 그 모습이다.

다. 이 영도교는 강원도 영월 청령포로 유배를 가는 단종과 정순왕후 송씨가 마지막으로 헤어진 곳으로 전해지는데, 결국 두 사람은 이곳에서 헤어진 이래 이승에서는 영영 만날 수 없었다. 그래서 붙여진 다리 이름이 영도교다. 단종이 유배를 떠난 해 유배지인 영월에서 생을 마감했기에 그럴 수밖에 없었다.

단종의 비참한 죽음을 전해들은 정순왕후 송씨는 매일 아침저녁으로 산봉우리의 거북바위에 올라 단종의 유배지인 동쪽을 향해 통곡을 했는데 그 곡소리가 산 아랫마을까지 들렸다고 한다. 그러면 온 마을 여인네들이 땅 한 번을 치고 가슴 한 번을 치는 동정곡同情哭을 했다고 전해지고 있다. 15세에 단종의 비가 되어 3년 만인 18세에 단종과 생이별을 하여 82세가 되어 세상을 뜰 때까지 64년 동안이나 지아비가 죽어서 강물에 내던져진 동쪽을 향해 그리움의 눈물을

정순왕후 송씨가 살았던 정업원 터에 세워져있는 청룡사의 정문과 대웅전, 우화루 모습이다.

흘렸다고 하니 정순왕후 송씨의 절개에 머리가 숙여질 뿐이다. 그녀의 인생 또한 단종 못지않게 참으로 애달프다. 정순왕후 송씨가 올라가 통곡을 했던 그 산봉우리에는 동망봉東望峰이란 이름이 붙여졌다.

　동망봉이라는 이름은 조선 제21대 왕 영조가 지어 비석까지 내렸다고 한다. 그 후 일제강점기에 접어들면서 그 일대가 채석장으로 사용되어 그 흔적은 남아 있지 않고, 바위 또한 모두 떨어져나가 흉물스런 절벽만 남아 있었다. 그런데 지금은 동망봉에 동망정東望亭이 세워져 있고, 주변이 공원으로 탈바꿈하여 많은 사람들이 찾는다. 동망봉에 북카페까지 있다. 몇 해 전만 해도 동망봉에서 앞으로는 청계천 영도교가 내려다보였고, 뒤로는 청룡사(옛 정업원 자리)가 내려다보였다. 하지만 현재는 고층아파트가 턱밑까지 밀고 들어와 아파트 숲에 둘러싸여 있다. 동망봉으로 오르는 산책길에는 2017년 보문동 6가 209-192호에서 주택재개발사업으로 이전한 목조 건물 동망각東望閣도 자리하고 있다. 이곳에서 보문동 지역 주민들이 매년 가을 길일을 택해 정순왕후 송씨의 넋을 기리고 마을 주민들의 무사 안녕과 평온을 기원하는 제를 올리고 있다.

단종과 정순왕후 송씨는 부부로 3년 남짓 살다가 생이별을 하게 되면서 다시는 만나지 못했다. 둘은 영도교에서 헤어진 뒤 죽음을 앞두고도, 죽고 난 뒤에도 만나지 못했다. 세조가 단종의 시신을 거두는 사람에게 가혹한 형벌을 내린다고 했기 때문에 장례를 치러주지도 못했다. 그러니 죽어서 단종과 함께 잠들기는커녕 단종의 무덤이 있는 줄도 몰랐을 그녀다. 그녀는 백성들과 섞여 살면서 남루하기 짝이 없는 삶을 길게 살다가 한 많은 세상과 이별했다. 기막힌 자신의 운명을 받아들이기 어려워서였을까? 그녀의 목숨은 참으로 길고도 모질었다. 그녀가 살았던 집을 정업원淨業院이라고 하는데 이곳에서 그녀 외에 고려 공민왕비였던 혜비와 태조의 딸 경순공주, 문종의 딸 경혜공주가 살았고, 또한 왕이 죽으면 궁궐을 나와야 하는 후궁들 중 자녀를 낳지 못한 후궁들이 출궁하여 비구니로 살아갔다. 현재 정업원 자리에는 청룡사靑龍寺가 들어서 있으며 지금도 이곳에는 비구니들이 살고 있다.

현재 청룡사가 자리하고 있는 정업원 터에는 영조가 '정업원구기淨業院舊基'라고 친필로 써준 비석이 비각 안에 세워져 있다. 영조는 '정업원 옛터 신묘년(영조 47년) 9월 6일에 눈물을 머금고 쓰다淨業院舊基歲辛卯九月六日飲涕書'라는 뜻의 글씨를 한자로 써놓았으며, 비각 현판에는 '앞산 뒤 바위 천만년을 가오리前峯後巖於千萬年'라는 뜻의 글씨를 써놓았다. 이처럼 팔작지붕을 한 비각의 현판과 정면 1칸 측면 1칸 비각 안의 비석에는 폐비가 되었던 정순왕후 송씨의 애달픈 삶의 흔적이 배어 있다.

정순왕후 송씨는 1521년(중종 16년) 음력 6월 4일, 남편을 왕위에서 내쫓고 유배시켰다가 죽인 세조의 증손이자 단종에게는 손자뻘인 중종이 왕위에 올라 있

정순왕후 송씨가 단종과 이별한 뒤 64년 동안이나 단종이 잠든 동쪽을 향해 그리움의 눈물을 흘렸다는 동망봉 자리에
세운 동망정東望亭과 이전되어 새로 건축한 동망각東望閣 모습이다.

을 때 한 많은 생을 마감했다. 그녀는 세종 대에 태어나 문종·단종·세조·예종·성종·연산군·중종 대에 이르기까지 7대 왕의 치세를 겪으면서 모질기만 한 삶을 길게 이어갔다. 그녀의 장례는 서인으로 강등되었지만 대군부인의 예로 치러졌다. 그녀는 조선왕조 최초로 살아서 폐비가 된 후 복위되지 못한 채 서인의 몸으로 눈을 감았다. 그 후 1681년(숙종 7년)이 되어서야 단종이 노산대군으로 추봉되면서 그녀도 대군부인으로 추봉되었다. 그리고 1698년(숙종 24년) 단종의 복위와 함께 왕비가 되어 시호를 받고 종묘 영녕전에 배향되었다. 이로써 그녀의 신주가 단종 신주와 함께 종묘에 나란히 자리하게 되었다. 조선의 폐왕 3명 중 단종만 복위되었으니 죽어서나마 참으로 다행한 일이다. 단종이 죽은 지 241년, 그녀가 죽은 지 177년 만의 일이었다.

정순왕후 송씨의 능호는 사릉思陵이며 능은 단릉으로 조성되어 있다. 일반적으로 왕릉이라면 병풍석은 생략되더라도 난간석은 설치되어 있는 게 당연하다.

청룡사 왼쪽 아래로 '정업원구기淨業院舊基'라고 영조가 쓴 비석이 세워져 있는 비각 모습이다. 영조가 비각 현판에 눈물을 머금고 "앞산 뒤 바위 천만년을 가오리前峯後巖於千萬年"라는 뜻의 글씨도 친필로 썼다.

그러나 그녀가 왕비로 복위되기 전 죽어 대군부인의 예로 장례를 치렀기에 왕릉들과 차등을 두었음을 알 수 있다. 또한 왕릉에는 석양과 석호를 양쪽에 한 쌍씩 두 쌍을 세우는데 단종의 장릉과 그녀의 사릉에는 양쪽에 한 기씩만 배치되어 있다. 석마를 대동한 문석인과 무석인도 한 쌍씩 세워져 있는 왕릉들과 달리 무석인은 아예 없다. 이곳 사릉뿐 아니라 못 갖춘 왕릉의 모습을 하고 있는 왕릉들이 의외로 많다. 세자나 세자빈 시절에 죽어

단종의 비 정순왕후 송씨가 홀로 남양주의 사릉思陵에 잠들어 있다. 27명의 조선 왕들 중 가장 어린 나이인 17세에 세상을 떠난 소년 왕 단종을 남편으로 둔 정순왕후 송씨의 사릉 전경이다. 어느 왕릉보다 솔숲이 아름다운 왕릉이다.

사후에 추존된 왕과 왕비의 능이 대부분 그렇고, 폐위가 되어 복위되기 전에 죽은 왕이나 왕비의 무덤이 그렇다. 단종의 비 정순왕후 송씨의 사릉 외에 예종의 원비 장순왕후 한씨의 공릉恭陵, 중종의 원비 단경왕후 신씨의 온릉溫陵, 그리고 추존왕 덕종의 경릉敬陵, 추존왕 원종의 장릉章陵, 추존왕 진종의 영릉永陵, 추존왕 장조의 융릉隆陵 등이 못 갖춘 왕릉 모습을 하고 있다.

살아서 폐비가 되었다가 복위되지 못하고 죽은 정순왕후 송씨의 사릉은 예감瘞坎에 뚜껑이 덮여 있는 게 특징 중의 특징이다. 뚜껑이 있는 왕릉은 이곳 사릉과 중종의 제1계비 장경왕후 윤씨의 희릉禧陵뿐이다. 예감은 제향 후 축문을 태우는 함으로 정자각 왼쪽 사초지 아래 자리하고 있다. 정자각 오른쪽에는 산신에게 제사를 지내는 산신석이 있다. 현재 수복방과 수라간은 복원대기 중이다. 사실 왕릉 모습이 초라한들 어떠랴. 소년 왕 단종과 정순왕후 송씨가 저세상에서라도 오순도순 사랑을 나눌 수 있으면 그만일 것이다. 그런데 둘은 죽어서도 함께 잠들지 못하고 너무 멀리 떨어져 있어 그것이 안타까울 뿐. 그녀는 단종이 여전히 그립고, 자신의 한 많은 인생이 생각나 죽어서도 제대로 잠 못 이루고 있을 것만 같다. 사릉思陵에 잠들어 있는 그녀와 장릉莊陵에 잠들어 있는 단종이 합장되는 날이 왔으면 좋겠다는 생각을 해본다.

정순왕후 송씨는 단종의 누나인 경혜공주(1436~1474)가 출가한 해주 정씨 묘역 내에 잠들어 있다. 경혜공주와 세조에 의해 유배지에서 능지처참된 정종(?~1461) 사이에 태어난 정미수(1456~1512)가 그녀의 양자가 되었기 때문이다. 자녀가 없었던 정순왕후 송씨에게 시누이 아들이 양자가 되어 무덤자리도 선물받고 제사도 받아먹게 되었다. 유배지에서 태어난 정미수는 1506년 51세 나이로 연산군을 폐위시킨 중종반정에 참여하여 정국공신이 되었고, 해평부원군에 책봉되면서 해주 정씨 가문을 다시 일으켰다. 그는 외삼촌인 단종과 아버지 정종의 희생 값을 대신 보상받듯 죄인의 아들로 태어났지만 성장하면서 왕실로부터 융숭한 대접을 받았다. 세조도 그에게 벼슬자리도 주고 재산도 하사하며 사랑을 많이 쏟아주었다고 한다. 그는 아버지를 일찍 잃었지만 왕실여인들의 덕을 톡톡히 보았다. 그의 고모는 세종대왕의 8남인 영응대군의 부인으로 춘성부부인 정씨이고, 그의 외숙모는 단종 비 정순왕후 송씨다. 그런데 자녀가 없었던 그

푸른 소나무 숲에 둘러싸인 단종 비 정순왕후 송씨의 사릉思陵 비각과 비석·예감 모습이다. 정순왕후 송씨는 남양주의 사릉에, 단종은 영월 장릉莊陵에 각각 떨어져 외롭게 홀로 잠들어 있다. 사릉은 예감에 뚜껑이 있는 게 특징이다.

의 고모는 안타깝게도 영응대군과 이혼한 후 1494년(성종 25년) 39세인 친정조카 정미수에게 자신의 제사를 부탁하며 노비와 논밭을 상속했다. 이래저래 정미수는 늦복이 터졌다.

정미수의 외숙모인 단종의 비 정순왕후 송씨 역시 자식이 없어 시누이인 경혜공주의 아들 정미수에게 재산을 상속했다. 정미수는 고모처럼 자식이 없었던 정순왕후 송씨의 시양자侍養子가 되기를 자청해 정순왕후 송씨의 시양자가 되었다. 그런데 정순왕후 송씨가 정미수보다 9년을 더 살다가 세상을 떠났다. 그랬기에 정순왕후 송씨의 노비와 재산은 정미수의 양자 정승휴에게 상속해주었다. 정미수와 정경부인 전의 이씨 사이에도 자식이 없어 정미수의 육촌동생인 정수경의 아들 정승휴를 양자로 들였기 때문이다. 정승휴와 안동 권씨 사이에서 태어난 장녀와 중종과 희빈 홍씨 사이에서 태어난 금원군이 부부가 되는 등 정미수의 집안은 계속해서 왕실과 혼례를 치르면서 명예회복이 되어갔다.

정순왕후 송씨가 홀로 잠들어 있는 사릉 오른쪽으로 보면 정미수를 비롯하여 그의 양자 정승휴 등 해주 정씨들 묘가 송림 속에 여러 기가 옹기종기 모여 있다.

해주 정씨 묘역이 아닌 고양시에 자리한 경혜공주와 정종의 묘역 모습이다. 경혜공주와 정종 묘역에 정종의 시신이 남아 있지 않아 가묘 앞에 제단(우)만 설치했다.

정순왕후 송씨가 홀로 잠들어 있는 사릉의 전경과 후경 모습이다. 단종이 세상을 뜬 지 241년이 지나가고, 정순왕후 송씨가 세상을 뜬 지 177년이 지나간 후에야 둘의 명예회복이 이루어졌다. 1698년(숙종 24년) 단종 복위와 함께 시호 및 능호도 받고 종묘 영녕전에 배향되었다. 마침내 둘의 신주가 종묘에 나란히 놓이게 되었다.

하지만 그곳에 정미수의 부모님인 경혜공주와 정종의 묘는 없다. 그들의 묘는 그곳과 멀리 떨어진 경기도 고양시 대자동에 있다. 그리고 경혜공주 묘 오른쪽에 자리한 정종의 묘에 시신은 없다. 제단만 설치하고 비석을 세웠을 뿐이다.

정순왕후 송씨가 잠들어 있는 사릉은 어느 왕릉보다 아름다운 자연환경을 자랑하고 있다. 사계절 내내 솔향기가 가시지 않는 곳이다. 사방으로 잘생긴 소나무들이 빼곡하게 자리하고 있다. 솔향기 그윽한 소나무 숲 속에 정순왕후 송씨가 잠들어 있다. 그녀를 생각하면 단종이 함께 생각나 늘 가슴이 아팠는데 사릉에 다녀온 뒤부터는 아픔이 훨씬 덜하다. 그녀가 잠든 사릉의 풍경이 너무나 아름답고 편안해 보였기 때문이다. 그동안 비공개였던 아름다운 사릉은 2013년 1월 1일부터 공개됐다. 그녀는 경기도 남양주시 진건면 사릉로 180(사능리)에 위치한 사릉에 홀로 누워 단종에 대한 그리움을 달래며 잠들어 있다. 단종은 강원도 영월군 단종로 190(영흥리) 장릉莊陵에 역시 홀로 쓸쓸히 잠들어 있다.

그녀는 단종과의 사이에 한 명의 자녀도 낳지 못했다. 그러니 그녀는 왕을 낳은 왕의 어머니가 되지 못했다. 어쩌면 자녀가 없는 게 천만다행이었지 않나 싶다. 자녀를 낳았다면 그 자녀가 목숨을 부지할 수 없었을 것이다. 한편 생각해 보면 그녀가 딸도 그렇지만 아들을 낳지 않은 게 천만다행이다. 그러나저러나 정순왕후 송씨는 죽어서까지 단종과 함께하지 못하고 있어 그것이 마음에 걸린다. 그녀가 단종을 기다리다 못해 이내 지쳐버린 것은 아닌지 모르겠다. 장릉이 바라다보이는 곳에 1999년 4월 9일 남양주문화원에서 사릉 앞에 있던 소나무 한 그루를 옮겨 심었다. 이름하여 정령송精靈松이다. 비록 몸은 멀리 떨어져 있지만 영혼만이라도 합치라는 의미로 정령송을 옮겨 심은 것이다. 그 정령송이 정순왕후 송씨인 듯 그곳을 찾을 때마다 눈물겹다. 그녀가 잠든 사릉思陵과 그녀의 남편 단종이 잠든 장릉莊陵과는 172.26km 정도 떨어져 있다.

유배지 영월에서 숨을 거둔 정순왕후 송씨의 남편 단종이 잠들어 있는 장릉의 전경과 비석, 그리고 능침 공간 모습이다. 비석에는 '조선국 단종대왕장릉朝鮮國 端宗大王莊陵'이라고 새겨져 있다. 능침 공간에 오르려면 홍살문 오른쪽으로 난 구불구불한 산길을 돌아 올라가야 한다. 장릉은 난간석, 병풍석, 무석인 등이 생략된 왕릉이다.

4

원손을 낳은 장순왕후 한씨
(제8대 왕 예종의 원비)

장순왕후_{章順王后} 한씨(1445~1461)는 네 번의 공신 책봉에 두 번의 영의정을 지낸 상당부원군 한명회(1415~1587)와 황려부부인 민씨의 1남 4녀 중 장녀로 1445년(세종 27년) 태어났다. 그녀는 조선 제8대 왕 예종(1450~1469)의 원비가 되어 왕이 될 원자를 낳았다. 그러나 그 원자는 왕이 되지 못하고 조기 사망했다. 그녀 역시 일찍 세상을 떠났다. 그녀의 본관은 청주이다.

장순왕후 한씨는 남편인 예종의 뒤를 이을 성종(1457~1494)의 원비 공혜왕후 한씨(1456~1474)와 친자매 사이로, 언니인 그녀는 세조의 며느리이고 동생인 공혜왕후 한씨는 세조의 손자며느리가 되었다. 둘의 나이 차이는 11세나 난다. 예종의 원비인 장순왕후 한씨의 아버지 한명회는 예종의 장인이자 예종의 왕위를 이어받을 성종의 장인도 되는 셈이다. 그러니 세조의 비 정희왕후 윤씨(1418~1483)도 천하의 권력자인 한명회를 의중에 두고 추존왕 덕종(의경세자)의 차남인 자산군(1457~1494)을 왕위계승자로 결정했을 것이다. 장남인 월산군

(1454~1488)은 한명회를 장인으로 둔 동생 자산군에게 왕의 자리를 빼앗긴 것이나 다름없다.

예종도 한명회의 사위였고, 예종의 뒤를 이어 왕위를 계승할 성종도 한명회의 사위였다. 한명회의 두 딸은 친정에서는 언니 동생 사이였지만 시댁에서는 숙모와 조카며느리 사이가 되었다. 한명회는 세조와 겹사돈 관계를 맺었다. 그 당시 한명회는 무소불위無所不爲 권력을 행사할 수 있었음은 물론이다. 그는 천하를 손에 쥘 만큼의 권력을 거머쥐고 있었다. 그러니 한명회를 두고 "나는 새도 떨어뜨린다"는 말을 했을 것이다.

권력을 거머쥔 한명회였지만 그는 과거시험에 계속 낙방하다가 종 9품의 말단직을 나이 40이 다 되어서야 얻게 되었다. 그것도 조상의 공로로 태조 이성계의 옛집이며 태종 이방원도 살았던 개성의 경덕궁敬德宮 지기였다. 그 후 1455년(세조 즉위년) 세조 즉위와 함께 본격적으로 그의 시대를 열어가게 되었다. 좌부승지, 우승지, 도승지, 이조판서, 병조판서, 우의정, 좌의정, 영의정에 이르기까지 그의 권력 수직상승은 계속되었다. 하지만 그의 딸 장순왕후 한씨는 예종이 왕위에 오르기 전 세자빈 시절에 죽었다. 그녀가 죽었어도 한명회는 예종이 즉위하자 다시 영의정이 되었다. 그녀를 세자빈으로 책봉하면서 그녀의 덕을 칭송한 세조의 책문이 〈한씨를 세자빈으로 책봉하였다〉란 제목으로 『세조실록』에 실려 있다. 구구절절 칭송일색이다.

한명회는 큰사위인 예종이 승하한 뒤에도 또 다른 사위인 자산군이 왕위에 오르게 되니 그의 권력은 좀처럼 식을 줄 몰랐다. 1469년(성종 즉위년) 성종이 즉위하고 자신의 또 다른 딸이 왕비로 책봉되자 한명회의 권세는 그야말로 하늘을 찌를 듯했다. 세조·예종·성종에 이르기까지 그는 절대 권력을 행사하였다. 4회에 걸쳐 1등 공신으로 추대받았고, 많은 토지와 노비를 상으로 받아 엄청난 부를 누렸다. 그러나 그의 큰딸인 장순왕후 한씨와 마찬가지로 성종의 비가 된 공혜왕후 한씨도 왕위를 이을 왕자를 남겨놓지 못하고 20세에 요절하고 말았

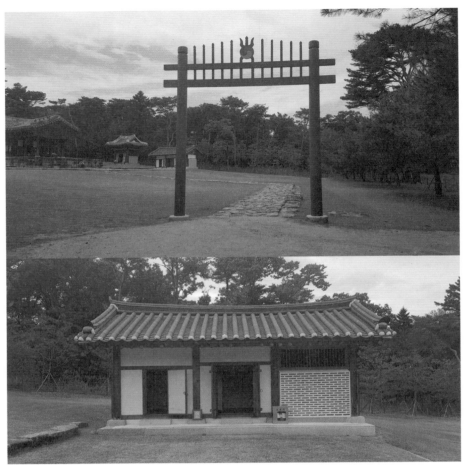

예종의 원비 장순왕후 한씨가 잠들어 있는 공릉恭陵의 전경과 새로 복원한 수복방 모습이다. 공릉도 신덕왕후 강씨의 정릉貞陵처럼 홍살문에서 정자각까지 이어지는 참도가 'ㄱ'자로 꺾여 있어 홍살문 앞에서 정자각이 정면으로 보이지 않는다.

다. 두 딸을 왕비로 만들었던 한명회도 1487년(성종 18년) 73세 나이로 눈을 감았다. 그는 세종 대에 태어나 문종·단종·세조·예종·성종 대까지 권력이 어떤 것인지 보여주며 살다가 세상을 떠났다. 누구나 세상을 떠나는 게 다행이다.

한명회의 부인이자 장순왕후 한씨의 어머니 민씨는 고려의 문하시중 민지의 5대손인 가정대부 한성부윤 민대생의 딸이었다. 장순왕후 한씨는 동생 공혜왕후 한씨와 함께 당대의 문벌 가문에서 태어나 아름답고 정숙하여 1460년(세조 6년) 세자빈으로 책봉되었다. 세조가 세자빈이 된 그녀에게 시호를 내린 기록도 『세조실록』에 〈세자빈 한씨에게 장순章順이란 시호를 내리다〉란 제목으로 실려 있다. 이 기사 또한 칭송일색이다.

장순왕후 한씨는 이처럼 세조의 칭송을 받으며 15세 때 5세 연하인 해양대군(예종)의 빈으로 책봉되었다. 그녀가 세자빈으로 책봉될 때 세조와 정희왕후 윤씨는 친히 광화문까지 나가 그녀를 맞이하고 근정전에서 한씨를 세자빈으로 책봉하였다. 그 정도로 대접을 받으며 입궐을 한 그녀였다. 그러나 세자빈에 책봉된 지 1년 7개월 만인 1461년(세조 7년) 음력 11월 30일, 원손인 인성대군(1461~1463)을 낳고 산후병으로 그 해 음력 12월 5일, 안기의 집에서 눈을 감았다. 그때 나이 17세였다. 1462년(세조 8년) 음력 2월 25일에 그녀를 장사지냈으며, 1470년(성종 1년) 능호를 공릉恭陵이라 하였고, 1472년(성종 3년) 묘호는 장순왕후로 추존되었다. 그녀의 죽음에 대한 세조의 안타까움이 『세조실록』에 〈장순 세자빈의 시책문諡冊文과 의주儀注〉란 제목으로 실려 있다. 예종과 혼례를 치른 지 2년도 안 되어 세상을 떠났으니 왜 안타깝지 않겠는가.

그녀가 예종의 장남으로 낳은 인성대군(1461~1463)은 1461년(세조 7년) 음력 11월 30일에 태어났으나 안타깝게도 1463년(세조 9년) 음력 10월 23일, 풍질風疾을 앓아 다음날인 음력 10월 24일 새벽 3세의 어린 나이로 죽었다. 그 해 음력 11월 5일, 시호를 효소孝昭로 하고, 인성군仁城君으로 추봉하여 의경세자(추존 왕 덕종)의 무덤과 가까운 곳에 예장하였다. 그러나 일제강점기 때 서삼릉의 왕자와 왕녀 묘역으로 이장되었다. 인성대군이 원래 묻혔던 묘 터에는 조성 당시에 만든 표석 및 상석, 문석인이 그대로 남아 있다. 이장되어간 서삼릉 경내 묘에는 봉분과 이장하면서 새로 제작하여 세운 표석이 있다.

1465년(세조 11년) 음력 7월 24일, 인성군의 제사를 세종의 7남인 평원대군의

예종과 원비 장순왕후 한씨 사이에서 원손으로 태어난 예종의 첫아들 인성대군의 초장지 모습이다. 현재 서오릉 경내에는 1463년(세조 9년) 초장지 조성 당시에 만든 문석인과 상석, 표석이 남아 있다.

사당에서 모셨다가 1470년(성종 1년) 그의 어머니 장순왕후 한씨의 혼궁魂宮인 별실別室로 신주를 옮겼다. 그리고 1472년(성종 3년) 음력 2월 23일, 인성군에서 인성대군으로 추증되었다. 후에 인성대군의 사손祀孫을 세종의 5남인 광평대군 14대손 이백연으로 다시 정하여 제사를 지내게 하였다. 인성대군이 오래 살았다면 예종의 뒤를 이어 왕위에 올랐을지도 모른다. 그리되었으면 장순왕후 한씨는 원비인데다 왕의 어머니가 되어 왕 곁에 잠들 수 있었을 것으로 보인다. 그렇게 되었다면 그녀의 아버지 한명회의 기세는 하늘도 감당 못할 정도로 죽을 때까지 꺾이지 않았을 것이다. 하지만 도를 넘고 정도가 지나쳐 하늘이 무심치 않았나 보다. 자신을 낮추며 겸손하게 살아가야 함을 일깨워준 게 아닌가 싶다.

예종의 원비 장순왕후 한씨가 낳은 원자 인성대군은 초장지인 서오릉을 떠나 왕자 8명과 왕녀 14명이 함께 모여 잠들어 있는 서삼릉으로 이장되었다. 서삼릉의 비공개지역 왕자와 공주의 묘가 모여 있는 맨 위쪽, 세종의 첫째 공주인 정소공주 옆에 잠들어 있다.

　　예종의 원비 장순왕후 한씨의 능호는 공릉恭陵이며 능은 단릉으로 조성되었다. 당초 왕비의 능이 아닌 세자빈 묘로 조성되어 봉분에 난간석과 병풍석이 생략되었고, 석양과 석호도 두 쌍씩이 아닌 한 쌍씩만이 공릉을 수호하고 있다. 봉분 앞에는 혼유석과 장명등이 있으며 양쪽 끝에 석마를 동반한 문석인이 서 있다. 망주석과 무석인은 설치되지 않았다. 망주석이 없는 유일한 왕비 능이다. 그녀는 왕비에 오르기 전 죽었지만 그녀의 남편이 왕위에 오르면서 왕비로 추존되었다. 비각 안에 세워진 그녀의 비석에는 '조선국 장순왕후공릉朝鮮國 章順王后恭陵'이라고 새겨져 있다.

　　그녀는 파주삼릉에 가장 먼저 입주한 주인공이다. 그녀는 예종의 원비로 왕

예종의 원비 장순왕후 한씨의 공릉 비각과 능침 공간의 전경과 후경이다. 비석에는 '조선국 장순왕후 공릉朝鮮國 章順王后恭陵'이라고 새겨져 있다. 그녀는 계비 안순왕후 한씨에게 왕 곁은 빼앗기고 공릉에 홀로 잠들어 있다. 봉분에 병풍석과 난간석은 둘려져 있지 않지만 봉분이 생각 외로 크다. 공릉은 왕비 중 유일하게 망주석도 설치되지 않은 초라한 왕릉이다.

이 될 원자까지 낳았으나 그 원자가 안타깝게도 단명하여 왕위를 잇지 못하였다. 그러니 그녀는 왕비에도 올라보지 못하고 죽은 것도 아쉽고, 원비면서 왕 곁에 잠들지 못한 것도 아쉽고, 무엇보다 왕이 될 수 있는 원자를 일찍 잃은 슬픔으로 인해 잠 못 들고 있을 것이다. 장순왕후 한씨는 경기도 파주시 조리읍 삼릉로 89 파주삼릉 능역 안의 공릉恭陵에 남편인 예종과 멀리 떨어져 홀로 잠들어 있다. 그녀의 남편 예종은 계비 안순왕후 한씨와 경기도 고양시 덕양구 서오릉로 334~32 서오릉 능역 안 창릉昌陵에 잠들어 있다. 조선왕조가 문을 연 이래 선왕들과 달리 예종이 계비와 잠든 최초의 왕이 되었다. 공릉의 석물은 초라해도 능침의 크기는 그래도 큰 편이다. 그녀가 잠든 공릉과 그녀의 남편이 계비 안순

장순왕후 한씨의 남편 예종이 원비를 제쳐놓고 계비 안순왕후 한씨와 잠들어 있는 창릉昌陵 정자각과 예종의 능침 공간, 그리고 장순왕후의 이름이 없는 창릉의 '조선국 예종대왕창릉 안순왕후부좌강朝鮮國 睿宗大王昌陵 安順王后祔左岡'이라고 새겨진 비석 모습이다. 창릉은 동원이강릉同原異岡陵으로 조성되었다. 예종은 정자각 왼쪽 언덕에, 계비 안순왕후 한씨는 오른쪽 언덕에 잠들어 있다.

왕후 한씨와 잠든 창릉과는 26.81km 정도, 그녀의 아들 인성대군이 잠든 서삼릉의 왕자·왕녀 묘와는 21.57km 정도 떨어져 있다.

5

부덕한 아버지를 둔 공혜왕후 한씨
(제9대 왕 성종의 원비)

공혜왕후恭惠王后 한씨(1456~1474)는 상당부원군 한명회(1415~1487)와 황려부부인 민씨의 1남 4녀 중 막내딸로 1456년(세조 2년) 태어났다. 그녀는 조선 제9대 왕 성종(1457~1494)의 원비가 되었다. 하지만 왕자는 물론 공주도 낳지 못하고 요절하였다. 그녀의 본관은 청주이다.

공혜왕후 한씨는 1467년(세조 13년) 12세 어린 나이로 한 살 연하인 자산군(성종)과 혼인하여 천안군부인 한씨로 불리다가 1469년(예종 즉위년) 자산군이 예종의 뒤를 이어 왕위에 오르자 14세 때 왕비로 책봉되었다. 그녀 역시 처음부터 세자빈이나 왕비로 책봉된 게 아니었기에 왕비에 오르리란 생각은 하지 못하였을 것이다. 누구든 앞날을 예측하기 어렵듯이 그녀 역시 왕비가 되리라고 예측하지 못했을 텐데 왕비로 책봉된 것이다. 〈인정전에 나아가서 왕비를 책봉하다〉란 제목의 기사가 『성종실록』에 보란 듯이 실려 있다.

그녀는 왕비로 책봉된 뒤 세조의 비 정희왕후 윤씨, 추존 왕 덕종의 비 소혜

왕후 한씨, 예종의 비 안순왕후 한씨 등의 삼전三殿에게 항상 진기하고 맛있는 것을 구해 바치는 등 극진한 효도를 다하였다. 그리고 후궁들에게도 늘 너그럽고 대범하게 대접을 하였다. 장차 후궁을 뽑을 것이라는 말을 들으면 후궁의 의복을 장만하여 두었다가 들어오기를 기다려 내리고, 그 뒤로도 조금도 싫어하는 기색 없이 의복과 노리개를 후궁에게 끊임없이 내려주었다

성종의 원비 공혜왕후 한씨가 홀로 잠들어 있는 파주삼릉의 순릉順陵 전경이다. 순릉을 비롯한 파주삼릉 모두의 참도가 2도나 4도여야 하는데 이곳은 외길이며 박석이 신통치 않다.

성종의 원비인 공혜왕후 한씨의 순릉 정자각 신문으로 올려다보이는 능침과 비석 모습이다. 비석에는 '조선국 공혜왕후 순릉朝鮮國 恭惠王后 順陵'이라고 새겨져 있다.

고 한다. 그녀는 욕심 많은 아버지 한명회를 전혀 닮지 않았던 모양이다. 그녀의 성품에 대한 내용이 『성종실록』 곳곳에 자세히 기록되어 있다.

이렇게 지극한 왕비를 왕도 고맙게 생각하고 중히 여겼던 것은 당연한 일이었을 것이다. 그녀가 18세에 병이 들어 친정으로 거처를 옮겨갔을 때 성종은 하루 걸러서 거둥하여 병색을 살피고 약을 들게 하였을 정도였다. 이러한 정성 때문인지 병이 차도를 보여 그녀는 다시 궁궐로 돌아왔다. 하지만 곧 병이 재발하여 다음해에 창덕궁의 구현전求賢殿으로 거처를 옮겼다. 이때 성종은 물론 3명의 왕비(정희왕후 윤씨·소혜왕후 한씨·안순왕후 한씨)는 날마다 거둥하여 보살피고 공혜왕후 한씨의 쾌유를 종묘사직에 빌고 또 빌었다. 그녀는 권력이 대단했던 아버지를 둔 덕에 왕실에서도 이처럼 사랑을 듬뿍 받을 수 있었다. 친정 배경이 왕비가 된 후에도 영향을 크게 미침을 그녀가 증명해주었다.

그러나 그녀는 1474년(성종 5년) 19세의 젊은 나이로 창덕궁 구현전에서 세상을 떠났다. 너무 복이 많았던 게 탈이었지 않았을까 싶다. "과함이 부족함만 못하다"는 말이 그녀를 두고 하는 말 같다. 성종은 공경하고 유순하게 윗사람을 섬김의 '공恭'과 너그럽고 부드러우며 인자함의 '혜惠'를 넣어 공혜恭惠라는 시호를 그녀에게 1474년(성종 5년) 내렸으며, 1498년(연산군 5년) 휘의신숙徽懿愼肅이라는 존호가 더해졌다. 그녀는 언니이자 시숙모인 장순왕후 한씨와 마찬가지로

새로 복원한 순릉順陵의 수복방·수라간 모습이다.

파주삼릉 중 유일하게 왕릉답게 조성된 공혜왕후 한씨의 순릉順陵 전경과 후경이다. 그의 언니인 장순왕후 한씨의 공릉恭陵과 추존 왕 진종과 효순왕후 조씨의 영릉永陵은 원래 세자빈, 세자의 묘로 조성되었다. 그들은 죽은 후 왕비와 왕으로 추존되었다.

왕위를 이을 왕자를 남겨놓지 못하고 20세를 못 넘긴 채 요절하고 말았다.『성종실록』에 〈공혜왕후의 장례를 치르다〉란 제목의 기사를 봐도 알 수 있듯이 그녀는 삼전三殿의 사랑을 받아도 너무 많이 받은 왕비다. 그런 그녀가 19세의 꽃다운 나이에 병으로 요절하고 말았으니 삼전의 슬픔이 어땠을지 짐작이 간다.

공혜왕후恭惠王后 한씨의 능호는 순릉順陵이며 능이 단릉으로 조성되었다. 그

공혜왕후 한씨의 남편 제9대 왕 성종의 선릉宣陵 전경과 능침 공간의 앞과 뒤에서 바라본 모습이다. 그녀는 원비였지만 왕 곁이 아닌 언니 곁에 잠들어 있다. 그녀의 남편 성종은 계비 정현왕후 윤씨를 곁에 두고 강남의 빌딩 숲속 선릉宣陵에 잠들어 있다. 동원이강릉으로 조성된 성종의 능침 뒤쪽 언덕에 계비 정현왕후 윤씨가 잠들어 있다.

녀는 자신의 친언니와 마찬가지로 원비였으나 왕 곁에 잠들지도 못하였다. 또한 언니의 뒤를 이어 왕비가 되었으나 후사를 한 명도 남기지 못한 채 요절하고 말았다. 그녀의 순릉은 파주삼릉 중 왕릉으로서 갖출 것은 다 갖추고 있는 왕릉다운 왕릉 모습을 하고 있다.

그래도 자매끼리 같은 능역 안에 잠들었으니 그나마 다행으로 보인다. 자매는 둘 다 왕의 원비였지만 둘 다 왕의 어머니가 되지 못하였고, 왕 곁에 잠들지도 못하였다. 두 딸을 잃게 되면서 한명회의 욕망도 끝이 나고 말았다. 한명회가 아버지로서 덕을 쌓지 못해 딸들이 부귀영화를 누리지 못하고 요절을 한 게 아닌가 싶기도 하다. 공혜왕후 한씨는 파주삼릉 능역 안에 그녀의 언니 장순왕후 한씨와 각각 다른 산줄기에 잠들어 있다.

왕의 원비라고 왕 곁에 잠드는 게 아니었다. 왕비가 원비 한 명뿐이면 왕 곁에 잠드는 게 당연하겠지만 계비가 있을 때가 문제였다. 계비와 잠든 왕들이 원비와 잠든 왕들보다 많은 것을 보면 알 수 있다. 8명의 원비들이 왕 곁에 잠들지 못했다. 아마 계비나 원비나 왕 곁에 잠들지 못한 왕비들은 지금도 왕이 자신의 곁에 와서 잠들기를 바라고 있을지도 모른다. 후궁들 역시 안 된다는 것을 알면서도 왕 곁에 잠들고 싶을 것이다.

원비이면서 왕 곁에 잠들지 못한 공혜왕후 한씨는 경기도 파주시 조리읍 삼릉로 89 파주삼릉 안에 위치한 순릉에, 남편 곁이 아닌 언니 곁에 잠들어 있다. 그녀의 남편 성종은 계비인 정현왕후 윤씨와 서울 강남구 선릉로 100길 1(삼성동) 선릉에 잠들어 있다. 그녀가 잠든 파주삼릉의 순릉順陵과 남편 성종이 잠든 선릉宣陵과는 51.51km 정도 떨어져 있다.

6

칠거지악七去之惡에 걸린 폐비 윤씨

(제9대 왕 성종의 폐비)

폐비廢妃 윤씨(1455~1482)는 함안부원군 윤기견(?~?)과 장흥부부인(연산군 사후 군부인으로 격하) 신씨의 4남 1녀 중 외동딸로 태어나 조선 제9대 왕 성종(1457~1494)의 후궁이 된 후 왕비 자리까지 올랐다. 그녀는 두 살 아래인 성종과의 사이에 제10대 왕 연산군(1476~1506)을 낳아 왕위에 오르게 했으나 조선왕조 최초로 왕비 자리에 올라 있을 때 폐비가 되었다. 그녀의 본관은 함안이다.

후궁 자리에 올라 있던 그녀는 성종의 원비 공혜왕후 한씨(1456~1474)가 세상을 뜨면서 왕비로 책봉되었다. 그리고 성종과의 사이에 2남을 낳았다. 그 중 차남은 조기 사망하였고, 장남인 연산군이 조선의 실제 왕이 되었다. 그녀는 고려 제16대 왕 예종(1105~1122) 때의 명장, 문하시중 윤관의 11대 손녀가 된다. 또한 권신인 신숙주의 외당조카이기도 하다. 그녀의 시호는 제헌齊獻이었으나 폐비廢妃가 되었으므로 보통 폐비 윤씨라 부른다.

그녀는 가난한 양반집안의 딸로 태어나 빼어난 미모로 1473년(성종 4년) 성종의 후궁으로 간택되어 숙의에 봉해졌다. 그런데 후궁으로 간택된 지 얼마 안 되어 성종의 원비 공혜왕후 한씨가 1474년(성종 5년)에 승하하면서 그녀에게 행운이 찾아왔다. 성종의 원비 삼년상을 마치자마자 그녀는 1476년(성종 7년) 7월 11일에 대왕대비였던 세조의 비 정희왕후 윤씨(1418~1483)의 뜻에 따라 교지를 받아 8월에 왕비로 책봉되었다. 그때 이미 연산군을 임신하고 있었으며 그해 11월에 연산군을 낳았다. 겹경사가 아닐 수 없었다.

그러나 1479년(성종 10년), 그녀는 심한 투기와 모함으로 왕비에 오른 지 3년 정도 되었을 때 폐비가 되어 사가로 쫓겨났다. 그 후 그녀는 안타깝게도 복위되지 못하고 폐비가 된 지 3년가량 지난 1482년(성종 13년)에 그만 사약을 받고 세상을 떠났다. 성종이 그녀를 왕비로 삼을 것을 명령한 내용이 〈의지懿旨로 숙의 윤씨를 곤위로 삼을 뜻을 전교하다〉란 제목으로 『성종실록』 7권에 실려 있다. 실록 내용을 읽어보면 그녀는 더없이 공손하고, 더없이 겸손한 여인이었음을 알 수 있다.

그런데 실록에 나타난 현숙한 이 여인이 어쩌다 폐비가 되었는지 안타깝기만 하다. 그녀의 일생은 속전속결로 끝이 나버렸다. 그녀는 후궁으로 간택되었고, 왕비로 책봉되었으며, 세자로 책봉될 원자를 낳았고, 폐비가 되었고, 사약을 받아 세상을 떠났다. 이 일들이 그야말로 9년 동안 숨가쁘게 일어났다. 조선의 왕비들 중 왕비에 올랐다가 폐비가 된 후 복위되지 못한 왕비들이 그녀 포함 4명이나 있다. 그 중 2명은 군부인으로 강등되었고, 나머지 1명은 빈으로 강등되었다. 폐비 윤씨만이 왕비에서 일반 백성인 서인庶人이 되어버렸다. 그녀에게 천벌 중의 천벌이 내려진 셈이다. 장희빈(희빈 장씨)과 비교해봐도 그녀에게 내려진 벌이 너무 세지 않았나 싶다. 그녀가 왕비로 책봉받던 날 『성종실록』 70권 기록을 보면 왕비로서 성품이 부드럽고 아름다우며, 마음가짐이 깊고 고요하며, 모든 게 뛰어나므로 왕비로 책봉했음이 나타나 있다. 그런데 그녀의 일생이 엉망진창이 되어버렸다.

성종의 계비이자 연산군을 낳은 폐비 윤씨가 창덕궁의 인정전仁政殿에서 왕비로 책봉되었다. 인정전의 정문인 인정문과 인정전이 마주하고 있다.

그녀는 제9대 왕 성종의 두 번째 왕비가 되었으며, 제10대 왕 연산군 (1476~1506)의 어머니가 되었다. 그런데 그녀는 그동안 보여줬던 정숙했던 행동을 저버리고, 그녀 스스로 폐비가 될 만한 행동을 저질러도 너무 많이 저질러 폐비가 되고 말았다. 그래서일까? 폐비하면 그녀가 가장 먼저 떠오른다. 폐비들의 어머니가 바로 폐비 윤씨가 아닌가 싶다. 그녀 외에 폐비가 되어 복위되지 못한 3명의 왕비들이 있지만 그녀들은 폐비라 부르지 않고, 무슨 군부인, 무슨 빈이라고 부른다. 연산군 부인(거창군부인 신씨)·광해군 부인(문성군부인 류씨)·장희빈(희빈 장씨)이라고 부른다. 오로지 그녀에게만 폐비 딱지가 붙어 다닌다. 그녀가 왕비에서 바로 일반 백성이 되었기 때문이다. 장희빈(희빈 장씨)은 숙종의 후궁으로 5년가량이나 왕비 자리까지 올랐으나 폐위되어 빈으로 강등되었다. 그래선지 대부분의 사람들은 그녀가 왕비였다는 생각은 않고 후궁으로만 알고 있다.

폐비 윤씨는 책봉 당시 온갖 칭찬을 받으며 왕비 자리에 올랐으나 불행하게도 폐비가 되었다. 그녀는 조선왕조 최초로 살아서 왕비 자리에 올라 있을 때 폐비가 되었다. 그녀보다 먼저 태조의 계비 신덕왕후 강씨·문종의 비 현덕왕후 권씨·단종의 비 정순왕후 송씨 등 3명이 폐비가 되었지만 태조의 계비와 문종의 비는 무덤 속에서 폐비가 되었고, 단종의 비는 왕대비자리에 올라 있을 때 각각 폐비가 되었으니 하는 말이다.

그녀가 폐비가 된 가장 큰 원인은 남편인 성종과의 심한 갈등 때문이었다. 그녀는 폐비가 된 후 복위되지 못한 채 사사되었다. 그 후 그녀의 아들 연산군이 왕위에 올랐을 당시에 잠깐 제헌왕후齊憲王后로 왕후 작호가 추숭되었지만 중종반정 이후 바로 박탈되었다. 반정으로 그녀의 아들 연산군이 폐위되었기 때문이다. 그녀는 성종보다 2세 연상이라고 한다. 그동안 정확한 생년을 알 수 없었는데 몇 년 전 국립고궁박물관의 폐비 윤씨 태실胎室 속의 태지문胎誌文에서 확인되었다. 그곳에 1455년(단종 3년) 음력 6월 1일생으로 확실하게 기록되어 있었다. 그녀에게 아들이 연산군 하나뿐인 줄 알았는데 연산군 동생으로 1479년(성종 10년) 조기 사망한 아들이 한 명 더 있었음을 『성종실록』을 통해서 새롭게 알 수 있었다. 그 기록이 〈폐비 윤씨의 소생인 왕자가 죽다〉란 제목으로 『성종실록』에 나와 있다. 연산군보다 3세가 어렸다.

그녀의 할아버지 윤응은 통훈대부 교하현감이었고, 증조할아버지 윤득룡은 조선 조정에 처음 벼슬하여 자헌대부와 호조전서를 역임했다. 고조할아버지 윤

폐비 윤씨의 회묘懷墓와 그를 그토록 사랑했던 조선 제9대 왕 성종의 선릉宣陵 능침 모습이다. 그녀는 남편 성종과 3명의 대비들에게 사랑을 듬뿍 받았지만 끝내 폐비 딱지를 떼지 못하고 잠들어 있다.

희는 고려조에서 정순대부 좌산기상시를 지낸 바 있다. 폐비 윤씨의 선계는 본래 파평 윤씨였는데 6대조 윤돈과 5대조 윤희보가 고려 조정에서 출세하여 흥위위 주부를 거쳐 함안 백으로 봉작되면서 함안 윤씨로 분가하게 되었다. 따라서 폐비 윤씨의 본관을 파평으로 전하는 문헌도 있다. 이처럼 괜찮은 가문 출신의 폐비 윤씨는 아버지가 일찍 세상을 뜨는 바람에 집안 형편이 어려워져 궁녀로 궁에 들어갔다고 전해져왔다.

그런데 『조선왕조실록』에는 그녀의 먼 친척인 세조의 비 정희왕후 윤씨가 그녀를 윤호의 딸 정현왕후 윤씨와 함께 입궁시켜 숙의 첩지를 내린 사실이 명백히 표기되어 있다. 그런 걸 보면 그녀가 궁녀가 아닌 후궁으로, 훗날 그녀의 왕비 바통을 이어받는 정현왕후 윤씨와 간택되어 궁으로 들어간 게 확실한 셈이다. 무엇보다 그녀는 왕비가 되기 전 후궁 시절에 임신을 했고, 1476년(성종 7년) 8월에 왕비 자리에 오른 지 3개월 만인 11월에 원자(연산군)를 낳아 자신의 위치를 더욱 확고히 만들어놓았다. 그녀가 낳은 연산군은 성종에게 맏아들이었다. 그러니 원자를 낳아준 폐비 윤씨를 삼전三殿인 세조의 비 정희왕후 윤씨·추존 왕 덕종(의경세자)의 비 소혜왕후 한씨·예종의 계비 안순왕후 한씨 등 3명의 대비들과 성종이 더욱 사랑할 수밖에 없었다.

이처럼 삼전三殿을 비롯하여 성종에게 사랑을 받았지만 그녀는 죽은 원비 공혜왕후 한씨와는 달리 질투심이 많았다. 그 질투심으로 인하여 자신의 무덤을 스스로 파기 시작했다. 유난히 여색을 밝혔던 성종 때문에 그녀도 어쩔 수 없었다는 견해가 있기는 하나 그녀의 행동이 도를 넘었던 것도 사실이다. 야사에 의하면 성종이 그녀의 처소에 들르지 않고 후궁들의 처소만 찾자 그 후궁들을 질투한 나머지 잡아다가 죄인처럼 추궁하고 문초를 하는 등의 행위를 하다가 성종의 눈 밖에 나기 시작했다고 한다.

안타깝게도 그녀는 생일 다음날 폐비가 되었다. 그녀의 생일에 성종은 잔치는 고사하고 옷감 정도만 선물로 보내주고는 후궁인 정소용(정귀인)의 침소에 들었다. 이를 알고 난 그녀가 불같은 성미에 가만히 있을 리 없었다. 급기야 성종과 함께 있는 정소용의 침소에 들어가 그녀의 뺨을 때리고 난리를 치는 과정에서 성종의 용안龍顔까지 상처를 내게 되었던 것이다. 그러니 그녀가 걸려도 크게 걸렸다. 아니나다를까, 이 소식을 전해들은 그녀의 시어머니 인수대비(소혜왕후 한씨)의 분노가 극에 달했고, 결국 그녀는 폐비가 되고 말았다. 이 사실이 〈중궁 폐출의 교서를 내리다〉란 제목으로 『성종실록』에 소상히 실려 있다. 역사는 이렇게 실록을 통해 모든 것을 빼놓지 않고 전하고 있다.

그녀는 일련의 사건 등으로 결국 왕비 재위 3년 만인 1479년(성종 10년) 폐위되었다. 그런데 그녀는 죽어서까지도 누구보다 많은 이야기를 만들어내고 있다. 그녀뿐 아니라 그녀의 아들 연산군도 오늘날 문화예술발전에 크게 공헌하고 있다. 영화·드라마뿐만 아니라 다양한 예술 장르를 통하여 그들 모자를 심심치 않게 만나볼 수 있다. 그들 모자가 흥미진진한 이야기를 남겨놓고 떠났기에 끊임없이 문화콘텐츠가 되어 스토리텔링의 소재가 되고 있다. 역사는 이처럼 남겨놓은 이야기가 무궁무진할 때 흥미롭고, 알면 알수록 자꾸만 더 궁금해지고, 더 알고 싶어진다. 이것이 역사의 매력이 아닐까?

그녀가 폐위된 이후 조선 조정에서는 자신의 행동을 뉘우치고 있는 점, 세자의 생모라는 점 등을 이유로 들어 그녀를 살려두고자 했다. 성종 역시 세자로 책봉되어 있는 연산군의 생모인 것을 감안하여 궁궐로 불러들여 살게 하려고 했다. 그리하여 성종은 폐비 윤씨가 반성하고 있는지 살펴보고 오라고 그녀의 사가로 궁녀를 보냈다. 그런데 성종의 모후인 인수대비(소혜왕후 한씨)와 성종의 후궁인 엄귀인, 정귀인 등의 사주使嗾로 인해 폐비 윤씨를 살펴보고 돌아온 궁녀가 성종에게 거짓 보고를 하였다. 그러자 이런 사실을 모르고 있던 성종은 1482년(성종 13년), 그녀에게 결국 사약賜藥을 내려 사사시키고 말았다. 그녀가 왕비에서 쫓겨난 지 3년 만의 일이다. 그녀는 아들 연산군이 4세가 되던 해에 폐비가 되어 사가로 쫓겨났고, 7세가 되던 해에 사약을 받고 세상을 떠났다. 그녀가 끝내 왕비로 복위되지 못한 채 사사되는 과정이 1482년(성종 13년) 〈이세좌에게 명하여 윤씨를 그 집에서 사사하게 하다〉란 제목으로 『성종실록』에 자세히 실려 있다. 좌승지 이세좌가 폐비 윤씨의 얼굴을 잘 모른다면서 그녀를 사사하는 현장에 그녀의 얼굴을 아는 내관을 데리고 가겠다고 한 기사까지 나와 있다.

폐비 윤씨는 자신이 낳은 아들이 세자로 책봉되어 있기 때문에 언젠가 다시 남편인 성종 곁으로 돌아가리라 생각했다. 그랬기에 그녀는 그동안의 잘못을 뉘우치면서 몸가짐을 조심하며 지냈다. 그러나 그녀를 왕비에 올릴 때부터 마음에 안 들어 했던 시어머니 인수대비(소혜왕후 한씨)의 뜻대로 그녀는 생을 마감해야만 했다. 시어머니에게 잘못 보여 끝내 비극적인 최후를 맞이한 며느리 윤씨였다. 성종은 태어나 두 달도 못 되어 아버지를 잃고, 홀로 된 어머니 슬하에서 자랐다. 그러니 어머니 인수대비의 말이라면 콩이 아닌 팥으로 메주를 쑨다해도 맞다 할 수밖에 없는 효자였다. 그런데 폐비 윤씨가 그런 시어머니 눈 밖에 났으니 다시 왕비 자리로 돌아오기는 어려운 일이었다.

그녀는 왕비 자리에서 쫓겨나 궁궐을 나온 뒤 죽는 날까지 3년 동안 자신이 낳은 세자(연산군)의 얼굴을 한 번도 못 본 채 하얀 한삼자락에 피를 토하며 죽어가야만 했다. 성종은 그녀에게 마침내 사약을 내려 사사시켰다. 하지만 성종은 사랑하여 계비로 삼은 그녀를 사사시킨 게 영 걸렸던 모양이다. 1483년(성종 14년) 〈한명회가 중국 조정에서 폐비 윤씨의 일을 물으면 어떻게 대답하는지를 묻다〉란 제목으로 실린 『성종실록』을 보면 성종의 안타까운 마음을 알 수 있다. 성종은 전교하기를, "폐하여 사제私第에 있다고 대답하는 것이 가하다. 만약 끝까지 묻거든 근심에 시달리다 파리해져서 죽었다고 대답하는 것이 가하다"라고 한 것만 봐도 알 수 있다.

이 사실을 아들 연산군이 안다면 얼마나 가슴이 아프겠는가? 어찌되었건 국모를 사사시킨 것은 대내외에 부끄러운 일이다. 한때 남편이었던 왕에 의해 폐비가 되어 사가로 쫓겨난 뒤 복위도 못 되고, 서인의 몸으로 사약을 받고 세상을 떠났으니 내세울 만한 일은 아니다. 성종의 묘지문墓誌文에는 폐비 윤씨란 말은 없다. "숙의 윤씨尹氏를 올려서 비妃로 삼으니 바로 판봉상시사判奉常寺事 윤기견의 따님인데, 금상전하今上殿下를 탄생하였다"라고만 기록되어 있다. 연산군이 이 사실을 알까봐 묘지문에조차 기록을 금하게 했던 모양이다.

아무튼 그녀의 집안은 그녀로 인해 풍비박산이 났고, 그녀의 가족들은 모두 유배를 떠났으며, 노비들마저 도망을 가 그녀의 상여를 메고 장례를 치러줄 사람조차 없었다. 그리하여 성종은 군인을 뽑아 장례를 치르도록 하였다. 장례를 치르는 동안 그녀의 친정어머니 신씨만이 자리를 지켰다. 죄인이니 나라에서 장례를 치러줄 수는 없고, 성종은 예조禮曹에 명하여 장사지낼 장소와 일시를 택정하게 하였다. 그리고 관곽棺槨을 내려주었다. 이는 그녀를 죽음으로 몰고 간 시어머니 인수대비의 분부였다. 그녀는 미워도 한때 며느리로 장손을 낳아준 여인이 아닌가. 또한 여의女醫로 하여금 가서 여러 가지 일을 돌보게 하였다. 장례가 끝난 뒤 폐비 윤씨의 어머니 신씨는 장흥으로 유배를 떠났다. 〈예조에 폐비 윤씨의 제사를 지내주도록 하다〉란 제목으로 실린 『성종실록』기사를 보면 그녀가 폐비가 된 지 10년, 죽은 지 7년이 되는 해에 성종은 그녀의 묘 앞에 비석을 세우고 그녀의 제사를 지내주도록 하였다. 그동안은 그녀의 묘에 비석조차 세우지 못하도록 하였던 성종이었다.

폐비 윤씨는 사약을 받고 죽어가면서 자신의 피가 묻은 한삼자락을 친정어머니 장흥부부인 신씨에게 전달했다. 그러고는 세자(연산군)가 자라거든 전해달라는 유언을 남기고 죽었다. 세자의 어머니인 자신을 이렇게까지 죽어가게 한 것에 대한 억울함 때문에 그랬을 것이다. 하지만 그 한삼자락에 묻은 피가 그녀가 남겨놓고 떠난 유일한 아들 연산군의 인생까지 망치게 할 것은 예상하지 못했던 모양이다. 그녀는 아무리 억울하고 분해도 세자로 책봉되어 있는 아들을 위하여 원수를 사랑까진 안 해도 이해하도록 하게 노력했어야만 했다. 그런데 그녀의 모정은 거기까지는 미치지 못했다. 그녀가 아들의 앞날을 생각해야 했는데 그릇이 그만큼은 되지 못했던 모양이다.

훗날 그녀의 아들! 연산군이 왕위에 오르면서 이 사건에 대해 알게 되었고, 결국 이 사건에 관련된 사람들을 처벌하면서 1504년(연산군 10년)에 갑자사화甲子 士禍가 일어났다. 그로 인하여 무덤 속에 잠들어 있던 한명회, 한치형 등이 부관 참시를 당했고, 그 외 사람들이 사사되거나 유배되었다. 실제 연산군은 왕위에 오르기 전부터 어머니의 죽음에 얽힌 사연을 알고 있었다고 한다. 그녀의 아들 연산군이 왕이 되자 그녀는 제헌왕후로 추숭되었고, 회묘懷墓라 불렀던 그녀의 묘도 회릉懷陵으로 격상되기에 이르렀다.

연산군은 왕으로 즉위하면서 아버지 성종의 묘지문墓誌文을 보고 어머니에 대해 전적으로 의심을 갖기 시작하였다. 비로소 자신을 낳아준 어머니가 죄로 폐위되어 죽은 줄 알고 수라를 들지 않았다. 그 당시 연산군의 심정이 어땠을지 마음이 아프다. 자신을 낳은 어머니가 사약을 받고 피를 토하고 죽어갔는데 어찌 울분에 차지 않겠는가. 〈성종의 묘지문 관계로 생모 윤씨가 죄로 폐위되어 죽은 줄 알다〉란 제목으로 『연산군일기』에 실린 내용에도 연산군은 어머니가 폐비가 되어 죽은 사실을 알고 난 뒤 수라를 들지 않았다고 기록되어 있다.

윤씨는 아들에 의해 죽어서 다시 왕비로 추숭되었지만 그녀의 아들 연산군이 1506년(연산군 12년) 중종반정으로 폐위되면서 그녀에게 올렸던 관작은 모두 빼앗겼다. 그녀가 잠든 회릉懷陵 역시 회묘懷墓로 다시 격하되었다. 폐비 윤씨는 왕이 된 아들 덕분에 죽어서 왕비로 복권되었으나 그것도 일장춘몽一場春夢이 되고 말았다. 그렇게 된 그녀도 불쌍해 보이지만 폐왕이 된 그녀의 아들 연산군이 더 불쌍해 보인다. 덕을 쌓지 못하고 죽어간 어머니를 둔 탓에 아들 연산군 역시 인생이 그야말로 난장판이 되어버렸다.

연산군은 아버지 성종과 어머니 폐비 윤씨 사이에 맏아들로 1476년(성종 7년)에 태어나 조선의 실제 왕으로 등극하였다. 4남 2녀의 자녀들까지 두었다. 하지만 그 어떤 아들도 연산군의 왕위를 계승하지 못했다. 폐비의 아들인 연산군

자신도 폐위되어 폐왕이 되었기 때문이다. 그로 인해 부인인 거창군부인 신씨 (1476~1537)도 폐비가 되었다. 아들 연산군과 며느리 신씨 사이에 태어난 손자 이황(1497~1506)도 세자로 책봉되어 있었으나 역시 폐세자가 되어 죽음을 맞이

폐비들의 어머니라 할 수 있는 폐비 윤씨의 남편 조선 제9대 왕 성종이 잠들어 있는 선릉宣陵의 능침 전경과 후경이다. 그녀의 남편 성종은 계비 정현왕후 윤씨와 동원이강릉으로 조성된 강남의 빌딩 숲속 선릉에 잠들어 있다. 그녀가 폐비가 된 후 그녀와 함께 간택후궁으로 입궁했던 정현왕후 윤씨가 성종의 세 번째 왕비가 되었다.

하였다.

폐비 윤씨의 아들 연산군은 실정失政으로 재위기간 12년이 모두 물거품이 되어버렸다. 폭군 중의 폭군이 되어버린 연산군 자신도 왕위에서 쫓겨나고, 연산군의 아들마저 폐세자가 되고 말았다. 『연산군일기』 1권, 총서만 봐도 연산군의 일대기를 자세히 알 수 있다. "포학暴虐하고, 주색에 빠지고, 잔인함이 도를 넘어 주살을 일삼다가 폐위되어 교동에 위리안치되었다. 그런데 그곳에서 두어 달 살다가 31세에 병으로 죽었다"고 기록되어 있다.

연산군의 재위기간 이야기는 『조선왕조실록』이 아닌 『연산군일기』에 63권 46책으로 정리되어 남겨졌다. 중종반정으로 폐왕이 되었기 때문이다. 1509년(중종 4년) 연산군을 몰아낸 반정세력에 의해 『연산군일기』가 완성되었다. 그러니 잘한 것보다는 잘못한 것 위주로 정리가 되어 있을 확률이 높다. 연산군은 타고난 감수성이 좋아 수백 편의 시를 남겼는데 중종반정 후 모두 불태워 없어지고 『연산군일기』에 130여 편만 남아 있다. 많이 아까운 생각이 든다. 연산군은 시를 잘 지었을 뿐 아니라 붓글씨도 잘 썼다. 폭군으로만 알려진 연산군의 숨은 얼굴이다. 다행히 남아 있는 시들 중 『연산군일기』에 실린 두 편의 시를 소개해본다. 폐비가 된 어머니를 생각하며 지은 시를 먼저 소개하고, 뒤이어 자식들을 생각하며 지은 시를 소개한다.

昨趨思廟拜慈親(작추사묘배자친) 어제 효사묘에 나아가 어머님을 뵙고
尊嚼難收淚滿菌(존작난수루만균) 술잔 올리며 눈물로 자리를 흠뻑 적셨네.
墾追精懷難紀極(간추정회난기극) 간절한 정회는 그 끝이 없건만
英靈應有顧誠眞(영령응유고성진) 영령도 응당 이 정성을 돌보시리.

『연산군일기』 중 연산군 8년 1502년 9월 5일

宗社幽靈不念誠(종사유령불염성) 종묘사직 영혼이 나의 지성을 생각지 않아

如何忍頑我傷情(여하인완아상정) 어찌 이다지도 내 마음이 상하는지

連年四子離如夢(연년사자이여몽) 해마다 네 아들이 꿈같이 떠나가니

哀淚千行便濯纓(애루천행변탁영) 슬픈 눈물 줄줄 흘러 갓끈을 적시네

『연산군일기』중 연산군 10년 1504년 1월 27일

안타깝게도 연산군의 아들 4명 모두 반정세력에 의해 연산군 부부와 다른 유배지로 유배되었다가 연산군이 폐위되어 쫓겨난 바로 그 달에 죽임을 당하였다. 그 당시 폐세자가 된 이황의 나이가 10세였으니 다른 아들들은 10세도 안 된 나이였다. 현재 인천광역시 강화군 교동면 고구리 산233번지에 연산군 유배지 모습을 재현해놓아 찾는 사람들이 많아졌다.

연산군은 폐비가 된 거창군부인 신씨와 서울특별시 도봉구 방학동 산 77번지에 위치한 '연산군지묘燕山君之墓'라고 쓴 비석 뒤에 부인과 함께 나란히 잠들

폐비 윤씨의 아들, 연산군이 위리안치되어 2개월 남짓 유배생활을 했던 교동도 고구리의 연산군 유배지 안내표석과 유배지 모습이다.

었다. 쌍분으로 조성된 연산군 묘는 왕릉이 아닌 왕자의 묘로 조성되었으며 사적 제362호로 지정되어 있다. 재위기간이 정확히 11년 9개월이나 되는 연산군은 어머니 폐비 윤씨와 마찬가지로 화를 삭이지 못해 잠 못 들고 있을 것만 같다. 연산군 묘는 아버지 성종이 잠든 선릉과는 26.5km 정도, 어머니 폐비 윤씨가 잠든 서삼릉의 비공개지역인 회묘懷墓와는 27.2km 정도 떨어져 있다.

폐비 윤씨가 낳은 아들 연산군도 폐왕이 되어 묘호도 능호도 받지 못해 왕릉이 아닌 그냥 묘에 잠들었다. 연산군은 1506년(연산군 12년) 9월, 중종반정으로 왕위에서 쫓겨나 강화의 교동으로 유배를 갔다. 그런데 유배생활 두 달 만인 11월에 사망하여 교동의 부군당符君堂 근처에 장사를 지냈다. 그 후 연산군 부인(거창

아들 연산군의 묘이다. 연산군 묘에는 무석인은 한 기도 없고, 석마도 거느리지 않은 문석인만 좌우에 두 기씩 각각 세워져 있다. 석양, 석호는 한 기도 설치되어 있지 않다.

군부인 신씨)이 중종에게 간청을 하여 1513년(중종 8년), 현재 자리로 천장을 하였다. 연산군 부인은 세종의 4남인 임영대군의 외손녀로, 연산군이 잠든 이 땅은 연산군 부인의 외할아버지인 임영대군이 왕으로부터 하사받은 땅이었다.

연산군의 묘역 맨 위에 연산군과 거창군부인 신씨가 나란히 잠들어 있고, 중간에 태종의 후궁 의정궁주 조씨가 홀로 잠들어 있으며, 맨 아래에 연산군의 딸 휘순공주와 사위 구문경이 나란히 잠들어 있다. 임영대군이 왕명에 의해 후사가 없던 의정궁주 조씨의 제사를 모시게 됨에 따라 1454년(단종 2년), 현재 위치에 의정궁주 조씨의 묘가 먼저 들어섰고, 다음으로 1513년(중종 8년)에 연산군이 천장되어 왔으며, 1524년(중종 19년)에는 연산군의 사위인 능양위 구문경과 딸 휘순공주의 무덤이 이곳에 조성되었다. 그리고 끝으로 1537년(중종 32)에 폐비 윤씨의 며느리이자 연산군 부인인 거창군부인 신씨의 묘가 연산군의 봉분 오른쪽인 동쪽에 마련되었다.

폐비 윤씨는 성종이 한눈에 반할 만큼 상당한 미모를 가지고 있었다고 한다. 조선의 왕비라고 해서 전부 미인은 아니었다. 그런데 폐비 윤씨는 절세미인이라고 불릴 만큼 조선의 왕비들 중 최고 미인으로 뽑힐 정도였다고 한다. 그런 미모를 가진 그녀가 미인박명美人薄命이 뭔지를 보여준 것은 아닌지 모르겠다. 그녀는 후궁으로 간택되어 궁에 들어와 성종의 눈에 띄어 왕비에까지 올랐지만 결코 행복하지는 못했다. 그냥 후궁으로만 살아갔으면 좋았을지도 모른다는 생각이 든다. 그녀의 아들 연산군과 서로 모자의 정을 나누면서 오순도순 살았더라면 오히려 좋았을 뻔했다. 그랬더라면 그녀는 폐서인이 될 이유도 없었을 것이고, 그녀의 아들 연산군은 폭군으로 폐왕이 되지도 않았을 것이다. 정도가 지나침은 미치지 못한 것과 같다는 중용中庸의 중요성을 이르는 과유불급過猶不及이란 사자성어의 깊은 뜻을 그녀가 알았어야 했다. 그녀의 욕심이 화를 불렀다. 감당하기 어려울 정도의 신분 상승은 결코 행복을 가져다주지 않음을 그녀가 보여주었다.

폐비 윤씨의 유일한 아들 연산군과 며느리 거창군부인 신씨의 묘역 전경이다. 연산군 묘역에는 맨 위에 연산군 부부, 중간에 태종의 후궁인 의정궁주 조씨, 맨 아래에는 연산군의 딸 휘순공주와 사위 능양위 구문경이 나란히 잠들어 있다.

그녀는 후궁 자리에서 왕비 자리까지 올랐음에도 질투심이 도를 넘어섰다. 자신이 후궁이었을 때는 성종이 왕비를 찾지 않고 그녀를 찾으면 당연한 것이라 생각했을 텐데, 자신이 왕비가 되었을 때는 성종이 자신을 찾지 않고 후궁들을 찾아다니는 것을 용납하지 못했다. 그녀가 역지사지易地思之란 사자성어의 뜻도 알았더라면 입장 바꿔 생각할 줄 알았을 텐데 안타까울 뿐이다. 무엇보다 그녀가 성종의 얼굴(용안)에 상처를 낸 것이 그녀를 폐비시키는 데 결정적인 원인이 되었다고 할 수 있다. 그녀의 질투는 칠거지악七去之惡 중 하나였다. 칠거지악은 남편이 아내를 내쫓을 수 있는 7가지 요건을 말한다. 남편에게 질투를 하면 그 당시 칠거지악에 걸려 내쫓기는 것은 당연한 일이었다. 그것도 왕에게 그랬으니 그녀 자신이 폐비를 자초하고 만 것이다.

칠출지악七出之惡이라고도 하는 칠거지악七去之惡은 오로지 여성에게만 해당되는 벌이었다. 오늘날 여성들에게 칠거지악을 그대로 적용한다면 어떤 결과가 나타날지 생각만 해도 아찔하다. 그 시대에 칠거지악은 여자가 따라야 할 세 가지 도리로, 어려서는 아버지를, 결혼해서는 남편을, 남편이 죽은 후에는 자식을 따라야 한다는 삼종지도三從之道와 함께 여성들이 가장 경계해야 할 관습 조항이었다. 그 칠거지악의 조항을 보면 다음과 같다. ① 시부모에게 순종하지 않는 것不順舅姑, ② 자식을 낳지 못하는 것無子, ③ 음탕한 것淫行, ④ 질투하는 것嫉妬, ⑤ 나쁜 질병이 있는 것惡疾, ⑥ 수다스러운 것口舌, ⑦ 도둑질하는 것盜竊 등이었다. 그러나 칠거지악에 해당되어도 돌아갈 친정이 없거나, 함께 부모의 상喪을 당했거나, 시집왔을 무렵에 시댁이 가난했는데 부귀하게 되었을 때는 삼불거三不去라 하여 아내를 내쫓을 수 없었다. 참 괴상한 법도 다 있었다. 그런 시대에 태어나 살아가지 않은 게 얼마나 행운인가.

그러나 그녀에 대한 비판은 1910년, 조선왕조 붕괴 이후에도 계속되었다. 그녀가 왕의 얼굴에 상처를 입힌 것에 대한 비판은 그 상황에서 그럴 수 있다는 견해도 나타났다. 하지만 질투한 것에 대한 비판은 여전했다. 한편 1990년대 이후에는 그녀가 후궁들을 질투한 것이 죄악인지를 놓고 반론과, 질투할 수도 있다는 동정적인 여론이 제기되고 있다. 지금은 조선시대가 아니고, 왕권만이 최고라고 생각하지 않기 때문이다. 또한 그때와 비교해볼 때 엄청나게 여권이 신장된 것도 원인이면 원인이다. 칠거지악은 오로지 남성을 위하여 여성을 꼼짝 못하게 만들어놓은 폐습 중의 최고 폐습이라 할 수 있다.

폐비 윤씨는 아버지를 일찍 여의고 4명의 오빠들 밑에서 자랐지만 당대의 권신 중의 권신인 신숙주의 외당조카로, 신숙주가 그녀의 어머니와 외사촌 간이다. 그녀는 세조의 비 정희왕후 윤씨와도 먼 친척으로 그들은 방계 조상에서 갈라졌다. 그녀의 뒤를 이어 왕비가 될 정현왕후 윤씨와도 친척이다. 그밖에도 그

칠거지악에 딱 걸린 조선 제9대 왕 성종의 제1계비 폐비 윤씨가 하얗게 내린 눈 속에 잠들어 있다. 이제는 좀 편안히 잠들었으면 좋겠다.

녀의 가문에서 중종의 제1계비인 장경왕후 윤씨, 제2계비인 문정왕후 윤씨, 인종의 후궁 숙빈 윤씨와 고려 제28대 왕인 충혜왕의 후궁 희비 윤씨가 배출되었다. 그녀는 이처럼 왕비를 많이 배출한 가문에서 태어났다. 그런데 가문을 빛내지 못하고 폐비가 되어 사약을 받고 피를 토하며 죽어갔다. 그녀의 삶이 파란만장했기에 사람들은 그녀가 세상을 뜬 지 500년이 훨씬 지난 지금도 그녀를 잊지 못하고 있다. 인수대비를 비롯하여 성종과 연산군을 떠올릴 때면 그녀가 앞서 떠오른다. 그 정도로 그녀는 요즘도 영화나 드라마 속에 자주 등장하는 왕의 여인이고, 왕을 낳은 왕의 어머니다.

그녀는 죽은 뒤 경기도 장단에 매장되었으나 장지가 불길하다는 지관의 지

적이 있어 1488년(성종 19년)경, 오늘날의 동대문구 회기동 경희의료원 뒤뜰로 이장을 했다. 성종은 한때 부인이었던 그녀에게 길지를 골라 묘를 이장해주었다. 성종은 그녀가 사사된 지 7년이 지나서야 폐비 윤씨의 묘 앞에 '윤씨지묘尹氏之墓'라 쓴 비석을 세우고, 제관 2명을 보내 기일에 제사를 올리도록 하되 묘의 이름을 영구히 고치지 못하도록 명했다.

하지만 아들 연산군이 왕이 되면서 윤씨의 묘가 왕릉으로 변경되었다. 서울특별시 동대문구 회기동의 지명이 그녀의 능호인 회릉懷陵에서 유래되었다. 그러나 그녀는 현재 서삼릉의 서쪽 구석진 곳으로 다시 옮겨져 잠들어 있다. 이곳은 비공개지역으로 54기의 태실이 모여 있고, 49기의 왕자, 공주, 후궁들의 묘가 모여 있는 곳이다. 태실과 왕자, 공주, 후궁들의 묘역에는 곡장처럼 낮은 담이 둘러쳐져 있다. 일일이 관리하기가 어려워 한 곳으로 모아놓았다지만 공동묘지나 다름없다. 그 담 밖에는 1969년 10월 25일 경희의료원 뒤뜰에서 옮겨온 회묘懷墓가 자리하고 있다. 회묘의 모습은 왕릉 모습을 하고 있지만 바라만 보아도 많이 슬프고, 많이 아프다. 그녀는 28세에 생을 마감했다.

눈이 밤새 펑펑 내리고 난 다음 날 강추위 속에 또다시 그녀를 만나서 그런지 몸과 마음이 함께 냉골이 되었다. 그녀가 잠들어 있는 회묘 자리가 구석지고 응달이어서 더 춥게 느껴졌는지도 모른다. 그녀가 잠들어 있는 봉분은 정말 하얀 눈이 하얗게 뒤덮였다. 그 모습을 보면서 여전히 억울함으로 뭉쳐 있을 것 같은 그녀의 마음이 눈처럼 순백으로 변하면 좋겠다는 생각을 아주 많이 했다.

연산군은 즉위하면서 묘의 이름을 윤씨지묘尹氏之墓에서 회묘懷墓로, 다시 효사묘孝思墓로 바꿨다가 왕비로 추숭하면서 회릉懷陵으로 격상시켰다. 이미 세상을 떠난 성종의 명이 아들 연산군에게 통할 리 없었다. 회릉으로 격상시키면서 왕릉 형식과 동일하게 그녀의 묘를 조성했기에 어느 왕릉의 규모에도 뒤지지 않는다. 봉분도 상당히 크며, 문석인과 무석인은 오히려 다른 왕릉들보다 훨씬 크게 만들어졌다. 생각보다 웅장한 석물들 모습에 묘를 찾는 이들이 놀랄 만하다.

서삼릉으로 옮겨진 폐비 윤씨의 회묘 옆으로 일제에 의해 옮겨진 21명의 후궁과 23명의 왕자공주 등 44기의 묘와 22기의 오석 비, 32기의 화강암 비 등 54기의 태실이 자리하고 있다. 이곳에 모여 있는 화강암 태실 속에 폐비 윤씨의 태실이 봉안되어 있다. 하지만 그녀의 아들 연산군의 태실은 봉안되어 있지 않다.

하지만 석물들 모습은 하나같이 연산군 모자를 닮았는지 한껏 심통이 나 있다. 그 모습에 함께 우울해진다.

현재는 폐비 윤씨의 묘를 회묘懷墓라고 부르고 있다. 그녀는 죽어가면서 자신을 남편인 성종이 지나다니는 길목에 묻어달라고 했다. 그런데 그녀의 소원은 이루어지지 않았다. 사약 사발과 함께 피 묻은 한삼자락을 떠올리게 하는 폐비 윤씨는 회릉懷陵이라는 능호에 제헌齊獻이라는 묘호까지 받았었지만 모두 박탈되어 다시 서인이 되었고, 회릉은 회묘가 되었다. 그녀는 끝내 복위되지 못한 4명의 폐비 중 최고참 폐비가 되었고, 남편인 왕에게 살해된 최초의 왕비가 되었다. 또한 그녀의 아들도 끝내 복위되지 못한 조선의 2명의 폐왕 중 최초의 폐왕으로 남아 있다.

그녀의 회묘 옆으로는 후궁들의 묘와 왕자와 공주들의 묘가 옹기종기 모여 있고, 수많은 태실도 모여 있다. 봉분에 눈이 덮여 있는 날은 그나마 덜 흉하게 보이지만, 비가 부슬부슬 내렸을 때와 잔디가 메말라 있는 겨울 끝자락에 찾아가면 정말 맘과 몸이 으스스하다. 그녀가 폐비가 되긴 했지만 서삼릉의 태실들 중 왕비의 태실은 그녀가 유일하다. 하지만 그녀의 아들 연산군의 태실은 이곳에 봉안되어 있지 않다. 연산군과 더불어 단종, 광해군, 인조, 효종, 현종, 철종, 고종 등의 태실은 봉안되어 있지 않다. 폐왕 경력이 있는 왕과 왕이 될 가능성이 없었던 왕, 그리고 중국 청나라에서 태어난 왕의 태실이 없다.

그녀의 묘역에서는 바람소리, 새소리가 아닌 자동차 소리만이 시끄럽게 들려온다. 그녀는 폐비가 된 게 억울해서 잠 못 들고, 그토록 사랑했던 남편이 내린 사약을 받아 사사된 게 억울해 잠 못 들고, 아들과 손자까지 폐위된 것이 너무 억울해 잠 못 들고 있을 것이다. 폐세자가 된 손자 이황을 비롯하여 3명의 손자들 모두도 너무 어린 나이에 살해되었다. 그러니 그녀의 성질에 분하고 억울한 마음이 가실 리 없어 낮이나 밤이나 울부짖고 있을 것만 같다. 죄를 지으면 3대가 망한다는 이치를 그녀를 통해 또다시 배우게 된다. 나 하나만 망하는 게

남편인 성종에게 버림받아 영원히 폐비가 되어버린 폐비 윤씨의 회묘懷墓 모습이다. 한동안 그녀의 능호는 회릉懷陵이었으며, 시호는 제헌왕후였다. 그러나 아들 연산군이 폐왕이 되면서 그녀도 다시 서인으로 강등되어 폐비 딱지가 따라다니게 되었다. 회묘의 석호 모습도 무척이나 슬퍼 보인다.

아니고, 아들 손자까지 날벼락을 맞게 되니 평소 덕을 쌓으며 살아갈 일이 아닌가 싶다. 폐비 윤씨의 행실을 반면교사反面教師로 삼는다면 그나마 후손들에게 그녀가 교훈 하나는 크게 남겨준 셈이다.

　그녀의 능침 앞에 세워진 장명등 창으로 보이는 세상은 그런대로 괜찮다. 장명등은 불을 밝혀 묘역의 사악한 기운을 쫓는 등이다. 그녀의 묘 앞에 세워져 있는 장명등도 역할을 다하고 있으리라 믿는다. 그랬기 때문인지 그녀의 묘는 응달에 있지만 묘역에 심어져 있는 소나무들이 싱그럽기만 하다. 이제 그녀의 영혼이나마 소나무처럼 싱그러웠으면 좋겠다는 생각이 자꾸만 든다. 그녀의 신분은 후궁에서 왕비로, 왕비에서 서인으로, 서인에서 왕비로, 왕비에서 다시 서인으로 극에서 극으로 바뀌었지만 그녀의 묘는 허울 좋은 왕릉의 모습을 갖추고 있다. 비록 홍살문에, 참도, 정자각, 비각, 수복방, 수라간, 능침과 연결된 넓고 긴 사초지는 없지만 능침 모습은 어느 왕릉과 비교하여도 뒤떨어지지 않는 웅장하고 아름다운 모습을 하고 있다. 그런데 아무리 그래도 그녀가 잠들어 있는 회묘는 쓸쓸하게 보인다.

은사시나무가 장관인 한적한 길을 따라 걷다 보면 경기도 고양시 덕양구 서삼릉길 233-126(원당동), 서삼릉에 도착하게 된다. 그곳에서 철문 안의 회묘懷墓에 홀로 잠들어 있는 폐비 윤씨를 만나볼 수 있다. 그녀를 만나는 순간 '욕심내지 말고 착하게 살아야지'라는 생각이 가장 먼저 떠오른다. 그녀는 성종과의 사이에 조기 사망한 연산군 동생과 연산군을 낳았고, 그녀가 남기고 떠난 아들이 피바람을 불러일으켰던 폭군 중의 폭군 연산군이다. 그녀는 비공개지역 철문 안에 꽁꽁 갇혀 잠들어 있다. 그녀는 그토록 사랑했던 남편 성종에 의해 사사되고 말았다. 너무도 짧게 파란만장한 삶을 펼치다가 세상을 떠났다. 그녀는 남편 성종의 선릉宣陵과는 35.98km 정도, 아들 연산군燕山君 묘와는 43.08km 정도 떨어진 곳에 홀로 잠들어 있다.

7

7일의 왕비 단경왕후 신씨

(제11대 왕 중종의 원비)

단경왕후端敬王后 신씨(1487~1557)는 익창부원군 신수근과 영가부부인 권씨의 4남 3녀 중 막내딸로 1487년(성종 18년) 태어났다. 그녀는 조선 제11대 왕 중종 (1488~1544)의 원비가 되었으나 왕위에 올릴 왕자는커녕 공주도 낳지 못하였다. 그리고 왕비에 오른 지 7일 만에 폐위되어 7일의 왕비가 되었다. 그러니 왕의 어머니가 되는 꿈은 일찍이 포기할 수밖에 없었다. 그녀의 본관은 거창이다.

그녀는 안타깝게도 조선의 역대 왕비들 중 제일 짧은 재위기간을 가지고 있다. 1499년(연산군 5년) 13세 나이로 당시 진성대군에 봉해져 있던 중종과 결혼하여 부부인이 되었지만 1506년(연산군 12년) 중종반정이 성공하면서 남편이 왕위에 오르자 그녀도 자연스럽게 왕비에 올랐다. 그러나 역적의 딸로 연좌되어 왕비에서 폐위되면서 폐비 신세가 되었다. 청천 하늘에 날벼락이 아닐 수 없다. 그 후 그녀가 세상을 뜨고 233년의 세월이 흐르고 난 뒤 왕비로 복위되었다. 제 21대 왕 영조 대에 가서야 친정부모와 함께 복위된 것이다.

7일의 왕비! 단경왕후 신씨가 잠들어 있는 온릉溫陵의 세계 유산 등재비이다.

그녀의 아버지 익창부원군 신수근이 폐왕이 된 제10대 왕 연산군의 처남인데다가 중종반정에도 가담하지 않은 관계로, 사위인 진성대군(중종)을 왕위에 앉힌 반정세력에 의해 그녀는 폐출되고 말았다. 그녀의 아버지 신수근을 죽이고 후한을 두려워하던 공신들에 의해 20세 꽃다운 나이에 그녀는 왕비 자리에서 쫓겨나고 말았다. 반정세력은 1506년(연산군 12년) 음력 9월 2일, 연산군을 폐위시킨 뒤 그녀의 아버지 신수근도 살해하였다. 그녀는 정치적 승리자인 중종을 남편으로 두었으면서도 중종이 왕위에 오른 지 7일 만인 1506년(중종 원년) 음력 9월 9일, 폐위되어 폐비의 길을 걸어가야만 하였다. 단지 거창 신씨라는 혈연으로 말미암아 고모인 연산군 부인 신씨와 함께 친정가문까지 멸문지화滅門之禍시키고 폐비로 살아갈 수밖에 없었다. 친정 쪽으로는 연산군 부인 신씨가 그녀의 고모이고, 시댁 쪽으로는 동서지간이 된다. 그런 친족관계가 오히려 커다란 화를 초래하였다.

『중종실록』 원년 9월 갑신년의 기사를 보면 부부夫婦의 변에 대한 이야기가 나온다. 바로 중종의 첫째 부인인 신씨를 폐출한 사건을 말하는 것이다. 신씨는 신수근의 딸로서 중종이 대군으로 있을 때 시집을 갔다. 연산군의 폭정이 더욱 심해지자 유순정·박원종·성희안 등 이른바 3대신들은 신수근에게 연산을 폐하고 중종을 세울 것을 모의하였다. 그러나 연산군의 처남이기도 한 신수근은 신자臣子의 도리가 아니라며 거절하였고 이 때문에 반정 직전에 피살되었다. 중종이 즉위하자 3대신들은 자기들이 죽인 사람의 딸이 왕비로 있는 것에 불안을 느

단경왕후 신씨가 홀로 잠든 온릉의 능침 전경과 후경이다. 곡장 뒤 잉에서 바라본 안산과 조산의 모습이 한 폭의 그림처럼 멋지다.

끼고 중종에게 강요하여 왕비 신씨를 폐출시켰다. 그리고 세월이 한참 흐른 뒤 신씨는 1739년(영조 15년)에 단경왕후端敬王后로 복위되었다. 『영조실록』에 〈원임·시임 대신 등에게 빈청에서 의논하여 신비의 시호 등을 정하게 하다〉란 제목의 기사가 실려 있다. 늦었지만 다행한 일이다.

중종은 원비였던 단경왕후 신씨가 폐위된 후 계비로 장경왕후 윤씨를 맞이하였다. 장경왕후 윤씨는 월산대군부인 박씨의 여동생 딸이었다. 월산대군부인은 일찍 죽은 여동생을 대신하여 조카딸 장경왕후 윤씨를 키운 뒤 중종의 후궁으로 입궁시켰다. 그러나 그녀의 왕비 재위기간도 길지 않았다. 단경왕후 신씨가 쫓겨나면서 후궁으로 있던 그녀가 왕비로 책봉되었지만 왕비가 된 지 9년째 되는 1515년(중종 10년)에 죽고 말았다. 그래도 그녀는 왕위에 오를 원자를 낳고 죽었다. 그 원자가 중종의 뒤를 이어 왕위에 오른 조선의 제12대 왕 인종이다.

중종의 제1계비인 장경왕후 윤씨가 죽자 담양 부사 등이 중종의 원비 단경왕후 신씨의 복위를 간청하는 상소를 올렸다. 하지만 복위를 반대하는 중신들 때문에 복위되지 못하였고, 오히려 단경왕후 신씨의 복위를 간청한 사람들만 훗날 유배형에 처해졌다. 중신들은 왕이 단경왕후 신씨를 얼마나 사랑하는지 알았을 텐데도 자신들의 목숨을 부지하기 위하여 반대를 하였을 것이다. 중종이 떳떳하게 왕위를 계승한 게 아니기 때문에 중신들이 "전하! 성은聖恩이 망극하옵니다"가 아니라 "전하! 아니되옵니다"를 강경히 부르짖으면 중종도 이겨내지 못했을 것이다. 중종은 세자로 책봉되어 강도 높은 왕의 수업을 받다가 왕위에 오른 것이 아니라, 준비 없이 반정세력의 추대로 떠밀려 왕이 되었다. 그러니 다른 왕들에 비해 정치력이 약했다.

중종은 시간이 있을 때면 경복궁의 경회루에 올라 단경왕후 신씨가 거처하던 인왕산자락을 바라보며 그녀를 그리워하였다고 한다. 경복궁 서쪽에 있는 인왕산 아래 그녀의 사가가 있었다. 이 사실을 전해들은 단경왕후 신씨는 중종이 잘 볼 수 있는 바위 위에 그녀가 궁궐에서 자주 입었던 붉은 치마를 펼쳐놓았다고 한다. 인왕산의 치마바위전설을 만들어낸 주역이 바로 중종과 단경왕후 신씨이다. 한편 중종이 임종 직전에 그녀를 궁궐로 불러들였다는 소문이 돌기도 하였다. 그만큼 중종은 그녀를 폐위하려는 생각이 없었으며 그녀를 매우 사랑하였다고 전해진다.

단경왕후 신씨가 폐위된 이후 중종 대에는 그녀의 처우에 대해서 별다른 기록이 남아 있지 않다. 중종의 뒤를 이어 인종이 즉위하면서 그녀가 거처하는 곳에 폐비궁廢妃宮이라는 이름을 주고 생활 보조를 시작하였다는 기록이 남아 있다. 그녀는 71세까지 긴 세월을 홀로 살다가 1557년(명종 12년) 음력 12월 7일 사망하였다. 그녀도 한 많은 세월을 길게 살다가 떠난 비운의 왕비 중 한 명이다. 그녀의 장례는 왕비 시부모의 예에 따라 이등례二等禮로 치러졌다. 중종은 그녀가 조강지처이기에 폐출시키는 데 반대를 하였다. 그러나 반정세력 덕분에 왕이 된 중종이 어찌 반정세력들을 이겨낼 수 있겠는가. 중종의 조강지처로 원비인 단경왕후 신씨가 명종 때 사망하면서 『명종실록』23권에 실린 〈폐비 신씨의 졸기〉란 제목의 글에는 "중종은 조강지처는 버릴 수가 없다 하여 굳게 맞서 윤허하지 않았다. 박원종 등이 계속해서 굳게 고집하자 중종도 하는 수 없이 따랐다. 그러나 폐비가 무죄한 것을 생각하고 항시 불쌍하게 여기며 잊지 못하였다"라고 기록되어 있다. 중종이 조강지처 단경왕후 신씨를 잊지 못하고 살아갔음을 알 수 있다.

그녀는 1506년(중종 즉위년) 폐비가 된 이후 계속해서 시호도 없이 폐비 신씨, 혹은 신비愼妃라고 불리다가, 영조 때인 1739년(영조 15년) 음력 3월 28일, 김태남

중종의 세 왕비들 중 가장 멀리 떨어져 홀로 잠들어 있는 원비 단경왕후 신씨의 온릉溫陵 정자각과 비석의 모습이다. 비석에는 '조선국 단경왕후온릉朝鮮國 端敬王后溫陵' 뿐만 아니라 6·25의 상흔도 함께 새겨져 있다. 그녀의 비석이 총알받이가 되었었나 보다. 이래저래 마음이 아프다. 현재도 군사보호구역임을 증명해주려는 듯 군인들의 구호와 총소리가 들려온다.

경회루에 올라 바라본 인왕산의 치마바위 모습이다. 경회루뿐 아니라 경복궁 어디에서도 인왕산의 치마바위는 잘 보인다.

등의 건의로 233년 만에 왕후로 복위되었다. 그때 그녀의 아버지는 익창부원군, 권람의 딸이었던 그녀의 어머니 권씨는 영가부부인으로 추증되었다. 그녀의 계모 한씨는 청원부부인으로 격상되었다. 그녀의 계모와 시조모 인수대비(소혜왕후 한씨)는 5촌 간이었다. 그때 단경端敬이라는 시호와 함께 공소순열恭昭順烈이라는 존호를 받았다. 그러면 무엇하랴. 이미 아픔은 겪을 대로 겪고 모진 세상을 눈물 속에 살다가 떠난 지 오래되었는데…….

그녀는 사랑하는 중종과 1499년(연산군 5년) 13세에 만나 7년간 부부로 살았다. 하지만 왕비가 된 지 7일 만에 폐비가 되어 중종과 헤어져 51년을 홀로 살다가 1557년(명종 12년) 세상을 떠났다. 숫자 7은 그녀에게 결코 행운의 숫자가 아니었다. 그녀는 중종이 잠들어 있는 정릉靖陵과도 멀리 떨어진 곳에 쓸쓸히 홀로 잠들어 있다. 혹시 중종의 제2계비인 문정왕후 윤씨가 중종과 동떨어진 곳에 그녀를 묻도록 아들 명종에게 명을 내린 것은 아닌지 모르겠다. 문정왕후 윤씨는 그러고도 남을 악비였다. 중종은 단경왕후 신씨를 비롯하여 3명의 왕비를 두었는데 그 중 문정왕후 윤씨와 가장 많이 살았다. 문정왕후 윤씨와 27년을 살았으니 그녀가 죽어서도 중종 곁을 차지하려고 왕릉까지 옮겨가며 난리를 쳤는지도 모른다. 하지만 문정왕후 윤씨도 단경왕후 신씨와 마찬가지로 중종 곁에 잠들지 못하였다.

7일의 왕비! 단경왕후 신씨의 능호는 온릉溫陵이며 단릉으로 조성

온릉의 수복방과 수라간 주춧돌들이 자신들의 역할을 할 수 있도록 하루빨리 복원되기만을 기다리고 있다. 주춧돌 위쪽으로 비각과 산신석 모습도 보인다.

온릉의 능침 앞에 세워져 있는 장명등과 그 장명등으로 내다보이는 정자각의 뒷모습이다.

되었다. 그녀는 왕족들이 아무도 묻히지 않은 외딴 곳에 외롭게 잠들어 있다. 죽어서까지 외로움을 견뎌야만 하는 운명을 타고난 모양이었다. 그녀는 살아서도 외로움 속에서 50년을 넘게 지냈는데 죽어서도 외진 곳에 홀로 잠들어 있다. 말동무할 이웃도 없는 곳에 쓸쓸히 묻혀 있다. 워낙 홀로 살아온 세월이 길어 적응을 잘 하고 있을지도 모르겠다. 그래도 아무도 없는 낯선 곳에서 그리움에, 외로움에 그녀는 잠 못 이루고 있을 것만 같다.

그동안 온릉溫陵은 군사보호지역으로 비공개되고 있었는데 2019년 일반인들에게 개방되었다. 그녀는 중종의 조강지처였지만 중종 곁에 잠들지 못하였다. 중종은 원비와도, 계비들과도 떨어져 홀로 잠들어 있다. 그들은 모두 동서남북으로 나뉘어 각각 홀로 잠들어 있다. 원비 단경왕후 신씨는 북쪽인 경기도 양주시 장흥면 호국로 255-41(일영리) 온릉溫陵에, 제1계비 장경왕후 윤씨는 서쪽인 경기도 고양시 덕양구 서삼릉길 233~126 희릉禧陵에, 제2계비 문정왕후 윤씨는 동쪽인 서울 노원구 화랑로 727 태릉泰陵에, 그리고 중종은 남쪽인 서울 강남구

선릉로 100길 1 정릉靖陵에 잠들어 있다. 그녀가 홀로 잠든 양주의 온릉과 그녀의 남편이 홀로 잠든 강남의 정릉과는 43.85km 정도 떨어져 있다. 중종은 3명의 왕비를 두었지만 왕비들과 동서남북으로 각각 나뉘어 잠들어 있다.

고층빌딩 숲속에 자리하고 있는 단경왕후 신씨의 남편 중종의 정릉靖陵 비각과 능침 전경과 후경이다. 중종이 그녀를 그토록 사랑했지만 죽어서도 함께 잠들지 못했다. 중종은 그녀를 비롯하여 3명의 왕비를 두었으나 정릉에 홀로 잠들어 있다. 빌딩이 정릉의 안산과 조산을 대신하고 있다. 비석에는 '조선국 중종대왕정릉朝鮮國 中宗大王靖陵'이라고 새겨져 있다.

8
왕을 잃어버린 장경왕후 윤씨
(제11대 왕 중종의 제1계비)

장경왕후章敬王后 윤씨(1491~1515)는 파원부원군 윤여필(1466~1555)과 순천부부인 박씨의 1남 1녀 중 외동딸로 1491년(성종 22년) 태어났다. 그녀는 조선 제11대 왕 중종(1488~1544)의 제1계비가 되어 제12대 왕 인종(1515~1545)을 낳아 왕으로 만들었다. 그녀의 본관은 파평이다.

그녀의 어머니는 월산대군부인 박씨(1455~1506)의 친여동생으로 병조판서를 거쳐 판돈녕부사를 지낸 박중선의 딸이다. 그녀는 어머니를 8세에 여의고 이모인 월산대군부인 박씨의 손에 키워졌다. 그 후 그녀는 1506년(중종 원년) 대궐에 들어가 중종반정으로 중종이 왕위에 오르면서 중종의 후궁이 되었다. 중종의 큰어머니인 월산대군부인 박씨가 그녀의 여동생 딸을 중종에게 후궁으로 선물한 것이나 다름없다. 그녀가 중종의 비가 되면서 이모인 월산대군부인 박씨는 그녀에게 큰어머니가 되었다. 그러나 그녀가 왕비가 되었을 때 월산대군부인 박씨는 이미 세상을 떠나고 없었다.

중종의 제1계비 장경왕후 윤씨를 데려다 키워준 이모이자 큰어머니인 월산대군부인 박씨와 월산대군 묘이다. 옆이 아닌 앞뒤로 나란히 잠들었다. 뒤가 월산대군부인 박씨의 묘로 앞에서는 그녀의 묘가 보이지 않는다. 왕이나 다른 왕자들 묘는 앞이 부인이고 뒤가 남편인데 이곳 월산대군 묘는 반대다.

　장경왕후 윤씨의 친가와 외가는 왕실과 이중 삼중의 혼인관계로 맺어진 명문가인데, 아버지 윤여필은 세조비 정희왕후 윤씨의 오빠인 윤사윤의 손자이며 효령대군의 외증손자이다. 그러니 그녀에게 세조의 비 정희왕후 윤씨는 증조할

머니의 여동생이시니 증대고모가 된다. 친정 쪽으로 장경왕후 윤씨와 남편 중
종은 정희왕후 윤씨의 아버지 윤번의 현손들로 서로 8촌지간이며, 시댁 쪽으로
는 조선 제3대 왕 태종을 공통 조상으로 하는 10촌지간이다. 그뿐 아니라 그녀
의 어머니 순천부부인 박씨는 박중선의 딸이다. 박중선은 심온의 외손자로, 세
종의 비 소헌왕후 심씨의 조카이지만 세조의 이종사촌 동생이 된다. 뭔가 서로
의 관계가 왕족들과 복잡하게 얽히고설켜 있다.

그녀의 외삼촌은 바로 중종반정을 주도한 박원종이다. 이처럼 박중선의 자
녀들은 왕족들과 그야말로 얽히고설켜 혼인을 하였다. 장경왕후 윤씨를 키워
준 큰이모는 성종의 형인 월산대군과 혼인한 승평부부인이며, 넷째이모는 인수
대비(소혜왕후 한씨)의 조카 한익과 혼인하였고, 막내이모는 예종의 아들 제안대
군과 혼인하였다. 장경왕후 윤씨의 언니인 파평현부인 윤씨는 월산대군의 서자
덕풍군 이이와 결혼하였기 때문에 덕풍군은 형부이지만 시댁 쪽으로 4촌이 된
다. 장경왕후 윤씨는 정말 왕족과 얽히고설킨 집안의 딸로 중종의 계비가 되었
다. 그녀는 친가로, 외가로 촌수 따지기가 정말 어려웠겠다 싶다.

중종의 장인 신수근이 반정모의에 반대한 일로 살해된 뒤, 신수근의 딸이
자 중종의 원비인 단경왕후 신씨가 폐위되었다. 그로 인해 그녀가 후궁이 된 지
1년 만인 1507년(중종 2년) 왕비로 책봉되기에 이르렀다. 그러나 그녀 역시 중종
과 오래 살지 못하였다. 25세 젊은 나이에 요절하고 말았다. 1515년(중종 10년) 세
자(제12대 왕 인종)를 낳은 뒤 산후병으로 죽었다. 그녀는 인종(1515~1545)과 효혜
공주(1511~1531)를 낳았지만 인종을 낳고 7일 만에 안타깝게 죽었다. 그녀는 인
종을 낳기만 했지 따뜻하게 보듬어주면서 기르지 못하였다. 그런 그녀를 어머
니로 둔 인종은 세상을 뜨는 날까지 어머니를 많이도 그리워했을 것이다. 그녀
가 갑자기 승하한 기사가 『중종실록』에 〈삼경 오점에 중궁이 승하하다〉란 제목
으로 실려 있다. 인종을 낳고 갑자기 장경왕후 윤씨가 세상을 떠나게 되어 왕이나
신하들이 어찌할 바를 모르겠다며 우왕좌왕하는 모습을 글에서도 느낄 수 있다.

누구보다 어머니를 그리워했을 제12대 왕 인종을 낳은 장경왕후 윤씨의 남편 중종이 잠들어 있는 정릉靖陵의 사초지와 능침 모습이다. 능침 공간이 마당처럼 평평하고 넓다. 중종은 3명의 왕비를 두었으나 누구와도 잠들지 못하고 홀로 잠들어 있다.

그녀가 일찍 죽는 바람에 그녀의 아들 인종은 서모인 문정왕후 윤씨(1501~1565)의 온갖 핍박을 받으며 살아가야만 하였다. 죽을 고비를 몇 번이나 넘겼던 인종이다. 그 결과 왕위에 오른 지 8개월 만에 왕위를 계승할 소생도 남겨놓지 못하고 세상을 하직하고 말았다. 인종에게 어머니만 살아 있었다면 그렇게 마음고생하면서 살다가 죽지는 않았을 것이다. 인종에게 어머니가 곁에 없는 것 자체가

중종의 제1계비 장경왕후 윤씨가 홀로 잠들어 있는 희릉禧陵의 전경이다. 그녀는 곁에 잠들었던 왕을 제2계비 문정왕후 윤씨 때문에 잃었다. 중종이 이곳에서 강남의 정릉靖陵으로 천장된 것이다. 하지만 중종은 어느 왕비와도 잠들지 못했다.

불행이었다. 어머니가 오랫동안 살면서 지켜봐주었다면 인종도 아들·딸 낳고 성군이 되었을지도 모른다. 악독한 서모! 문정왕후 윤씨를 만날 일이 없었을 테고, 모진 구박을 받을 이유도 없었을 것이다.

장경왕후 윤씨의 능호는 희릉禧陵이며 능은 단릉으로 조성되어 있다. 원래 희릉은 조선의 제3대 왕 태종과 그의 원비 원경왕후 민씨가 잠들어 있는 헌릉獻陵 옆 동산에 있었다. 그런데 그녀가 잠든 지 22년이 지난 1537년(중종 32년) 음력 9월, 현재 자리로 천장하였다. 그 후 7년 뒤 중종이 1544년(중종 39년)에 57세 나이로 승하하여 장경왕후 윤씨의 왼쪽 동산에 잠들었다. 그때 능호도 희릉에서 정릉靖陵으로 바뀌었다.

그런데 1562년(명종 17년) 중종의 제2계비이자 인종의 뒤를 이어 왕위에 오른 명종(1534~1567)의 어머니 문정왕후 윤씨가 봉은사의 주지 보우와 논의한 뒤 중종을 그녀의 곁에서 떼어놓았다. 문정왕후 윤씨가 중종 곁에 잠들기 위해 천장을 한 것이다. 어찌되었거나 그녀의 남편 중종은 중종의 제2계비 문정왕후 윤씨

중종의 제1계비 장경왕후 윤씨의 희릉禧陵 예감瘞坎과 비각의 모습이다. 비각에 자리한 비석에는 '조선국 장경왕후희릉朝鮮國 章敬王后禧陵'이라고 새겨져 있다. 뚜껑이 덮여 있는 예감은 조선 왕릉 중 이곳 희릉禧陵과 단종 비 정순왕후 송씨가 잠들어 있는 사릉思陵에만 있다. 화재예방에 안성맞춤인 듯싶다.

로 인해 그녀 곁을 떠나게 되었다. 그 사연이 『명종실록』의 〈천릉도감이 간시에 하관하고 묘시에 안릉제를 지냈음을 아뢰다〉란 제목으로 실려 있다. 여기에 실린 성렬대비聖烈大妃는 문정왕후 윤씨를 가리키며, 천릉도감이 그녀가 죽은 뒤 자손의 번영을 위해 신후지계身後之計를 한 것이라 아뢰었다. 정확히 말하면 자신이 남편인 중종 곁에 잠들고 싶어 미리 천장을 한 것으로 보인다.

중종의 제1계비인 장경왕후 윤씨는 파평부원군 윤여필의 딸이다. 그런데 그녀가 1515년(중종 10년) 원자元子 인종을 낳고 산후병으로 죽자 산릉총호사山陵摠護使 정광필의 지휘 아래 그녀의 희릉이 이루어졌는데 희릉을 돌이 박힌 나쁜 땅에 썼다는 것이 뒤늦게 밝혀졌다. 1537년(중종 32년) 4월에 알려진 이 사건으로 5월·6월 내내 군신 간에 논란이 계속되었다. 그리하여 마침내 대모산에 있던 태종의 헌릉 서쪽에서 고양의 남쪽 서삼릉 경내로 옮겼다.

그런데 희릉禧陵의 광壙 안에 악석惡石이 많이 있다는 말을 듣고 옮겼지만, 천릉遷陵하느라 파보니 악석이 없다는 것이 밝혀졌다. 신하의 잘못이었다. 대저 신하가 말을 올릴 때에는 눈으로 본 사실을 아뢰더라도 오히려 자기가 본 것이 사실이 아닐까 염려하는 것인데, 더구나 길에서 들은 말을 경솔하게 아뢰어 천릉까지 하는 우를 범한 것이다. 그 결과 장경왕후 윤씨는 죽은 지 20여 년 만에 천릉을 하게 되어 오늘의 자리에 새둥지를 틀게 되었다.

그 후 중종이 세상을 뜨자 그녀의 아들 인종은 아버지 중종을 그녀 곁에 잠들게 했다. 그리고 능호를 희릉禧陵에서 중종의 능호인 정릉靖陵으로 바꾸었다. 그리고 인종이 승하하자 인종의 효릉孝陵이 그녀와 중종이 잠든 정릉 서쪽에 자리하게 되었다. 죽어서나마 가족 모두 함께 모여 잠들게 되었다. 그런데 중종의 제2계비 문정왕후 윤씨는 중종의 정릉이 장경왕후 윤씨와 동원同原인 것을 시기하여 1562년(명종 17년)에 그 당시 경기도 광주廣州였던 성종의 선릉宣陵 곁으로 천장하였다.

죽은 왕의 무덤까지 옮겨가며 왕비들은 죽어서까지 왕과 함께 잠들고 싶어하였다. 하지만 문정왕후 윤씨가 덕을 쌓은 게 하나도 없으니 그녀의 뜻대로 될 리 없었다. 그녀 역시 서울 노원구 화랑로 681(공릉동)에 자리한 태릉泰陵에 홀로 잠들어 있다. 그리하여 중종은 왕비를 3명이나 두었지만 왕비 곁이 아닌 그의 부모님이 잠들어 계신 서울 강남구 삼성동 선릉宣陵 곁으로 옮겨져 홀로 잠들게 되었다.

중종의 능을 천장할 당시에는 중종에 이어 왕이 된 장경왕후 윤씨의 소생인 인종은 이미 승하한 뒤였다. 인종은 부왕인 중종이 1544년(중종 39년) 음력 11월에 죽자 왕위를 계승하였다. 그러나 왕이 된 지 8개월 만인 1545년(인종 원년) 음력 7월에 세상을 뜨고 말았다. 인종은 조선왕조가 문을 연 이래 가장 짧은 재위 기간을 남긴 왕이 되었다. 인종은 자신을 낳고 산후병으로 세상을 뜬 어머니 장

장경왕후 윤씨의 능침 공간 전경과 후경이다. 중종의 정릉처럼 희릉도 능침 공간이 마당처럼 평평하고 넓다. 그녀는 남편인 중종 곁에 살아서 10년, 죽어서 18년을 함께 있다가 영원히 홀로 남게 되었다. 그나마 다행인 것은 아들 인종 내외가 그녀 가까이에 잠들어 있다는 것이다.

경왕후 윤씨 곁에 아버지 중종을 모시게 되어 기뻤을 것이다. 인종도 그의 유언 대로 그의 비 인성왕후 박씨와 함께 어머니와 아버지가 잠들어 있는 서삼릉의 정릉靖陵 곁 효릉孝陵에 나란히 잠들었다.

아마 인종은 지금도 어머니 곁에는 당연히 그의 아버지 중종이 잠들어 있는 것으로 믿고 있을지도 모른다. 『명종실록』에 〈산릉도감이 천릉한 후의 능호에 대해 아뢰다〉란 제목의 글이 실려 있다. 중종이 제1계비 장경왕후 윤씨 곁에서 현재 자리로 천장되었을 때의 기록이다. 함께 잠들었을 때는 중종의 능호인 정릉靖陵을 썼는데 중종의 능침이 천장된 후에는 그녀의 옛 능호인 희릉禧陵을 다시 쓰라는 내용이다.

장경왕후 윤씨는 중종이 그녀 곁에 와서 잠들게 되어 많이 기뻐했을 것이 다. 그런데 중종이 그녀의 곁에 잠든 지 18년째 되던 해, 중종이 그녀의 곁을 그

제12대 왕 인종을 낳은 중종의 제1계비 장경왕후 윤씨의 희릉 석물들이다. 중종의 정릉과 같이 석물 크기가 어마어마하다. 165cm인 내 신장의 머리가 문무석인의 팔꿈치에 닿는다.

만 떠나가고 말았다. 그래도 그녀는 그녀의 아들 내외가 곁에 잠들어 있어 그나마 위안이 될 수 있을 것이다. 인종이 왕위에 좀 더 오랫동안 머물렀으면 중종이 그녀 곁을 그렇게 떠나가지는 못했을 것이다. 그녀는 부모님을 일찍 여의었지만 이모 품에서 잘 자라 왕비까지 되었고, 왕위에 오를 아들 인종까지 낳았다.

그녀는 혹시라도 남편 중종이 다시 그녀 곁을 찾을지도 모른다는 생각에 뜬 눈으로 밤을 지새우고 있는 것은 아닌지 모르겠다. 그녀의 남편 중종은 그녀 곁을 어이없게 떠나 강남에 홀로 잠들어 있다. 중종은 그녀의 초장지인 헌릉 서쪽 언덕에서 그녀를 서삼릉으로 천장한 뒤 곁에 잠들었다. 그러나 제2계비 문정왕후 윤씨가 함께 잠들고 싶어 그녀 곁에 잠든 중종을 천장해감에 따라 그녀의 능호는 정릉靖陵에서 다시 옛 능호인 희릉禧陵이 되었고, 동원이강릉에서 단릉이 되었다.

하지만 문정왕후 윤씨도 중종과 함께 잠들지 못하고 홀로 잠들어 있다. 세상은 욕심대로 되는 게 아님을 문정왕후 윤씨가 정확하게 보여주었다. 중종이 떠난 그 자리에는 조선 제25대 왕 철종이 잠들어 있다. 철종의 예릉睿陵 석물들이 중종을 지켜주던 석물들이었다고 한다. 16세기에 중종이 버리고 떠난 뒤 할 일을 잃고 땅속에 묻혀 있다가 18세기 들어 다시 철종을 지키는 일을 맡게 된 석물들이다. 아쉬우나마 그녀는 그 석물들을 올려다보면서 남편인 중종을 그리워할지도 모른다. 어찌되었거나 그녀는 경기도 고양시 덕양구 서삼릉길 233-126(원당동) 서삼릉 능역 안의 희릉禧陵에 홀로 잠들어 있다. 그녀와 남편 중종과는 37.76km 정도, 아들 인종과는 430m 정도 떨어져 잠들어 있다. 아들 내외는 같은 서삼릉 능역 안에 잠들어 있다.

9

천장遷葬을 하면서까지 왕 곁에 잠들려던 악비! 문정왕후 윤씨
(제11대 왕 중종의 제2계비)

문정왕후文定王后 윤씨(1501~1565)는 파산부원군 윤지임(1475~1534)과 전성부부인 이씨의 5남 1녀 중 외동딸로 1501년(연산군 7년) 태어났다. 그녀는 조선 제11대 왕 중종(1488~1544)의 제2계비가 되어 제13대 왕 명종(1534~1567)을 낳아 끝내 왕으로 만들었다. 그녀의 본관은 파평이다.

그녀는 중종의 원비인 단경왕후端敬王后 신씨가 즉위 직후 7일 만에 폐위되고, 제1계비 장경왕후 윤씨가 세자 호(인종)를 낳은 뒤 7일 만에 죽자, 1517년(중종 12년) 왕비로 책봉되었다. 문정왕후 윤씨는 장경왕후 윤씨가 죽은 지 만 2년 만인 3년 상이 끝난 뒤, 왕비 간택령에 의해 왕비로 책봉되었다. 그때 그녀의 나이는 17세였다. 그리고 그녀는 중종의 제2계비가 된 지 17년 만인 1534년(중종 29년)에 기다리고 기다리던 명종을 낳았다. 기적이라 할 수 있다. 딸을 4명이나 낳고, 중종이 47세, 그녀가 34세 되던 해에 늦둥이로 아들 명종을 낳았으니 하는 말이다.

제13대 왕 명종을 낳은 문정왕후 윤씨가 잠들어 있는 태릉泰陵 전경이다. 그녀는 소원대로 그녀의 아들을 왕위에 올려 수렴청정을 통해 여왕 노릇을 충분히 했다.

문정왕후 윤씨는 명종을 낳은 후부터 중종의 뒤를 이어 왕위에 오른 장경왕후 윤씨의 소생 인종을 몹시 구박하였다. 그녀의 구박에 못 이겨 인종이 그렇게 일찍 죽었는지도 모른다. 그녀는 소원대로 인종이 죽고 그녀의 아들 명종이 1545년(명종 즉위년) 어린 나이에 왕으로 등극하면서 수렴청정을 통해 실권을 장악하였다. 그뿐 아니라 그녀는 중종의 정릉靖陵을 천장하면서까지 왕 곁에 잠들고 싶어 했다. 그러나 더 이상 그런 행운은 그녀에게 찾아오지 않았다. 행운은 착한 사람 찾아다니기도 바쁠 테니 당연한 일이었다.

생각해보면 문정왕후 윤씨가 인종에게 그토록 모질게 해서는 안 되는 일이었다. 인종의 어머니가 세상을 떠났기에 그녀에게 왕비가 되는 행운이 찾아온 것이 아닌가. 그녀가 생각을 좀 더 넓게 했더라면 인종을 구박할 일이 결코 아니었다. 어머니의 얼굴도 모르고 자란 인종을 불쌍히 여기고 장경왕후 윤씨를 대신해 사랑으로 보듬었어야 했다. 조선의 왕비들을 보면 문정왕후 윤씨처럼 팥쥐 엄마 같은 계비들이 있었다.

어찌되었거나 중종의 제1계비 장경왕후 윤씨의 아들 인종이 31세 나이로 왕위에 오른 지 8개월 만에 죽자, 그녀의 아들 명종이 12세 어린 나이로 왕위에 오르게 되었다. 그런데 그녀가 바라던 일이 너무 일찍 일어났다. 그녀는 자신의 아들이 어린 나이에 왕이 됨에 따라 수렴청정垂簾聽政을 시작하였다. 그리고 그동안 소윤으로 불리던 그녀의 동생 윤원형에게 권력을 쥐게 하여 대윤으로 불리던 인종의 외척인 윤임 일파를 제거한 을사사화乙巳士禍를 일으켰다. 명종이 왕위에

태릉의 웅장한 참도와 정자각·비각 모습이다. 비석에는 '조선국 문정왕후태릉朝鮮國 文定王后泰陵'이라고 새겨져 있다.

오르자마자 1545년(명종 원년)에 사화士禍가 일어났다. 이로써 그동안 사회와 정치를 주도한 사림들이 큰 화를 입었다.

을사사화는 조선 전기에 발생한 4대 사화 중 하나였다. 사화士禍는 사림士林의 참화로 사림파들이 훈구파勳舊派에 의하여 화를 입은 사건들을 가리키는 '사림의 화'의 준말이다. 조선시대 4대 사화로 1498년(연산군 4년)의 무오사화戊午史禍, 1504년(연산군 10년)의 갑자사화甲子士禍, 1519년(중종 14년)의 기묘사화己卯士禍, 1545년(명종 즉위년)의 을사사화乙巳士禍가 있다.

그녀의 수렴청정은 1553년(명종 8년) 명종이 성년 나이인 20세가 되면서 8년 만에 끝이 났다. 그 후 명종이 직접 정치에 임했지만 실제로는 그녀가 그의 남

태릉의 정자각 뒤 왼쪽의 예감과 오른쪽의 산신석 모습이다. 예감은 제례 후 축문을 태우는 곳이며, 산신석은 장례를 치른 후 3년 동안 땅을 관장하는 신에게 제사를 지내는 곳이다.

동생 윤원형과 함께 정사에 계속 간섭하였다. 그녀는 좀처럼 정치에서 손을 떼지 못하였다. 중종이 죽고 그녀가 죽을 때까지 20년간 국정을 그녀 혼자 손에 쥐고 마음대로 흔들었다고 해도 틀린 말이 아니었다. 명종은 그런 어머니로 인하여 허수아비 왕이나 다름없었다. 문정왕후 윤씨는 자신의 아들 명종을 완전 허수아비 왕으로 만들어버렸다. 거기에 그녀의 친정오빠와 남동생까지 가세하여 정국을 혼란에 빠지게 하였다.

그녀의 친정오빠 윤원로와 남동생 윤원형은 물불을 가리지 않고 정사에 관여했다. 그러나 오빠 윤원로는 동생 윤원형을 못 따라갔다. 끝내 동생 윤원형에게 목숨마저 잃었다. 그들이 정사를 잡은 지 20년, 문정왕후 윤씨의 동생이자 명종의 외삼촌인 윤원형의 권세는 해가 갈수록 더해갔고, 뇌물이 집안에 가득해 국고보다 더 많았다. 그런데도 윤원형은 자신의 형 윤원로의 권세가 자기와 비슷해짐을 의식해, 윤춘년을 사주해서 그 죄목을 열거해 명종에게 글을 올리게 해서 죽게 하였고, 천첩을 몹시 사랑해 본부인을 버리더니 나중에 본부인을 독살하는 변을 빚었으며 이어 첩으로 부인을 삼았다. 그 첩이 정난정이 아닌가. 그러고는 첩에게서 낳은 자식들을 모두 사대부가에 혼인시켰으며 자신이 죽은 뒤

문정왕후 윤씨의 태릉 능침과 긴 사초지 모습이다.

에라도 이에 이의를 제기하는 자가 있을까 두려워 첩의 자식도 벼슬을 허락해야 한다는 주장을 힘써 내세워, 이를 미봉하였다. 이 사실을 『조선왕조실록』은 자세히 전하고 있다.

문정왕후 윤씨는 명종을 낳기 전까지만 해도 중종이 후궁의 처소를 오가도 전혀 질투하지 않았던 왕비였다. 그리고 여자로서 반드시 읽어야 하는 『내훈』이나 『열녀전』보다는 『사기』, 『여장부전』, 『진성여왕전』, 『선덕여왕전』 등 역사와 정치에 관련된 책을 읽으며 지냈다. 그런데 명종을 낳은 뒤부터 인종에게 더욱 적개심을 품고 자신의 아들을 왕으로 만들기 위해 동생 윤원로와 윤원형을 앞세워 은밀히 음모를 진행하기 시작했다. 이것이 인종의 외숙 윤임을 자극하여 두 세력이 대립하게 된 것이다. 이른바 대윤(윤임 일파)과 소윤(윤원형 일파)의 싸움이 시작되었다.

인종과 문정왕후 윤씨가 낳은 아들 명종과의 나이 차는 무려 19년이나 났다. 인종이 왕비 소생으로는 장남이고 세자로 이미 책봉되어 있었으니 중종의 뒤를 이어 왕위에 오르는 것은 당연한 일이었다. 그런데도 그녀는 아들 명종을 낳은 뒤부터 난리를 피웠다. 자칫 잘못하다가는 그녀의 아들 명종이 목숨을 잃을 수도 있는데 겁이 없었다. 인종이 왕실 안위를 위하여 그녀의 아들을 해칠 수 있는 위치였던 것도 사실이다. 한편 생각해보면 인종에게 자녀가 없어 그녀의 아들이 역모에 휩싸여 목숨을 잃을까봐 불안해서 그랬는지는 모르겠다.

그러나 인종이 일찍 죽어 그녀의 아들 명종이 역모에 휩싸일 필요도 없이 왕위에 오르는 데 성공하였다. 인종에게 아들이 있었다면 그 아들이 왕위를 이을 것은 분명하였다. 왕비 소생이 아니더라도 후궁 소생만 있었어도 왕위를 이을 가능성이 높았다. 그런데 인종은 왕위를 이을 왕자는커녕 공주도 남겨놓지 못하고 세상을 떠나고 말았다. 그러니 왕세제王世弟로 책봉은 되어 있지 않았지만 유일한 대군으로, 그녀의 아들 명종이 왕위에 오를 일순위 대상자였다. 문정왕후 윤씨도 인종이 그렇게 일찍 왕위에서 물러나게 될 줄 예상은 못했을 것이다.

인종(1515~1545)은 왕이 되기 전 세자 시절부터 목숨이 위태로웠다. 문정왕후 윤씨 말고 중종의 후궁 경빈 박씨(?~1533)도 인종의 목숨을 위협했다. 경빈 박씨는 중종의 첫아들로 1509년(중종 4년) 왕자 복성군(1509~1533) 이미李嵋를 낳았고, 그 뒤 혜순옹주와 혜정옹주를 낳아 중종의 총애를 받았다. 복성군이 인종보다 6년이나 먼저 중종의 첫아들로 태어났다. 중종에게 첫아들을 안겨준 경빈 박씨는 반정을 일으켜 연산군을 몰아내고 중종을 왕위에 올린 박원종의 양녀이다. 그런데 그녀는 인종을 저주하기 위해 꾸민 작서灼鼠의 변辨에 연루되어 1528년(중종 23년) 아들 복성군과 함께 폐출되어 사사되었다. 이 사건은 세자로 책봉되어 있는 인종을 밀어내고 그녀가 낳은 복성군福城君을 중종의 뒤를 잇게 하려고 쥐를 잡아서 쥐의 입을 지지고 꼬리를 잘라 동궁 거처에 버려 세자가 죽도록 저주한 사건이다. 인종의 목숨을 노린 중종의 여인들이 문정왕후 윤씨 말고도 이미 또 있었음을 알 수 있다.

중종반정 때 공을 세운 공신들은 중종의 원비였던 단경왕후 신씨가 폐위될 것을 알고 자신의 딸들을 중종의 후궁으로 들이밀었다. 중종의 제1계비였던 인종의 어머니 장경왕후 윤씨도 그 중 한 명이었는데 그녀가 후궁으로 들어왔을 때 그녀의 후궁 서열은 7위였다고 한다. 그런데 후궁들 중 장경왕후 윤씨만 정실의 딸이어서 왕비에 오를 수 있었다. 공신들은 딸이 없으면 양녀까지 들여 후궁으로 들이밀었다. 경빈 박씨도 박원종이 양녀로 들여 중종에게 후궁으로 들이민 경우다. 그와 달리 문정왕후 윤씨는 왕비 간택령을 통해 왕비로 책봉되어, 왕비 자리에 당당히 오른 왕비였다. 장경왕후 윤씨가 죽었을 때도 후궁들의 외척세력들은 자신이 밀어 넣은 후궁들이 왕비에 오를지도 모른다는 생각에 김칫국부터 마셨을지도 모른다. 그렇지만 중종은 웬일인지 후궁 중에서 왕비를 책봉하지 않았다.

문정왕후 윤씨는 왕비 자리에 오른 후 그녀를 폐위시키려 했던 당대 최고의 권신 김안로도 사사시켰다. 권력남용으로 공포정치를 일삼았던 김안로의 아

문정왕후 윤씨의 태릉泰陵 문무석인 모습이다. 중종과 중종의 제1계비 장경왕후 윤씨, 제2계비 문정왕후 윤씨를 수호하는 문무석인 크기가 조선 왕릉 중 가장 크다. 그들 곁에 서면 위압감마저 느껴진다.

들 김희는 중종의 부마이다. 효혜공주(1511~1531)와 결혼을 하였다. 효혜공주는 인종의 누나로 중종의 제1계비인 장경왕후 윤씨 소생이다. 그녀는 아들이 왕이 되기 전인 1543년(중종 38년) 음력 1월 17일 새벽, 인종이 세자였을 때도 악행을 저질렀다. 세자를 제거하기 위하여 세자의 침전에 불을 질렀다. 하지만 송강 정철(1536~1593)의 큰누나로 인종의 후궁이 된 귀인 정씨가 다행히 세자를 구해주었다. 그런데 중종은 이 사건을 단순 실화사건으로 축소하여 진상규명도 하지 않았다.

중종이 누구의 소행인지 알고 있었기 때문에 그랬을 것이다. 가사문학의 대가인 송강 정철의 둘째 누나도 월산대군의 손자 계림군에게 출가를 하여 송강 정철의 집안도 왕족과 인연이 많았다. 계림군은 월산대군이 정실 박씨에게 자녀를 얻지 못해 소실로부터 얻은 유일한 아들 덕풍군의 차남이었다. 그 덕풍군은 성종의 서장자이자 중종의 이복형제인 계성군의 양자가 되었다. 송강 정철은 왕족과의 이런 연유로 명종과 친구 사이로 가깝게 지냈다. 송강 정철이 별시문과에 장원으로 급제했을 때 명종이 직접 축하연을 크게 베풀어줄 정도로 친하였다.

중종은 문정왕후 윤씨를 비롯한 그의 여인들로 인하여 부왕인 성종 못지않게 골치깨나 썩다가 세상을 떠난 왕이다. 그럴 때마다 중종은 인왕산에 치마바위 전설을 남겨놓은 원비 단경왕후 신씨가 그리웠을 것이다. 둘은 너무나 사랑했지만 반정세력 때문에 이별의 아픔을 안고 살아가야만 하였다. 중종은 왕비가 된 지 7일 만에 궁궐에서 쫓겨나야만 했던 그녀를 지켜주지 못하였다. 사실 중종은 세자로 책봉되어 있지 않았기에 제왕수업을 받지 않은 왕 중의 한 명이다. 중종은 정상적으로 보위를 이어받은 게 아니라 반정세력에게 추대된 왕이었다. 그러니 국정을 중종 마음대로 하기는 어려웠다. 그런 힘없는 왕을 남편으로 둔 결과 원비 단경왕후 신씨는 폐비가 되었고, 궁궐에서 쫓겨나 71세까지 홀로 살다가 한 많은 세상을 떠나야만 하였다.

떳떳하지 못한 위치로 왕위에 오른 중종이 39년의 재위기간을 남기고 1544년 음력 11월 죽자 제1계비 장경왕후 윤씨의 아들 인종이 제12대 왕으로 즉위하였다. 그로 인하여 중종의 제2계비 문정왕후 윤씨의 편이었던 소윤인 윤원형 일파는 밀려나고, 대윤인 인종의 외숙 윤임 세력이 조정을 장악하였다. 그러자 문정왕후 윤씨는 인종을 찾아가 끊임없이 신세한탄을 하며 자신의 모자를 언제 죽일 것이냐며 억지를 부렸다. 그리하여 인종이 며칠씩 석고대죄까지 하면서 빌게 만들어, 결국 선왕(중종)의 장례식으로 허약해진 인종을 죽게 만들었다. 인종은 1545년(인종 원년) 음력 5월, 석고대죄로 그만 폭염에 시달려 몸져눕고 말았다. 그 이후 끝내 회복하지 못한 채 그 해 음력 7월, 31세 나이로 왕이 된 지 1년도 안 되어 세상을 떠나게 되었다. 그녀가 바라던 일이 하늘이 무심할 정도로 빨라도 너무나 빨리 이루어졌다.

인종이 세상을 떠나자 그녀의 소원대로 그녀의 아들 명종이 조선 제13대 왕으로 등극하기에 이르렀다. 그녀는 자신의 아들을 대신하여 수렴청정을 선포하고 드디어 최고 권력을 장악하게 되었다. 권력을 잡은 문정왕후 윤씨는 자신에게 적대적인 세력부터 제거하기 시작하였다. 그녀는 윤임의 조카인 계림군(1502~1545)을 사사시켰다. 계림군은 월산대군의 손자로, 성종의 둘째 아들 계성군(1478~1504)의 양자가 되었다. 그런데 윤원형 일파는 성종의 서자인 계성군의 양자 계림군을 왕으로 추대하려 하였다는 혐의를 씌워 윤임 일파와 함께 제거하였다. 왕자로 태어난 죄로 계림군 역시 목숨을 지켜내기가 어려웠다. 문정왕후 윤씨는 자신에게 비판적이었던 사림파까지 모두 죽였다. 이것이 바로 1545년 명종 즉위년에 일어난 을사사화乙巳士禍였다. 자신의 아들 명종을 왕위에 올리기까지 수많은 사람이 목숨을 내놓아야만 하였다. 왕의 자리는 목숨을 앗아가는 자리가 아닐 텐데 새로운 왕이 등극할 때마다 희생되는 사람이 생겨났다.

권력을 손아귀에 쥔 문정왕후 윤씨는 강력한 호불정책을 전개시켰다. 당시 명성이 높았던 승려 보우(1509~1565)에게 불교진흥정책을 일임하여 선교 양종을 부활시키고 도첩제와 승과를 다시 실시하였다. 이러한 불교진흥정책에 대해 조정대신들이 반대 상소를 올리고 전국의 유생들도 심한 반발을 하였다. 그러자 그녀의 아들 명종은 신진 사림들을 등용시키고, 사화로 죽은 많은 선비들을 신원하면서 문정왕후 윤씨의 정책에 제동을 걸었다. 그러나 문정왕후 윤씨는 아들 명종을 압박하여 자신의 뜻을 계속 관철시켰다. 그녀는 명종이 20세가 되어 수렴청정을 거두고 물러난 후에도 막강한 영향력을 행사하였다.

그녀는 친정 동생 윤원형을 통해 막후에서 명종을 계속하여 조종하였고, 내시와 궁녀들을 통해 명종을 감시하였으며, 요구사항이 있으면 아들 명종을 직접 찾아가 담판을 벌이기도 하였다. 자신의 요구를 들어주지 않으면 심지어 왕에게 욕을 하며 왕의 뺨을 때리거나 종아리를 때리기까지 하였다. 그녀로 인하여 왕권이 그야말로 땅에 떨어져버렸다. 그녀는 폭군에 버금가는 왕비였다. 윤원형 역시 무슨 일이고 할 일이 있으면 반드시 문정왕후 윤씨와 내통하여 명종을 위협하고 제재하여 왕이 억울하고 분한 나머지 안색까지 달라지게 하였다. 궁중의 내시부에 속해 왕의 시중을 들거나 숙직 따위의 일을 맡아보던 내수內竪 중 혹 이를 아는 자가 있으면 윤원형은 궁인들에게 후히 베풀어 모두에게 환심을 얻었다. 때문에 왕의 모든 일과에 대해 모르는 것이 없었다.

또한 그녀는 윤원형의 애첩인 정난정을 통하여 시전을 장악하고 이들로부터 뇌물을 받아 그 자금으로 조정대신들과 수하들을 움직였다. 정난정은 윤원형의 본처를 몰아내고 독살시키면서 정실부인이 되어 윤원형과 함께 을사사화를 일으켜 권세를 움켜쥐었다. 그녀가 정실부인이 된다는 것은 그 당시 국법으로는 안 되는 일이었다. 하지만 문정왕후 윤씨 덕분에 정난정은 윤원형의 정실부인이 되었고, 그녀의 올케가 되었다. 정난정은 문정왕후 윤씨의 신임을 얻어 정경부인이라는 칭호까지 받았지만 문정왕후 윤씨의 죽음과 함께 권세를 잃어 윤원형의 유배길을 함께 따라가다가 윤원형과 같이 음독자살을 하였다고 한다.

한편에서는 정난정이 백성들의 돌팔매에 맞아 죽었다고도 전한다. 그녀는 백성들의 돌팔매에 맞아 죽어도 싼 인물이었다. "악한 끝은 없어도 선한 끝은 있다"는 말의 의미를 윤원형과 정난정도 증명해주었다. 『명종실록』〈윤원형의 졸기〉에 이에 대한 기사도 자세히 나와 있다. 내용 중 "윤원형이 사림들을 풀 베듯 죽이며 흉악한 짓을 있는 대로 다했는데, 오래도록 천벌을 면하더니 금일에 이르러 마침내 핍박으로 죽으니, 조야가 모두 쾌하게 여겼다"라는 글이 나와 있다. 사람을 풀 베듯 죽였다는 표현이 소름을 돋게 한다. 그런 윤원형이 문정왕후 윤씨의 동생이자 명종의 외삼촌이었다. 그래도 명종은 외삼촌이라 그랬는지 윤원형에게 3등의 장례를 하사하였다.

명종은 어머니인 문정왕후 윤씨의 영향력으로부터 벗어나려고 하였으나 그녀는 끝까지 이를 용납하지 않았다. 결과적으로 문정왕후 윤씨의 지나친 권력욕은 왕권을 약화시키고 명종시대 정치적 혼란을 가중시켰다. 문정왕후 윤씨는 1565년(명종 20년) 음력 4월, 경기도 양주 회암사에서 큰 재를 올리려고 찬물로 목욕재계하다가 그 길로 앓아누워 일어나지 못하고 세상을 떠났다. 그녀의 죽음으로 승려 보우도 조정의 탄핵을 받고 제주도에서 생을 마쳤다. 국왕 이상의 권력을 휘둘렀던 문정왕후 윤씨는 65세를 일기로 생을 마감하였다. 명종은 어머니로 인해 왕이 될 수 있었는지는 모르지만 허수아비 왕에 불과하였다. 재위기간은 21년이 넘지만 그 재위기간에 비해 별로 치적이 없는 왕이다.

그녀는 남편 중종 곁에 잠들고 싶어 중종이 죽은 지 18년이 되던 해에 제1계

문정왕후 윤씨가 그토록 곁에 잠들고 싶어 천장까지 한 중종의 정릉靖陵 전경이다. 하지만 그녀는 끝내 왕 곁에 잠들지 못했다. 중종이 잠들어 있는 정릉이 지대가 낮아 장마만 지면 물바다가 되기 일쑤였기 때문이다. 현재 빌딩 숲속에 자리 한 중종의 정릉靖陵은 성종의 선릉宣陵과 더불어 접근성이 좋아 외국 관광객들도 많이 찾는 곳이다.

비 장경왕후 윤씨 곁에 잘 있는 중종을 서울 강남구 삼성동으로 천장하였다. 그녀는 승려인 보우의 말에 따라 보우가 주지로 있는 봉은사 근처로 중종을 천장하여 그 곁에 함께 잠들고자 하였다. 보우는 그녀의 도움으로 숭유억불 정책에 맞서 조선 중기에 불교를 부흥시키고, 과거에 승과를 두게 하는 등 많은 활약을 하였다. 그러나 보우와 그녀의 욕심대로 될 턱이 없었다. 중종의 정릉靖陵을 천장한 곳이 지대가 낮아 보토補土하는 데 거액의 경비만 쏟아붓고 말았다. 비만 오면 물이 괴었기 때문이다. 그녀가 세상을 떠났을 당시 장마가 계속되어 홍살문은 물론 정자각까지 한강물이 범람해 들어왔다고 『명종실록』은 전하고 있다. 그 결과 중종의 정릉을 다시 천장해야 한다는 천장론까지 일었다. 다른 왕릉들에 비해 정릉은 지대가 낮긴 낮다. 그녀의 욕심 때문에 그런 지형에 중종을 천장하였다. 하지만 중종 곁에 그녀는 끝내 잠들지 못하였다. 그녀의 악행이 『명종실록』 곳곳에 실려 있을 정도로 그녀는 악비 중의 악비였다.

그녀는 중종의 제1계비 장경왕후 윤씨 곁에 잠든 중종을 자신과 함께 잠들게 하고 싶어 안장安葬한 지 20년이 다 되었는데 천장을 하도록 한 게 아닌가. 그 정도로 그녀는 국정을 좌지우지하였다. 그뿐인가. 아들 명종에게 "내가 아니면 네가 어떻게 이 자리를 소유할 수 있었으랴" 하면서, 조금만 여의치 않으면 곧 꾸짖고 호통을 쳐서 마치 민가의 어머니가 어린 아들을 대하듯 하였다. 그래도 명종은 천성이 지극히 효성스러워 어김없이 어머니 문정왕후 윤씨에게 복종하였다. 하지만 명종은 후원後苑의 외진 곳에서 때때로 눈물을 흘리곤 하였고, 목 놓아 울기까지 하였다고 한다. 명종이 심열증心熱症을 얻은 것이 어머니 문정왕후 윤씨 때문이라 할 정도로 그녀는 아들 명종을 왕으로 대접하기는커녕 야단치기 일쑤였다. 대신들은 그녀를 사직社稷의 죄인이라고 할 만하다면서 《서경書經》 목서牧誓를 인용하여 "암탉이 새벽에 우는 것은 집안의 다함이다"라고 하였으니, 이는 문정왕후 윤씨를 이르는 말이라 하였을 정도였다.

그녀의 악덕 때문이었을까? 명종 부부에게는 안된 일이었지만 하나뿐이던 원손까지 잃었다. 그녀의 유일한 원손 순회세자(1551~1563)가 13세에 요절하고 말았다. 그리고 명종에게는 더 이상의 후사가 없었다. 그녀는 순회세자를 2년 앞세우고 세상을 떠났다. 그녀가 악행을 저지른 것을 뉘우치고 눈을 감았어야 했는데 그러지 못하고 세상을 떠난 것 같아 안타깝다.

문정왕후 윤씨는 조정을 패권 다툼의 장으로 몰아갔던 최고의 악비였다. 그러나 그녀가 악행을 계속 이어가지는 못하였다. 죽음이 그녀의 악행을 잠재워 주었기 때문이다. 이처럼 죽음이 꼭 필요한 사람이 있다. 그나마 왕의 어머니로 만들어준 그녀의 아들 명종보다 먼저 세상을 떠난 것이 그녀의 복이면 복이라 할 수 있다. 명종은 그녀의 슬하에서 벗어난 지 겨우 2년밖에 안 되었는데 뭐가 아쉬웠는지 그녀의 뒤를 급히 따라갔다. 그녀는 명종을 비롯하여 의혜공주·효순공주·경현공주·인순공주 등 1남 4녀를 낳았다. 그녀는 영원히 살 것처럼 조정을 마음대로 주물렀지만 1565년(명종 20년) 눈을 감은 뒤 더 이상 이 세상 사람

태릉의 능침 공간 전경과 후경이다. 태릉에는 소나무 숲이 장관이다. 단릉으로 조성된 왕비의 능침이 이처럼 웅장한 데는 없다.

이 아니었다. 『명종실록』의 〈대왕대비가 승하하다〉란 제목의 기사에도 그녀가 천성이 강하다고 나와 있을 정도다.

『조선왕조실록』은 "그녀는 이미 자신의 아들이 왕위에 올랐음에도 기다렸다는 듯이 사림士林을 짓밟고 으깨어 거의 다 쳐 죽이기에 이르렀으니, 악행이 도를 넘어섰다. 그 뒤에 불사佛事를 숭봉함이 한도가 없어서 내외의 창고가 남김없이 다 고갈되고 뇌물을 공공연히 주고받고 백성의 전지를 마구 빼앗으며 내수사內需司의 노비奴婢가 제도諸道에서 방자히 굴고 주인을 배반한 노비들이 못에 고기가 모이듯 숲에 짐승이 우글거리듯 절에 모여들었다. 그녀의 남동생 윤원형과 중외에서 권력을 함께하면서 20년 사이에 조정의 정사가 탁란濁亂하고 염치가 땅을 쓸어낸 듯 없어지며 생민生民이 곤궁하고 국맥國脈은 끊어져 종사가 망하지 않은 것이 다행일 뿐이다"라고 전한다.

이같이 정국을 쑥대밭으로 만들어놓았던 문정왕후 윤씨는 이제 세상을 떠났고, 그녀의 악행은 『조선왕조실록』이 곳곳에서 전해주고 있다. 끔찍한 왕비였고, 끔찍한 왕의 어머니였다. 그녀의 능호는 태릉泰陵이며 단릉으로 조성되었다. 원래 명종은 문정왕후 윤씨의 시호를 문정文定, 능호는 신정릉新靖陵으로 정했다. 그 후 태릉으로 고친 것이다. 그녀는 중종 곁에 그렇게 잠들고 싶어 난리굿을 펼쳤지만 끝내 뜻을 이루지 못하였다. 그녀 곁에는 왕이 아닌 제1계비 장경왕후 윤씨처럼 아들 내외가 잠들어 있다. 그나마 다행 아닌가. 그래도 그녀는 왕 곁에 잠들지 못한 아쉬움에 잠 못 이루고 있을지도 모른다. 하지만 살면서 악한 행동을 그렇게 많이 했으니 그녀의 꿈이 이루어질 리 없었다. 문정왕후 윤씨는 서울특별시 노원구 화랑로 681(공릉동) 태·강릉 능역 안의 태릉泰陵에 잠들어 있다. 그녀는 남편 중종과는 24.53km 정도, 아들 명종과는 1.26km 정도 떨어진 곳에 홀로 잠들어 있다.

10

원비의 아들이 많아 왕 곁을 차지할 수 없었던 장렬왕후 조씨

(제16대 왕 인조의 계비)

장렬왕후莊烈王后 조씨(1624~1688)는 한원부원군 조창원(1583~1646)과 완산부부인 최씨의 1남 3녀 중 막내딸로 1624년(인조 2년) 태어났다. 그녀는 조선 제16대 왕 인조(1595~1649)의 계비가 되었다. 인조와의 사이에 자녀를 낳지는 못하여 왕의 어머니도 되지 못했다. 그녀의 본관은 양주이다.

　장렬왕후 조씨가 인조의 계비로 책봉된 것은 1638년(인조 16년) 그녀의 나이 15세 때였다. 원비인 인열왕후仁烈王后 한씨가 1635년(인조 13년) 죽고 난 3년 뒤 인조의 계비로 책봉되었다. 그때 인조의 나이는 44세로 그녀와 29세의 나이 차가 났다. 아무리 왕이 늙어도 왕비는 15세 내외로 책봉하였다. 그래도 그녀는 32세의 나이 차가 나는 선조와 계비 인목왕후仁穆王后 김씨의 나이 차보다는 적었다. 그나마 그녀가 복이라면 음력으로 병자년 1636년(인조 14년) 12월 8일~1637년(인조 15년) 1월 30일, 양력으로 정축년 1637년(인조 15년) 1월 3일~2월 24일에 일어난 병자호란 때 강화로 피난을 가야 하는 고통은 겪지 않았다는 것이다. 왕비로 책봉되기 전에 일어난 처절한 전쟁이었기 때문이다. 원비 인열왕후 한씨 역시 병자호란이 발발하기 1년 전 세상을 떠나 장례를 치른 끝이라 고통을 덜 겪고 세상을 떠났다. 인조만 왕비도 없이 치욕의 역사를 만들어냈다.

그녀는 나이 많은 인조를 만났지만 인조의 사랑을 받지 못하였다. 그래선지 인조와의 사이에 자녀도 낳지 못하였다. 인조는 계비인 그녀보다 후궁인 귀인 조씨(?~1652)를 더 총애하였다. 인조에게 자녀를 선물한 여인은 원비 인열왕후 한씨(1594~1635)와 귀인 조씨뿐이었다. 그러니 귀인 조씨의 말이라면 무슨 말이 되었거나 들어주는 인조였다. 그런 인조로 인해 계비가 후궁보다 대우를 더 받지 못했다. 그 결과 장렬왕후 조씨와 귀인 조씨와의 갈등은 날이 갈수록 심해져 큰 화를 불러오고야 말았다. 귀인 조씨는 이간질의 명수였다. 그의 이간질로 소현세자(1612~1645)를 비롯하여 민회빈愍懷嬪 강씨(1611~1646)와 세손 등이 목숨을 잃게 되었다. 다행히 비행의 꼬리가 너무 길어 발각되면서 그녀는 비참한 최후를 맞이하기에 이르렀다. 거침없이 악행을 계속 저질러오다가 끝내 인조의 왕위를 이어받은 조선 제17대 왕 효종(1619~1659)에 의해 사사賜死되었다. 효종은 그녀를 서인庶人으로 폐한 뒤 자결하도록 명을 내렸다. 그러나 명을 따르지 않아 사사시켰다. 『효종실록』에 〈역적 조씨를 스스로 자결하게 하고 특별히 예장하도록 하다〉란 제목으로 기사까지 나와 있다.

요괴스러운 일을 많이 행한 인조의 후궁 귀인 조씨에게는 숭선군崇善君과 낙선군樂善君, 그리고 효명옹주孝明翁主가 있었다. 그런데 귀인 조씨만 사사되었고, 그녀의 두 아들과 딸은 무사하였다. 인조의 아들을 둘이나 낳은 귀인 조씨가 계비인 장렬왕후 조씨를 나이도 어리고 자녀도 낳지 못하니 얕잡아보았던 모양이다. 장렬왕후 조씨가 자녀를 한 명도 낳지 못해 그런지 인조의 묘지문墓誌文에도 그녀에 대해선 간단하게 한번 소개되고 끝이었다. 『인조실록』의 길고 긴 〈인조대왕 묘지문〉에서 계비였던 그녀가 소개된 부분을 보면 짧아도 너무 짧다. "영돈녕부사 한원부원군漢原府院君 조창원趙昌遠의 따님이다"라고만 나와 있다. 인조

장렬왕후 조씨가 홀로 잠들어 있는 동구릉의 휘릉徽陵 전경과 정자각 모습이다. 정자각 정면과 측면에 익랑翼廊이 각각 한 칸씩 더 달려 있어 다른 정자각보다 규모가 크다.

의 계비 장렬왕후 조씨가 그녀와 달리 자녀를 낳지 못한 게 가장 큰 이유라 하겠다. 자녀를 낳은 원비 인열왕후 한씨와 후궁 귀인 조씨는 실록에 여러 번 등장했다.

인조는 원비에게 아들을 얻지 못한 선조와 달리 원비 인열왕후 한씨에게 아들을 4명이나 얻었다. 그러니 계비에게 아들이 탄생하기를 그렇게 바라지는 않았을지도 모른다. 어찌되었거나 어린 나이에 계비로 들어온 장렬왕후 조씨는 끝끝내 인조의 사랑을 받지 못하였다. 하지만 그녀는 1649년(인조 27년) 인조가 세상을 뜨자 대비가 되었고, 1659년(효종 10년) 효종이 세상을 뜨면서 대왕대비가 되었다. 비록 인조의 사랑을 받지 못하고 자녀를 한 명도 낳지 못했지만 그녀는 왕실 어른으로 오랫동안 살면서 대접을 받았다. 그런데 효종이 세상을 뜬 후 그녀가 입어야 할 상복이 정치문제로 떠올랐다. 그녀는 당파 중의 하나인 서인西人의 거두 우암 송시열(1607~1689) 등이 만 1년만 착복하면 된다는 기년설을 주장하여 그 절차대로 복상을 치렀다. 하지만 이듬해 또 다른 당파 남인南人의 거두인 미수 허목(1595~1682) 등이 대왕대비의 복상은 3년을 착용해야 한다는 3년설을 제기하면서 당파싸움이 일어났다.

이에 서인의 거두 우암 송시열은 기년설을 다시 주장하였고, 남인의 윤후 등은 효종이 왕위를 계승하였으니 장남이나 다름없다고 반박하며 3년설을 주장하였다. 결국 이 복상문제는 양당 간의 쟁점으로 떠올랐고, 송시열 등의 주장에 따라 기년설(1년)이 받아들여짐으로써 남인의 입지가 약해지고 서인의 입김이 강해졌다. 하지만 1674년(현종 15년) 효종의 비인 인선왕후 장씨(1618~1674)가 세상을 떠나자 또다시 이 복상문제가 대두되어 남인은 기년설(1년)을, 서인은 대공설(9개월 설)을 주장하였는데 이때는 남인의 기년설이 채택되어 서인 정권이 몰락하고 남인이 정권을 잡는 계기가 되었다.

인조의 계비가 된 그녀는 국상이 있을 때마다 그녀가 입어야 할 상복문제로 서인과 남인의 대립을 초래하였다. 그녀는 15세에 계비가 되어 65세에 세상을 뜨기까지 무려 국상을 여섯 번이나 치렀다. 그러는 동안 상복문제로 말도 많고 탈도 많았다. 그로 인해 유배형을 받은 학자와 문신들도 많았다. 무엇보다 그녀는 교활하기 짝이 없었던 장희빈(희빈 장씨)의 등장을 도운 인물이었다. 장희빈(1659~1701)이 궁녀 신분에서 왕비가 되는 데 가교 역할을 해준 일등공신이 바로 장렬왕후 조씨였다. 장희빈은 장렬왕후 조씨의 시종으로 있다가 숙종의 눈에 들어 후궁이 되었다. 물론 장희빈은 훤칠한 키에 미모가 뛰어났다고 한다.

아무튼 그녀의 도움으로 숙종의 후궁 장희빈은 1686년(숙종 12년) 왕이 평상시 거처하는 전각을 관장하고, 명주와 모시를 길쌈하여 해마다 바치는 종4품인 숙원이 되었다. 그 후 1688년(숙종 14년)에는 왕비의 예를 돕고 의논하는 정2품인 소의로 승격되었으며, 이때 왕자 윤(경종)을 낳아 숙종의 사랑을 독차지하게 되었다. 숙종에겐 그때까지 아들이 없었으니 그럴 수밖에 없었다. 장희빈의 등장을 도운 사람으로 장렬왕후 조씨 외에 그녀의 남동생인 조사석과 종친인 동평군(1660~1701)이 있었다. 동평군은 인조의 손자로 인조의 서장자인 숭선군(1639~1690)의 아들이다. 숭선군이 바로 인조와 그녀 사이를 멀게 이간질시켜온 귀인 조씨의 아들이었다. 어찌되었거나 그녀의 남동생인 조사석은 남인과 연결되어 있었고, 동평군은 궁중과 연결되어 있었다. 그랬기에 장희빈은 조사석을 통하여 남인의 지지를 이끌어낼 수 있었고, 동평군은 종친의 힘을 얻어낼 수 있

휘릉徽陵의 비각과 비석, 그리고 새로 복원한 수복방 모습이다. 비석에는 '조선국 장렬왕후휘릉朝鮮國 莊烈王后徽陵'이라고 새겨져 있다.

었다. 장희빈에게 조사석을 연결시켜준 사람은 장희빈의 어머니로, 장희빈의 어머니와 조사석은 한때 내연 관계에 있었다.

장희빈은 궁녀로 입궁하여 후궁이 되었고, 왕비였던 인현왕후 민씨(1667~1701)를 쫓아내고 왕비 자리에까지 올랐다. 훗날 욕심이 과하여 비참한 모습으로 최후를 맞이했지만 그녀는 처음에는 궁녀들의 부러움을 한몸에 받았을 여인이었다. 그러나 그녀로 인하여 궁녀에서 왕비까지 올라가는 길은 아예 막혀버렸다. 숙종이 그녀에게 질려버렸는지 다시는 빈이 후비가 되지 못하도록 국법을 제정해놓았기 때문이다. 궁녀들의 왕비가 되는 꿈은 그녀의 악행으로 더 이상 이룰 수 없게 되었다. 그래도 궁녀들은 후궁까지 된 장희빈이 밉지만은 않았을 것이다. 궁녀로 있다가 후궁만 되어도 왕의 부인이 되는 것이니 인생 역전이 아니겠는가?

장희빈(희빈 장씨)의 등장을 도왔던 인조의 계비 장렬왕후 조씨의 능호는 휘릉徽陵이며 능은 단릉으로 조성되었다. 그녀는 15세에 인조를 만나 11년 동안 부부로 살았으며 슬하에 자녀는 없었다. 왕자를 낳지 못해 왕의 어머니도 되지 못하였다. 그녀가 왕자를 낳았어도 왕이 되기는 어려웠다. 원비가 낳은 장성한 아들들이 많았기 때문이다. 왕자를 낳지 않은 게 그녀가 왕비가 되어 한 일 중 잘한 일일지도 모른다. 그녀가 낳은 아들이 계비의 아들로 태어나 살해된 방번이나 방석, 영창대군처럼 되지 말라는 법은 없기에 하는 말이다.

그녀는 1688년(숙종 14년) 65세를 일기로 생을 마감하였다. 그녀는 예상대로 인조 곁에 잠들지 못하였다. 원비인 인열왕후 한씨의 소생인 효종이 왕위에도 올랐고, 계속해서 원비 인열왕후 한씨의 손자(현종), 증손(숙종), 고손(경종과 영조) 등이 왕위를 이어갔으니 어려운 일이었다. 그뿐 아니라 순종에 이르기까지 원비 인열왕후 한씨의 후손들이 줄줄이 왕위에 올랐다. 그러니 장렬왕후 조씨가 죽어서도 인조를 차지하기는 어려웠다. 선조처럼 인조도 원비와 계비를 함께 곁에 두고 잠들어도 좋았으련만 그러지 못했다. 솔직히 선조는 두 왕비의 아

남편인 인조에게 후궁보다도 사랑을 받지 못했던 계비 장렬왕후 조씨의 능침과 그 앞에 세워져 있는 장명등 창으로 보이는 문석인의 표정이다. 의외로 평화로워 보인다. 인조의 사랑을 받지 못한 그녀지만 죽어서나마 편안히 잠든 모양이다.

들이 왕위에 오르지 않았기 때문에 가능한 일이었을 것이다. 원비나 계비의 아들이 왕위에 올랐으면 왕위에 오른 아들이 자신을 낳은 어머니를 왕 곁에 잠들게 했을 가능성이 높다.

그녀는 인조와 가까이도 잠들지 못하였다. 그만큼 왕을 낳아 왕의 어머니가 된 왕비의 힘은 대단하였다. 그녀는 동구릉의 건원릉 서쪽 산줄기에 홀로 잠들어 있다. 왕비로 책봉된 후 50년을 왕의 여인으로 살아왔지만 거리상으로도 왕과 너무 멀리 떨어져 잠들어 있다. 비록 왕을 낳지 못해 왕의 어머니는 되지 못했지만 그녀 역시 왕 곁에 잠들고 싶었을 것이다. 그녀의 남편 인조는 경기도 파주시 탄현면 장릉로 90에 원비 인열왕후 한씨와 합장되어 잠들어 있다. 그녀는 인조와 사별한 후 39년을 홀로 살아오다가 세상을 떠났다. 그녀의 인

자녀를 낳지 못했던 인조의 계비 장렬왕후 조씨가 홀로 잠들어 있는 휘릉徽陵의 능침(중)과 그 능침을 좌우에서 수호하고 있는 석마를 대동한 문무석인 모습이다.

생도 외로움의 연속이었다. 인조의 계비 장렬왕후 조씨는 원비 인열왕후 한씨와 잠들어 있는 남편 인조의 장릉長陵과 53.54km 정도가 떨어진 경기도 구리시 동구릉로 197(인창동) 동구릉 능역 안의 휘릉徽陵에 죽어서도 외롭게 홀로 잠들어

장렬왕후 조씨의 남편 인조가 원비 인열왕후 한씨와 합장되어 잠들어 있는 파주 장릉長陵의 전경과 능침 모습이다.

있다.

『숙종실록』의 〈장렬왕후의 지문〉 중 앞부분만 소개해보면 그녀는 "삼가 생각건대 우리 장렬왕후莊烈王后는 인조대왕仁祖大王의 계비繼妃이다. 중곤中壼에 계신 지가 12년이고, 동조東朝에 계신 지가 39년이었는데, 일찍이 내전의 말이 밖에 나갔다는 것을 듣지 못하였고, 또한 일찍이 한 가지의 정사에라도 간여했다는 것을 듣지 못하였다"라고 되어 있다. 어찌되었거나 그녀는 왕위를 이을 아들은 커녕 한 명의 자녀도 낳지 못했다. 그리고 마침내 1688년(숙종 14년) 8월 26일 창경궁에서 승하하였다.

11
먼발치에서 바라볼 수밖에 없는 인경왕후 김씨
(제19대 왕 숙종의 원비)

인경왕후仁敬王后 김씨(1661~1680)는 광성부원군 김만기(1633~1687)와 서원부부인 한씨의 4남 1녀 중 외동딸로 1661년(현종 2년) 태어났다. 그녀는 조선 제19대 왕 숙종(1661~1720)의 원비가 되었다. 그녀는 왕이 될 왕자는 낳지 못하고 두 명의 공주를 낳았으나 모두 일찍 죽었다고 알려져 있다. 그녀의 본관은 광산이다.

그녀는 1670년(현종 11년) 10세에 세자빈으로 간택되어 의동별궁에 들어갔으며, 다음해 음력 3월에 세자빈으로 책봉되었다. 1674년(현종 15년) 현종이 승하하고 숙종이 제19대 왕으로 즉위하자 왕비가 되었지만 정식 책봉은 1676년(숙종 2년) 16세에 되었다. 그녀는 『사씨남정기』를 쓴 김만중의 조카이기도 하다.

숙종의 원비였던 그녀는 1680년(숙종 6년) 천연두에 걸려 발병 8일 만에 20세의 젊은 나이로 세상을 떠났다. 숙종은 전염병인 천연두를 겪지 않아 면역력이 없는 터라 약방도제조를 겸한 영의정 김수항의 건의에 따라 편전을 그녀가 있는 경덕궁(경희궁)에서 창덕궁으로 이어하였다. 그 후 그녀는 경덕궁(경희궁)의 회

숙종의 원비 인경왕후 김씨가 홀로 잠들어 있는 서오릉의 익릉翼陵 전경이다. 익릉의 향로와 어로가 다른 왕릉에 비해 길고 계단식인 게 특징이다. 입구에서 홍살문까지도 한참을 걸어 들어간다.

상전會祥殿에서 세상을 떠나 익릉翼陵에 모셔졌다. 경덕궁의 회상전은 그녀의 남편 숙종이 태어난 곳이다. 『숙종실록』에 그녀가 승하한 후 〈대행왕비의 시호와 능호, 전호를 짓다〉란 제목의 글이 실려 있다. 그녀의 시호諡號는 인경仁敬이고, 능호陵號를 익릉翼陵, 전호殿號를 영소永昭라 하였다.

숙종은 그녀가 일찍 죽는 바람에 제1계비로 인현왕후 민씨를 들였다. 그러나 인현왕후 민씨도 자녀를 낳지 못한 채 죽어 제2계비 인원왕후 김씨를 또 들였다. 하지만 3명의 왕비 모두 자녀를 남기지 못하였다. 숙종은 여자 복은 있었는지 모르나 자녀 복은 없는 편이었다. 왕비에게 한 명의 왕자도 얻지 못한 숙

익랑翼廊이 붙어 있는 인경왕후 김씨의 익릉翼陵 정자각 전경과 정자각 옆에서 올려다본 익릉의 능침 모습이다. 이곳의 정자각도 휘릉徽陵의 정자각처럼 익랑翼廊이 붙어 있다. 조선 왕릉 중 익랑이 붙어 있는 왕릉은 장렬왕후 조씨의 휘릉徽陵, 현종과 명성왕후 김씨의 숭릉崇陵, 인경왕후 김씨의 익릉, 경종과 계비 선의왕후 어씨의 의릉懿陵 등 4개뿐이다.

종은 궁녀에서 후궁이 된 장희빈(희빈 장씨)에게 어렵사리 아들을 얻었다. 숙종은 그 아들을 원자로 삼고 세자로 책봉하기에 이르렀다. 끝내 왕비들이 왕자를 낳지 못함에 따라 정국은 몇 번에 걸쳐 당쟁의 소용돌이에 휘말리게 되었다. 그 소용돌이 속에 궁녀 출신 장희빈이 후궁이 되었다가 왕비까지 오르게 되었으며, 이어 무수리 출신이 후궁이 되어 제2의 왕자를 낳는 경우가 발생하였다.

왕비가 왕위를 이을 왕자를 낳지 못하면 왕실은 물론 정국의 안정에 큰 영향을 미친다. 그러니 왕이 될 왕자를 낳는 왕비가 두말할 것 없이 애국자가 되는 셈이다. 원비인 인경왕후 김씨가 후손을 남기지 못하고 세상을 뜨자 왕대비는 왕비 책봉을 서둘렀다. 그 내용이 〈왕대비가 새 중전의 간택에 관해 하교하자, 이에 관해 논의하다〉란 제목으로 『숙종실록』에 실려 있다. 왕대비가 국운이 불행하여 뜻밖에 숙종의 원비인 인경왕후 김씨가 승하하였고, 또 후사가 없으니, 상하 비통함을 어찌 다 말할 수 있겠느냐며, 계비의 책봉을 서두르자는 이야기가 실려 있다.

숙종의 원비였던 인경왕후 김씨를 비롯한 3명의 왕비들 모두 소생이 없어 또다시 적통이 끊어지고 말았다. 그러니 장희빈의 소생 경종이 숙종의 뒤를 이어 제20대 왕으로 즉위하였다. 그런데 그 장희빈의 아들 경종이 왕위를 계승하긴 했지만 생산능력이 소실되어 그도 후사를 남길 수 없었다. 그리하여 무수리 출신인 숙빈 최씨의 소생 영조가 왕세제王世弟로 책봉되었다가 왕위에 오를 수밖에 없었다. 왕비들이 왕을 낳지 못해 숙종의 뒤를 이어 2명의 서자가 연달아 왕위에 올랐다. 조선왕조 최초로 방계 혈통으로 왕위에 오른 선조 이후로 이상할 정도로 왕비들이 왕자를 낳지 못하는 경우가 많았다. 그리하여 서자 출신들이 줄줄이 왕위에 올랐다. 조선 후기로 갈수록 그 현상이 더 심하였다. 그러고 보니 궁궐 밖보다 궁궐 안이 적서차별이 더 없었던 것 같다.

인경왕후 김씨의 능은 익릉翼陵이며 능은 단릉으로 조성되어 있다. 숙종은 원비인 그녀 곁에 잠들지 않았다. 그녀는 서오릉에 세 번째로 조성된 왕릉에 입주

익릉翼陵의 비각과 비석, 수복방 모습이다. 비각 안에 서 있는 비석에도 인경왕후 김씨의 남편 숙종의 이름은 없다. 그녀 홀로 잠들었기 때문이다. '조선국 인경왕후익릉朝鮮國 仁敬王后翼陵'이라고 새겨져 있을 뿐이다.

하여 그녀 곁에 숙종이 오기만을 기다렸을 텐데 숙종은 오지 않았다. 숙종은 마음고생을 가장 많이 시킨 제1계비 인현왕후 민씨 곁에 가서 잠들었다. 숙종과 제1계비 인현왕후 민씨가 나란히 잠든 명릉에는 별도의 능호를 받지 않은 제2계비 인원왕후 김씨도 잠들어 있다. 그러니 명릉明陵은 동원이강릉同原異岡陵으로 볼 수밖에 없다. 하지만 제2계비 인원왕후 김씨의 능침이 숙종의 왼쪽에 있는 게 문제다. 어쨌거나 명릉은 좌상우하의 원칙에도 어긋나 있다. 왼쪽에 왕의 능침이 자리하지 않았기 때문이다. 숙종의 원비였던 인경왕후 김씨가 3명의 왕비들 중 오히려 숙종과 제일 멀리 떨어져 잠들어 있다. 숙종은 조강지처인 그녀를 무색하게 만들었다.

숙종의 원비 인경왕후 김씨는 숙종이 2명의 계비들과 잠들어 있는 서오릉 능역 안에 잠들어 있다. 그러나 그녀 역시 숙종에게 서운한 마음이 있어 잠들지 못하고 있을 것이다. 원비인 그녀는 무엇보다 왕 곁에 잠들고 싶었을 것이다. 그러기 위해서는 우선 왕이 될 왕자를 낳아야 했다. 그래야 그 왕자가 왕위에 올라 왕 곁에 자신을 낳아준 어머니를 잠들게 해줄 수 있기 때문이다. 하지만 왕비와 달리 후궁들은 왕위를 계승한 왕자를 낳았어도 왕 곁에 잠들 수 없었다. 아무리 왕의 총애를 받았더라도 죽어서는 왕 근처에 얼씬도 못하였다. 그러나 원비였던 그녀는 물론 2명의 계비도 왕을 낳지 못하였으니 당연히 그녀 곁에 숙종이 찾아와 잠들 것이라 믿었을지도 모른다. 그런데 그녀의 그 믿음은 한낱 꿈이 되고 말았다. 그 결과 그녀는 경기도 고양시 덕양구 서오릉로 334~32 서오릉 능역 안의 숙종 곁이 아닌 익릉翼陵에 홀로 누워 숙종이 계비들과 잠든 명릉明陵을 내려다보고 있다. 그녀가 홀로 잠든 익릉은 그녀의 남편 숙종의 명릉과 534m 정도밖에 떨어져 있지 않다.

숙종의 원비 인경왕후 김씨가 홀로 잠들어 있는 익릉翼陵의 능침과 능침을 수호하고 있는 문무석인 모습이다. 왠지 문무석인의 표정이 쓸쓸해 보인다. 단릉인 익릉은 상중하계가 뚜렷이 나뉘어 있다. 석물들이 검은색의 바위 꽃도 없이 뽀얗다. 일찍 세상을 떠난 그녀의 풋풋했을 모습이 연상된다.

12

왕 곁을 계비에게 빼앗긴 단의왕후 심씨

(제20대 왕 경종의 원비)

단의왕후端懿王后 심씨(1686~1718)는 청은부원군 심호(?~1704)와 영원부부인 박씨의 1남 1녀 중 외동딸로 1686년(숙종 12년)에 태어났다. 그녀는 조선 제20대 왕 경종(1688~1724)의 원비가 되었다. 예상했던 대로 경종과의 사이에 자녀는 탄생하지 않아 왕을 낳은 왕비에 이름을 올리지 못했다. 그녀의 본관은 청송이다.

그녀가 왕비로 추존되자 그녀의 아버지도 후일 우의정, 영의정 등으로 추증되었다. 그녀는 1696년(숙종 22년) 11세 나이로 세자빈에 간택되어 경종과 가례를 올렸다. 그런데 그녀는 경종이 왕위에 오르기 2년 전인 1718년(숙종 44년) 33세에 갑자기 병을 얻어 죽었다. 그때까지 슬하에 자녀는 없었다. 그녀가 석녀는 아니었고, 남편인 경종이 몸이 허약했기 때문이었다. 그녀의 시아버지 숙종은 자녀를 낳을 수 없었던 그녀가 세상을 떠나자 비통해하며 단의端懿 시호를 추서하고 단의 빈으로 삼았다. 1720년(숙종 46년, 경종 즉위년) 경종이 즉위하자 혜릉惠陵 능호와 영휘永徽 전호를 받고 단의왕후로 추봉되었다. 후일 영조가 그녀에게

경종의 원비 단의왕후 심씨가 홀로 잠들어 있는 동구릉의 혜릉惠陵 전경과 정자각 모습이다.

공효정목恭孝定穆 휘호를 올렸다. 그녀가 세상을 떠난 후 그녀에게 내린 시책문이 〈세자빈에게 내린 시책문〉이란 제목으로 『숙종실록』에 자세히 나와 있다. 시책문에서 그녀의 아름다운 성품을 알 수 있다.

그녀는 원비였지만 남편인 경종과는 좀 떨어진 곳에 잠들어 있다. 그녀의 능침은 다른 왕릉과 달리 머리가 북쪽을 향하고 있지 않다. 북쪽이 아닌 서쪽에 머리를 두고 다리를 동쪽에 두고 잠들어 있음을 알 수 있다. 조선 왕릉 대부분이 북침北枕을 하고 있는데 혜릉惠陵의 단의왕후 심씨는 서쪽에 머리를 두고 있다. 능의 침향枕向 즉 시신의 머리를 어느 방향으로 두었느냐 하는 것은 민족, 지방, 종교 등에 따라 다르다. 우리나라는 선사시대부터 동쪽이나 남쪽으로 머리를 두는 경우가 많았는데 그 후 고구려와 백제가 5~6세기부터 중국 한나라의

혜릉의 비각과 비석이다. 비석에는 '조선국 단의왕후혜릉朝鮮國 端懿王后惠陵'이라고 새겨져 있다.

영향으로 북침을 시작하였고, 신라는 통일기로 넘어가면서 동침에서 북침으로 바꾸기 시작했다. 이 풍습은 고려와 조선을 거쳐 지금까지 계속되고 있다. 『국조오례의』에도 나타나 있듯이 조선 왕릉 대부분이 북쪽에 머리를 두고 남쪽을 바라보고 있다. 그런데 단의왕후 심씨의 머리는 동쪽도, 남쪽도, 북쪽도 아닌 서쪽을 향하고 있다.

서쪽에 머리를 두고 동쪽을 바라보며 잠들어 있는 그녀는 안타깝게도 22년이나 경종과 살았으면서 실제 왕비 자리에도 올라보지 못하였고, 왕자를 낳지 못해 왕의 어머니도 되지 못하였다. 이유라면 시아버지인 숙종의 재위기간이 45년 10개월로 너무 길었기 때문이 아닐까 싶다. 숙종이 세상을 떠나야 남편인 경종이 왕이 될 수 있는데 숙종은 60세에 세상을 떠났다. 그 결과 안타깝게도

경종의 원비 단의왕후 심씨가 홀로 잠들어 있는 혜릉惠陵의 능침과 문무석인이다. 혜릉은 조선 왕릉 중 유일하게 장명등이 설치되어 있지 않다. 장명등 자리가 텅 비어 있어 왠지 허전하다. 또한 무석인의 코가 떨어져나가 무섭다.

단의왕후 심씨는 왕비에 오르지 못하고 그만 세자빈 시절에 시아버지 숙종보다 2년 먼저 세상을 떠나고 말았다. 다행이라면 경종이 왕위에 오르면서 왕비로 추존된 것이다. 그녀를 왕후로 추봉한다는 기록이 『경종실록』에 〈대행 대왕의 시호를 올리다〉란 제목으로 사실되어 있다.

죽고 난 뒤 왕비로 추존된 왕비들이 조선왕조에는 여러 명 있다. 창업추존 왕비 4명과 일반추존 왕비 5명, 그리고 실제 왕위에 오른 왕의 비로 경종의 원비 단의왕후 심씨 외에 태조의 원비 신의왕후 한씨, 문종의 원비 현덕왕후 권씨, 예종의 원비 장순왕후 한씨, 순종의 원비인 순명황후 민씨 등 5명이 있다. 그들 중 조선 개국을 눈앞에 두고 죽은 태조의 원비 신의왕후 한씨 외에 4명은 세자빈 시절에 요절하였다. 그들은 모두 살았을 때는 왕비에 올라보지 못했지만 남편이 왕이 되는 바람에 죽어서나마 왕비로 추존되어 왕비 대접을 받고 있다. 그들의 신주는 종묘에 봉안되어 실제 왕비에 올랐던 왕비들과 똑같은 대접을 받고 있다. 그나마 다행한 일이다.

단의왕후 심씨의 능호는 혜릉惠陵이며 능은 단릉으로 조성되어 있다. 그녀는 경종의 원비로 오랫동안 살아왔지만 왕 곁에 잠들지 못한 왕비 중 한 명이다. 경종 곁에는 남편인 경종과 6년밖에 살지 못한 계비 선의왕후 어씨가 잠들어 있다. 그래도 그녀가 죽어서라도 왕비로 추존되었으니 왕 곁에 잠들지 못한 것에 대한 서운함이 조금은 덜할지도 모른다.

경종의 원비 단의왕후 심씨는 경기도 구리시 동구릉로 197(인창동)에 위치한 동구릉 혜릉惠陵에 홀로 잠들어 있다. 그녀의 남편 경종은 그녀의 혜릉에서 10.5km 정도 떨어진 서울 성북구 화랑로 32길 146-20(석관동) 의릉懿陵에 계비 선의왕후 어씨와 앞뒤로 잠들어 있다.

단의왕후 심씨의 남편 경종이 계비 선의왕후 어씨와 아래위로 잠들어 있는 의릉懿陵의 능침을 앞과 뒤, 옆에서 바라본 모습이다. 의릉은 동원상하릉同圓上下陵으로 경종이 위에, 선의왕후 어씨가 아래에 잠들었다. 이곳 의릉懿陵과 조선 제17대 왕 효종의 영릉寧陵이 조선 왕릉 중에서 동원상하릉으로 조성되었다.

13

아직도 왕을 기다리는 우허제右虛制와 정성왕후 서씨

(제21대 왕 영조의 원비)

정성왕후貞聖王后 서씨(1692~1757)는 달성부원군 서종제(1656~1719)와 잠성부부인 이씨의 외동딸로 1692년(숙종 18년) 태어났다. 그녀는 조선 제21대 왕 영조(1694~1776)의 원비가 되었다. 그러나 영조의 사랑을 받지 못해서인지, 아이를 낳지 못하는 석녀石女여서인지, 어찌되었거나 한 명의 자녀도 남기지 못하였다. 그녀의 본관은 달성이다.

그녀는 1704년(숙종 30년) 숙종의 4남인 연잉군(영조)과 가례를 올려 달성군부인에 봉해졌다. 그 후 경종이 1721년(경종 원년) 몸이 약해 후사가 없자 남편인 연잉군延礽君이 왕세제王世弟에 책봉되면서 그녀도 왕세제빈王世弟嬪에 봉해졌다. 그리고 1724년(경종 4년) 경종이 죽고 연잉군이 왕위에 오르자 그녀도 왕비에 올랐다. 그러나 그녀는 영조의 부인으로 50년 넘게 살아왔지만 자녀를 한 명도 낳지 못하였다. 그녀는 조선왕조 왕비들 중 왕비 재위기간이 가장 긴 33년을 왕비로 지낸다.

정성왕후 서씨의 시어머니이자 영조의 생모인 숙빈 최씨가 잠든 소령원昭寧園의 원소園所를 앞뒤에서 바라본 모습이다.
그리고 영조가 여막을 짓고 3년간 무덤 옆에서 시묘살이를 했던 담의 일부이다.

안타깝게 전해오는 일화가 있어 소개해본다. 정성왕후 서씨가 영조를 만나 결혼을 하였는데 첫날밤에 영조에게 소박을 맞았다는 것이다. 이유인즉 영조가 정성왕후 서씨의 손을 잡고 손이 참으로 곱다면서 칭찬을 하자, 정성왕후 서씨는 무심코 궂은일을 해본 적이 없어 그렇다고 하였다. 그런데 그날 이후부터 영조는 그녀를 박대하고 멀리하였다는 것이다. 무수리로 고생하면서 살았던 어머니의 거친 손과 발이 생각나서 그랬을 것이라고 하는데, 정말 그래서 소박을 했는지 의구심이 간다.

영조의 어머니 숙빈 최씨는 어려서부터 바느질을 하고, 맨발로 물지게를 지고 다녀서 손과 발이 항상 아팠다고 한다. 그랬던 어머니가 떠올라 정성왕후 서씨를 첫날밤에 소박하였다는 것이다. 영조에게 약간의 동정심은 가지만 부인에게조차 그런 감정을 표출한 것은, 그것도 첫날밤에 그런 것은 군왕으로서의 자질에 문제가 있었던 게 아닌가 싶다. 이 일화가 맞는다면 영조의 어머니와 전혀 다른 환경에서 태어나 자란 정성왕후 서씨만 억울하게 되었다. 영조에게 찾아온 병 중에 열등감은 어떤 병보다 가장 무서운 병이었다. 그런 영조를 남편으로 만났으니 정성왕후 서씨 역시 처음부터 행복을 기대하기는 어려웠다. 영조의 열등감은 그가 왕위에 오르면서도 좀처럼 사라지지 않았다.

이처럼 정성왕후 서씨는 무수리 출신의 어머니를 둔 남편으로 인하여 일생 동안 고독을 감수하면서 살아가야만 하였다. 그녀는 살아가면서 고독만큼 무서운 것은 없다고 생각했을지도 모른다. 영조의 원비 정성왕후 서씨는 영조의 사랑을 끝끝내 받지 못하며 살다가 1757년(영조 33년) 소생 없이 66세 나이로 영조보다 일찍 세상을 하직하였다. 영조와 가례를 올린 뒤 53년간이나 함께 해로하였지만 그녀의 인생은 외로운 나날들이었다. 영조와 가례만 올렸을 뿐 부인 대접을 제대로 못 받고 살다가 세상을 떠난 불쌍한 왕비가 아닌가.

그녀가 영조로부터 첫날밤에 소박을 맞은 게 사실이라면 그녀에게 자녀가 탄생하기는 어려운 일이었다. 그러니 왕을 낳은 어머니 또한 될 수 없었다. 대신

영조의 원비 정성왕후 서씨가 기다림에 지쳐 홀로 잠든 홍릉弘陵의 여름과 겨울 전경이다. 정자각 너머로 능침이 하나만 보인다. 홍릉은 남편인 영조가 곁에 잠들기로 하여 석물을 쌍릉 형식으로 조성하였다. 그러나 아직도 기다림이 계속되고 있는 유일한 조선 왕릉이다. 영조의 능침 자리가 휑하니 비어 있다.

그녀는 영조의 제2후궁 영빈 이씨가 낳은 사도세자(1735~1762)를 태어나자 즉시 데려다 아들로 삼고 원자로 봉하였다가 이듬해 세자로 책봉하였다. 사도세자思悼世子의 부인은 혜경궁 홍씨(1735~1815)로 판서 홍봉한의 딸이다. 사도세자도 양어머니가 된 그녀를 의지하면서 잘 따랐다. 그녀가 세상을 떠나자 사도세자는 식음까지 전폐하고 슬퍼했다는 기록이 남아 있을 정도다.

후궁의 소생이 원자나 세자로 책봉될 때에는 왕비의 양자로 들어가는 것이 관례라 사도세자 역시 후궁의 소생이었기에 왕비인 정성왕후 서씨의 양자로 입적되어 세자로 책봉되었다. 그녀가 더 오래 살았더라면 사도세자의 비극적인 죽음을 그대로 지켜보지만은 않았을 것으로 본다. 그녀는 영조의 사랑은 제대로 받지 못했지만 33년 동안 국모 자리를 지켰던 조선의 왕비가 아닌가. 영조는 그녀가 살아 있을 때는 냉대했으나 죽은 이후 왕비의 행장行狀에는 그녀에 대한 감사의 마음을 남겼다. 그녀의 일대기를 정리한 행장 역시 영조가 직접 지었다. 영조가 지은 『영조실록』의 〈친히 지은 대행왕비의 행장〉이란 제목의 글을 읽어

정성왕후 서씨의 홍릉弘陵 비각과 근래 세워진 수복방 모습이다. 비석에는 '조선국 ○○○○홍릉 정성왕후○○(朝鮮國 ○○○○弘陵 貞聖王后○○)'라고 새겨져 있다. 비석도 미완의 모습을 하고 있다. 비석에 '영조대왕英祖大王'이라고 새겨져야 할 자리가 비어 있고, 정성왕후貞聖王后 옆에 부좌附左라 새겨져야 하는데 '부좌'란 글자도 새겨져 있지 않다.

보면 정성왕후 서씨 또한 빛나는 가문 출신이었음을 알 수 있다. 정성왕후 서씨는 조선 초기 세종 대부터 성종 대까지 6명의 왕 아래서 활동한 대학자 서거정(1420~1488)의 후손이었다.

영조가 직접 쓴 행장行狀의 글이 영조의 진심이 담긴 글이라 믿고 싶다. 영조는 왕비의 능 자리를 정하면서도 미안한 생각이 들었는지 자신도 그 곁에 묻히기 위하여 우허제右虛制를 쓰도록 하였다. 석물까지도 쌍릉에 맞게 배치하도록 하였다. 행장에 쓴 글이 영조의 진심이라고 다시 믿고 싶을 뿐이다. 그런데 영조는 그녀가 잠들어 있는 홍릉弘陵에 함께 잠들지 못하였다. 그의 손자 정조는 할아버지 영조를 할머니 정성왕후 서씨 곁에 잠들지 못하게 했다. 영조는 "내가 이러한 때에 미리 택조宅兆를 점지하고, 능호陵號 오른쪽을 비워두는 제도를 적용하였으니 또한 무슨 유감遺憾이 있겠는가?"라며 원비인 정성왕후 서씨 곁에 잠들 것을 행장을 통해 약속했다. 그러나 영조의 약속은 지켜지지 않았다.

사도세자(추존 왕 장조)의 아들 정조는 신하들의 상소가 있었지만 영조의 계비 정순왕후 김씨가 지켜보고 있어서 그랬는지, 아니면 아버지 사도세자를 그렇게 처참하게 죽음으로 몰고 간 할아버지가 싫어서 그랬는지, 할아버지의 유언을 따르지 않았다. 『정조실록』 1권에 〈대행 대왕의 시호·묘호·전호·능호를 정하다〉란 제목으로 실린 기사에도 "능호에 있어서는 장차 홍릉弘陵의 위쪽 빈자리에 봉안할 것"이라고 했는데 그대로 이행이 되지 않았다. 확실한 이유가 뭐였는지 정확히 알 수 없다.

영조는 원비 곁 홍릉弘陵이 아닌 나이 어린 계비와 동구릉 능역 안의 원릉元陵에 나란히 잠들게 되었다. 원릉은 원래 제17대 왕 효종의 영릉寧陵이 있던 자리이다. 그런데 1673년(현종 14년) 석물에 틈이 생겨 빗물이 스며들 염려가 있다 하여 여주의 영릉英陵 곁으로 영릉寧陵이 옮겨갔다. 사가에서조차 파묘 자리는 쓰지 않는 법인데 정조가 그걸 몰랐을 리 없다. 아버지 사도세자가 뒤주 안에서 억울하게 죽어가는 모습을 목격한 정조이니 그렇게라도 할아버지에 대한 분풀이를

눈이 하얗게 내려앉은 정성왕후 서씨의 홍릉을 정자각 옆에서 올려다본 모습이다. 왼쪽의 영조 능침 자리가 비어 있음을 알 수 있다.

하고 싶었던 것은 아닌지 모르겠다. 11세 어린 나이에 아버지를 살려달라고 어머니(혜경궁 홍씨)도, 할머니(영빈 이씨)도 애원하지 않은 애원을 몇 번에 걸쳐 울부짖었지만, 끝내 들어주지 않고 아버지를 죽게 만든 할아버지 영조가 아닌가.

그래도 정조는 할아버지의 약속을 지키려고 했을지도 모른다. 아버지를 죽게 만든 할아버지였지만 곁에서 살아오면서 할아버지를 조금은 이해했을 수도 있다. 핏줄이기에 그럴 가능성이 많다. 그러나 영조의 계비로 들어온 정순왕후 김씨의 반대가 있었을 것이다. 그녀가 영조 곁에 잠들고 싶어 영조의 왕릉을 다른 곳에 조성토록 했을 확률이 높다. 그 당시 정순왕후 김씨의 세도가 대단했지 않는가. 정조가 그녀의 의도를 꺾을 힘은 없었을 것이다.

어찌되었거나 정성왕후 서씨만 어이없게 되었다. 아마 그녀의 목은 '언제 남편 영조가 곁에 와서 잠들려나?' 기다리다가 이미 자라목을 넘어 기린목이 되어버렸을지도 모른다. 서오릉의 홍릉에서 그녀가 영조를 기다리고 또 기다렸지만 살았을 때와 마찬가지로 영조는 그녀를 찾아오지 않았다. 영조는 살아서 53년을, 죽어서 19년을 더 기다리게 하고는 끝내 그녀를 찾아오지 않았다. 영조는 그녀가 잠들어 있는 홍릉으로 오기 위해 그녀의 능침 오른쪽을 비워놓고 능을 조성하였으나 약속을 지키지 못했다. 아마도 그녀는 남편인 영조가 자신의 곁에 와서 잠들 거라고 믿었을 것이다. 그녀는 죽어서나마 부부의 금실이 돈독해지기를 바랐을지도 모른다. 하지만 기다려도 기다려도 영조는 끝내 오지 않았다. 계비인 정순왕후 김씨도 그녀와 마찬가지로 왕위를 이을 아들을 낳지 못했다. 그러나 영조는 조강지처인 그녀 대신 나이 어린 계비와 함께 나란히 잠들어 있다. 그녀 곁에 우허제나 설치하지 말지, 지키지 못할 약속을 왜 했는지 모르겠다. 영조로 인하여 정성왕후 서씨의 능은 현재도 못 갖춘 왕릉의 모습을 250년이 넘어가도록 하고 있다. 과연 그녀 곁에 영조가 와서 잠들 수 있을까? 불가능해 보인다.

현재 홍릉은 반쪽의 왕릉 모습을 하고 있다. 철석같이 믿고 기다렸던 정성왕후 서씨를 영조는 끝까지 배반해버렸다. 그녀는 죽어서라도 살았을 때 받지 못한 영조의 사랑을 받고 싶었을 것이다. 자존심도 세우고 싶었을 것이다. 그런데 '혹시나' 했던 게 '역시나'가 되어버렸다. 이래저래 정성왕후 서씨만 허망하게 되었다.

서오릉에는 ① 추존 왕 덕종과 소혜왕후 한씨의 경릉, ② 예종과 계비 안순왕후 한씨의 창릉, ③ 숙종과 제1계비 인현왕후 민씨·제2계비 인원왕후 김씨의 명릉, ④ 숙종의 원비 인경왕후 김씨의 익릉, ⑤ 영조의 원비 정성왕후 서씨의 홍릉 등 5개의 왕릉이 조성되어 있다. 그래서 이곳을 서오릉이라 부른다.

정성왕후 서씨의 능호는 홍릉弘陵이며 능은 쌍릉으로 조성되어야 맞는데 아

영조의 원비 정성왕후 서씨가 홀로 잠들어 있는 홍릉의 전경과 후경이다. 홍릉은 원래 쌍릉으로 조성하였다. 영조 자신이 죽으면 이곳에 와서 잠들겠다며 조성하였기 때문이다. 그러나 영조의 능침 자리는 아직도 텅 비어 있다. 반쪽의 왕릉 모습을 하고 있는 미완의 왕릉이다.

영조의 원비 정성왕후 서씨가 외롭지 않도록 홍릉의 문무석인이 좌우에서 그녀를 수호하고 있는데 다행히 그들 표정은 밝다.

직까지 단릉으로 남아 있다. 서오릉에 마지막으로 입주한 정성왕후 서씨는 그녀의 오른쪽 자리를 여전히 비워둔 채 홀로 누워 있다. 살아서나 죽어서나 고독한 왕비가 바로 정성왕후 서씨다. 언제까지 영조를 더 기다려야 할지 기약 없는 일이 아닌가. 그러나 그녀는 포기하지 않고 기다리고 있다. 아마 그녀는 살아서나 죽어서나 매일매일 영조를 기다려야만 하는 팔자를 타고난 모양이다.

그녀는 경기도 고양시 덕양구 용두동 475-92번지 서오릉 능역 안의 홍릉에서 오늘도 영조를 기다리느라 잠 못 들고 있다. 우허제右虛制를 설치해놓지나 말지, 영조는 비어 있는 능침 자리를 마냥 바라보고 있을 원비 정성왕후 서씨의 마음을 알까? 그녀가 홀로 잠든 홍릉弘陵과 계비 정순왕후 김씨와 나란히 잠들어있는 남편 영조의 원릉元陵과는 38.57km 정도 떨어져 있다. 그녀가 기다리다가 이내 지쳐버렸는지도 모른다.

정성왕후 서씨의 남편인 영조가 계비 정순왕후 김씨와 나란히 잠들어 있는 원릉의 전경과 능침이다. 영조는 원비인 정성왕후 서씨 곁에 우허제까지 설치해놓고 함께 잠들기로 약속했으나 그 약속을 끝내 지키지 못했다.

조선 왕릉 중 유일하게 삼연릉으로 조성된 조선 제24대 왕 헌종의 경릉景陵 모습이다. 헌종이 왼쪽, 원비 효현왕후 김씨가 중앙, 계비 효정왕후 홍씨가 오른쪽에 나란히 잠들어 있다.

왕 곁에
잠든
왕비들

1부에서 왕 곁에 잠들지 못한 왕비들을 만나보았다. 이번에 만나볼 왕비들은 왕 곁에 잠든 왕비들이다. 왕 곁에 원비뿐 아니라 계비도 함께 잠들어 있는 왕릉도 있다. 원비와 계비 모두 왕을 낳지 못한 경우에 그랬다. 왕 곁은 죽어서도 왕을 낳은 왕비가 차지하는 데 유리했다. 자신이 낳은 아들이 왕위를 이었으니 왕 곁에 잠드는 것쯤은 따 놓은 당상이었다.

어찌되었거나 42기의 조선 왕릉 중 가장 평화롭게 보이는 왕릉은 왕 곁에 원비와 계비 모두 함께 잠들어 있는 왕릉이다. 왠지 그 왕릉의 모습은 아름답게 보인다. 아울러 그 왕릉으로 인하여 보는 사람의 마음마저 평화로워지고 편안해진다. 그래서일까? 나는 조선 왕릉 중 세 개의 봉분을 난간석으로 이어놓은 삼연릉의 경릉景陵을 좋아한다. 그 모습이 어깨동무를 한 듯, 서로 손을 맞잡은 듯 정겹다. 그 삼연릉의 주인공은 제24대 왕 헌종과 그의 원비와 계비이다. 그 외에 제14대 왕 선조와 제27대 왕 순종도 원비와 계비 모두를 곁에 두고 잠들어 있다. 제19대 왕 숙종도 나란히는 아니지만 같은 능역 안에 장희빈(희빈 장씨)까지 4명의 부인을 곁에 두고 잠들어 있다.

왕 곁에 잠들지 못한 13명의 왕비들과 달리 왕 곁에 잠든 28명의 왕비들은 능침 속에서도 행복할 것이다. 먼저 세상을 떠난 왕비 곁에 곤히 잠들어 있는 왕을 천장까지 하면서 그 곁에 잠들고 싶어 했던 왕비도 있었다. 왕의 시신이 다 썩지도 않았는데 천장을 강행했다. 또한 우허제右虛制까지 만들어놓고 원비 곁에 잠들겠다고 약속은 해놓고, 끝내 원비 곁에 잠들지 못한 왕도 있다. 그 우허제는 아직도 자신의 임무를 수행하지 못한 채 왕을 기다리고 있다. 하지만 그 왕은 66세에 맞이한 15세의 계비를 곁에 두고 잠들어 있다. 폐비 3명을 포함한 조선의 41명의 왕비들 중 28명만이 왕 곁에 잠들어 있다. 앞에서 왕 곁에 잠들지 못해 왕 곁을 그리워하는 왕비들을 먼저 만나보았고, 이번에는 왕 곁에 잠들어 있는 왕비들을 한 명 한 명 만나볼 참이다.

시동생이 무서웠던 정안왕후 김씨

(제2대 왕 정종의 비)

정안왕후定安王后 김씨(1355~1412)는 월성부원군 김천서(?~?)와 삼한국대부인 이씨의 1남 2녀 중 막내딸로 1355년(고려 공민왕 4년)에 태어났다. 그녀는 조선 제2대 왕 정종(1357~1419)의 비가 되었다. 정종과 후궁들 사이에는 15남 8녀가 태어났지만 그녀에게는 한 명의 자녀도 태어나지 않았다. 그러니 왕을 낳은 어머니는 될 수 없었다. 그녀의 본관은 경주이다.

그녀는 1398년(태조 7년) 남편인 영안대군이 세자가 되자 세자빈으로 책봉되었고, 같은 해 영안대군이 왕위에 오르면서 왕비가 되었다. 하지만 왕과 왕비의 재위기간이 2년 정도로 끝이 나고 말았다. 2년 뒤인 1400년(정종 2년) 시동생인 태종 이방원이 정안왕후 김씨의 양자로 입적된 뒤 왕위에 올랐기 때문이다. 태종은 왕세제王世弟가 아니라 세자王世子로 책봉되어 있다가 조선 제3대 왕이 되었다. 남편 정종은 태종 이방원에게 왕위를 넘겨주고 상왕으로 물러나게 되었고, 따라서 그녀도 순덕왕대비順德王大妃의 존호를 받았다. 생각지도 않게 그녀는 조선 최초로 왕대비가 되었다.

정안왕후 김씨는 부드럽고 아름다운 성품을 타고났으며 공손하고 검소한 마음을 지녔다고 한다. 그뿐 아니라 덕행으로 아랫사람을 다스렸고, 마음에서 우러나오는 우애로 친족들과 친교를 두텁게 하였다고 한다. 정안왕후 김씨가 1412년(태종 12년) 세상을 떠나면서 후사後嗣가 된 태종 이방원은 그녀의 아들이 된 것이나 마찬가지기 때문에 소복 차림으로 곡을 하였다. 『태종실록』에 〈순덕왕대비 김씨의 졸기, 임금이 빈전에 가서 곡하다〉란 제목으로 기록되어 있다. 그 기록에 등장하는 임금은 태종이고, 순덕왕대비順德王大妃는 정안왕후 김씨를 가리키는 말이다. 태종 이방원은 그녀의 시동생에서 그녀와 남편 정종의 대를 잇는 자식이 되어 세자로 책봉되었다.

그녀는 시동생 이방원이 세자로 책봉된 1400년(정종 2년) 그해 겨울, 정종이 몸이 아파 자리에 눕자 왕위를 이방원에게 물려줄 것을 권하였다. 정종은 그녀의 말에 따라 왕위를 자신의 아들로 입적된 동생 이방원에게 물려주었다. 정종이 천수를 다한 것은 이러한 정안왕후 김씨의 내조가 있었기 때문이라고 역사는 전한다. 안타깝게도 그녀는 슬하에 자녀를 한 명도 두지 못하였다. 그리고 정종보다 7년 먼저 경복궁景福宮의 경회루慶會樓가 완공되던 해인 1412년(태종 12년)에 세상을 떠났다. 그녀의 아들로 입적되어 조선의 제3대 왕이 된 태종 이방원은 경회루가 완공되자, 그곳에서 피서를 하거나 휴식을 취하고, 상왕이나 사신들에게 연회를 베풀었으며, 문무과 과거시험도 치르게 하였다. 정안왕후 김씨의 상여가 나가는 날에도 태종이 경회루에 거둥하였다가 돌아왔다는 기록이 『태종실록』에 〈정안왕후의 발인〉이라는 제목의 기사에 실려 있다. 상왕上王은 정안왕후 김씨의 남편인 제2대 왕 정종을 말하는 것이다.

그녀는 죽은 지 270년이 지난 1681년(숙종 7년)이 되어서야 온명장의溫明莊懿 존호를 추상받았다. 정종도 명나라에서 받은 시호인 공정대왕恭靖大王으로 불리다가 숙종 대에 와서 정종定宗이라는 묘호를 정식으로 받게 되었다. 정종의 재위

황해남도 개풍군 영정리 백마산 동북쪽 기슭에 있는 조선 제2대 왕 정종定宗과 정안왕후 김씨의 무덤인 후릉厚陵 정면 모습이다. 남한에 있는 40기의 왕릉은 한 기도 빼놓지 않고 모두 답사를 했는데 후릉은 북한에 있어 가보지 못했다. 이 사진은 홍·유릉의 덕혜옹주 묘소로 가는 길에 전시된 사진을 찍은 것이다.

기간이 짧고 공적이 없었던 탓인지는 모르나 정종과 정안왕후 김씨는 다른 왕과 왕비에 비해 대접을 제대로 받지 못하였다. 그녀가 한 명의 자녀도 남기지 못해 더 그랬을 것이다.

정안왕후 김씨는 왕비에는 올랐지만 잠을 자면서도 항상 죽음을 생각할 만큼 시동생인 이방원을 두려워하면서 살아가야만 하였다. 이는 실권 없는 남편 정종과 그녀의 처지가 얼마나 비참했는지를 단적으로 보여주는 대목이라 하겠다. 그녀가 왕비 자리에서 내려와 12년을 더 살다가 떠났지만 2년 동안 왕비 자리에 있었을 때보다 내려왔을 때가 더 행복했을 것이다. 생각해보면 그녀가 왕자를 낳지 못한 것이 오히려 다행한 일이었을지도 모른다. 그녀의 소생으로 왕자가 있었다면 그 왕자는 이방원으로 인하여 목숨을 부지하기 어려웠을지도 모르니 그렇다. 그녀, 그녀의 남편, 그녀의 자녀들 모두 처참한 최후를 맞이할 수도 있었을 것이다. 이방원도 왕비에 오른 그녀가 조강지처로 자녀를 낳지 못하였기에 네 명의 형들 중 둘째인 정종에게 잠시나마 왕위를 양보했을 것으로 보인다.

그녀의 능호는 후릉厚陵으로 아직은 맘대로 답사를 갈 수 없는 북한의 개성시 판문군 령정리에 위치해 있다. 그녀는 무자녀가 상팔자로, 왕자를 낳지 못한 게 오히려 잘된 일이라 생각하면서 편안히 잠들어 있을지도 모른다. 왕이 될 왕자를 낳지 않은 게 천만다행이라 생각할 것이다. 자녀를 한 명도 낳지 못했지만 그녀는 정종에게 유일한 왕비였기에 정종이 아무리 후궁을 많이 두고 자녀를 많이 낳았어도 정종 곁에는 그녀가 잠들었다.

조선 왕릉 42기 중 남한에 있는 40기만 세계유산에 등록되었다. 북한에 있는 태조의 원비 신의왕후 한씨의 제릉齊陵과 정종 부부의 후릉厚陵은 아직 세계유산에 등록되지 못하였다. 나 역시 남한에 있는 40기의 왕릉은 모두 답사하였으나 북한에 있는 두 왕릉은 답사하지 못했다. 생각보다 후릉의 능침 공간 모습이 잘 조성되어 있음을 사진으로만 보고 알 수 있었다. 조선 제3대 왕 태종의 헌릉獻陵 모습과 비슷하다. 석물들이 태종의 헌릉처럼 다른 왕릉들과 달리 한 기씩 더 많다. 석양, 석호, 석마, 문석인, 무석인 등이 양쪽에 각각 한 기씩이 아닌 두 기씩 설치되어 있다. 왕릉은 북한에 자리하고 있지만 제2대 왕 정종과 정안왕후 김씨의 신주神主는 남한의 종묘宗廟·영녕전永寧殿에 모셔져 있다. 그녀는 통일이 되어야만 갈 수 있는 북한에 남편 정종과 나란히 잠들어 있다.

종묘의 정전과 영녕전의 전경이다. 정종의 비 정안왕후 김씨와 정종의 신주神主는 종묘宗廟 영녕전永寧殿에 모셔져 있다. 정전正殿에는 태조를 비롯하여 19감실에 49위 신주가 모셔져 있고, 이곳 영녕전永寧殿에는 태조의 4대 조상을 비롯하여 16감실에 34위 신주가 모셔져 있다.

2
왕을 만든 여장부 원경왕후 민씨
(제3대 왕 태종의 비)

원경왕후元敬王后 민씨(1365~1420)는 여흥부원군 민제(1339~1408)와 삼한국대부인 송씨의 4남 3녀 중 2녀로 1365년(고려 공민왕 14년) 태어났다. 그녀는 조선 제3대 왕 태종 이방원(1367~1422)의 비가 되어 조선 제4대 왕 세종(1397~1450)을 낳아 왕으로 만들었다. 그녀의 본관은 여흥이다.

그녀는 이방원의 정치적 내조자이자 동지였으며, 뛰어난 결단력으로 남편 이방원을 위기에서 구해내고 그가 왕위에 오르는 데 기여했던 인물이다. 그녀는 1382년(고려 우왕 8년) 태조의 5남인 이방원에게 출가하였으며 1392년(태조 1년) 정녕옹주에 봉해졌다.

1400년(정종 2년) 음력 2월, 남편 이방원이 왕세제王世弟가 아닌 세자王世子로 책봉되자 그녀는 세자빈王世子嬪이 되어 정빈貞嬪에 봉해졌다. 이방원은 조선 제2대 왕 정종의 동생이었는데 정종의 아들로 입적되어 세자로 책봉되었다. 그리고 그해 음력 11월, 이방원이 조선 제3대 왕으로 즉위하자 그녀는 왕비로 책봉되어

제4대 왕 세종을 낳은 원경왕후 민씨가 태종과 나란히 잠들어 있는 헌릉獻陵 전경이다. 헌릉은 조선 왕릉 중 가장 웅장한 왕릉으로 석물 수만 해도 다른 왕릉의 배가 된다. 또한 홍살문 오른쪽에 설치되어야 할 배위도 태조의 건원릉과 마찬가지로 능침 공간에 설치되어 있다.

원비 칭호를 받게 되었다.

1398년(태조 7년) 음력 8월, '제1차 왕자의 난' 때 그녀는 미리 변이 일어날 것을 예측하고 때마침 여러 왕자들과 몸이 불편한 태조 곁을 지키고 있던 남편을 자신이 복통이 심하다는 것을 핑계로 불러냈다. 그리고 그녀의 동생인 민무구, 민무질과 함께 친정으로 빼돌렸던 무기와 사병을 내주어 남편이 정도전, 남은을 기습하게 도와주었다. 그 후에도 이방원이 태조 이성계의 계비인 신덕왕후 강씨(1356~1396)의 소생으로 세자에 책봉된 방석(의안대군)과 세자빈 심씨, 방번(무안대군), 경순공주의 부마인 흥안군 이제 등을 모두 제거하여 '제1차 왕자의 난'이 성공하도록 도움을 주었다. 그녀가 정빈으로 책봉된 기록이 『정종실록』에 〈민씨를 봉하여 세자 정빈으로 삼다. 책문〉이라는 제목으로 실려 있다. 어쩌면 그녀가 이방원보다 더 욕심이 많고 무서운 여인이 아니었나 싶다.

그녀의 도움으로 남편 이방원이 정변에 성공하였으나 계모인 신덕왕후 강씨의 막내아들 방석(1382~1398)을 죽인 후 이방원은 바로 세자가 되지는 않았다. 떳떳하지 못한 감이 있었는지 왕위를 태조의 2남이자 그의 둘째 형 방과(정안대군)에게 양보하고 자신은 형 뒤에서 막후 실력자로 남게 되었다. 그리하여 1398년(태조 7년) 9월, 태조의 뒤를 이어 그의 형 방과가 조선의 제2대 왕으로 즉위하였다. 그러나 정종은 동생 이방원의 허수아비나 다름없었다. 정종 자신도 왕이 되기를 원하지 않았다.

그런데 정종이 왕위에 오른 2년 후 1400년(정종 2년)에 '제2차 왕자의 난'이 일어났다. 이는 '제1차 왕자의 난'에 대한 논공행상論功行賞에 불만을 품은 박포가 다음 왕위를 노리던 태조의 4남인 방간(회안대군)과 손잡고 5남인 이방원(정안대군)을 제거하려 했던 것이었다. 이때 전투에 나간 남편 이방원이 죽은 줄 알았던 그녀는 당장 싸움터에 달려 나가려 했을 정도로 용기 있는 여장부였다. '제1차 왕자의 난'은 이복형제 사이의 왕위 쟁탈전이었다면 '제2차 왕자의 난'은 동복형제 사이의 왕위 쟁탈전이었다. '제2차 왕자의 난'도 승리로 이끈 그녀의 남편은 드디어 왕세자로 봉해지고, 그녀도 왕세자빈이 되었다. 그리고 1400년 음력 11월, 정종은 동생 이방원에게 왕위를 물려주고 상왕으로 물러앉았다. 그리하여 그녀의 남편 이방원은 조선 제3대 왕으로 즉위하였고, 그녀는 왕비로 책봉되었다.

민씨의 남편 이방원이 왕위에 오르기까지는 그녀와 그녀의 친정 동생들 공이 컸다. 그런데 남편은 왕위에 오른 뒤 국왕만이 권력을 지녀야 한다고 생각하였다. 그리하여 자신이 왕위에 오르는 데 일등공신 역할을 한 그녀와 친정 동생들의 세력 즉 외척세력이 강화되는 것을 경계하기 시작하였다. 태종 이방원 자신을 위협할 수 있는 외척세력이 한 곳에 집중하여 커지는 것을 우려하였다. 그 결과 태종은 외척세력을 분산시키기 위해 우선 후궁을 들이기 시작하였다. 이에 왕비에 오른 원경왕후 민씨가 거센 반발을 하였다. 그럼에도 불구하고 태종 이방원은 공식적으로는 9명의 후궁을 두었다고 나와 있으나 사실은 19명이나 되는 후궁을 두었다. 그녀가 노발대발할 수밖에 없었다. 하지만 그녀가 화를 내 보았자 소용없는 일이었다. 태종 이방원은 아예 원경왕후 민씨가 간섭하지 못 하도록 법까지 제정하였다.

조선의 왕은 공식적으로 최대 9명까지만 후궁을 들일 수 있었다. 그런데 9명 을 넘는 왕들이 수두룩했다. 평균으로는 6.4명이지만 태종은 무려 19명을 두 어 랭킹 1위를 차지했다. 그 뒤를 이어 광해군 14명, 성종 13명, 고종 12명, 연 산군과 중종은 각각 11명의 후궁을 두었다. 반면 현종, 경종, 순종은 한 명의 후 궁도 두지 않았다. 그런데 그들은 모두 병약한 체질이라고 알려져 있다. 순조는 1명의 후궁을 두었고, 단종과 헌종은 2명, 인종과 효종은 3명, 인조·영조·정조 는 평균도 안 되는 4명을 두었다.

태종의 이 같은 행동으로 원경왕후 민씨는 왕후로서의 기쁨도 잠깐이었 고, 국모로서의 여생을 철저히 회의와 배신감 속에서 살아가야만 하였다. 그

헌릉의 소전대燒錢臺와 정자각의 뒤부터 능침까지 이어지는 신도 모습이다. 태조의 건원릉과 태조의 계비 신덕왕후 강씨 의 정릉처럼 이곳 헌릉에도 소전대가 남아 있다. 소전대는 제례 후 축문을 불태우던 곳으로 세종 대부터는 예감으로 바 뀌었다.

녀는 어릴 적 외가에서 자라 친정식구들과 각별한 정이 있던 세자 양녕대군 (1394~1462)에게 큰 기대를 가질 수밖에 없었다. 그런데 명나라 황제의 딸과 세자 양녕대군의 정혼 문제가 논의되는 과정에서 신하들이 태종 몰래 그녀의 아버지 민제를 찾아가 이 일을 논의하는 일이 벌어졌다. 이를 알게 된 태종은 자신을 제외하고 세자빈 책봉 문제를 그녀의 아버지 민제와 논의한 것에 대해 크게 분노하여 1407년(태종 7년) 음력 7월, 그녀의 남동생 민무구, 민무질 형제의 옥사가 벌어졌다

옥사의 발단은 태종이 세자에게 왕위를 물려주겠다고 하자 민무구 형제들이 크게 희희낙락喜喜樂樂하였다는 것이다. 즉 어린 세자를 끼고 권력을 잡으려 하였다는 '협군의 혐의'가 그들에게 적용되어 원경왕후 민씨의 온갖 노력에도 불구하고 태종은 처남 민무구, 민무질 형제를 귀양 보낸 후 3년 뒤 자진하라는 명령을 내려 죽게 만들었다. 그녀의 아버지 민제는 그 충격으로 병들어 세상을 떠나게 되었다. 이어 다른 두 동생들도 두 형의 억울한 죽음에 대해 불만을 토로하였다가 귀양을 간 후 사형당하고 말았다. 그녀가 이런 앞날에 대해 상상이나 했

헌릉의 비각 안에 두 개의 신도비가 나란히 세워져 있다. 하나는 세종이 1424년(세종 6년) 세운 신도비로 현재 보물 제1804호로 지정되어 있는 '서울 태종 헌릉 신도비太宗 獻陵 神道碑'이고, 다른 하나는 임진왜란 때 파괴되고 글씨가 마모되어 숙종이 다시 세운 신도비다. 신도비는 태종의 생애와 업적을 기리기 위해 비문을 써서 새겨놓은 것이다.

성군 중의 성군! 세종대왕을 낳은 원경왕후 민씨가 왕비가 된 후 원수지간이 되어버린 남편 태종 이방원과 나란히 잠들어 있는 헌릉의 문무석인들과 능침 모습이다. 이 문무석인들은 헌릉 좌우에 각각 한 쌍씩 서서 그녀와 남편 태종 이방원을 물샐틈없이 수호하고 있다.

을까. 남편 태종 이방원은 그녀의 남동생들을 모두 죽게 만들었다. 그뿐만이 아니다. 태종 이방원은 원경왕후 민씨의 친정 집안을 완전히 풍비박산내고도 모자라 그녀의 폐위 문제까지 논의할 정도가 되었다. 원경왕후 민씨로는 동생들의 잘잘못을 떠나 결국은 남편 태종 이방원의 명에 따라 민무구, 민무질에 이어 민무휼, 민무회까지 4명의 동생들 모두 목숨을 잃었으니 울분이 넘쳐흘렀을 것이다. 그러니 어찌 태종 이방원을 용서할 수 있겠는가. 『태종실록』의 〈민무휼·민무회가 모두 자진하다〉라는 제목의 기사 일부만 읽어봐도 그녀의 울분을 이해할 수 있다. 그녀의 동생들은 잇달아 목매어 죽었다.

다행히 세자의 생모인 왕비는 폐할 수 없다고 하여 그녀의 폐위는 이루어지지 않았다. 원경왕후 민씨는 태종의 정치적 내조자로 태종과 동지적 입장을 견지하려다가 남편 태종에게 철저히 배신당한 신세가 되었다. 그녀는 울분을 삭이지 못한 채 말년에 불교에 귀의하여 14세 때 홍역으로 일찍 세상을 뜬 막내아들 성녕대군(1405~1418)의 묘 옆에 대자암을 짓고 아들의 명복을 빌며 지내다가 1420년(세종 2년) 56세로 태종보다 2년 먼저 세상을 떠났다. 고양시 대자동에 위치한 대자암은 임진왜란 때 화재로 소실되어 현재 터만 남아 있다. 그녀의 소생으로는 양녕대군(1394~1462), 효령대군(1396~1486), 충녕대군(1397~1450), 성녕대군(1405~1418) 4명의 아들과 정순공주, 경정공주, 경안공주, 정선공주 4명의 딸이 있었다.

원경왕후 민씨의 능호는 헌릉獻陵으로 쌍릉이다. 그녀는 말년에 남편 태종 이방원과 원수가 되어버렸지만 아들 세종(1397~1450)이 조성해준 왕릉에 나란히 잠들 수밖에 없었다. 어느 왕릉보다 헌릉은 규모가 크고 웅장하다. 다른 왕릉에 비해 석물들이 크고 수가 많다. 선왕과 다음 왕과의 사이가 좋고 나쁨에 따라 왕릉의 규모도 다름을 알 수 있다. 헌릉은 조선을 건국한 태조의 건원릉健元陵보다 훨씬 웅장하게 조성되어 있다. 태조와 태종 사이에 비해 태종과 세종 사이가 좋았음을 왕릉을 보고도 느낄 수 있다. 그녀 역시 세종과 같은 성군을 아들로 두었기에 죽어서나마 크게 대접을 받고 있다.

『세종실록』에 있는 〈변계량이 지어 올린 헌릉 지문〉에서 그녀의 일대기를 한눈에 알아볼 수 있다. 태종 이방원의 헌릉獻陵 비각에는 그의 생애와 업적을 기

원경왕후 민씨와 태종 사이에 태어난 양녕대군·효령대군·충녕대군(세종)·성녕대군 등 그녀가 낳은 4남이 잠들어 있는 묘의 모습이다. 양녕대군은 지덕사至德祠에, 효령대군은 청권사淸權祠에, 충녕대군(세종)은 종묘에, 성녕대군은 대자사大慈祠에 각각 신주가 봉안되어 있다.

리기 위한 신도비가 두 개나 세워져 있다. 세종 때 세운 신도비는 '서울 태종 헌릉 신도비'로 보물 제1804호로 지정되어 있다. 하지만 다른 왕릉들과 왕릉의 주인들 이름표라 할 수 있는 '조선국 태종대왕헌릉 원경왕후부좌朝鮮國 太宗大王獻陵 元敬王后祔左'라고 새겨진 비석은 세워져 있지 않다.

하지만 원경왕후 민씨는 남편 태종 이방원에 대한 배신감은 죽어서도 잊지 못할 것이다. 그녀는 원수 같은 태종 이방원 곁에 잠들어 있지만 아마 그녀의 성격으로 보아 제대로 잠을 이룰 수 없을 것이다. 그래도 세종 같은 아들을 낳아 성군이 되게 했으니 그녀는 누구보다 훌륭한 어머니임에는 틀림없다. 그녀는 저세상에서 세종에게 세자 자리를 빼앗겨 왕위에 오르지 못한 큰아들 양녕대군에게는 좀 미안하지만 세종을 생각하면서 남편 태종에 대한 화를 조금이나마 누그러트리지 않을까 싶다. 그녀는 서울특별시 서초구 헌인릉길 34(내곡동)의 헌·인릉 능역 안의 헌릉獻陵에 태종과 나란히 잠들어 있다. 남편 태종과 나란히 잠든 그녀의 헌릉獻陵과 3남 세종의 영릉英陵과는 60.3km 정도 떨어져 있다. 그리고 그녀의 장남 양녕대군 묘와는 20km 정도, 차남 효령대군 묘와는 10km 정도, 4남 성령대군 묘와는 50km 정도 떨어져 있다.

3
가슴앓이하다가 죽어간 소헌왕후 심씨
(제4대 왕 세종의 비)

소헌왕후昭憲王后 심씨(1395~1446)는 문하시중 심덕부의 아들인 청천부원군 심온 (1375~1418)과 삼한국대부인 안씨의 3남 6녀 중 장녀로 1395년(태조 4년) 태어났다. 그녀는 조선 제4대 왕 세종(1397~1450)의 비가 되어 제5대 왕 문종(1414~1452)과 제7대 왕 세조 (1417~1468)를 낳아 왕으로 만들었다. 그녀의 본관은 청송이다.

두 명의 아들을 왕위에 올린 소헌왕후 심씨와 세종이 잠든 영릉英陵 입구에 세워진 세종의 동상 모습이다.

그녀는 1408년(태종 8년) 당시 충녕대군忠寧大君이었던 세종과 혼례를 올리고 경숙옹주에 봉해졌다. 1418년(태종 18년) 음력 4월, 당시 삼

2020년 새롭게 복원된 소헌왕후 심씨와 세종이 함께 잠든 영릉英陵의 재실 전경과 재실 안 부속건물들 모습이다. 재실은 왕릉을 지키고 관리한 종 9품 참봉과 종 5품 등이 지내던 곳이다. 제향을 지낼 때 제관들이 재실에 머물면서 제향에 관련된 일을 준비하였다.

한국대부인이었던 심씨는 충녕대군이 세자로 책봉되자 경빈敬嬪이 되었고, 그해 음력 8월, 충녕대군이 태종의 뒤를 이어 왕위에 오르자 12월에 왕비로 책봉되어 공비恭妃라는 책봉 명을 받았다.

그런데 그녀에게 호사다마好事多魔란 말을 떠올리게 하는 일이 벌어졌다. 왕비가 된 해, 그녀의 아버지 심온과 숙부인 심정이 그녀의 시아버지 태종에 대한 불경죄로 처형당하였고, 그녀의 어머니와 친족들은 관노비가 되었다. 그녀의 집

제5대 왕 문종과 제7대 왕 세조를 낳은 소헌왕후 심씨가 지아비 세종과 한 능침에 잠들어 있는 영릉英陵 전경이다. 영릉은 원래 태종과 원경왕후 민씨가 잠들어 있는 헌릉獻陵 서쪽 동산에 있다가 명당 중의 최고 명당 자리를 찾아 현재의 자리로 천장하였다. 몇 년 전과 달리 영릉이 새롭게 복원되었다. 홍살문 자리도, 향로와 어로도 새로 조성되었다.

안은 외척의 발호를 경계한 시아버지 태종에게 멸문당한 시어머니 원경왕후 민씨 친정 집안과 마찬가지로 멸문당하고 말았다. 왕비가 되자마자 친정가문이 그녀의 덕을 본 게 아니고 오히려 화를 입게 되었다.

소헌왕후 심씨의 아버지 심온이 세종 즉위 초에 영의정에 올라 사은사로 명나라에서 귀환하던 중, 숙부인 심정이 군국대사를 상왕 태종이 처리한다고 불평을 하였다가 옥사가 일어났다. 그 결과 심온은 이 사건의 우두머리로 지목되어 벼슬을 빼앗기고 수원으로 쫓겨나 사사되었다. 이 때문에 소헌왕후 심씨를 폐하자는 논의가 있었으나 내조의 공이 크고 왕자를 8명이나 출산하였기에 폐비사태는 면하였다. 그녀는 아들을 많이 낳은 덕을 톡톡히 보았다.

1432년(세종 16년) 조선 건국 초에 사용하던 왕비와 세자빈에게 미칭을 붙이던 제도를 폐지하면서 그녀는 공비에서 왕비가 되었다. 그녀는 왕비에는 올랐지만 친정가문이 멸문지화滅門之禍를 겪어 시어머니와 마찬가지로 눈물로 세월을 보내야만 하였다. 그녀는 죽을 때까지 시아버지 태종을 원망했을 것이다. 왜 아니 그렇겠는가. 아버지가 사사되고 어머니는 노비가 되었으니 어떤 말도 그녀에게 위로가 되지 않았을 것이다.

그녀는 양주의 명문가인 청송 심씨 가문에서 태어났다. 그녀의 숙부인 심정도 태조와 신의왕후 한씨 사이에 태어난 막내딸 경선공주와 혼인한 부마로서 조선 왕실과 그녀의 집안은 이미 밀접한 관계였다. 태조의 막내딸이자 태종의 누이가 그녀에게 친정 쪽으로는 숙모가 된다. 그런데 태종이 태조의 사위이자 자신의 여동생 남편을 살해한 것이다. 그 부마는 세종에게는 고모부이다. 왕족일

남편을 빼닮은 제5대 왕 문종과 악마를 닮은 제7대 왕 세조를 낳은 소헌왕후 심씨가 세종과 합장되어 잠들어 있는 영릉 비석에 '조선국 세종대왕영릉 소헌왕후부좌朝鮮國 世宗大王英陵 昭憲王后祔左'라 새겨져 있다. 그런데 비석에 총알 자국이 여기 저기에 남아 있다. 이 비석 역시 6·25전쟁 때 온몸으로 적과 싸웠나 보다. 이곳 영릉의 비석뿐 아니라 왕릉의 비석들 대부분이 동족끼리 싸운 6·25전쟁을 함께 겪었다.

수록 겹사돈 관계가 정말 많았다. 자매가 같은 왕의 부인이 되어 동서지간이 되고, 숙모와 조카며느리 사이가 되고, 고모와 숙모 사이가 되는 것은 예사였다.

소헌왕후 심씨는 세종과의 사이에 8남 2녀 자녀를 두었다. 왕비들 중 그녀가 당연 다산 왕비로 1위였다. 어찌되었거나 그 아들들이 그녀가 폐비가 되는 것을 막았다. 그녀에게 아들들이 큰 울타리가 되었다. 그녀는 맏아들 문종을 비롯하여 세조(수양대군), 안평대군·임영대군·광평대군·금성대군·평원대군·영응대군 등 아들 8형제와 정소공주·정의공주 2명의 딸을 두었다. 그 중 장남과 2남이 왕이 되었다. 그러나 그녀는 두 아들들이 왕위에 오르는 것을 지켜보지 못하고 1446년(세종 28년) 52세로 승하하였다. 그녀가 낳은 2남 세조는 자신의 친형인 문종의 왕위를 이은 조카 단종을 몰아내고 왕위에 올랐다. 그런 세조의 행동에 반발하며 단종복위 운동에 앞장선 5명의 동생들을 세조는 사사하거나 죽음에 이르게 했다. 그뿐 아니라 경북 성주에 조성한 그들의 태실 석물들까지도 파괴하였다. 세종의 8남 중 단종복위 운동에 앞장선 3남 안평대군과 6남 금성대군은 묘도 남아 있지 않다. 경북 성주의 '세종대왕자태실'에는 세종의 18남과 단종의 태실 등 19기가 조성되었다. 그 중 단종복위 운동에 가담한 3남 안평대군을 비롯하여 6남 금성대군, 영풍군, 한남군, 화의군 등 5명의 태실 석물들은 파괴되었다. 석물들도 참수를 당했다.

소헌왕후 심씨가 세상을 떠난 1446년(세종 28년)은 한글 훈민정음이 반포된 뜻깊은 해이기도 하다. 그녀는 한글을 창제하는 데 앞장선 훌륭한 남편을 두었지만 마음고생을 많이 하다가 세상을 떠난 왕비 중의 한 명이다. 한편으로는 성군인 남편을 빼닮은 문종을 낳은 어머니지만 또 한편으로는 악마를 빼닮은 세조를 낳은 어머니이기도 하였다. 그녀가 좀 더 오래 살았더라면 장손인 단종이 왕위에서 쫓겨나는 일도 없었을 테고, 그렇게 어린 나이에 비참하게 죽음을 맞이하는 일은 없었을 것이다. 그것이 못내 아쉽다. 한 뱃속에서 태어났건만 그녀가 낳은 아들들 중 악마를 빼닮은 세조가 끼어 있었다.

소헌왕후 심씨와 조선 제4대 왕 세종과의 사이에 태어난 1남 제5대 왕 문종, 2남 제7대 왕 세조의 왕릉, 3남 안평대군의 태실, 4남 임영대군, 5남 광평대군의 묘, 6남 금성대군의 신단, 7남 평원대군, 8남 영응대군의 묘 모습이다.

소헌왕후 심씨의 능호는 영릉英陵이며 능은 합장릉으로 조성되었다. 그녀는 세종보다 4년 앞서 세상을 떠났지만 세종이 승하한 뒤 합장되었다. 그녀는 14년 동안이나 세자로 책봉되어 있던 시아주버니 양녕대군이 폐세자가 되는 바람에 왕비가 되는 행운을 얻었다. 그녀는 누구보다 손윗동서인 양녕대군 부인에게

영릉英陵의 오른쪽에 자리한 수복방과 왼쪽에 자리한 수라간 모습이다.

늘 미안했을 것이다. 하지만 그녀는 왕비에 올라 그리 행복하지 못했다. 인간만 사새옹지마人間萬事塞翁之馬란 말을 증명이라도 하듯 그녀의 친정아버지를 비롯한 친정식구들이 그녀가 왕비에 오르자마자 화를 당하여 우울하게 일생을 보내다가 세상을 떠나야만 했다. 자신이 왕비에 오르지 않았더라면 겪지 않았을 일을 뼈아프게 겪었으니 하는 말이다.

그녀가 세상을 떠나자 예조판서 정인지가 그녀가 잠든 영릉의 지문誌文을 지어 왕에게 바쳤다. 그 내용이 『세종실록』에 실려 있다. 지문誌文이란 죽은 사람의 성명, 태어나고 죽은 날, 행적과 무덤의 위치 좌향坐向 등을 적은 글을 말한다. 지문을 통해 그녀의 일대기를 한눈에 알 수 있다.

그녀가 세종과 잠들었던 초장지 영릉英陵에는 현재 보물 제1805호로 지정된 신도비神道碑가 세워져 있었다. 그런데 태종과 원경왕후 민씨가 잠든 헌릉 곁에 조성되었던 영릉을 여주로 옮기면서 그곳에 세워졌던 신도비를 그대로 묻어버렸다. 그리고 천장된 지금의 영릉에는 신도비를 새로 세우지 않았다. 그러고 보니 세종 이후에는 신도비를 세운 왕릉이 없다. 태조와 태종, 세종의 왕릉에만 신도비가 세워졌던 것이다. 이후에 신도비를 세우지 않은 사연에 대해 〈영릉의 신도비를 찾고 목릉에도 신도비를 세우자는 연성수 이근의 상소에 대해 논하다〉란 제목으로 『영조실록』에 실려 있다. 그 내용을 보면 제왕帝王의 사적은 모두 국사國史에 기록되어 있으므로 사가私家처럼 비를 세울 것이 없다고 하여 마침내 파하였으며, 그 이후부터 원릉園陵에 신도비를 세우지 않았다고 한다. 그리하여 영릉의 천장은 예종 때 이미 신도비를 폐지하기로 한 뒤에 있었기 때문에, 세웠던 신도비 또한 묻어두고 옮겨 세우지 아니하였다고 기록하고 있다. 왕들의 일대기는 『조선왕조실록』 등에 아주 세세히 기록되어 있는데 그 거대한 신도비까지 세운다는 것은 큰 낭비다. 왕릉을 조성하는 데만 해도 어마어마한 돈과 인력이 들어가므로 신도비를 폐지한 것은 참 잘한 일이다. 그런데 그 신도비를 폐지하자고 한 용기 있는 신하가 누구인지 궁금하다. 감사할 뿐이다.

서울 동대문구 청량리동의 〈세종대왕기념관〉 뜰에 전시되어 있는 옛 영릉英陵의 석물들이다. 이들은 세종의 영릉이 천
장되어갈 때 따라가지 못하고 그대로 땅속에 묻혀 있었다. 그러다가 500여 년 만에 햇빛을 보게 되었다. 영릉의 석물들
중 문무석인은 훼손된 곳이 없을 정도로 깨끗하다. 비록 주인을 따라가지 못했지만 그들은 여전히 소헌왕후 심씨와 세
종대왕을 수호하는 자세로 서 있다. 한 번 주인은 영원한 주인임을 말해주는 듯하다.

그녀는 시어머니와 마찬가지로 죽어서도 우울함이 가시지 않았을 것이다. 아니 시어머니보다 그녀가 더 우울할 것이다. 친정가문을 생각해도 그렇고, 차남 세조에게 살해된 장손 단종을 생각해도 그렇고, 세조에게 줄줄이 목숨을 잃은 자신의 아들들을 생각해도 우울 모드는 계속될 것이다. 아마 그녀는 어머니도 없이 자란 불쌍한 단종을 보살펴주지는 못할망정 삼촌이 돼가지고 왕위를 찬탈한 것도 모자라 비참하게 죽음을 맞이하게 한 자신의 차남 세조를 용서하지 못할 것이다. 그러니 이래저래 그녀는 세종과 합장되어 잠들긴 했지만 편안히 숙면을 취하긴 어려워 보인다. 그녀는 경기도 여주군 능서면 영릉로 269-50에 위치한 영·영릉 능역 안의 영릉英陵에 세종과 한 능침 안에 나란히 잠들었다. 영릉은 조선 왕릉 첫 번째 합장릉이다.

원래 소헌왕후 심씨는 그녀의 시부모님이 잠들어 있는 서울 서초구 내곡동 대모산 기슭 헌릉의 서쪽 언덕에 잠들어 있었다. 세종은 그녀가 승하하자 부모님 곁에 쌍실 능을 조성하였다. 오른쪽 석실은 당연히 세종 자신을 위해 미리 만들어놓은 것이다. 그 후 그녀보다 4년 늦게 세종이 그 석실에 입주하였다. 조선 왕릉 최초로 왕과 왕비의 합장릉이 조성된 것이다. 그러나 그 합장릉은 초장지를 떠나 경기도 여주로 천장되었다. 선조의 목릉 천장을 두고 원주 목사 심명세가 상소한 내용이 〈원주 목사 심명세가 선왕의 능묘를 옮길 것을 상소하다〉란 제목으로 『인조실록』에 실려 있다. 그 글에 세종의 영릉英陵을 천장한 이유도 소상히 기록되어 있다.

명당 자리를 골라 왕릉을 조성하였을 텐데 잘못되면 조상 탓이라고, 그 당시 계속 나라에 불미스러운 일이 생기면서 천장 바람이 불었다. 『인조실록』에도 나와 있듯이 문종의 재위가 2년 3개월로 짧았고, 단종이 3년 2개월 만에 세조에게 왕위를 빼앗기고 노산군魯山君으로 강등되어 강원도 영월로 유배를 갔다가 4개월여 만에 죽음을 맞이하였으며, 왕비들이 낳은 6명의 대군大君들이 잇따라 일찍 죽는가 하면 세조의 맏아들 추존 왕 덕종(의경세자)까지 요절하였다. 이에 세종이 잠든 대모산의 영릉이 불길하다면서 천장을 결정하여 예종 원년에 여주로 천장을 하였다. 소헌왕후 심씨와 세종이 잠든 영릉은 풍수학상으로 국가의 능묘 중 첫 번째로 일컬어지는 명당이라고 『조선왕조실록』은 전한다.

　소헌왕후 심씨가 잠든 지 23년, 세종이 잠든 지 19년 만에 그녀와 남편 세종은 부모님이 잠들어 계신 대모산 기슭을 떠났다. 그때 초장지에 있었던 신도비를 비롯한 석물들은 데리고 가지 않아 그들은 주인을 잃은 채 그곳에 그대로 묻혀 있었다. 다행히 그 귀한 석물들은 1973년 발굴되어 햇빛을 보게 되었다. 현재 서울 동대문구 청량리동에 소재한 〈세종대왕기념관〉 뜰에서 주인인 그녀와 세종을 잃은 석물들이 관람객들을 맞고 있다. 남편 세종과 한 능침에 잠든 그녀의 영릉英陵에서 남편을 닮은 맏아들 문종의 현릉顯陵과는 68.48km 정도, 악마를 닮은 차남 세조의 광릉光陵과는 20.19 km 정도 떨어져 있다.

소헌왕후 심씨와 남편 세종이 합장되어 잠들어 있는 영릉英陵의 능침 전경이다. 조선의 왕 중 우리나라 사람들이 가장 존경하는 세종이 바로 그녀의 남편이다. 영릉은 상중하계가 뚜렷이 나뉘어져 있다. 조선 왕릉 중 최초의 합장릉이 영릉이다.

4

죽고, 죽고, 또 죽은 현덕왕후 권씨
(제5대 왕 문종의 비)

현덕왕후顯德王后 권씨(1418~1441)는 화산부원군 권전(1371~1441)과 해주부부인 최씨의 1남 1녀 중 외동딸로 1418년(태종 18년) 태어났다. 그녀는 조선 제5대 왕 문종(1414~1452)의 비가 되어 조선 제6대 왕 단종(1441~1457)을 낳아 왕으로 만들었다. 그녀의 본관은 안동이다.

그녀는 문종이 세 번째로 맞이한 세자빈이다. 문종의 첫 번째 세자빈 휘빈 김씨와 두 번째 세자빈 순빈 봉씨가 비행을 저질러 폐빈이 되면서 쫓겨나는 바람에 문종의 후궁으로 있던 그녀가 세 번째 세자빈으로 책봉되었다. 그녀가 20세 때 24세가 된 문종과 백년가약을 맺었다. 그런데 그녀는 단종을 낳고 하루 만에 세상을 떠났다. 약을 쓸 틈도 없이 그녀가 죽자 세종 부부는 5일간 상복을 입었고, 남편인 문종은 30일 동안 상복을 입었다. 세자빈이었던 그녀에게 세종 부부의 총애는 유달리 두터웠다. 그녀가 단종을 낳고 병이 위독하게 되었을 때 세종이 친히 찾아가서 문병하기를 잠시 동안에도 두세 번에 이르렀을 정도였다. 그런데도 그녀는 살아나지 못하고 세상을 떠나고 말았다. 이에 세종 부부는 매우 슬퍼하여 수라를 폐하였고, 왕을 모시는 궁중의 모든 사람들이 눈물을 흘리며 울지 않는 사람이 없었다고 한다. 세종은 세자빈이었던 그녀가 단종을 낳자 너무 큰 기쁨에 대사면大赦免을 예고하고 시행했다. 그런데 그녀에게 복이 미치지 못하여 원손을 낳은 다음날 세상을 떠났다. 〈세자빈 권씨가 원손을 낳아 대사면령을 내리다〉란 제목의 기사가 『세종실록』에 남아 있다.

현덕왕후 권씨가 어렵사리 남편인 문종 곁에 잠든 현릉顯陵의 전경이다. 세조 때 현덕왕후 권씨의 시신이 파헤쳐져 바닷가에 내버려진 후 중종 때 다시 유골 몇 점을 수습해와 동원이강릉으로 조성하였다. 향로와 어로가 꺾이고 또 꺾여 정자각에 이른다.

세종은 단종이 태어남에 너무 기쁜 나머지 다음과 같은 사람을 빼고는 모두 대사면大赦免을 명했다. 적손이 태어남이 그만큼 기쁜 일이었다. 『세종실록』의 내용을 정리해 실어본다. 세종은 "내가 부덕한 몸으로 외람되게 대통을 계승하여, 부탁의 지중함을 생각하고 계술繼述을 감히 잊을 수 있으랴. 생각하건대, 세자의 연령이 이미 30이 거의 되었는데, 아직도 적사嫡嗣를 얻지 못하여 내 마음에 근심되더니, 이제 세자빈이 세종 23년인 1441년 7월 23일에 적손嫡孫을 낳았다. 이것은 조종께 덕을 쌓고 인을 쌓으심이 깊으셨고, 또 상천의 보우하심이 두터우심이다. 신과 사람이 다 같이 기뻐할 바요, 신하와 백성들이 모두 기뻐할 것이다. 정통正統 6년(1441년) 7월 23일 새벽 이전에 대역을 모반謀反한 것, 자손이 조부모·부모를 모살하였거나 때리고 욕한 것, 처첩이 남편을 모살謀殺한 것, 노비가 상전을 모살謀殺한 것, 독약이나 저주로 살인한 것, 강도强盜를 범한 것 외에는, 이미 발각되었거나 아니되었거나, 이미 결정되었거나 아니되었거나 다 용서하여 제除해버리니, 감히 유지宥旨 전의 일을 가지고 서로 고告하고 말하는 자는 그 죄로써 죄줄 것이다. 아아, 이미 많은 복을 받았으니 진실로 웅몽熊夢의 상서에 합하게 할 것이라, 의당 관대한 은전恩典을 베풀어서 홍도鴻圖의 경사를 크게 넓힐 것이다"라고 명을 내렸다. 그런데 그녀는 단종을 낳고는 바로 세상을 떠나

동원이강릉同原異岡陵인 현릉顯陵의 전경과 정자각·비각이다. 정자각 뒤에 문종의 능침이 있고, 정자각과 비각 사이 언덕 위에 현덕왕후 권씨의 능침이 자리하고 있다. 비각 비석에는 '조선국 문종대왕현릉 현덕왕후부좌강朝鮮國 文宗大王顯陵 顯德王后祔左岡'이라고 새겨져 있다.

고 말았다. 그녀의 영구가 발인하는 날 도성사람들 중 울지 않은 이가 없었다고 한다.

그녀는 홍주洪州 합덕현合德縣, 지금의 당진시 합덕읍 합덕 대덕로 사제私第에서 탄생하였다. 그리고 문종이 세자였을 때 문종의 후궁인 승휘로 궁궐에 뽑혀 들어왔다. 그 후 두 명의 세자빈이 연달아 비행으로 폐위되자 이미 경혜공주(1436~1476)를 낳은 권씨가 세자빈으로 책봉되었다. 현덕왕후 권씨는 경혜공주를 낳기 전 1433년(세종 15년) 3월 3일에 첫딸을 낳았다. 그런데 그 딸이 1년도 살지 못하고 조기 사망을 하였다. 그 기록이 『세종실록』에 남아 있다. 그리고 둘째 딸로 경혜공주를 낳았고, 그 아래로 1441년(세종 23년) 원손인 단종(1441~1457)을 낳았다. 하지만 안타깝게도 그녀는 단종을 낳은 뒤, 산후병으로 24세 나이에 세상을 떠났다. 그 후 그녀에게 현덕빈顯德嬪 시호가 내려졌고, 문종이 왕위에 오른 뒤 현덕왕후顯德王后로 추존되었다. 그 내용을 〈현덕빈 권씨를 추숭하여 현덕왕후로 삼다〉란 제목으로 『문종실록』에서 전하고 있다.

현덕왕후 권씨의 능은 처음 경기도 시흥군 군자면에 안장되었다. 그녀는 1450년(문종 즉위년) 문종 즉위와 함께 왕후로 추숭되면서 소릉昭陵이라는 능호를 받게 되었다. 그러나 종묘에 부부의 금실이 이어진 지 5년 만인 1457년(세조 3년) 현덕왕후 권씨의 어머니 아지와 동생 권자신이 세조에게 왕위에서 쫓겨난 그녀의 아들 단종의 복위를 도모하다가 발각되는 사건이 일어났다. 이 일로 단종을 왕위에서 몰아낸 그녀의 시동생 세조가 단종을 노산군魯山君으로, 그녀를 서인庶人으로 강등시켜 종묘에서 신주까지 철거하고 말았다.

이 사실을 단종이 알았다면 얼마나 가슴이 아팠을지 상상조차 할 수 없다. 그해에 단종도 유배되어 그곳에서 세상을 떠났으니 알지 못했을지도 모른다. 그 이후 성종과 연산군 대에 몇 차례 그녀의 복위에 관한 건의가 있었으나 실현되지 못했다. 그러다가 1513년(중종 8년) 중종 때 종묘에 문종의 신주만이 홀로 제사를 받는 것이 민망하다는 명분 아래 그녀가 폐비된 지 56년 만에 복위되었다. 그리고 세조에 의해 소릉昭陵이 파헤쳐져 안산의 군자 앞 바다에 내버려졌던 그녀의 유골 몇 점을 수습해와 문종이 잠들어 있는 현릉의 동쪽 언덕에 장사를 지냈다. 천장되면서 능호도 왕의 능호를 따라 소릉昭陵에서 현릉顯陵으로 바뀌었다.

그리고 그해 종묘의 문종 곁에 그녀의 신주도 봉안되었다. 비록 단종을 낳고 산후통으로 죽었지만 죽어서나마 왕비로 추숭되고, 종묘에 그녀의 신주가 다시 모셔진 것은 더없이 기쁜 일이다. 거기다가 문종 곁에 잠들게 되었으니 얼마나 다행한 일인가. 그녀는 어린 나이에 왕위에 오른 단종의 어머니인 게 큰 죄가 되어 죽은 뒤 온갖 고통을 겪었다. 그녀 역시 비운의 왕비 중 한 명임에 틀림없다. 중종 때 복위된 사실이 1513년(중종 8년) 5월 6일 『중종실록』에 〈근정전에 나가 음복례를 행하고 소릉 추복의 일을 반교하다〉란 제목으로 기록되어 있다.

현재 안산시 목내동에는 관우물지棺井址 안내표지석이 세워져 있다. 그곳이 바로 관우물이 있던 자리다. 그런데 지금 우물은 없고 공장들이 빼곡하게 들어서 있다. 세조는 그녀를 서인으로 강등시키고 종묘에서 신주만 철거한 게 아니었다. 현재의 안산시 목내동에 있던 그녀의 소릉도 파헤쳐 썩을 대로 썩었을 그녀의 시신을 시흥의 군자 바닷가에서 4km 바깥으로 내던져버렸다. 그런데 그 버려진 그녀의 관이 옛 소릉昭陵 옆 바닷가로 떠밀려왔다고 한다. 그러나 아무도

안산문화원 야외 전시장에 전시되고 있는 제6대 왕 단종을 낳은 현덕왕후 권씨의 초장지인 소릉昭陵에서 발굴한 석양과 난간석주, 그리고 여러 석물 조각들 모습이다. 1978년 단국대학교, 1982년 경희대학교에서 소릉지를 발굴하여 석호 2점, 석양 1점, 난간석주 2점 등 20여 점의 유물을 발굴하였다.

그녀의 관을 건져주지 않았다. 하지만 언제나 착한 사람은 있게 마련 아닌가. 방치된 관을 어느 순박한 농부가 양지바른 언덕에 옮겨 묻어준 것이다. 그 이후 중종 때 그녀가 복위되면서 동구릉의 현릉顯陵 문종 곁으로 옮겨져 잠들게 된 것이다. 그 당시 그녀의 관이 닿았던 곳이 육지가 되고 우물이 생겨 그 우물의 이름을 "관우물"이라 불렀다고 전한다. 세조는 조카 단종을

문종의 비 현덕왕후 권씨의 이야기가 전해지고 있는 관우물지 표석이다. 이 표석에 관우물지 유래가 적혀 있다.

몰아내고 왕위에 오른 뒤 현덕왕후 권씨가 자꾸 꿈에 나타난다며 그녀의 관을 군자 앞 바다 멀리까지 내던져버리라고 명하였던 것이다.

현덕왕후 권씨의 능은 동원이강릉同原異岡陵으로 조성되었다. 세상을 뜬 지 72년, 옛 안산읍安山邑 와리산瓦里山 소릉昭陵에 잠든 지 16년, 바닷가에 내버려진 지 56년 만에 남편인 문종 곁으로 그녀의 유골 몇 점이 돌아와 잠들었다. 나란한 쌍릉도 아니고 합장릉도 아닌 동원이강릉으로 조성된 현릉에 잠들었지만 문종과 같은 능역에 잠들게 된 것만 해도 다행한 일이다. 그녀는 정숙한 덕과 온순한 용모로 동궁에 뽑혀 들어와 승휘가 되었다. 그 후 진봉되어 세자빈 자리까지 올라 단아한 성품과 효행으로 세종과 소헌왕후 심씨의 사랑을 한몸에 받았다. 그러나 그녀는 단명한 비운의 왕비들 중 으뜸이 아닐까 싶다.

그녀의 소생으로 단종(1441~1457)과 경혜공주(1436~1473)가 있다. 시부모였던 세종과 소헌왕후 심씨의 극진한 사랑을 받았던 현덕왕후 권씨의 지문誌文이 〈현덕빈의 지문誌文과 명銘〉이란 제목으로 『세종실록』에 실려 있다. 그녀의 일대기로, "양궁께서 대공大功으로 5일간 복 입으셨고, 세자께서는 기복期服으로 30일간

입으셨다. 9월 초7일에 시호諡號하기를 현덕顯德이라 하고, 예禮를 갖추어 안산군
安山郡의 고읍古邑 산에 장사하였다"라는 내용이 실려 있다. 그녀를 잃은 세종의
애끓는 슬픔이 어떠했는지 그대로 드러나 있다.

그녀의 유일한 딸이자 단종의 누나로 태어난 경혜공주 역시 단종이 왕의 자
리를 세조에게 빼앗기면서 비운의 공주가 되었다. 세종의 손녀이자 문종의 유
일한 공주였던 그녀의 딸 경혜공주는 왕의 자리에서 쫓겨나 있던 단종과 역적
으로 몰린 사위 정종을 잃고 관노비가 되었다. 경혜공주는 1450년(세종 32년) 형
조참판을 역임한 정충경의 아들인 영양위 정종과 16세 때 혼인을 하였다. 딸 경

현덕왕후 권씨가 문종과 잠든 현릉顯陵의 정자각 안과 정자각 뒤 신문과 이어진 신교 모습이다. 이 신교와 이어진 신도가
그녀의 능침까지 길게 이어져 있다.

혜공주와 혼인을 한 사위 정종도 이곳저곳으로 유배를 다니다가 끝내 세조에게 목숨을 잃었다. 악마의 탈을 쓴 시동생 세조는 단종을 옹호하는 왕족들까지 모두 유배를 보내고 사사시켰다. 어머니를 일찍 여읜 단종을 정성껏 키워준 세종의 후궁 혜빈 양씨(?~1455)를 비롯하여 혜빈 양씨의 아들 한남군(1429~1459)과 수춘군(1431~1455), 영풍군(1434~1457)도 해를 입었다.

문종과 현덕왕후 권씨 사이에서 태어난 그녀의 딸 경혜공주는 공주로 태어났지만 세조에 의해 순천의 관노비가 되었다. 그녀의 딸 경혜공주는 마지막 자존심이었을까, 『연려실기술』에 따르면, 순천부사가 그녀에게 관노비 노역을 시키려 하자 대청마루 의자에 앉아 "나는 왕의 딸이다"라며 부르짖곤 하였다고 한다. 하지만 그녀의 딸 경혜공주는 노비에서 좀처럼 벗어나기는 어려웠다. 그래도 모질게 살아남았다. 사위인 정종과의 사이에 태어난 1남 1녀가 있었기 때문이었을지도 모른다. 부모님도 안 계신 상태에서 동생도 잃고 남편도 잃은 경혜공주가 겪었을 아픔을 생각하니 가슴이 먹먹해져올 뿐이다. 세종의 손녀이자 문종의 딸로 태어난 그녀가 노비가 되어 살아갈 수밖에 없었으니 얼마나 기가 막혔을지 상상이 안 된다.

현덕왕후 권씨와 문종 사이에 태어난 유일한 공주! 경혜공주의 묘역 모습이다. 문석인의 모습이 늘씬하다. 경혜공주의 묘와 사위 영양위 정종의 제단祭壇이 나란히 자리하고 있다. 경혜공주의 남편 정종은 능지처참을 당해 시신이 없어 제단만 설치되어 있다.

경혜공주의 자녀들은 세조의 부인이자 그녀의 아랫동서인 정희왕후 윤씨에게서 양육되었다. 야사에는 세조가 경혜공주가 임신 중이었을 때 아들을 낳으면 죽이라고 하였다고 전한다. 그러나 정희왕후 윤씨가 경혜공주의 아들을 여장을 해서 키웠다고 한다. 훗날 경혜공주가 다행히 복권이 되어 자녀를 키우며 살다가 생을 마감할 수 있었다. 경혜공주는 왕의 딸로 태어나 조선의 공주가 되었으나 공주가 된 게 인생을 더 비참하게 만들어주었다. 문종이 일찍 죽는 바람에 단종도, 현덕왕후 권씨도, 경혜공주도 겪지 않아도 될 아픔을 겪어야만 하였다.

말하면 무엇하랴. 현덕왕후 권씨가 살아만 있었어도 선왕의 비로 대비에 올라 단종의 수렴청정을 했을 것이다. 그렇게 되었으면 경혜공주와 단종의 삶이 그 지경이 될 턱이 없다. 하지만 경혜공주와 단종에게 그런 어머니의 복은 없었다. 그녀는 너무 일찍 그들 곁을 떠나갔다. 어머니의 빈자리가 얼마만큼 큰지를 단종남매의 삶만 보더라도 알 수 있다. 단종남매에게 어머니의 따뜻한 사랑이 미치지 못한 게 안타까울 뿐이다. 할머니인 소헌왕후 심씨만 살아 있었어도 세조가 그 정도로 잔인하게 굴지는 않았을 듯싶다. 소헌왕후 심씨는 세종의 비로 단종남매의 할머니이자 세조의 어머니이기 때문이다.

한편 전해오는 또 다른 이야기를 보면, 세조가 단종을 죽인 뒤 현덕왕후 권씨의 혼령이 세조의 꿈에 나타나 저주를 하여 이로 인해 세조의 장남인 의경세자가 죽었고, 이에 분노한 세조가 경기도 시흥시 군자면에 있던 문종과 합장되기 전의 현덕왕후 권씨의 소릉을 파헤치고 관은 갯벌에다 버렸으며 현덕왕후 권씨의 신주를 종묘에서 내쳤다고 한다. 그러다 숙종 때에 가서야 다시 왕후로 추존되었다고 하는데, 이는 사실과 전혀 맞지 않는 낭설이다. 의경세자(추존왕 덕종)가 사망한 것은 1457년(세조 3년) 음력 9월 2일이고, 단종이 사망한 것은 1457년(세조 3년) 음력 10월 21일로 오히려 의경세자가 단종보다 먼저 사망하였다. 따라서 현덕왕후 권씨의 저주가 의경세자를 죽게 만들었다는 식의 야사의 해석은 옳지 않다고 본다.

세조가 단종에게 못할 짓을 하도 많이 하여 별의별 말이 다 전해 내려온다. 하긴 세조가 단종을 왕위에서 쫓아낸 것만 해도 현덕왕후 권씨의 혼령이 화가 날 만도 할 텐데 쫓아낸 것도 모자라 스스로 목매어 죽게 만들었으니 세조가 악몽에 시달리는 게 당연한 일이었다. 단종(노산군)이 자살한 내용이 〈송현수는 교형에 처하고 화의군 등을 금방에 처하다. 노산군이 자살하자 예로써 장사지내다〉란 제목의 기사로 1457년(세조 3년) 10월 21일 『세조실록』에 "송현수宋玹壽는 교형絞刑에 처하고, 나머지는 아울러 논하지 말도록 하였다. 다시 영瓔 등의 금방禁防을 청하니, 이를 윤허하였다. 노산군魯山君이 이를 듣고 또한 스스로 목매어서 졸卒하니, 예禮로써 장사지냈다"라고 기록되어 있다.

단종은 사약을 받고 세상을 떠난 게 아니었다. 놀랍게도 위의 『세조실록』에 나와 있는 기사의 내용은 태종(1367~1422)의 장남으로 14년가량이나 세자의 자리에 있다가 세종(1397~1450)에게 세자 자리를 빼앗긴 양녕대군讓寧大君 이제(1394~1462)에 이어 정인지 등이 세조에게 상소한 내용이다. 양녕대군 이제는 문종의 큰아버지이자 단종의 큰할아버지이다. 이유李瑜는 금성대군, 이영李瓔은 화의군, 이어李𤥽는 한남군, 이전李瑔은 영풍군으로 모두 단종의 숙부들로, 문종의 아

강원도 영월 장릉에 잠들어 있는 단종의 능침 모습이다.

현덕왕후 권씨의 능침 모습과 석마를 대동하고 능침을 수호하는 문무석인 모습이다. 남편인 문종의 능침이 건너다보인다.

우들이며, 세종의 아들들이다. 그리고 송현수는 단종의 장인이다. 그런데 단종의
큰할아버지인 양녕대군이 세조를 말리지 않고 동조를 한 게 납득이 안 간다.

현덕왕후 권씨가 왕비로 추승되었다가 폐위된 것은 그녀가 죽은 지 16년이
지난 1457년(세조 3년) 음력 6월 26일의 일이다. 그해 단종도 죽었다. 시기상으
로는 야사의 기록과 비슷하지만 그 내용은 전혀 다르다. 현덕왕후 권씨의 어머
니 아지와 그녀의 동생 권자신은 성삼문 등과 함께 단종복위 운동을 벌이다 발
각되었다. 이에 아지와 권자신은 1456년(세조 2년) 처형되었고, 단종은 1457년(세
조 3년) 음력 6월 21일에 노산군魯山君으로 강등되었다. 한편 이미 사망한 현덕왕
후 권씨와 그녀의 아버지 권전은 어머니 아지와 동생 권자신의 죄로 인해 연좌
되었고, 권전은 1456년(세조 2년) 음력 7월 7일, 현덕왕후 권씨는 1457년(세조 3년)
음력 6월 26일에 각각 서인으로 강등되었다. 1476년(성종 7년) 음력 4월 15일에

는 그 여파로 종묘에 모셔져 있던 현덕왕후 권씨의 신주를 아예 불살라버렸다. 단종이 태어나고 그녀가 세상을 떠난 1441년(세종 23년) 같은 해에 그녀의 아버지 권전도 세상을 떠났다.

성종 대에 와서 서인이 된 현덕왕후 권씨를 현덕빈으로 복위하였으나 왕비로서의 복위는 현덕왕후 권씨의 연좌제 적용이 합당하지 않다는 의견이 올라온 이후 합의를 거쳐 종종 대인 1513년(중종 8년) 음력 3월 12일에 최종 결정되었다. 야사에서 언급한 숙종 대에는 현덕왕후 권씨가 아닌 그녀의 아버지 권전을 비롯한 그녀의 친정식구들이 1699년(숙종 25년) 명예회복을 하게 되었다. 그리고 아들 단종의 신주가 1698년(숙종 24년) 종묘에 모셔지면서 단종이 조선의 제6대 왕으로 완전 복위되었다. 단종은 조선 개국 후 최초로 왕위에서 폐위되었다가 최초로 복위된 왕이다. 뒤이어 폐위된 연산군과 광해군은 지금도 복위되지 못하고 폐왕의 딱지를 그대로 달고 있다. 그들에 비하면 단종은 그나마 행운이다.

현덕왕후 권씨와 그녀의 남편 문종이 잠들어 있는 현릉顯陵은 태조의 건원릉에 이어 두 번째로 동구릉에 조성된 왕릉이다. 살아서와 달리 죽은 후에 만신창이滿身瘡痍가 된 현덕왕후 권씨는 문종의 좌측 언덕에 잠들어 모진 역사를 말해주고 있다. 그녀가 왕비에 오르고자 욕심을 부렸던 것도 아니었고, 그녀가 낳은 아들이 왕위에 올랐을 뿐인데 죽어서까지 너무나 큰 수모를 겪었다. 그녀가 낳은 아들 단종 역시 왕의 장자로, 왕의 장손으로 태어난 게 죄가 되어 어린 나이에 유배지에서 생을 마감해야만 했다. 그녀와 그녀의 아들 단종은 죄가 없다. 비운의 공주로 전락한 그녀의 딸 경혜공주도 마찬가지다. 그런데 그녀는 시동생 세조에 의해 안산에 자리했던 소릉昭陵까지 파헤쳐져 유골이 바닷가인 해빈海濱에 내동댕이쳐졌고, 아들 단종은 강원도 영월 청령포로 유배를 갔다가 17세 나이로 자살하여 생을 접었다. 이보다 더 슬픈 왕비가 또 있을까? 조선의 왕비들 중에는 현덕왕후 권씨 말고도 죽어서까지 왕릉이 파헤쳐지고 울분을 토할 수밖에 없었던 왕비들이 또 있다. 비극 중의 비극이다. 조선에 잔인하고 극악무도極惡

無道한 왕들이 있었기 때문이다.

단종이 왕위에 올라 있을 때 자신을 낳고 이튿날 세상을 떠난 어머니 현덕왕후 권씨의 초장지인 안산의 소릉을 참배한 내용이 1454년(단종 2년) 9월 29일 『단종실록』에 〈임금이 소릉에 제사하다〉란 제목으로 실려 있다. 세종과 영빈 강씨 사이에 태어난 세종의 서장자로 6남인 화의군 이영(1425~1489)이 노루 한 마리를 쏘아서 바친 이야기도 나온다. 단종이 안산의 소릉昭陵에 제사를 지내며 얼마나 슬펐을지는 짐작이 가고도 남는다. 하지만 단종에게는 그래도 그때가 가장 행복했을 때가 아닌가 싶다.

세조는 단종이 죽은 후에도 시신마저 거두지 못하게 하였다. 단종의 시신을 거두는 사람은 엄벌에 처해질 것이라는 어명까지 내려졌다. 기가 막힐 노릇이었다. 세조는 그의 형수인 현덕왕후 권씨의 애책문哀冊文도 읽지 않았던 모양이다. 이 글을 읽었다면 이들 모자에게 그렇게 잔인하게 굴지는 않았을지도 모른다. 『세종실록』에 〈현덕빈의 애책哀冊〉이란 제목으로 실려 있는 이 글은 누구나 읽으면 눈물이 주르륵 흐를 것이다. "(전략) 아아, 슬프도다. 하늘 넓고 이슬 내리며, 산은 중첩 물도 막혔어라. 바람 소소蕭蕭하여 가을기운 놀래었고, 구름도 젖어 있는 새벽일세. 적불翟茀이 인도하여 비틀거리며 가매, 해가薤歌가 엉기어 처량도 하구나. 조전祖奠을 붙들고서 눈물을 흘리고, 뇌상酹觴을 올릴 제 마음도 측연惻然하여라. 팽상彭殤의 같지 못함을 슬퍼하며, 임사姙姒를 쳐다본들 어이 될 것이랴. 서리와 이슬을 밟으매 슬픔이 더하여, 송추松楸를 부여잡고 흐느껴 울도다. 아아, 슬프도다. 산용山容도 참담慘悐하고 날빛조차 창망蒼茫쿠나. 검은 대문玄扃 한번 닫으면 긴 밤이 새지 않네. 영靈이시어 살아 계시온 듯 안정하시며 평안하소서. 나의 인사禋祀 흠향하시어 천지天地같이 오래소서. 우리 원손元孫 복을 주어 만수무강하게 하소서." 세종이 며느리인 현덕왕후 권씨를 보내면서 쓴 애책문哀冊文이다. "원손에게 복을 주어 만수무강하게 해달라"는 할아버지 세종의 애끓는 심정이 그대로 녹아 있는 글이다.

현덕왕후 권씨의 남편인 문종의 능침 공간과 그녀가 잠든 능침 공간의 문무석인 모습이다. 문종은 부인복이 없었다. 2명의 부인은 비행으로 폐빈이 되었고, 세 번째로 맞이한 현덕왕후 권씨는 죽어서 폐비가 되어 시신이 파헤쳐져 버려지는 아픔을 겪어야만 했다. 다행히 현덕왕후 권씨가 복위되어 문종의 능침 왼쪽 언덕에 잠들게 되었다. 현릉顯陵은 동원이강릉으로 조성되었다.

현덕왕후 권씨의 능호는 현릉顯陵이며 능은 동원이강릉同原異岡陵으로 조성되었다. 그녀는 남편 문종과 나란히는 아니어도 같은 능역 안에 잠들어 있다. 그녀는 어렵게 문종 곁에 잠들었지만 분하고 억울하여 아마 영원히 잠들지 못하고 있을 것만 같다. 누구보다 그녀를 몹시도 그리워하다가 죽어갔을 그녀의 유일한 아들 단종을 생각하면 차마 눈을 감지 못할 것이다. 그녀는 왕을 낳아 왕의 어머니가 되었지만 그게 그녀를 죽어서까지 엄청 고통스럽게 만들었다. 아마 그녀는 지금도 너무 억울해 안절부절못하고 있을 것만 같다. 현재 그녀는 경기도 구리시 동구릉로 197(인창동) 동구릉 능역 안의 현릉에 문종과 잠들어 있다. 그녀의 능침에는 문종의 능침과 달리 병풍석이 둘러져 있지 않다. 그러면 어떠랴. 남편인 문종 곁에 잠들어 있는 게 어딘가. 남편 곁에 어렵게 잠든 그녀의 현릉顯陵에서 그녀의 아들 단종의 장릉莊陵과는 165.78km 정도, 며느리 정순왕후 송씨의 사릉思陵과는 9.54km정도 떨어져 있다.

5

조선 최초로 여왕 노릇한 정희왕후 윤씨

(제7대 왕 세조의 비)

정희왕후貞熹王后 윤씨(1418~1483)는 파평부원군 윤번(1384~1448)과 흥녕부부인 이씨의 3남 7녀 중 막내딸로 1418년(태종 18년) 태어났다. 그녀는 조선 제7대 왕 세조(1417~1468)의 비가 되어 차남인 제8대 왕 예종(1450~1469)을 낳아 왕으로 만들었고, 세자로 책봉되어 있다가 죽은 그녀의 장남 의경세자(추존 왕 덕종)를 추존 왕으로 만들었다. 그녀의 본관은 파평이다.

그녀는 조선 최초로 수렴청정垂簾聽政을 한 왕비이다. 아들 예종과 손자 성종 등 2대에 걸쳐 수렴청정을 하였다. 그녀는 수양대군首陽大君과 1428년(세종 10년) 가례를 올려 낙랑부대부인으로 봉해졌다. 그 후 수양대군이 조카인 단종을 내쫓고 왕위에 오르면서 왕비로 책봉되었다. 가례를 올릴 무렵, 그녀가 어렸음에도 불구하고 성격의 대담성을 드러내는 일화가 전해진다. 그녀의 아버지 윤번의 집에 수양대군의 배필감을 구하러 궁궐에서 감찰 상궁이 찾아왔을 때 윤번의 아내는 큰딸을 선보였다. 그런데 이때 작은딸인 정희왕후 윤씨가 어머니 뒤

제8대 왕 예종과 추존 왕 덕종을 낳은 정희왕후 윤씨가 남편 세조와 잠들어 있는 광릉光陵의 전경이다. 광릉은 조선왕조 유일하게 참도가 별도로 설치되어 있지 않아 홍살문부터 정자각까지 그대로 맨땅이다. 박석이 깔려 있지 않은 유일한 왕릉이다.

에 숨어서 구경을 하다가 감찰 상궁의 눈에 띄게 되었다. 어머니는 크게 꾸짖었으나 감찰 상궁은 오히려 동생의 자태가 더 비범하다고 대궐에 알려서 언니 대신에 동생이었던 그녀가 수양대군에게 시집가게 되었다고 한다. 그녀로 인해 그녀의 언니는 자존심이 몹시 상했을 것으로 보인다.

그녀는 결혼 후 남편이 된 수양대군이 정변을 일으켜 조카인 단종을 몰아내고 왕으로 즉위하는 과정에서 세조를 적극적으로 도와주었다. 1452년(단종 즉위년) 수양대군이 김종서(1383~1453) 등을 제거하기 위해 거사를 하려고 할 때 용병이 누설되어 주변에서 만류가 있었지만 그녀는 주저하는 수양대군에게 직접 갑옷을 입혀주며 거사를 결행케 하였다. 그리하여 이날 수양대군 일파는 김종서의 집을 습격하여 김종서를 살해하고 아울러 정적들도 제거하여 정변에 성공을 거두었다. 이 사건이 바로 계유정난癸酉靖難이다. 이로써 수양대군은 1455년(단종 3년) 단종을 왕위에서 쫓아내고 왕으로 등극하였다. 따라서 그녀도 왕비로 책봉되었다.

세조와 그녀는 슬하에 의경세자(1438~1457), 예종(1450~1469), 의숙공주(1441~1477) 2남 1녀를 두었다. 의경세자는 세자에 책봉된 지 2년 만에 20세 나이로 요절하고 말았다. 그 후 세조가 승하하자 그녀의 2남인 예종(해양대군)이 19세 나이로 왕위에 올랐다. 예종은 즉위할 당시 어린 나이도 아니었고, 세자시절 세조에게 국왕 수업을 12년이나 받아 군이 섭정할 필요가 없었으나 정희왕후 윤씨는 예종이 아직 정사를 보기에는 어리다면서 조선 최초로 여성이 섭정하는 수렴청정을 하게 되었다. 수렴청정은 왕이 어린 나이에 즉위했을 때 성년이 될 때까지 왕대비나 대왕대비가 정사를 돌보는 일이다. 그런데 그녀가 수렴청정을 접기도 전에 예종이 의경세자와 마찬가지로 20세에 죽고 말았다. 즉위한 지 1년 2개월 만이었다. 예종의 뒤를 그녀의 손자인 성종(1457~1494)이 잇게 되었다. 성종은 요절한 그녀의 장남 의경세자의 차남이었다. 그리하여 그녀는 조선의 제8대 왕 예종에 이어 제9대 왕 성종까지 수렴청정을 계속하였다. 그녀의 남편 세조의 애책문哀冊文과 묘지문墓誌文이 『세조실록』에 〈태상왕을 광릉에 장사지내다. 그 애책문과 묘지문〉이란 제목으로 실려 있는데 거기에 세조의 가족들 소개가 자세히 나와 있다.

그녀의 장남 의경세자와 예종은 띠동갑으로 나이가 12세나 차이가 난다. 반면 예종의 왕위를 이은 의경세자의 차남 성종과 예종의 나이차는 7세로 별 차이가 없다. 예종은 정희왕후 윤씨의 막내아들로, 성종에겐 막내삼촌이다.

한편 그녀는 세조의 원찰로 광릉 곁의 봉선사奉先寺를 택했다. 그곳의 범종각 안에는 대종이 걸려 있다. 그녀가 예종 원년(1469년)에 세조의 명복을 빌기 위해 만든 종이다. 그 대종은 임진왜란 이전에 만들어진 몇 안 되는 조선 전기의 동종으로 보물 제397호로 지정되어 있다. 어느새 550여 년의 세월을 살아낸 역사

깊은 대종이 되었다. 봉선사의 느티나무 역시 정희왕후 윤씨가 먼저 세상을 떠난 남편 세조의 위업을 기리고 능침을 보호하기 위해 절을 중창하면서 양지바른 이곳에 심은 것이다. 운악산 아래에 자리한 봉선사의 원래 이름은 운악사雲岳寺였는데 광릉의 원찰이 되면서 봉선사로 바뀌어 오늘에 이르고 있다.

그녀의 장남인 의경세자(추존 왕 덕종)의 아들 성종이 왕위계승을 할 수 있었던 것은 그녀의 결정이 있었기 때문이다. 예종이 세상을 떴을 때 4세 된 제안대군(1466~1525)과 6세 된 현숙공주(1464~1502)가 있었다. 그리고 의경세자(1438~1457)에게는 16세 된 월산군(1454~1488)과 13세 된 자산군(1457~1494), 그리고 15세 된 명숙공주(1455~1482)가 있었다. 그런데 그녀는 제안대군과 월산군을 제치고 자산군으로 하여금 대통을 잇게 하였다.

광릉光陵의 정자각 모습이다. 몇 년 전만 해도 정자각 뒤로 숲이 우거져 있었다. 그런데 숲을 다 거두어내었다. 광릉의 정자각 월대가 다른 왕릉들에 비해 월등히 높다. 보통 3단인데 5단이나 된다. 그 월대에 6·25 때 맞은 총알이 그대로 박혀 있다. 월대가 적과 대치를 했던 모양이다. 나라를 지켜내는 데 왕릉의 전각들도 큰 몫을 했다.

이러한 결정은 대왕대비 윤씨와 당시 최고 권력자였던 한명회(1415~1487)와의 정치적 결탁의 결과이기도 하였다. 한명회는 일찍이 첫째 딸은 예종에게 시집보내 예종의 원비가 되게 하였고, 둘째 딸은 왕위에 오를 자산군에게 결혼시켰다. 어찌되었거나 그녀의 뜻대로 어린 나이에 성종(자산군)이 즉위하였다. 그

광릉光陵의 비각과 새로 복원한 수복방과 수라간 모습이다. 비석에는 '조선국 세조대왕광릉 정희왕후부좌강朝鮮國 世祖大王 光陵 貞熹王后 祔左岡'이라고 새겨져 있다.

러자 정희왕후 윤씨는 성종이 20세가 될 때까지 수렴청정을 하였다. 그녀는 성종을 대신하여 7년에 걸친 수렴청정을 행하게 되었다. 성종의 할머니인 그녀가 수렴청정을 길게 하고 싶어 월산군이 아닌 자산군을 택한 것은 아닌지 모르겠다. 왕을 대신하여 정사를 펼칠 수 있으니 그녀는 왕이나 다름없었다.

그녀는 태어나면서부터 성덕盛德을 지녀 세조의 배필이 되었으며, 궁중의 다스림을 주관하였다. 몸소 옷을 세탁하였고, 화려하고 사치스러운 것은 물리쳤으며, 빈嬪이나 궁녀宮女를 예禮로써 대접하니, 깊은 은혜가 아랫사람들에게 미치었다고 『조선왕조실록』은 전한다. 또한 마음 쓰는 것이 지극히 공평하여 친척을 위해 은혜를 사사로이 하지도 않았다. 그녀는 누구보다 남편인 세조가 그녀와 찰싹 붙어 다녔던 왕이 사랑한 왕비였다. 그녀가 66세에 온양 행궁에서 세상을 떠나자 『성종실록』은 〈대행 왕후를 광릉에 장사지내다〉란 제목의 기사와 그녀에게 올린 애책문哀冊文과 묘지문墓誌文을 기록하였다.

정희왕후 윤씨는 수렴청정 기간에 몇 가지 정책을 추진해나갔다. 먼저 종친 정리 작업에 주력하였다. 종친 가운데 가장 힘이 강한 세종의 4남 임영대군(1420~1469)의 둘째아들 귀성군(1441~1479)을 귀양 보내고, 왕실 종친의 관리등용을 법으로 금지시켰다. 왕위계승권에서 밀려난 왕자들의 불만을 무마시키기 위하여 월산군과 제안군을 대군으로 승격시키고, 폐비가 되어 일반 서민으로 강등시킨 단종의 비 송씨(1440~1521)를 군부인으로 신원시켰다.

두 번째는 형벌에 대한 완화적인 태도를 취하는 등 백성들 생활의 불편함을 해소시키기 위한 정책을 펼쳐나갔다. 이와 관련하여 왕실에 공상하는 물품을 줄여 백성들에게 피해가 가지 않도록 하고 왕실과 신료들에게도 검소하고 절약하는 생활 태도를 강조하였다. 아울러 고리대금업을 하던 내수사의 장리소를 560개에서 235개로 줄이고, 각 도에 잠실을 하나씩 설치하여 농업과 잠업을 육성시키며, 경상도와 전라도에 뽕나무 종자를 재배하게 하였고, 함경·평안·황해도에 목화밭을 조성하였다.

세조의 능침 난간석 모습이다. 세조가 아직도 악몽에 시달리는지 난간석이 기울어져 있다. 광릉光陵은 다른 왕릉에 비해 능침이 작고, 석물들도 모두 작은 편이다. 하지만 장명등으로 보이는 풍경은 액자 속 그림 같다.

 한편 그녀는 불교를 진흥시키면서도 조선의 기본이념인 성리학을 강화시켜 유교문화를 정착시켰다. 또한『경국대전』의 교정사업을 완료하고, 불교의 장의 제도인 화장풍습을 없애고, 도성 내 염불소를 폐지하여 승려들의 도성출입을 금지시켰으며, 사대부집안의 부녀자가 비구니가 되는 것을 금지시키고, 6촌 이내끼리 결혼을 금지하고, 사대부와 평민의 제사에 차이를 두게 하였다. 그녀는 수렴청정을 통해 정계의 최고 권력자로 국정을 운영하면서 훈신세력들에 의해 흔들릴 수 있는 왕권을 보호하고, 왕권을 강화하여 왕실의 안정과 조선왕조의 기틀을 잡을 수 있도록 하였다. 성종은 이를 바탕으로 여러 문물제도를 완성시킬 수 있었다. 그녀는 한자를 읽을 줄도 몰랐다는데 어찌 정사를 보았는지는 모르겠다. 그녀의 큰며느리이자 성종의 어머니인 소혜왕후 한씨(인수대비)는 그녀와 달리 아녀자의 도리를 다룬 『내훈』이란 책을 한문으로 써서 후에 한글로 번역해 다시 썼을 정도로 한문에 능하였다.

　정희왕후 윤씨는 글을 몰랐지만 여왕처럼 군림했던 왕비였다. 그러나 그녀

정희왕후 윤씨의 능침 모습이다. 동원이강릉으로 조성되어 남편인 세조와 나란히 잠들지는 못했다. 능침이 각각 다른 언덕에 조성되었기 때문이다. 거기에 정자각 뒤로 능침과 능침 사이에 숲이 우거져 있어 서로 바라볼 틈새조차 없었다. 그런데 광릉光陵이 새롭게 정비되면서 현재는 서로에게 눈길이라도 보낼 수 있게 숲을 모두 거두어냈다.

는 1483년(성종 14년) 음력 3월 30일, 66세 나이로 남편 세조와 자주 다니던 온천에 갔다가 온양 행궁에서 죽음을 맞이하였다. 세조와 결혼할 무렵만 해도 그녀는 세자가 아닌 왕자에게 시집을 왔기에 왕비에 오르리라는 생각은 못했을 것이다. 그런데 왕비 자리에 올랐고, 그녀가 낳은 아들 2명 모두 왕이 되는 행운을 얻었다.

그녀는 실제 왕위에 올랐던 제8대 왕 예종의 어머니이며, 죽어서 왕으로 추존된 추존 왕 덕종의 어머니이다. 거기에 아들 예종과 손자 성종의 수렴청정垂簾聽政까지 하였으니 죽어도 여한이 있을 리 없다. 장남인 의경세자가 일찍 죽었지

정희왕후 윤씨의 능침을 수호하고 있는 무석인 모습이다. 무석인 곁의 석마도 6·25 때 전사하고 말았다. 그 모습이 가슴 서늘하게 한다. 왕릉마다 6·25의 흔적이 여기저기 남아 있다. 그 흔적이 그때의 치열했던 전쟁 상황을 말해주고 있다. 그러나 정희왕후 윤씨의 능침을 수호하는 무석인의 석마처럼 처참히 부서져 형체를 알 수 없는 왕릉은 이곳 광릉光陵이 유일하다.

현재의 광릉 모습이다. 능침이 그야말로 한눈에 올려다보인다. 두 능침을 가로막았던 숲을 걷어냈기 때문이다.

정희왕후 윤씨가 세조와 잠든 광릉光陵의 옛 모습이다. 세조의 동쪽 언덕에 잠들어 있는 정희왕후 윤씨의 능침을 불과 몇
년 전 여름과 겨울에 올려다본 모습이다. 그런데 현재는 세조의 능침에서 정희왕후 윤씨의 능침을, 정희왕후 윤씨의 능
침에서 세조의 능침을 건너다볼 수 있게 되었다. 장막 같았던 정자각 뒤의 울창한 숲을 모두 걷어내 옛날 모습은 이제 사
진에서나 만나보게 되었다.

만 의경세자의 차남인 자산군을 왕위에 올려놓아 죽은 아들도 추존 왕이 되는
영광을 안게 하였다. 그러나 의경세자의 장남으로, 그녀의 장손인 월산대군은 왕
위를 동생 성종이 차지함에 따라 할머니인 그녀에게 서운함이 많았을 것이다.

　정희왕후貞熹王后 윤씨의 능호는 광릉光陵이며 능은 동원이강릉同原異岡陵으로
조성되었다. 세조의 왕릉 동편 언덕에 그녀의 능침이 자리해 있다. 몇 해 전만
해도 동편에 잠든 그녀의 능침이 세조의 능침에서 아예 보이지 않았다. 능침과

능침 사이 정자각 뒤로 우거진 숲이 가로막고 있었기 때문이다. 그런데 광릉에 없었던 수복방守僕房과 수라간水刺間이 2017년에 복원되었고, 세조와 그녀의 능침 사이를 막고 있었던 우거진 숲을 거두어냈다. 그 결과 광릉이 능호답게 환해졌다. 세조와 정희왕후 윤씨의 능침이 한눈에 시원스럽게 올려다보인다.

그녀는 남편인 세조와 달리 왕 곁에서 숙면을 취하고 있을 것이다. 왕자에게 시집을 와서 대군부인으로 만족했을 그녀가 왕비 자리에까지 올랐으니 무슨 아쉬움이 있겠는가. 그녀 역시 세종의 비 소헌왕후昭憲王后 심씨와 함께 맏며느리도 아니면서 행운을 잡은 왕비 중의 왕비이다. 그녀는 왕비가 되자마자 친정이 멸문지화滅門之禍되는 큰 아픔을 겪은 세종의 비 소헌왕후 심씨에 비하면 누린 게 훨씬 더 많은 왕비이다. 정희왕후 윤씨는 경기도 남양주시 진접읍 광릉수목원 로 354(진접읍 광릉)에 위치한 광릉光陵에서 밤마다 악몽에 시달리고 있을 것 같은 세조와 가까이 잠들어 있다. 장막 같았던 능침과 능침 사이의 숲도 걷어내 서로 손을 잡을 수는 없지만 건너다볼 수 있게 되었다. 조금은 답답하게 여겨졌던 예전의 광릉 모습이 아니다. 그녀가 남편과 함께 잠든 광릉光陵에서 장남 의경세자 (추존 왕 덕종)의 경릉敬陵과 차남 예종의 창릉昌陵과는 51km 정도 떨어져 있다. 두 형제는 모두 서오릉에 잠들어 있다.

6
왕위를 도둑맞은 안순왕후 한씨
(제8대 왕 예종의 계비)

안순왕후安順王后 한씨(1445?~1498)는 청천부원군 한백륜(1427~1474)과 서하부부인 임씨의 4남 5녀 중 장녀로 1445년?(세종 27년) 태어났다. 그녀는 조선 제8대 왕 예종(1450~1469)의 계비가 되어 왕위를 이을 왕자도 낳고, 공주도 둘이나 낳았다. 그러나 적자로 태어난 그녀의 아들은 남편의 왕위를 잇지 못했다. 그녀의 본관은 청주이다.

　세자빈이었던 장순왕후 한씨(1445~1461)가 원손인 인성대군(1461~1463)을 낳고 산후병으로 1461년(세조 7년) 요절하자, 그 이듬해에 동궁의 후궁으로 종5품 소훈昭訓에 간택된 후 세자였던 예종과 가례를 올려 세자빈이 되었다. 그녀의 바로 아래 여동생은 세종의 4남인 임영대군의 아들 구성군 이준의 부인이 되었다. 자매가 결혼 후 4촌 동서지간이 된 것이다. 세자빈으로 있던 그녀는 1468년(세조 14년) 세조가 승하하고 남편인 예종이 왕이 되면서 왕비로 책봉되었다. 그녀는 살아서 당당하게 왕비 자리에 오른 후궁 출신 왕비 1호가 되었다. 제5대 왕 문종의 비이자 제6대 왕 단종의 어머니인 현덕왕후 권씨도 후궁 출신이었지만 그녀는 세자빈에 올랐다가 죽은 뒤 문종이 왕위에 오르면서 왕비로 추존되었다. 그랬기에 살아서 실제 왕비에 오른 후궁은 안순왕후 한씨가 최초다. 한편 현덕왕후 권씨는 죽어서 왕비로 추존되었지만 다시 서인으로 강등되는 등 우여곡절을 겪고 난 후 안순왕후 한씨보다 늦게 왕비로 다시 추존되었다.

그녀는 자신이 낳은 제안대군(1466~1525)이 3세가 되었을 때 왕비로 책봉되었다. 그녀는 원비인 장순왕후 한씨가 죽어 생각지도 않게 후궁에서 왕비 자리에 올랐다. 왕자까지 낳은 상태이니 그녀의 앞날이 탄탄대로가 될 것은 분명했다. 원비 장순왕후 한씨가 낳은 인성대군(1461~1463)마저 세상을 떠나고 왕자는 자신이 낳은 제안대군뿐이었으니 그렇게 생각할 만도 했다. 그러나 예종이 왕위에 오른 지 1년 2개월 만에 요절을 하고, 그녀는 어린 나이로 과부가 되고 말았다. 청천 하늘에 날벼락을 맞은 안순왕후 한씨였다.

갑자기 그녀의 남편인 예종이 죽자 그녀의 시어머니 정희왕후 윤씨는 한명회와의 정략으로, 예종의 형인 의경세자(1438~1457)의 두 아들 중 차남을 예종과 안순왕후 한씨의 양자로 입적시킨 뒤 왕이 되게 하였다. 그녀에게 제안대군이 있었지만 그 당시 너무 어려 왕위계승은 불가능한 상태였다. 이에 따라 그녀의 세상은 저물고, 그녀의 손윗동서이자 의경세자의 부인인 수빈 한씨의 세상이 펼쳐지게 되었다. 수빈 한씨는 자신의 아들이 왕위에 오르기 전까지만 해도 그대로 수빈이었다. 그런데 차남인 성종(1457~1494)이 1469년(예종 1년)에 왕으로 즉위하자, 1471년(성종 2년) 의경세자는 덕종으로 추존되었고, 수빈은 인수왕비가 되었으며, 예종의 계비인 그녀는 인혜왕대비가 되었다.

그러자 두 사람의 위계가 문제로 제기되었다. 마침내 1472년(성종 3년) 신숙주의 의견에 따라 자성대왕대비가 된 정희왕후 윤씨의 윤허允許를 받고 손윗동서인 인수왕비와 그녀의 위계를 형제 서열로 하는 것으로 결정이 내려졌다. 1475년(성종 6년) 인수왕비는 다시 인수대비로 진봉되었다. 이때 인수대비와 그

예종의 계비 안순왕후 한씨와 제8대 왕 예종이 잠들어 있는 창릉昌陵의 정자각이다. 계절마다 다른 모습을 보여주고 있다.

녀의 서열 문제가 다시 거론되었으나 역시 형제의 서열대로 인수대비를 웃전으로 하는 것으로 일단락지어졌다. 이래저래 예종의 계비 안순왕후 한씨는 아들을 왕위에 올린 손윗동서 인수대비에게 계속 밀렸다. 그녀는 성종이 세상을 뜨고 성종의 장남인 연산군이 조선의 제10대 왕으로 즉위한 후, 1497년(연산 3년) 인수대비와 함께 휘호를 받아 명의대왕대비가 되었다. 안순왕후 한씨는 남편인 예종을 잃은 뒤, "음지가 양지 되고, 양지가 음지 된다"는 말의 의미를 뼈저리게 느꼈을 것이다.

그녀의 또 다른 여동생은 제10대 왕 연산군의 비 폐비 신씨의 남동생 신수영과 혼인을 하였다. 그녀의 친정 집안도 이처럼 왕실과 이리저리 연을 맺고 있었다. 그녀와 예종 사이에 태어난 자녀로는 적자 제안대군과 현숙공주, 그리고 일찍 세상을 떠난 혜순공주가 있었다. 그녀는 아들 제안대군이 12세 되던 해에 며느리를 얻었다. 그런데 그녀의 마음에도 안 들었고, 제안대군 역시 이혼하고 싶다고 하여 성종이 제안대군의 부인 김씨를 폐하라는 전교를 정승 등에게 내려 이혼하게 되었다. 사실 제안대군보다 안순왕후 한씨가 며느리를 더 싫어하였다. 그런데 결혼하여 병이 생겼다고 이혼까지 시킨 것은 이해가 좀 안 간다. 그녀 뜻대로 뭔가 잘 안 풀리니 병든 며느리를 보살피기는커녕 쫓아낸 게 아닌가 싶

안순왕후 한씨가 예종과 잠들어 있는 창릉_{昌陵}은 동원이강릉으로 조성되어 정자각에서 볼 때 왼쪽 동산에는 예종이, 오른쪽 동산에는 안순왕후 한씨가 각각 잠들어 있다. 그러므로 정자각 뒤 신문으로는 두 능침이 보이지 않는다.

다. 1479년(성종 10년) 12월 20일 『성종실록』의 〈정승 등에게 제안대군의 부인을 폐하라고 전교하다〉란 제목의 기사를 읽어보면 그 내막을 자세히 알 수 있다.

그 뒤 제안대군은 박중선의 딸과 재혼하였다. 박중선은 제4대 왕 세종의 장인 심온의 외손자이며 세종의 비 소헌왕후 심씨의 조카로 세종에게는 처조카가 되는 셈이다. 이렇게 막강한 집안 출신의 박중선은 아들이 박원종뿐이었으나 딸은 여럿 있었다. 그 딸들 중 한 명은 월산대군에게 시집을 보냈고, 또 한 명은 제안대군에게, 또 한 명은 윤여필에게 시집을 보냈다. 윤여필의 딸이 제11대 왕 중종의 계비인 장경왕후 윤씨이다. 박원종의 두 딸은 친정에서는 자매간이었지만 시댁에서는 4촌동서 사이가 되었다. 그리고 이모가 백모가 되고, 숙모가

예종의 창릉昌陵 능침에서 내려다본 정자각과 비각 모습이다. 비석에는 '조선국 예종대왕창릉 안순왕후부좌강朝鮮國 睿宗 大王昌陵 安順王后祔左岡'이라고 새겨져 있다. 동원이강릉으로 조성된 창릉의 예종 문석인도, 안순왕후 한씨 문석인도 표정이 영 좋아 보이지 않는다. 뭔가 잔뜩 화가 나 있다.

되었다. 그러나 제안대군은 후실로 들어온 박중선의 딸과 사랑을 키우지 못하였다. 성종은 1482년(성종 13년) 또다시 "이제 왕대비王大妃의 의지懿旨를 받들어보니, 제안대군齊安大君 이현李琄의 아내 박씨가 불순하다고 하였으니, 내가 생각하건대 부모에게 불순한 자는 의義로 마땅히 버려야 하는 것이니, 이혼하게 하라"고 제안대군의 이혼을 명하였다.

예종의 능침과 원비 장순왕후 한씨의 능침, 그리고 계비 안순왕후 한씨의 능침이다. 원비 장순왕후 한씨의 능침에는 난간석조차 둘러져 있지 않다. 망주석도 없고, 석물도 생략된 게 많다.

그리하여 제안대군은 두 번의 이혼 경력을 갖게 되었다. 그런데 제안대군은 두 번째 부인 박씨와 이혼 후 전에 헤어졌던 정실 김씨를 다시 찾기 시작하였다. 그러고는 사촌형인 성종의 윤허允許로 이혼한 김씨를 다시 만날 수 있게 되었다. 예종의 적자로 태어나 왕위를 이어받지 못한 제안대군은 아버지의 왕위를 이어받은 사촌형인 성종의 속을 참 많이도 썩였다. 호적으로는 성종이 안순왕후 한씨의 양자로 입적되어 왕이 되었으므로 제안대군에게 친형이 된 셈이다. 제안대군 역시 마음을 잡기 어려웠던 모양이었다. 그러나 제안대군은 어머니인 안순왕후 한씨가 세상을 뜬 뒤부터는 홀로 살면서 여색을 멀리하였으며, 성악을 즐기고 사죽관현絲竹管絃을 연주하기를 좋아하였다. 왕의 아들로 태어나 목숨을 부지하기 위해서는 그렇게 살아갈 수밖에 없었을지도 모른다.

왕위를 이을 왕자는 단 한 명! 왕의 자리도 단 한 자리! 그러니 왕이 되지 못한 왕자들은 목숨을 지켜내기가 어려웠다. 툭하면 역모에 휩싸여 유배를 간 뒤 살해당하기 일쑤였다. 왕자로 태어난 게 오히려 불행이었다. 공주들도 행복하지만은 않았다. 그래도 왕자들보다는 공주들이 마음은 더 편하게 살아갈 수 있었

경기도 포천에 자리한 안순왕후 한씨의 하나뿐인 아들, 제안대군의 능침 전경과 후경이다. 그리고 신도비 모습이다. 우여곡절 끝에 다시 재결합한 조강지처 상산부인 김씨와 나란히 잠들어 있다. 봉분이 네모난 게 특이하다. 조선 초에는 태조 이성계와 계비 신덕왕후 강씨 사이에서 태어난 방석(의안대군) 묘를 비롯하여 네모난 묘들이 몇 기 있다.

다. 왕비가 낳은 아들들이 후궁이 낳은 아들들보다 목숨을 지켜내기가 더 어려웠다. 왕비의 아들로 태어난 제안대군도 60세까지 사느라 마음고생 꽤나 했을 것이다. 그가 여색을 멀리하고 후사를 남기지 않은 이유가 목숨을 부지하기 위해서였다는데 그럴 만도 했다. 제안대군의 묘는 안내 표지판이 어디에도 없어 그야말로 오지를 탐험하듯 2회에 걸쳐 찾아가 산을 넘고 넘어 숲을 헤쳐가며 힘들게 찾아내 답사를 하였다. 다 찾아놓고도 잘못 알려준 동네 분으로 인해 엉뚱한 곳을 뒤지고 다녔다. 고생은 했지만 보람은 배가 되었다.

안순왕후 한씨는 끝내 제안대군에게 손자를 볼 수 없었고, 그에 따라 예종의 후사는 제안대군으로 끝이 났다. 그 당시 조선에서 정실부인을 내쫓는 것은 큰 죄였다. 첩을 두는 것은 가능하였으나 첩이 정실이 되는 것 또한 금지하던 사회였다. 앞에서도 밝혔듯이 목숨을 부지하기 위해 제안대군이 일부러 바보 행세를 하면서 정실부인을 내쫓기까지 한 것은 아닌지 모르겠다. 그가 불경스럽다며 여자를 멀리하여 후사를 잇지 못하였다고 하는데 그 속사정은 제안대군만이 알 수 있다. 그의 후실인 박중선의 딸 처지만 안된 꼴이 되고 말았다. 박중선은 한명회처럼 두 명의 딸을 왕족에게 시집보냈으나 사위인 월산대군도, 제안대군도 모두 적통으로 왕위에 오를 만한 위치였지만 2순위로 밀려 두 딸 역시 왕비에 오르지 못하였다. 그에 따라 딸들의 삶도 평탄하지 않았다. 박중선의 외손녀만 중종의 계비가 되었을 뿐이다.

안순왕후 한씨의 소생인 제안대군은 예종이 좀 더 오래 살았다면 조선의 제9대 왕이 되었을 왕자이다. 예종의 원비인 장순왕후 한씨가 낳은 인성대군이 일찍 죽었기 때문에 왕위계승의 유력한 후보자였다. 하지만 예종이 죽을 당시 제안대군은 4세밖에 안 되어 왕의 적자였으면서도 왕위에 오르지 못하였다. 할머니인 정희왕후 윤씨의 반대에 부딪혀 왕위는 그의 4촌 형 자산군(성종)에게 돌아갔다. 그게 순리였는지도 모른다. 제안대군은 왕의 적자로 태어나 왕이 되지 못하고, 세종의 7남인 평원대군(1427~1445)의 양자로 입적되었다. 제안대군 묘가

창릉昌陵의 안순왕후 한씨 오른쪽 동산에 잠들어 있는 예종
의 능침 공간이다. 예종의 능침에서 그녀의 능침이 건너다
보인다. 어느 왕릉보다 창릉은 상계, 중계, 하계가 뚜렷이 나
뉘어 있어 능제의 특성을 제대로 확인할 수 있다. 상계에는
영혼의 공간으로 곡장·봉분·석호·석양·혼유석·망주석이 있
고, 중계는 문인의 공간으로 장명등·문석인·석마가 있으며,
하계는 무인의 공간으로 무석인·석마가 있다.

평원대군 묘와 나란히 자리한 이유가 다 있었다. 평원대군이 자녀를 남기지 못
하고 19세에 요절하여 1483년(성종 14년) 5월에 평원대군의 부인인 강녕부부인
홍씨가 죽으면서 제안대군 이현이 그의 아들로 후사를 잇게 되었다. 그 내용이
『성종실록』에 〈예조에 문의한 후, 제안대군 이현을 평원대군의 후사로 삼게 하
다〉란 제목으로 실려 있다.

　　누가 뭐래도 안순왕후 한씨가 가장 억울했을 것이다. 왕의 적자를 낳았으면
서도 왕위를 조카에게 내주어야 했으니 마음이 좋을 리 없었을 것이다. 거기다

가 시어머니 정희왕후 윤씨와 큰동서 인수대비 사이에서 마음고생을 하면서 살아가야 했으니 억울함이 더했을 것이다. 그녀는 그렇게 살다가 1498년(연산군 4년) 창경궁에서 승하하였다. 그래도 그녀는 효자였던 제안대군의 지극한 효도 속에 세상을 떠났다. 이에 연산군은 그녀의 시호를 안순安順, 휘호를 소휘제숙昭徽齊淑으로 하였으며, 상제喪制를 정하는 데 논쟁이 있었으나 결국 남편인 예종과 같이 1년간 상복을 입는 것으로 정하였다.

안순왕후 한씨의 능호는 창릉昌陵이며 능은 동원이강릉同原異岡陵으로 조성되었다. 그녀는 계비면서 예종 곁에 잠들었다. 계비들 중 왕 곁에 가장 먼저 잠든 왕비가 바로 그녀다. 안타까운 것은 남편 예종이 너무 일찍 세상을 떠나버린 것이고, 그 결과 적자를 낳았으면서도 왕위에 올리지 못해 왕을 낳은 어머니가 될 수 없었다. 하지만 아들의 효도 속에 그녀는 오래 살 수 있었다. 왕의 적자로 태어난 제안대군 역시 역모에 휘둘리지 않고 오랫동안 살다가 세상을 떠난, 어쩌면 운이 좋은 왕자다. 그랬기 때문에 그녀가 왕 곁에 잠들 수 있었을 것이다.

그녀는 남편인 예종의 왼쪽 언덕에 잠들었다. 정자각에서 바라보면 오른쪽 언덕이다. 그래도 그녀는 왕위를 조카에게 내주어야 했던 것이 생각할수록 아쉬워 잠을 제대로 못 자고 있을지도 모른다. 살아 있을 때도 그랬지만 죽어서도 아쉬움이 가시지 않을 왕비가 바로 그녀다. 안순왕후 한씨는 경기도 고양시 덕양구 서오릉로 334~32 서오릉 능역 안 창릉昌陵의 예종 곁에 잠들었다. 그녀가 잠든 창릉昌陵과 아들 제안대군齊安大君 묘와는 40km 정도 떨어져 있다. 남편 예종의 원비 장순왕후 한씨의 공릉恭陵과는 19km 정도 떨어져 있다.

7

후궁들의 멘토 정현왕후 윤씨

(제9대 왕 성종의 제2계비)

정현왕후貞顯王后 윤씨(1462~1530)는 영원부원군 윤호(1424~1496)와 연안부부인 전씨의 2남 1녀 중 외동딸로 1462년(세조 8년) 태어났다. 그녀는 조선 제9대 왕 성종(1457~1494)의 제2계비가 되어 조선 제11대 왕 중종(1488~1544)을 낳아 왕으로 만들었다. 그녀의 본관은 파평이다.

그녀도 성종의 제1계비였던 폐비 윤씨처럼 후궁으로 있다가 왕비에 올랐다. 그녀는 1473년(성종 4년) 숙의로 뽑혀 입궁하였고, 1479년(성종 10년) 중전이었던 성종의 두 번째 왕비로, 연산군의 어머니 윤씨가 폐위되는 바람에 그 이듬해 새로이 왕비로 책봉되었다. 그녀가 후궁으로 있으면서 친정아버지 윤호와 사촌오빠 윤필상 등과 함께 윤씨를 폐출하는 데 일조하였다는 주장도 있다. 하지만 폐비 윤씨가 폐출될 당시 그녀의 나이는 17세밖에 안 되었다. 하지만 그녀의 남편 성종을 왕위에 올린 세조의 비 정희왕후 윤씨와 그녀의 할아버지는 6촌 간으로, 그녀와 남편 성종과는 10촌 간이 된다. 그녀는 성종과의 사이에 제11대 왕이 된

선릉宣陵의 전경이다. 홍살문 안으로 정자각과 비각, 수라간 모습이 보인다. 정자각의 왼쪽 언덕에 성종이, 정자각의 오른쪽 언덕에 정현왕후 윤씨가 잠들어 있다. 동원이강릉이지만 능침끼리 서로 보이지는 않는다.

중종과 순숙공주·신숙공주를 낳았다. 그러나 공주 둘은 모두 일찍 죽었다.

그녀는 폐비 윤씨가 왕비에서 쫓겨나 사가에 나가 있을 때 연산군을 길렀다. 연산군도 그녀를 생모로 알고 자랐다. 그런데 1493년(성종 24년) 성종이 승하하면서 연산군은 그녀가 친모가 아님을 알게 되었다. 성종의 묘비명과 행장을 쓸 때 폐비 윤씨의 사사사건을 연산군이 알게 되었다. 행장에는 죽은 사람의 일대기를 기록하게 되어 있다. 그러니 성종의 일대기에 계비였던 폐비 윤씨에 대한 기록이 빠질 리 없었다. 그 후 연산군은 1504년(연산군 10년) 자신의 어머니가 폐비가 되어 사약을 받고 죽어간 일과 폐비가 된 어머니의 복위문제를 둘러싸고 갑자사화甲子士禍를 일으켰다. 그 결과 생모인 폐비를 내쫓고 사약을 내리는 데 동조를 한 사림파士林派를 대거 학살하기에 이르렀다. 『성종실록』에 〈성종 대왕 묘지문〉이란 제목으로 실린 기록을 보면 연산군의 어머니가 살았는지 죽었는지도 밝혀져 있지 않았고, 시호도 없고, 왜 숙의 윤씨(정현왕후 윤씨)를 비로 삼았는지도 나와 있지 않다. 그러니 연산군이 의구심을 가질 만하다.

날이 갈수록 연산군의 폭정은 계속되었고, 급기야 반정세력에 의해 연산군이 왕위에서 폐위되는 사태가 도래하였다. 그녀는 1506년(연산군 12년) 반정 때 폐비 윤씨의 아들인 연산군을 폐위시키고, 자신의 아들 진성대군晉城大君을 왕으

정현왕후 윤씨가 성종과 잠들어 있는 선릉의 비각과 비석, 새로 복원한 수라간 모습이다. 비각 안의 비석에는 '조선국 성종대왕선릉 정현왕후부좌강朝鮮國 成宗大王宣陵 貞顯王后祔左岡'이라고 쓰여 있다. 선릉이 동원이강릉임을 알 수 있다.

로 세우는 것을 승낙하였다. 왕실 어른으로 자리하고 있던 그녀는 반정의 주도 세력이 자신의 유일한 아들 진성대군을 왕위에 세울 것을 주청하니 이를 승낙하였다. 그녀 역시 폭정을 거듭하는 연산군을 몰아내고 싶었을 것이다. 거기에 자신의 아들이 왕으로 추대되고 있으니 반대할 이유가 없었을 것이다. 그리하여 그녀의 아들이 조선의 제11대 왕으로 등극하게 되었다. 그가 바로 중종이다. 중종은 연산군과 달리 어머니를 잘 둔 덕분에 왕위에 오를 수 있었다. 그 당시에 그녀가 죽고 없었다면 중종이 왕위에 오르기는 어려웠을지도 모른다. 어쩌면 연산군에게 목숨을 잃었을 수도 있었다. 어머니가 곁에 계신 것만큼 자녀에게 큰 복은 없다. "신을 곁에 둘 수 없어서 어머니를 곁에 두었다"는 말이 명언임에 틀림없다. 이처럼 중종은 연산군이 몹시도 부러워할 만한 어머니를 곁에 두었다.

정현왕후 윤씨는 성종의 제2계비로 성종에게는 세 번째 왕비이다. 그녀의 아들 중종은 폐비 윤씨의 아들 연산군이 이미 세자로 책봉된 뒤에 태어났다. 연산군과 중종의 나이 차이는 12세나 났다. 어찌되었거나 연산군은 폐위되었고, 그 뒤를 이어 그녀의 아들이 왕위에 올랐다. 그러고 보니 폐비 윤씨는 조선의 왕비들 중 가장 불행한 왕비가 되었고, 정현왕후 윤씨는 가장 행복한 왕비가 되었다.

불행한 사람이 탄생하면 반드시 행복한 사람도 탄생하게 마련이다. 망한 사람이 있으면 꼭 흥한 사람도 생겨나는 이치와 다르지 않다. 정현왕후 윤씨는 후궁 출신 왕비 중의 한 명으로 아들을 왕으로 만들었고, 죽어서도 왕 곁에 잠드는 행운까지 가졌다. 조선 왕비들 중 그래도 복이 가장 많은 왕비가 아닌가 싶다.

정현왕후 윤씨의 능호는 선릉宣陵이며 능은 동원이강릉同原異岡陵으로 만들어져 있다. 그녀는 성종의 제2계비임에도 왕 곁에 잠들었다. 왕을 낳은 왕의 여인이라고 모두 왕 곁에 잠드는 것은 아니었다. 왕 곁에 함께 오랫동안 살았다고 왕 곁에 잠드는 것도 아니었다. 일단 아들이 왕이 되면 왕 곁에 잠들 확률이 가장 높다. 하지만 예외가 있다. 후궁의 아들은 왕이 되어 아무리 재위기간이 길어도 자신의 어머니를 왕 곁에 잠들게 할 수 없다. 그러나 정현왕후 윤씨는 후궁에서 왕비가 되었기 때문에 아들 덕을 톡톡히 볼 수 있었다. 하긴 그녀의 아들 중종도 어머니의 덕을 톡톡히 본 왕이다. 어머니가 곁에서 바라만 보고 있어도 엉킨 일도 풀리게 마련 아닌가. 그만큼 어머니의 사랑이 자녀에게 큰 힘이 되는 것이다. 연산군은 그런 어머니를 두지 못해 왕위를 끝까지 지켜내지 못하고 폐왕이 되고 말았다. 연산군이 그녀의 아들 중종을 죽이지 않은 것도 그녀에게는 정말 큰 복이다. 왕권을 빼앗길까봐 이복형제는 물론 동복형제까지도 죽이곤 했는데 연산군은 이복동생 중종에게는 해를 가하지 않았다. 자신의 왕위를 중종이 감히 넘보리라고 생각 못했던 모양이다.

그녀는 죽어서도 복이 많은 왕의 여인이다. 성종의 수많은 여인들 중 그녀만이 성종 곁을 독차지하였다. 성종의 어느 여인도 성종과 가까이 잠들지 못하였다. 그녀 외에는 왕 곁에 아무도 잠들지 못하였다. 그녀 곁에는 성종뿐 아니라 그녀를 왕 곁에 잠들 수 있도록 해준 그녀의 아들 중종도 함께 잠들어 있다. 정현왕후 윤씨는 잠을 자면서도 웃음이 저절로 나올 왕비이며 왕의 어머니이다. 실제 왕비에 오른 조선의 41명 왕비들 중 정현왕후 윤씨만큼 행운을 거머쥔 왕비는 없다. 아마 왕위에 오른 아들까지 곁에 두고 잠든 그녀가 가장 행복한 왕비

동원이강릉으로 조성된 선릉宣陵에 성종과 계비 정현왕후 윤씨가 각각 다른 언덕에 잠들어 있다. 그녀의 선릉 능침 전경과 후경 모습이다. 정자각을 함께 쓰고 있지만 정자각은 성종의 능침과 더 가까이 있으며 그녀의 능침과는 좀 떨어져 있다. 그래도 성종의 그 많은 여인들 중 그녀가 뽑혀 성종 곁에 잠들어 있다. 이래저래 행복한 왕비다.

일 것이다. 그녀는 악비로 소문나 있는 며느리인 중종의 세 번째 왕비 문정왕후
윤씨의 덕을 보았다. 그녀의 아들 중종이 고양시 서삼릉의 두 번째 왕비 장경왕
후 윤씨 곁에 잠들어 있는 것을 그녀와 남편 성종이 잠든 선릉宣陵 곁으로 천장을
해왔으니 하는 말이다. 이유야 며느리인 문정왕후 윤씨가 아들 중종과 잠들고 싶
어 천장을 해왔다지만 어떠하든 정현왕후 윤씨에겐 기쁜 일이었다.

　그동안 후궁에서 왕비 자리에 오른 왕비들이 몇 명 있었지만 그래도 후궁들
의 멘토는 성종의 제2계비가 된 정현왕후 윤씨가 으뜸일 것이다. 무엇보다 왕위
에 오른 아들 중종과 42년을 함께했으며, 아들이 왕위에 오른 지 25년이 되었을
때 동궁東宮 정전正殿에서 69세 나이로 세상을 떠났다. 생각할수록 복이 많은 왕
비다. 1530년(중종 25년) 10월 23일『중종실록』에 그녀에게 바치는 애책문哀冊文이
〈대사간 심언광이 애책문을 지어 바치다〉란 제목으로 실려 있다. 어느 애책문이
나 그렇듯 구구절절 그녀의 칭찬 일색이다.

　성종의 할아버지 세조가 왕릉 조성에 들어가는 비용을 줄이기 위해 병풍석
을 생략하라 했지만 성종의 능침에는 병풍석과 난간석을 설치하였다. 그러나
성종의 능침과 달리 뒤쪽 언덕에 잠들어 있는 정현왕후 윤씨의 능침에는 병풍
석은 생략하고 난간석만 설치하였다. 그녀의 능침에서 산책길을 따라 작은 산
을 넘어가면 그녀를 왕의 어머니가 되게 해주고 왕 곁에 잠들 수 있게 해준 그
녀의 아들 중종이 홀로 잠들어 있는 정릉靖陵이 자리하고 있다. 정현왕후 윤씨는
남편과 아들 사이에 잠들어 있다.

　행복한 왕비가 잠들어 있는 곳이라 그런지 선릉宣陵에는 우리나라 관람객들
뿐 아니라 외국 관람객들까지 끊이지 않고 있다. 산새들의 지저귐마저 행복해
보인다. 그녀는 왕비들 중 보기 드물게 행복한 왕비이다. 누구보다 후궁들의 멘
토는 바로 그녀일 것이다. 후궁들의 영원한 멘토였을 정현왕후 윤씨는 서울 강
남구 선릉로 100길 1(삼성동)에 위치한 선·정릉의 선릉에 성종과 편안히 잠들어
있다. 그녀에게 하나밖에 없는 아들 중종은 그녀가 잠든 선릉宣陵에서 나지막한

정현왕후 윤씨의 선릉宣陵과 그녀의 아들, 조선 제11대 왕 중종의 정릉靖陵 장명등과 그 뒤로 보이는 능침 모습이다.

산을 넘어가면 나타나는 정릉靖陵에 홀로 잠들어 있다. 그녀의 남편인 성종의 원비 공혜왕후 한씨의 순릉과는 50km 정도, 폐비 윤씨와는 38km 정도 떨어진 곳에 그녀가 잠들었다.

8

그래도 연산군 곁을 찾은 폐비 거창군부인 신씨
(제10대 왕 연산군의 비)

폐비廢妃 거창군부인 신씨(1476~1537)는 거창부원군 신승선(1436~1502)과 중모현주 이씨의 3남 2녀 중 장녀로 1476년(성종 7년) 태어났다. 그녀는 조선의 제10대 왕으로 등극한 연산군(1476~1506)의 비가 되어 2남 1녀의 자녀를 낳았다. 그 중 장남 이황(1497~1506)이 세자로 책봉되었다. 그러나 남편인 연산군이 폐왕이 되는 바람에 세자로 책봉되었던 그녀의 아들도 폐세자가 되고 말았다. 그 결과 왕이 될 수 있는 왕자를 둘이나 낳았지만 그녀는 왕의 어머니는 되지 못했다. 그녀의 본관은 거창이다.

그녀의 남편 연산군이 왕위에서 쫓겨남으로써 그녀도 함께 폐위되었다. 그리하여 그녀의 시호는 없다. 그렇기에 그녀를 폐비 신씨 아니면 거창군부인居昌郡夫人이라고 부른다. 그녀의 외할아버지는 임영대군(1420~1469)으로 세종과 소헌왕후 심씨의 4남이다. 그러니 그녀의 어머니와 시아버지인 성종(1457~1494)과는 5촌 간이고, 그녀와 성종은 6촌 간이다. 성종이 외가 쪽으로 6촌 오빠이다. 그러므로 그녀와 남편 연산군과는 7촌 간이 된다. 그녀가 외가 쪽 7촌 조카와 결혼을 한 셈이었다. 또한 연산군의 이복동생인 중종(1488~1544)에게 그녀는 형수지만 처고모도 된다. 중종의 원비 단경왕후端敬王后 신씨(1487~1557)가 그녀의 친정 조카이기 때문이다. 고려시대만 근친혼을 한 것이 아니었다. 조선시대에도 이렇듯 왕족들끼리 결혼을 한 경우가 많아도 너무나 많다.

연산군의 딸 휘순공주(1491~?)와 사위인 구문경도 남이 아니다. 연산군의 비 폐비 거창군부인 신씨의 어머니 중묘현주와 구문경의 어머니 길안현주는 세종의 손녀로 4촌 자매간이다. 중묘현주는 세종의 4남인 임영대군의 딸이고, 길안현주는 세종의 8남인 영응대군의 딸이다. 그러므로 그녀와 구문경은 6촌 간이다. 그런데 폐비 거창군부인 신씨의 딸 휘순공주가 구문경과 결혼을 하였다. 그녀 쪽으로 보면 7촌 아저씨한테 조카인 그녀의 딸 휘순공주가 시집을 간 것이다. 그리고 보니 그녀의 남편 연산군은 7촌 아주머니인 그녀와 결혼을 했고, 그녀의 딸은 7촌 아저씨와 결혼을 했다. 이를 두고 그 어미에 그 자식이라고 해야 맞으려나 모르겠다.

연산군과 폐비 거창군부인 신씨가 잠들어 있는 곳은 휘순공주의 시아버지 구수영과 길안현주의 혼인 시 나라에서 하사한 토지이다. 그러므로 이곳은 구수영의 토지였을 가능성이 많다. 그래서 연산군 묘역에 휘순공주와 구문경의 묘가 함께 있나 보다. 휘순공주도 아버지 연산군이 폐위되면서 공주 작위를 잃었다. 그녀의 시아버지 구수영은 연산군이 폐위되자 아들 구문경과 휘순공주를 강제로 이혼시켰다가 많은 비난을 받고 재결합시켰다. 휘순공주의 어머니 폐비 거창군부인 신씨에게 휘순공주의 시아버지는 5촌 당숙이다. 조카딸의 딸을 며느리로 들인 구수영이다. 휘순공주의 외할머니가 세종의 4남 임영대군의 딸 중모현주이고, 그녀의 시아버지 구수영의 외할머니가 세종의 8남 영응대군의 딸 길안현주이다. 조선 왕족들끼리 근친결혼을 이처럼 많이 하였다. 왕족들끼리 얽히고설키어 결혼을 해 촌수 따지기도 복잡하다.

연산군묘 표석과 태종의 후궁 의정궁주 묘 앞에서 바라본 모습이다.

　연산군 묘역에는 맨 위쪽으로 연산군 부부의 묘가 있고, 맨 아래쪽으로 그들의 딸인 휘순공주 부부의 묘가 각각 쌍분 형태로 만들어져 있다. 그리고 그 중간에 의정궁주 조씨(?~1454)의 묘가 홀로 있다. 의정궁주 조씨는 태종(1367~1422)의 후궁으로 말년에 원경왕후 민씨(1365~1420)가 세상을 뜬 뒤, 아들 세종이 1422년(세종 4년)에 모셨다. 그러나 그녀가 입궁한 지 오래지 않아 태종이 승하하여 그녀는 어린 나이에 과부 아닌 과부가 되어 수절하여야만 했다. 태종의 얼굴도 보지 못한 그녀의 일생이 허무하기 짝이 없다. 무슨 그런 큰 형벌이 있단 말인가.

　태종보다 그의 원비인 원경왕후 민씨가 2년 먼저 승하하였다. 태종에게 후궁들이 20명에 가까운데 뭐가 외롭다고 나이 어린 후궁을 또 들였는지 모르겠다.

그 여인의 일생만 독수공방하게 만든 결과를 낳았다. 세종의 지나친 효성이었다고 여겨진다. 태종의 얼굴도 보지 못했던 그녀가 32년을 홀로 살다가 1454년(단종 2년) 죽자 연산군의 묘가 들어선 그곳에 장사지냈다. 그러고 보니 이 묘역의 최초 입주자는 의정궁주 조씨였다. 젊은 서모 조씨가 자손도 없이 세상을 떠나자, 세종의 뜻을 받든 세종의 4남 임영대군이 이곳에 장사지내고 봉제사를 받들었다. 궁주宮主란 고려와 조선 초, 후궁에 대한 칭호이다. 궁주, 옹주로 불리던 칭호가 세종 대부터 빈, 귀인 등으로 바뀌었다.

휘순공주는 남편인 구문경과의 사이에 아들 한 명을 낳았다. 그 아들의 이름이 구엄인데, 그가 외할아버지인 연산군과 외할머니인 폐비 거창군부인 신씨에게 제사를 지내주었다. 그녀는 남편인 연산군의 묘와 쌍분으로 조성되어 나란히 잠들었다. 하지만 폐비 거창군부인 신씨 역시 연산군과 마찬가지로 잠을 이루지 못하고 있을 것이다. 그녀는 시어머니인 폐비 윤씨에 이어 조선의 왕비들 중 복위가 안 된 두 번째 왕비다. 어쩌면 폐비 윤씨보다 더 억울한 왕비가 그녀일지도 모른다. 그녀에게 잘못이 있어서 폐위된 게 아니기 때문이다. 그녀의 남편이 폐위되는 바람에 그녀는 물론, 그녀가 낳은 자녀들 모두 폐세자, 폐대군, 폐공주가 되었다.

폐비 거창군부인 신씨의 남편 연산군은 실정失政으로 재위기간 12년이 모두 물거품이 되어버렸다. 폭군 중의 폭군이 되어버린 연산군 자신도 왕위에서 쫓겨나고, 아들마저 폐세자가 되고 말았다. 앞에서 소개한 『연산군일기』 1권, 총서만 봐도 연산군의 일대기를 알 수 있다. "포학暴虐하고, 주색에 빠지고, 잔인함이 도를 넘어 주살을 일삼다가 폐위되어 교동에 위리안치되었다. 그런데 그곳에서 두어 달 살다가 31세에 병으로 죽었다"고 하지 않던가.

폐위된 것도 억울한데 그녀의 장남인 10세의 세자 이황(1497~1506)과 그 아래로 6세인 창녕대군(1501~1506)이 1506년(중종 원년) 음력 9월 24일, 연산군이 폐위된 지 22일 만에 사약을 받고 사사되었다. 너무도 어린 나이에 그들은 삼촌인 중종이 내린 사약을 받고 왜 죽어야 하는지도 모르고 죽어가야만 하였다. 그들의 슬픈 이야기가 전해오는 곳이 있다. 연산군의 아들들이 어린 나이에 귀양을 가서 고향을 그리워하면서 피리를 불었다는 전설이 숨어 있는 강원도 정선읍 덕우리 마을에 그들의 애달픈 이야기가 전해온다. 이 마을 건너편엔 피리를 부는 산이란 뜻의 취적봉(729.3m)이 있다. 연산군 아들들이 이곳으로 유배되면서 이 산의 이름이 붙여졌다고 전한다. 연산군은 적자 2명, 서자 2명 등 4명의 아들을 두었다.

이곳에서 연산군과 폐비 거창군부인 신씨 사이에 태어난 장남 세자 이황을 비롯한 어린 아들들이 유배되어 피리를 불며 고향생각을 달래다가 중종이 내린 사약을 받고 죽었다고 한다. 그들은 감자로 목숨을 연명하고 피리를 불며 마음을 달래다가 결국 사약을 받고 짧은 생을 마감해야만 하였다. 마을 건너편 석벽이 덕우 8경 중 하나로 그들이 피리를 불었다던 취적대이고, 그 뒷산이 바로 취적봉이다. 그때 세자 이황의 나이는 겨우 10세였다.

그런데 이곳에서 전해오는 이야기와는 달리 『조선왕조실록』 1506년(중종 1년) 9월 5일에 실려 있는 기사를 보면 연산군의 4명의 아들들 중 세자 이황만 이곳 강원도 정선으로 유배를 왔었고, 창녕대군은 충청도 제천에, 숙빈 이씨의 소생인 양평군은 황해도 수안으로 유배되어 그곳에서 각각 사약을 받고 죽었다고 전한다. 어디서 죽었거나 그들은 태어나 날개 한번 제대로 펼쳐보지도 못하고 아버지를 잘못 둔 탓에 안타깝게 사사되고 말았다. 어려도 너무 어린 나이에 죽어갈 수밖에 없었다.

폐비 신씨는 1488년(성종 19년) 13세 나이로 세자 자리에 있던 연산군과 가례를 치르고 입궁한 후, 1494년(성종 25년) 연산군 즉위와 함께 왕비로 책봉되었다. 그러나 1506년(연산군 12년) 연산군이 폐출당하면서 그녀도 군부인 신분으로 강등되었다. 중종은 폐비가 된 그녀에게 빈의 예를 사용하게 하였다고 한다. 그녀는 연산군이 세상을 떠나고 난 뒤 한 많은 세월을 31년 더 살다가 1537년(중종

32년) 61세에 세상을 떠났다. 살아도 살아 있는 것 같지 않았을 그녀다. 한이 많으면 오래 산다는 말을 그녀도 증명해주었다.

그녀는 연산군과 함께 강화의 교동도로 유배를 떠나지는 않았다. 연산군은 폐위된 뒤 현재 연세대학교 자리인 연희궁에서 하룻밤을 자고 유배지인 교동도로 떠났다. 그런데 유배생활 2개월쯤 되었을 때 건강했던 연산군이 갑자기 사망

폐비 신씨(거창군부인 신씨)가 남편 연산군과 나란히 잠들어 있는 연산군 묘 전경이다. 그리고 두 봉분 사이에 세워져 있는 향로석과 연산군의 봉분 전경이다. 혼유석이 반 동강이 나 있어 가슴을 서늘하게 한다. 비석에는 '연산군지묘燕山君之墓', '거창신씨지묘居昌愼氏之墓'라고 각각 새겨져 있다.

을 하였다. 1506년(중종 원년) 음력 9월 2일에 유배되어 두 달여 만인 음력 11월 8일에 연산군이 그만 세상을 떠났다. 두 달 전까지 멀쩡하게 잘 살던 연산군이 죽음에 따라 그의 죽음에 의구심을 남겼다. 독살당한 것이 아니냐는 의구심이 생길만 하였다. 『조선왕조실록』에는 그의 죽음을 '역질(천연두)로 인해 죽었다因疫疾而死'라고 했는데 음력 11월에 역질疫疾로 죽었다는 것도 석연치 않다는 반론이 있다. 이 또한 연산군의 비화 중 하나다. 연산군 성격으로 보아 어쩌면 화병으로 죽어갔을지도 모른다.

교동도에는 연산군 유배지가 두 곳에 있다. 몇 년 전 두 곳 중 한 곳을 찾아갔다. 교동도호부 관청이 있었던 터에서 밭둑 위로 '연산군잠저지燕山君潛邸址'란 화강암 표석이 자리하고 있었다. 그런데 잠저潛邸는 세자가 아닌 왕자가 왕이 되기 전에 살았던 집을 말하는데 그곳에 연산군잠저지燕山君潛邸址라고 쓰여 있어 잘못된 표기임을 알 수 있었다. 연산군이 이곳에 살다가 왕이 되지 않았기 때문이다. '연산군적거지燕山君謫居址'라고 써야 맞는데 아쉬움이 남았다. 하지만 그 표석을 보는 순간 반가웠다. 교동도를 두 번이나 방문하고 나서야 어렵게 그곳을 찾았기 때문이다. 그러나 그곳이 확실치 않다는 것이다. 문헌에 정확히 기록되어 있지 않아 여러 곳이 연산군의 유배 터로 물망에 올라 있다고 하였다. 다행히 얼마 전 다시 찾아갔을 때 안내표지석에는 '연산군적거지燕山君謫居址'라고 새겨져 있었다.

그 뒤 연산군 유배지에 대한 관심도가 높아졌기 때문인지 인천광역시 강화군 교동면 고구리 산233번지에 연산군 유배지 모습을 재현해놓았다. 그렇게 고생을 하면서 찾아갔던 교동도가, 이제는 배에 자동차를 싣고 갈 필요가 없어졌다. 자동차로 쉽게 찾아갈 수 있게 되었다. 강화도와 교동도까지 연륙교가 완공되었기 때문이다. 그러니 내가 다시 또 찾아갈 수밖에 없었다. 전에 찾아갔던 곳이 아닌 반대쪽에 연산군 유배지를 조성해놓았다는 소식까지 들었으니 다시 찾아갈 수밖에 없었다. 동행하고 싶어 하는 후배들이 있어 함께 다녀오기로 하고 이른 아침에 출발하였다. 교동도를 세 번째나 찾아나선 것이다.

새로 놓은 교동대교를 건너기 전에 신분증을 군인들에게 제시하고 교동도 방문 목적을 쓰고 통과했다. 아들보다 어린 군인들인데도 참 많이도 긴장이 되었다. 시원하게 건설한 교동대교를 건너 교동도에 발을 들여놓았다. 교동도 초입에는 전에 보지 못한 새로운 표지판이 눈에 확 띄었다. '연산군 유배지 150m'라고 쓴 표지판이었다. 여간 반가운 게 아니었다. 그동안 연산군의 유배지가 이쪽이니 저쪽이니 하더니 이곳에 연산군의 유적을 복원해놓은 모양이다. 전에

연산군이 2개월여 동안 위리안치되었다가 죽음을 맞이한 위리안치소로 오르는 길과 유배문화관 모습이다.

두 번이나 찾았던 그곳에서 연산군이 잠시 머물다가 이곳으로 옮겨져 위리안치되었다가 세상을 떠났다고 한다. 어떻게 복원을 해놓았는지 흥분이 되고 궁금증이 증폭되었다. 서둘러 그곳을 향해 산길을 따라 올라갔다.

약간의 언덕에 초가 건물 두 동이 보인다. 앞의 큰 건물은 교동도 유배문화관이고, 그 옆의 아주 작은 초가 건물은 연산군이 위리안치된 곳이다. 그 초가 주변으로는 당시 위리안치소를 재현해놓느라 탱자나무를 빙 둘러 심어놓았다. 아직은 작고 엉성하여 누구든 밖으로 나오기 쉬워 보인다. 그 주변에 나인과 내시, 당상관 등이 그곳을 지키고 서 있다. 연산군은 1506년(중종 원년) 음력 9월 2일, 중종반정 때 폐왕이 되어 평교자를 타고 경복궁에서 창경궁의 동쪽 선인문宣仁門을 나와 창덕궁의 정문인 돈화문敦化門을 지나 현재 연세대학교 부근에 있었던 서쪽의 이궁離宮인 연희궁에서 하룻밤을 잤다. 그리고 김포에서 하룻밤, 통진에서 하룻밤, 강화에서 하룻밤을 자고 교동도에 5일째 되는 9월 6일에 도착하였다. 나인 4명, 내시 2명, 반감 1명, 당상관 1명 등이 군사를 거느리고 그를 호위하였다.

연산군은 처음에는 내가 두 번이나 찾아갔던 교동도 읍내에 자리한 교동도호부 근처에 머물렀다. 그런데 그곳에서 잠시 머물다가 이번에 재현해놓은 교동의 고구리 저수지 근처 화개산 중턱에 마련된 위리안치소로 안치되었던 모양이다. 하지만 옮겨온 이곳에서도 얼마 못 살고 생을 마감하였다. 대궐에 살다가 좁아도 너무 좁은 공간에 갇혀 홀로 살게 되었으니 그 성격에 생을 지탱하기는 어려웠을 것이다. 새로 재현해놓은 위리안치소 분위기가 조금은 어색하게 느껴졌는데 이곳에서 죽어간 연산군을 생각하니 마음은 천근만근이다. 31세 젊은 나이에 폐왕이 되고, 아들들마저 모두 사사된 소식을 접하고 성질도 다혈질이었으니 살맛이 안 났을 것이다. 그러니 겨우 2개월 유배생활 끝에 생을 마감한 게 아닌가 싶다. 어느새 오늘 떠오른 해가 서산을 향해 우울하게 넘어가고 있다.

연산군의 위리안치소를 실제로 재현해놓으니 그나마 실감이 좀 난다. 연산

교동의 고구리 저수지 근처 화개산 중턱에 마련된 연산군의 위리안치소 모습이다. 조성된 지 얼마 안 되어 탱자나무가 아직은 엉성하다. 연산군은 비좁은 방에 앉아 반찬도 없는 밥상과 마주하고 앉아 있다. 안치소 앞에 당상관과 시녀가 슬픈 표정을 짓고 있다. 아니 한 시녀는 쪼그리고 앉아 울고 있고, 또 한 시녀는 좁은 부엌에서 시름에 찬 모습으로 무쇠 솥만 매만지고 있다.

군이 더 살았으면 아름다운 자연과 함께하면서 참회하고 개과천선改過遷善했을지도 모르는데 유배되어 금방 세상을 떠났으니 그럴만한 여유가 없었을 것이다. 연산군은 산새들이 쉼 없이 노래하고 산들바람이 살랑살랑 불어오는 청정지역인 이곳 교동도에서 유배생활을 했다. 누구든 찾아가면 휴양지로는 괜찮겠다는 생각을 한 번쯤은 할 수 있는 곳에 위리안치소가 자리해 있다. 차에 초콜릿이 있었는데 나도 가져와 연산군과 마주한 밥상에 놓아줄 걸 그랬나 싶었다.

하지만 이곳을 찾은 누군가가 밥상에 사탕을 올려놓았는데 그게 오히려 더없이 슬퍼 보였다.

연산군은 교동도 유배지에서 죽은 뒤 유배지 근처 교동 부근당 주위에 초라하게 묻혔다. 그리고 그가 죽은 지 7년이 지난 1513년(중종 8년) 그의 부인 폐비 거창군부인 신씨가 시동생인 중종에게 탄원을 하여 지금 자리로 옮겼다. 그녀는 세종의 4남인 임영대군의 외손녀이니 외할아버지 땅에라도 비록 폐왕이 되었지만 남편을 이장하고 싶었던 것이다. 아무리 미운 짓을 했더라도 부부로 맺어진 인연이란 이런 것이 아닌가 싶어진다. 그녀의 딸 휘순공주 부부도 연산군과 같은 묘역에 잠들어 있다.

연산군 묘역의 맨 아래 자리한 휘순공주 부부의 묘 모습이다. 그 위 중간에 태종의 후궁인 의정궁주, 그리고 맨 위로 연산군과 그의 부인 거창군부인 신씨의 묘가 자리하고 있다.

그렇게 방탕한 생활을 하던 연산군이 죽을 때 한마디를 남긴 것으로 『조선왕조실록』에 기록돼 있다. 단지 "폐비 신씨가 보고 싶다欲見愼氏"는 것이다. 궁중에 들어온 기생들과 흥청興靑거리며 앞날을 예측 못한 채 지내다가 이렇게 쓸쓸히 죽으니 망청亡靑이 되고, 결국 그의 인생은 흥청망청興靑亡靑이 되어 버렸다. 그래도 죽음이 다가오니 부인에게 미안하긴 했나 보다. 진작 철이 들었어야 했는데 그의 인생이 불쌍하기 그지없다. 1506년(중종 1년) 그가 죽었을 때 교동 수직장 김양필과 군관 구세장이 와서 "초 6일에 연산군이 역질로 인하여 죽었습니다. 죽을 때 다른 말은 없었

연산군이 그의 부인 폐비 신씨(거창군부인)와 나란히 잠들어 있는 연산군 묘의 양쪽에서 그녀와 연산군을 수호하는 문석인들이다. 무석인은 한 기도 없고, 문석인만 두 기씩 세워져 있다.

고 다만 신씨를 보고 싶다 하였습니다"라고 아뢰었다는 사실이 『중종실록』에 〈연산군이 사망하니 대신들과 상사 문제를 논의하다〉란 제목의 기사에 실려 있다. 중종은 애도하고, 중사 박종생을 보내 수의를 내리고 그곳 강화에 머물러 장례를 감독하도록 하고, "연산군을 후한 예로 장사지내라"고 전교하였다. 연산군은 중종의 이복형이다.

그녀는 연산군 같은 남편을 만나 왕비에 오르긴 했지만 비운의 왕비가 되고 말았다. 그녀는 폐비가 되어 먼저 아들들을 떠나보내고, 남편마저 떠나보내고 홀로 남아 외롭게 살다가 1537년(중종 32년) 세상을 떠나 연산군 묘역의 연산군

옆에 나란히 묻혔다. 그녀의 비석은 연산군과 마찬가지로 별도로 마련된 비각 안이 아닌 무덤 앞에 세워져 있다. 그녀의 비석 명도 무슨 왕후가 아닌 '거창신씨지묘居昌愼氏之墓'이다. 연산군 묘역 아래 일찍이 터를 잡은 서울의 보호수 1호가 그녀의 묘를 물끄러미 올려다보고 있다. 그 나무는 서울에서 가장 나이 많은 나무로, 800년~1000년을 넘게 살아온 은행나무다. 그녀보다 훨씬 오래전부터 그곳에 살기 시작한 은행나무가 그녀의 아픔을 어루만져주고 있을지도 모른다. 그녀는 남편을 잘못 만나 비록 왕비 자리에서 쫓겨는 났지만 지아비 곁을 찾아와 함께 잠들었다. 한 번 부부는 죽어서도 영원한 부부임을 그녀가 보여주고 있다. 그녀의 인생 또한 참으로 애달프고 애처롭다.

폐비 거창군부인 신씨는 남편인 연산군과 함께 반정으로 폐위된 조선왕조 첫 번째 왕비로 꼽힌다. 그녀는 남편이 폐왕이 되고 자신이 폐비가 된 것이 억울한 것보다 어린 아들들이 비참하게 죽어간 게 너무나 가슴 아파 잠을 이룰 수 없을 것이다. 그녀는 왕비에 올라 왕이 될 왕자를 둘이나 낳았지만 왕의 어머니가 되는 꿈은 이루지 못하였다. 그런 그녀는 왕릉이 아닌 묘에 잠들어 있다. 홍살문도, 정자각도, 비각과 그럴듯한 비석도, 수복방과 수라간도 없는 서울특별시 도봉구 방학로 17길 46(방학동)에 연산군과 나란히 잠들어 있다. 서울의 보호수 1호인 은행나무가 그녀와 연산군 곁을 지키며 안쓰러운 듯 밤낮으로 올려다보고 있을 뿐이다. 폐비 거창군부인 신씨와 나란히 잠든 연산군의 묘와 그녀의 시어머니 폐비 윤씨의 회묘懷墓와는 40km 정도 떨어져 있다.

9

억울하게 남편을 잃은 인성왕후 박씨

(제12대 왕 인종의 비)

인성왕후仁聖王后 박씨(1514~1577)는 금성부원군 박용(1468~1524)과 문소부부인 김씨의 외동딸로 1514년(중종 9년) 태어났다. 그녀는 조선 제12대 왕 인종(1515~1545)의 비가 되었지만 왕이 될 아들은 물론 딸도 낳지 못하였다. 그러니 그녀는 왕을 낳은 어머니 대열에 낄 수 없었다. 그녀의 본관은 나주이다.

인성왕후 박씨는 1524년(중종 19년) 11세에 세자빈으로 책봉되었고, 1544년(인종 즉위년) 음력 11월, 인종이 30세 나이로 즉위하면서 왕비가 되었다. 인종보다 그녀는 한 살 연상이었다. 그녀의 남편 인종은 6세에 세자로 책봉되었고, 10세에 인성왕후 박씨를 세자빈으로 맞아들였다. 그녀는 인종이 즉위하자 20년 동안의 긴 세자빈 생활을 접고 늦은 나이에 왕비가 되었다. 인성왕후 박씨는 조선 왕비들 중 왕비 경력은 짧지만 세자빈 경력은 가장 길다.

그녀는 후덕한 인종 못지않게 보기 드문 온순한 성품을 지녔다. 그녀에게 자녀는 단 한 명도 탄생하지 않았다. 인종에겐 후궁도 있었지만 누구에게도 자녀

세계유산에 등재된 남한에 자리한 40기의 왕릉 중 현재도 비공개지역인 인성왕후 박씨가 남편 인종과 나란히 잠들어 있는 효릉孝陵의 전경과 정자각 모습이다.

는 탄생하지 않았다. 그러니 그녀는 왕의 어머니는 될 수 없었고, 왕비 자리에도 짧게 앉아 있었다. 인종이 왕위에 올라 8개월 만에 죽었기 때문이다. 그녀는 인종을 잃고 홀로 남아 32년을 더 살다가 64세 나이로 세상과 작별하였다.

앞에서도 말했지만 한이 많으면 일찍 죽을 것 같은데 한이 많은 왕의 여인들이 이상할 정도로 오래 살았다. 단종의 비 정순왕후 송씨도, 예종의 계비 안순왕후 한씨도, 연산군의 부인 폐비 신씨도, 중종의 원비 단경왕후 신씨도, 인종의 비 인성왕후 박씨 역시도 일찍 죽기가 억울했던 모양이다. 이 왕비들을 보면 남편을 억울하게 일찍 잃었거나, 왕을 낳지 못했거나, 왕이 될 왕자를 낳았으나 왕위에 올리지 못했거나, 그렇지 않으면 왕비 자리에서 쫓겨난 왕비들이었다. 후대에 가서도 이런 왕비들이 많았다. 인성왕후 박씨가 세자빈으로 책봉되었을 때 『중종실록』에 〈책빈례를 거행하다〉란 제목으로 책문이 실려 있다. 그녀는 근

서삼릉에 자리한 효릉孝陵의 비각과 산신석·예감 모습이다. 비석에는 '조선국 인종대왕효릉 인성왕후부좌朝鮮國 仁宗大王孝陵 仁聖王后祔左'라고 새겨져 있다. 원래 산신석은 정자각 오른쪽에, 예감은 정자각 왼쪽에 자리해 있는데 이곳 효릉에는 둘 다 오른쪽에 나란히 있다.

인성왕후 박씨와 인종이 나란히 잠들어 있는 효릉의 석물들 모습이다. 하얀 눈으로 문석인·무석인·석마·석양·석호 등이 망토를 걸친 것 같다.

정전에 나아가 책빈례冊嬪禮를 거행하였다. 인종의 비 인성왕후 박씨를 우러러 존경할 만한 책문冊文이다. 그런데 세자빈이 되어 왕비에 올랐지만 왕비의 재위 기간이 8개월밖에 안 된다.

　　인성왕후 박씨는 경복궁에서 후사 없이 1577년(선조 10년) 64세를 일기로 세상을 떠났다. 그녀는 후궁도 별로 두지 않고 자녀도 낳지 않은 금욕생활의 귀재

인종의 비 인성왕후 박씨가 인종 곁에 나란히 잠들어 있는 모습이다. 인종의 능침과 달리 그녀의 능침에는 병풍석을 두르지 않아 많이도 초라해 보인다. 동원이강릉도 아니고 쌍릉으로 조성하면서 해도 너무한 느낌이 든다.

인 인종 곁에 잠들었다. 그녀는 왕비 자리에 오랫동안 머물러 있지 못하여 아쉽고, 왕을 낳지 못하여 왕의 어머니가 되지 못한 게 왕비로서 아쉬웠을 것이다. 하지만 아들을 낳지 않아 오히려 신경은 덜 쓰면서 살아갔을지도 모른다. 그녀가 왕위를 이을 왕을 낳았으면 서모 문정왕후 윤씨(1501~1565)의 등쌀에 피바람이 일었을 것이다. 인성왕후 박씨는 현모賢母는 될 수 없었지만 양처良妻가 되어 여필종부女必從夫로 살다가 조용히 눈을 감은 왕비다.

그녀의 능호는 효릉孝陵이며 능은 쌍릉으로 조성되어 있다. 그녀는 먼저 자리를 잡아놓고 기다리던 인종 곁을 찾아가 편안히 잠들었다. 그녀는 조선 왕들 중 가장 짧은 재위기간을 남긴 채 일찍 세상을 떠난 인종의 비다. 그녀가 일찍 왕을 낳았더라면 마음고생을 덜 하지 않았을까 싶다. 인종은 몰라도 그녀는 아들을 낳아 왕위에 올리고 싶었을 것이다. 그녀가 아들을 낳지 못해 왕위를 놓고 인종과 인종의 서모이자 그녀의 시어머니인 문정왕후 윤씨와의 갈등이 컸던 것도 사실이다. 인종 역시 서모인 문정왕후 윤씨로 인해 몇 번이나 죽을 고비를 넘겼다. 시아버지 중종과의 사이에 적자를 낳은 문정왕후 윤씨가 그녀와 인종 사이에 아들이 탄생하지 않자 별의별 못된 행동을 참으로 많이 했다. 문정왕후 윤씨 자신이 낳은 아들 경원대군(명종)을 왕위에 올리기 위해서였다.

문정왕후 윤씨의 아들 경원대군(명종)은 중종의 적자로 인종의 이복동생이다. 그러니 그녀가 자신의 아들이 왕이 못 되면 역모에 휩싸여 죽음을 비켜가기 어려울 것 같은 생각에 악행에 악행을 거듭한 모양이다. 그런 시어머니 곁에서 시집살이를 한 인성왕후 박씨는 경기도 고양시 덕양구 서삼릉길 233~126 서삼릉 능역 안의 효릉에 남편인 인종과 나란히 잠들었다. 남편 인종이 그토록 그리워했던 어머니 장경왕후 윤씨가 홀로 잠든 희릉禧陵과 효릉孝陵과는 430m 정도밖에 떨어져 있지 않다. 그녀는 남편 인종과 시어머니와 가까이 잠들어 있다.

10

마마보이의 부인이 된 인순왕후 심씨

(제13대 왕 명종의 비)

인순왕후仁順王后 심씨(1532~1575)는 청릉부원군 심강(1514~1567)과 완산부부인 이씨의 8남 3녀 중 장녀로 1532년(중종 27년) 태어났다. 그녀는 조선 제13대 왕 명종(1534~1567)의 비가 되어 왕이 될 왕자를 낳아 그 아들이 세자로 책봉되었다. 그러나 그 세자가 왕위에 오르기 전에 요절하여 왕의 어머니가 되지 못했다. 그녀의 본관은 청송이다.

그녀는 1544년(중종 39년) 13세에 당시 경원대군慶原大君이었던 명종과 혼인하여 부부가 되었다. 그 후 1545년(인종 즉위년) 조선 제12대 왕 인종(1515~1545)이 후사를 남기지 못한 채 세상을 떠나 그 뒤를 이어 그녀의 남편 명종이 왕으로 즉위하였다. 그리하여 그녀는 14세에 왕비로 책봉되었다. 그녀가 복이 많았다. 그녀의 시어머니 문정왕후 윤씨(1501~1565)가 너무나 많은 악행을 저질렀는데도 남편인 명종이 왕위에 오른 것을 보면 그녀의 덕임이 분명하다. 그리고 혼인한 지 7년 만인 1551년(명종 6년)에 적자를 낳았다. 그녀의 나이 20세가 되던 해에 왕위 서열 1순위인 순회세자(1551~1563)를 낳았다.

기쁨이 과했을까? 왕이 될 순회세자順懷世子가 13세에 그만 요절하고 말았
다. 그녀의 부덕함이 아니라 그녀의 시어머니인 문정왕후 윤씨의 부덕함에 하
나뿐이었던 아들을 잃게 된 게 아닌가 싶다. 삼대가 덕을 쌓아야 후손이 잘된다
는 말이 왜 생겨났는지 다시 생각하게 된다. 악비 중의 악비였던 조선 제11대
왕 중종(1488~1544)의 제2계비인 문정왕후 윤씨도 영원히 살 수는 없었다. 순회
세자가 요절하고 난 2년 뒤 1565년(명종 20년)에 세상을 떠났다. 그리고 2년 뒤
1567년(명종 22년) 명종도 더 이상 후사를 남겨놓지 못하고 세상을 떠났다. 그리
하여 그녀는 중종의 7남인 덕흥대원군(1530~1559)의 3남에게 명종의 대를 이어
왕위를 계승토록 명하였다. 그녀가 낳은 순회세자는 경기도 고양시 덕양구 서
오릉로 334~32 서오릉 능역 안의 순창원順昌園에 시신도 없는 며느리 공회빈 윤
씨와 합장되어 잠들어 있다.

인순왕후 심씨의 시아버지 중종에게는 아들이 9명이나 있었다. 명종과 덕흥
대원군은 중종의 아들로 이복형제 사이였다. 그런데 중종의 적자로 왕위를 계
승한 인종이 후사를 남기지 못하고 승하하자 대윤 측인 인종의 외삼촌 윤임 일
파가 명종이 아닌 중종의 다른 아들들 중 왕위를 잇게 하려고 한다면서 소윤 측
인 명종의 외삼촌 윤원형 일파가 중종의 후궁들이 낳은 아들들을 죽이기 시작
하였다. 조선시대에는 왕족들의 싸움이 컸던 게 아니라 외척들끼리의 싸움이
더 컸다. 인종 대와 명종 대의 사건들이 그 사실을 증명해준다. 문정왕후 윤씨는
오직 아들을 왕위에 올리기 위해 왕실의 씨를 말리려 했던 악비였다. 다행히 중
종과 창빈 안씨(1499~1549) 사이에서 태어난 덕흥대원군만 겨우 살아남아 그의
막내아들이 왕이 되는 행운을 잡았다. 덕흥대원군이 살아남은 것은 천운이었다.
문정왕후 윤씨와 덕흥대원군의 어머니인 창빈 안씨와의 사이가 좋았기 때문이
아닌가 싶다.

어찌되었건 덕흥대원군의 막내아들 하성군(1552~1608)이 조선의 제14대 왕이

명종과 인순왕후 심씨가 잠든 강릉康陵의 전경과 정자각, 그리고 비각 안의 비석 모습이다. 비석에는 '조선국 명종대왕 강릉 인순왕후부좌朝鮮國 明宗大王康陵 仁順王后祔左'라고 새겨져 있다.

되었다. 이로써 선조 대부터 적자가 없어 후궁 아들이 왕위에 오르기 시작하였다. 선조는 조선왕조가 문을 연 이래 적자가 아니면서 왕위에 오른 최초의 왕이 되었다. 명종이 서자들에게도 왕이 될 수 있는 물꼬를 터준 셈이다. 서자들이 엄청 고마워해야 할 왕이 바로 제13대 왕 명종이다.

인순왕후 심씨는 선조를 자신의 양자로 들여 즉위시킨 뒤 왕대비가 되었고, 인종의 비인 인성왕후 박씨(1514~1578)는 대왕대비가 되었다. 명종의 뒤를 이어 선조는 16세 나이로 왕위에 올랐다. 그러나 인순왕후 심씨는 4년은 해야 할 수렴청정을 1년 동안만 하다가 물러났다. 원래는 인종의 비인 인성왕후 박씨가 윗전이므로 수렴청정을 해야 맞다. 그런데 명종의 비인 인순왕후 심씨가 수렴청정을 하였다. 하지만 그녀는 시어머니 문정왕후 윤씨와는 달리 정치에는 관심이 없었는지 금세 수렴청정을 거두었다. 그 후 그녀는 왕대비로서의 삶을

명종의 비 인순왕후 심씨가 승하한 창경궁의 통명전通明殿 모습이다.

살다가 1575년(선조 8년)에 대왕대비인 인성왕후 박씨보다 오히려 2년 먼저 창경궁의 통명전通明殿에서 44세에 승하하였다.

　인순왕후 심씨의 능호는 강릉康陵이며 능은 남편 명종과 쌍릉으로 조성되었다. 그녀와 남편이 잠들어 있는 강릉 가까이에 시어머니 문정왕후 윤씨의 태릉泰陵이 있다. 죽어서도 명종이 마마보이 역할을 하고 있는 것은 아닌지 모르겠다. 그녀에게도 문정왕후 윤씨는 무서운 시어머니였다. 명종의 비 인순왕후 심씨는 살았으면 왕이 되었을 유일한 아들 순회세자順懷世子를 너무 일찍 잃는 바람에 왕의 어머니가 되지 못했다. 그녀는 시어머니인 문정왕후 윤씨와 달리 아들 순회세자 곁에 잠들지 못했다. 그녀의 시어머니가 홀로 잠들어 있는 태릉泰陵 곁 강릉康陵에 그녀와 남편인 명종이 나란히 잠들어 있다. 그녀의 아들 순회세자는 서오릉 순창원順昌園에 공회빈 윤씨(1553~1592)와 합장되어 잠들어 있다.

　순회세자빈 공회빈 윤씨는 참판 윤옥의 딸로 10세에 간택되어 덕빈德嬪에 책봉되었는데, 그 이듬해에 세자가 졸하였다. 이 세자빈 역시 참으로 운이 따라주

인순왕후 심씨와 명종이 나란히 잠들어 있는 강릉康陵의 능침 전경과 능침 공간에 세워져 있는 문무석인 모습이다. 같은 선조 때 죽은 인종의 비 인성왕후 박씨의 효릉과는 석물의 규모부터 다르다. 강릉은 왕비의 능침에도 병풍석을 튼튼하게 둘러주었다. 선조가 자신을 왕으로 만들어준 인순왕후 심씨가 몹시도 고마웠나 보다. 문석인·무석인도 잘생겼다.

지 않았다. 아들 순회세자가 세상을 뜬 후 11세에 홀로 되어 29년을 외롭게 살다가 임진왜란이 발발한 1592년(선조 25년)에 세상을 떠나고 말았다. 그녀는 죽는 운도 따라주지 않았다. 전쟁 중에 죽었으니 하는 말이다. 그녀의 시신은 임진왜란으로 궁궐이 불에 타버리는 바람에 빈 관만 순회세자와 함께 서오릉의 순창원에 잠들어 있다. 『선조수정실록』에 명종의 며느리 순회세자빈 윤씨의 졸기를 보면 "그녀가 세상을 떠나고, 갑자기 왜변倭變을 만나 미처 장례도 치르지 못한 채 상이 피난을 가게 되었다. 이에 빈소殯所를 모시고 있던 관리 몇 사람이 후원後苑에 임시로 매장하려 하였으나 재실梓室이 무거워 옮길 수 없었는데, 조금 있다가 궁전에 불이 나는 바람에 관리들도 모두 흩어져버리고 말았다. 이에 궁인宮人들이 그를 추모하고 비통해하면서 말하기를 '빈이 살았을 적에 불교를 숭상하였는데, 우연히 화장火葬하게 되었으니 그것도 생전의 뜻에 부합된다.' 하였다"고 기록되어 있다.

인순왕후 심씨의 며느리 순회세자 빈에 대한 궁인들의 따뜻한 배려가 느껴진다. 궁인들도 순회세자를 잃고 홀로 살아온 세자빈 공회빈 윤씨가 불쌍하게 여겨졌을 것이다. 인순왕후 심씨는 동궁인 순회세자를 떠나보냈지만 동궁에서 세자빈을 그대로 머물러 살게 했다. 인순왕후 심씨는 남편의 왕위를 이을 아들을 잃은 채 며느리인 세자빈을 가까이 두고 궁궐에서 함께 살다가 며느리 공회빈 윤씨보다 17년 앞서 1575년(선조 8년) 세상을 떠났다. 그녀 역시 홀로 남은 며느리가 안되어 보였을 것이다. 그녀는 서울특별시 노원구 화랑로 681(공릉동) 태·강릉 능역 안의 강릉康陵에 명종과 나란히 잠들었다. 강릉과 그녀의 아들 순회세자의 순창원順昌園과는 38km 정도 떨어져 있다.

11

적자를 낳아주지 못한 의인왕후 박씨

(제14대 왕 선조의 원비)

의인왕후懿仁王后 박씨(1555~1600)는 반성부원군 박응순(1526~1580)과 반성부부인 이씨의 1남 1녀 중 외동딸로 1555년(명종 10년) 태어났다. 그녀는 조선 제14대 왕 선조(1552~1608)의 원비가 되었지만 자녀를 한 명도 낳지 못하였다. 그러니 자신이 낳은 아들이 아닌 선조의 제1후궁인 공빈 김씨(1553~1577)가 낳은 광해군(1575~1641)과 임해군(1574~1609) 형제에게 대신 사랑을 줄 수밖에 없었다. 그녀의 본관은 반남이다.

그녀는 선조 즉위 2년째인 1569년(선조 2년) 15세에 왕비로 책봉되었다. 의인왕후 박씨는 아이를 낳지 못하는 '석녀石女'였고, 선조는 후궁인 공빈 김씨를 총애하였기 때문에 왕비임에도 왕실에서 상대적으로 소외될 수밖에 없었다. 공빈 김씨는 광해군의 어머니다. 선조의 원비인 의인왕후 박씨는 우선 남편인 선조의 사랑을 얻으려면 자녀를 낳아야 했기에 전국 각지에 자녀 생산을 기원하는 원찰을 설치하였고, 건봉사와 법주사 등을 비롯한 여러 사찰에 자주 재물을 베풀었다. 그런데 큰 효과는 없었다. 그녀에게 한 명의 자녀도 태어나지 않았으니 하는 말이다. 왕비가 자녀를 낳을 수 없으면 큰일은 큰일이었다. 왕위계승문제로 정국의 안정을 찾기도 어렵고, 그에 따라 조정이 시끄러워지는 게 당연하였다. 그러니 자녀를 낳지 못한 왕비 자신은 좌불안석일 수밖에 없었다. 왕위계승을 위해서는 오직 아들을 낳아야 했다. 딸은 아무리 많이 낳아도 소용없는 일이었다. 여왕제도가 없었으니 딸은 왕위에 오를 수 없었다. 왕의 딸로, 공주가 되고 옹주가 되는 것으로 만족해야만 했다.

누구보다 적자의 탄생을 기다렸을 선조는 1592년(선조 25년) 임진왜란이 발발하자 피난을 떠날 때도 의인왕후 박씨와 함께하지 않았다. 제2후궁인 인빈 김씨(1555~1613)만을 데리고 의주로 떠났다. 인빈 김씨는 선조가 애지중지하던 신성군의 어머니다. 선조가 가장 총애하던 광해군의 어머니 공빈 김씨는 임진왜란 당시에 이미 세상을 떠나고 없었다. 그 뒤부터 선조는 아들을 많이 낳아준 인빈 김씨를 총애하게 되었다. 반면 아들을 낳아주지 못한 의인왕후 박씨는 선조와 떨어져 평안도 강계로 피난을 떠나야만 했다. 그때 의인왕후 박씨의 마음이 어떠했을지 짐작이 가고도 남는다. 그녀가 석녀였지만 적자 탄생을 위해 새 왕비를 들일 수는 없는 일이었다. 새 왕비는 왕비가 세상을 떠나거나 폐비가 되어야만 들일 수 있었다. 그러니 그녀가 목숨을 함부로 할 수 있는 일도 아니고, 가시방석에 앉은 듯 살아가야만 했을 것이다. 그녀는 조선이라는 나라에 태어나 왕비가 되어 마음고생을 엄청 하면서 살아간 왕비다.

선조는 한양이 수복되면서 인빈 김씨를 데리고 한양으로 돌아왔다. 하지만 웬일인지 의인왕후 박씨는 한양으로 돌아오지 않고 해주에 머물러 있었다. 그런데 1597년(선조 30년) 다시 정유재란이 발발하였다. 그때도 선조는 인빈 김씨만 데리고 피난을 또다시 떠났다. 선조의 총애를 받던 인빈 김씨는 선조에게 아들을 4명이나 낳아준 후궁이었다. 그래도 선조는 오직 적자 탄생을 원했다. 어쩌면 선조가 자녀를 낳을 수 없는 의인왕후 박씨가 죽기를 바란 것은 아닌지 모

의인왕후 박씨가 잠들어 있는 목릉穆陵의 능침 모습이다. 무덤가에 하얀 별꽃 등이 지천으로 피어 있다. 그녀가 죽어서 반짝이는 별이 되었나 보다. 별이 된 왕비들이 많은 모양이다. 유난히 왕비들의 능침 공간에 별꽃이 많이 피어 있다.

르겠다. 그래야만 계비를 들여 적자를 얻을 수 있으니 하는 말이다. 그렇게까지 생각하지는 않았을 것이라 믿고 싶다.

　선조의 사랑에서 밀려난 의인왕후 박씨는 자신의 아들로 입적되어 세자로 책봉되어 있는 광해군과 함께 피난길에 올랐다. 그녀는 아들을 낳지 못하는 것 빼고는 나무랄 데가 없었다. 온화한 성격으로 후궁들의 자녀에게도 골고루 사랑을 베풀었다. 그 중 어머니를 일찍 여읜 광해군과 임해군 형제에겐 사랑이 더욱 극진하였다. 선조의 아들을 낳은 후궁들이 여러 명 있었음에도 어머니를 일찍 잃은 광해군이 세자로 책봉되기까지는 그녀의 힘이 영향을 미쳤음을 알 수 있다. 광해군이 왕위에 오른 직후 그녀의 존호에 정헌貞憲을 추가하여 올린 것은 광해군의 그녀에 대한 고마움의 표시였다. 그녀가 선조보다 오래 살았더라면 광해군이 왕위를 잃지 않았을지도 모른다.

그녀가 죽고 난 뒤 인목왕후 김씨(1584~1632)가 선조의 계비로 책봉되면서 광해군과의 갈등이 극에 달했다. 그로 인해 광해군이 폐위되는 지경까지 이르렀다. 광해군 곁에 친어머니와 같았던 의인왕후 박씨라도 살아서 힘이 되어주었어야 했다. 그러나 어머니 복이 없었던 광해군에겐 양어머니 복도 없었다. 광해군은 의인왕후 박씨가 아무리 따뜻하게 대해주었어도 3세에 세상을 떠난 친어머니를 그리워했을 것이다. 아마 매일매일 자신을 낳아준 어머니를 그리워했을지도 모른다. 광해군은 15년이나 왕위에 올라 있었으면서도 폐위되어 20년 가까이 유배생활을 하다가 유배지에서 세상을 떠났다. 참으로 모진 목숨이었다. 광해군은 죽어가면서 자신을 낳아준 공빈 김씨 곁에 묻어

제14대 왕 선조의 원비 의인왕후 박씨가 잠들어 있는 동구릉의 목릉穆陵 전경과 비각·비석이다. 비석에는 '조선국 선조대왕목릉 의인왕후부중강 인목왕후부좌강朝鮮國 宣祖大王穆陵 懿仁王后祔中岡 仁穆王后祔左岡'이라고 새겨져 있다. 이곳에 선조와 원비 의인왕후 박씨, 계비 인목왕후 김씨가 함께 잠들어 있음을 비석을 읽어보면 알 수 있다.

목릉의 정자각 신문에서 광해군과 임해군 형제를 각별히 사랑해주었던 선조의 원비 의인왕후 박씨가 잠들어 있는 능침으로 이어진 신도 모습이다. 동원이강릉이지만 정자각은 선조의 능침 바로 아래에 있다.

달라고 유언을 하였다. 그것만 보아도 광해군이 얼마나 친어머니를 그리워했는지 알 수 있다.

의인왕후 박씨는 자녀를 낳지 못하여 선조에게 계속해서 홀대를 받으며 살아가야만 했다. 선조는 자신이 적통이 아니었기 때문에 그녀에게 아들이 탄생하기를 더욱더 바랐다. 급기야 연이은 피난길로 몸이 약해진 의인왕후 박씨는 1600년(선조 33년) 46세 나이로 소생 없이 세상을 떠났다. 선조는 그녀가 세상을 떠나자 그녀의 죽음을 슬퍼하면서 그녀를 칭송하는 글을 남겼다. 선조의 진심이라 믿고 싶다.

선조는 그녀가 승하한 이후, 그동안 푸대접한 게 미안하긴 했나 보다. 서손으로 왕위에 오른 선조의 마음도 이해가 간다. 그것도 조선 최초로 서자의 아들로 왕위를 이어받았으니 어찌 적자를 바라지 않았겠는가. 1604년(선조 37년) 휘열徽烈, 1610년(광해군 2년) 정헌貞憲, 1892년(고종 29년) 경목敬穆의 존호가 그녀에게 더해졌다. 선조에겐 나름대로 콤플렉스가 있어 그녀를 더 홀대했을지도 모른다. 누구보다 선조 자신은 적자에게 왕위를 물려주고 싶었을 것이다. 그러나 선조는 끝내 그 뜻을 이루지 못했다.

어찌되었거나 의인왕후 박씨는 왕비 자리에 올라 왕의 사랑도 제대로 받지 못했다. 자녀를 낳지 못해 마음고생만 뼈저리게 하다가 세상을 떠났다. 그녀에게 아들이 있었다면 세자가 되었을 것이고, 남편인 선조의 왕위를 물려받았을

선조의 원비 의인왕후 박씨가 잠들어 있는 목릉의 봄·겨울 능침 모습이다. 상·중·하계가 뚜렷하게 나뉘어 있는 왕릉이다. 그런데 석물들 모습 모두가 시무룩해 보인다.

것은 분명하다. 한편 광해군(1575~1641)과 같은 폐왕은 탄생하지 않았을 것이다. 그리고 선조의 계비 소생인 영창대군(1606~1614)이 어린 나이에 그처럼 비참하게 죽어간 역사를 만들어내지도 않았을 것이다. 아무튼 의인왕후 박씨는 아들을 낳지 못해 왕을 낳은 왕의 어머니가 되지 못했고, 후궁만도 못한 대접을 받다가 세상을 떠났다. 그녀 역시 비운의 왕비 중 한 명이다.

원비가 왕자를 낳지 못하면 왕실에선 왕위계승문제로 항상 피바람이 일었다. 왕비로 책봉되면 가장 먼저 할 일이 왕위를 이을 왕자를 낳는 일이다. 그것이 왕실의 안녕을 도모하는 일이다. 딸이 왕위에 오를 수 없었으니 오직 아들을 낳는 일이 급선무였다. 여성의 몸이 아들을 골라서 만들어내는 기계도 아니고, 왕비 혼자 만들 수 없는데도 아들을 낳지 못한 왕비는 아들을 낳은 후궁들보다 대접을 못 받았다. 그렇기에 조선의 41명 왕비들 중 실제 왕을 낳은 13명의 왕비들이 위대해 보이는 것이다. 왕비가 아들을 낳지 못하면 왕을 낳은 후궁들이 왕비들보다 훨씬 더 융숭한 대접을 받았다.

조선의 왕비들 중에는 의인왕후 박씨뿐만이 아니라 원비가 왕자를 낳지 못하고 죽은 경우가 의외로 많았다. 그래도 다행인 것은 왕자를 낳지 못하였다고 왕비를 내쫓지는 않았다는 것이다. 왕은 후궁은 마음대로 들일 수 있었지만 왕비는 마음대로 들일 수 없었다. 왕비가 죽거나 폐위되어야만 계비를 들일 수 있었다. 그렇기에 의인왕후 박씨가 석녀였어도 선조에게 내쫓기지는 않았다. 그녀는 그것만으로도 다행이라 생각하고 살아갔을 것이다. 왕비가 아들을 낳지 못하면 후궁의 아들을 양자로 들여 왕위를 계승할 수밖에 없었다. 그렇게 되니 왕비가 왕자를 낳지 못하면 마음고생이 말이 아니었다. 의인왕후 박씨도 그런 왕비들 중 한 명이었다.

의인왕후 박씨의 능호는 목릉穆陵이며 능은 동원이강릉同原異岡陵으로 조성되었다. 그녀는 태조의 건원릉 동쪽 셋째 산줄기에 잠들어 있다. 원래는 조선의 제24대 왕 헌종이 두 왕비와 나란히 잠든 동구릉의 경릉景陵 자리가 선조의 초장

의인왕후 박씨가 잠들어 있는 목릉을 수호하는 문무석인이 석마를 대동한 채 서 있다. 그런데 문석인 옆 석마의 얼굴이 완전히 떨어져나갔다. 반대편에 서 있는 문석인 옆 석마의 얼굴도 떨어져나갔다. 그 모습을 보니 얼굴 없는 왕비처럼 살다간 그녀가 떠올랐다.

지였다. 그런데 그녀의 간절한 소망이 있었는지 그녀의 왼쪽 산줄기로 선조가 천장되어 왔다. 그 결과 죽어서나마 그녀 곁에 선조가 잠들게 되었다. 현재 정자각에서 바라볼 때 그녀의 왼쪽 산줄기에 선조가, 중앙에 그녀가, 그리고 오른쪽 산줄기에 선조의 계비 인목왕후 김씨가 잠들어 있다. 그녀의 능호 유릉裕陵이 역사 속으로 사라진들 서운할 일이 결코 아니었다. 그녀의 능호는 남편인 선조가 그녀 곁으로 천장됨에 따라 유릉裕陵에서 목릉穆陵으로 바뀌었다. 그녀를 유릉에 장사지낸 내용이 『선조수정실록』에 〈의인왕후를 유릉에 장사지내다〉란 제목으로 자세히 나와 있다.

선조가 원비인 그녀 곁에 잠들게 되어 그녀의 자존심 회복이 조금은 되었을지도 모른다. 왕비들! 아니 왕의 여인들 모두는 죽어서도 왕 곁에 잠들기를 바랐으니 하는 말이다. 선조의 원비인 그녀는 그럭저럭 왕 곁에서 잠을 청할 수 있을 것 같은데 선조에게 적자를 선물한 선조의 계비 때문에 깊이 잠들기는 어려울 것만 같다. 선조가 그렇게 바라던 적자

의인왕후 박씨의 남편 선조가 잠들어 있는 목릉의 능침 공간 모습이다. 선조의 능침을 정자각에서 올려다보면 까마득하다. 동원이강릉인 목릉은 선조의 왼쪽 언덕에 원비 의인왕후 박씨가, 맞은편 언덕에 계비 인목왕후 김씨가 잠들어 있다. 원비와 계비 모두 함께 잠들어 있는 최초의 조선 왕릉이 바로 목릉穆陵이다.

를 계비가 낳아주었는데 그녀가 친아들처럼 돌본 광해군에게 너무나 비참하게 살해되었으니 계비 인목왕후 김씨가 곁에서 울부짖을 게 아닌가. 어찌되었거나 선조의 원비 의인왕후 박씨는 후사는 남기지 못했지만 왕 곁에 잠들게 되어 오히려 살아 있을 때보다 더 행복할지도 모른다. 그녀는 적자를 낳아준 계비 인목왕후 김씨보다 훨씬 더 행복한 왕비다. 그녀는 경기도 구리시 동구릉로 197(인창동)에 위치한 동구릉의 목릉穆陵에 남편 선조와 계비 인목왕후 김씨 사이 언덕에 잠들어 있다.

12

적자를 낳아준 인목왕후 김씨

(제14대 왕 선조의 계비)

인목왕후仁穆王后 김씨(1584~1632)는 연흥부원군 김제남(1562~1613)과 광산부부인 노씨의 3남 2녀 중 막내딸로 1504년(선조 17년)에 태어났다. 그녀는 조선 제14대 왕 선조(1552~1608)의 계비가 되었다. 그녀는 선조가 그렇게 바라고, 선조의 원비가 그렇게 낳고 싶어 했던 적자를 낳았다. 그녀의 본관은 연안이다.

그녀는 선조의 유일한 적자로 영창대군(1606~1614)을 낳은 왕비다. 하지만 영창대군永昌大君은 적자로 태어났음에도 왕위계승을 하지 못하였다. 서자로 왕위에 오른 광해군에게 왕위는 물론 목숨마저 빼앗겼다. 그랬기에 그녀는 광해군을 원수 중의 원수로 여기고 살아갈 수밖에 없었다. 눈에 넣어도 아프지 않았을 그런 아들이 어린 나이에 잔혹하게 살해되었으니 살아 있어도 살아 있는 것 같지 않았을 그녀이다. 그래도 그녀는 선조 대부터 광해군 대를 거쳐 인조 대까지 삶을 이어갔다. 그녀는 인목왕후보다는 인목대비로 이름이 더 알려져 있다. 영화나 드라마의 영향이 아니겠는가.

선조의 원비인 의인왕후 박씨가 1600년(선조 33년) 소생 없이 사망하면서 1602년(선조 35년) 19세에 51세나 된 선조의 계비가 되었다. 그녀는 선조보다 무려 32세나 어렸다. 그녀는 선조와의 나이 차에 상관없이 1606년(선조 39년) 선조가 그렇게 기다리던 적자를 낳았다. 왕비가 된 지 4년 만에 왕자를 낳았다. 그때 선조의 나이는 55세였다. 그러나 임진왜란을 거치는 과정에서 이미 서자인 광해군이 세자로 책봉된 뒤였다. 그녀는 세자로 책봉되어 있는 광해군의 서모였지만 광해군보다 9세나 어렸다. 선조의 적자로 태어난 영창대군과 광해군의 나이 차이도 31세나 났다.

그녀가 낳은 영창대군은 선조의 8명의 부인들이 낳은 14남 11녀 중 유일한 적자였다. 선조가 늦은 나이였지만 영창대군을 낳아준 인목대비 김씨를 총애하는 것은 당연했다. 선조는 이미 세자로 책봉되어 있던 광해군을 폐하고 영창대군을 세자로 책봉할 생각까지 품었다. 당시 정권을 장악하고 있던 소북파의 유영경 등이 선조의 생각에 부응하였다. 하지만 선조가 그 뜻을 이루지 못하고 갑자기 죽는 바람에 선조의 생각은 생각으로 끝이 나고 말았다. 그게 순리였을지도 모른다. 광해군이 서자이긴 해도 세자로 책봉된 지 꽤 오래되었기 때문이다. 만약에 그를 폐세자시키고 새로 영창대군을 세자로 세운다면 정국은 대혼란에 빠지게 될 것은 분명한 사실이다. 그뿐인가? 피바람이 불어 아까운 목숨을 잃는 사람들이 많았을 것이다. 누가 봐도 영창대군이 적자이긴 해도 그 당시 나이도 3세밖에 안 되었고, 왕위계승은 어려운 일이었다.

선조는 1608년(선조 41년) 죽으면서 대신들에게 영창대군을 잘 돌봐달라는 유교를 남겼다. 그런데 그 유언이 오히려 영창대군을 궁지로 몰아넣고 죽음에 이르게까지 하였다. 광해군이 즉위하자 이이첨이 이끄는 대북파가 정권을 장악하게 되었다. 그러면서 그들은 선조의 장남이자 광해군의 동복형인 임해군(1574~1609)을 제거하고, 선조의 유교를 염두에 두고 영창대군을 경계하였다. 그러던 중 1613년(광해군 5년) 소양강을 무대로 유흥을 즐기던 서양갑, 박응서 등

7명의 서출들이 역모를 꾸몄다 하여 그들을 옥에 가두는 '7서의 옥'이 발생하였다. 이때 집권세력들은 그들이 역모를 꾀해 영창대군을 옹립하고 영창대군의 외조부인 김제남이 이를 주도하였다는 진술을 유도한 후 영창대군을 서인으로 강등시켜 강화에 유배하기에 이르렀다. 무서운 게 정치임을 깨닫게 해주는 사건이었다.

그러고는 인목왕후 김씨의 친정아버지인 김제남과 김제남의 세 아들, 사위를 모두 살해하였다. 그뿐만이 아니었다. 인목왕후 김씨의 어머니 노씨를 제주도로 유배시켰다. 선조가 죽어가면서까지 염려했던 일이 너무도 일찍 일어나고 말았다. 선조의 적자로 영창대군이 태어나지 않은 게 오히려 더 나을 뻔하였다. 똑같은 왕의 아들로 태어나도 그 당시 적자와 서자의 차이는 하늘과 땅 같았다. 아버지가 같아도 적자와 서자는 어마어마한 차이를 보였다. 왕비와 후궁의 대접이 다르듯 그들의 대접이 달랐다. 후궁들 집안이 왕비 집안보다 월등히 좋아도 후궁은 후궁이었다.『인조실록』에 〈인목왕후를 장사지내며 지은 지문과 애책문. 대제학 장유가 짓다〉란 제목으로 실려 있는 기사를 읽어보면『광해군일기』에 실려 있는 기사 내용과 좀 다르다.『인조실록』은 승자인 인조 때 기록이라 그런지 광해군의 패륜만 부각시켰다. 물론 광해군이 패륜을 저질렀지만 그의 잘못만을 부각시킨 측면이 훨씬 더 많다.『광해군일기』는 광해군을 몰아내고 왕이 된 인조 때 정리한 것이니 당연한 것이 아닐까?

영창대군이 강화도에 유배된 후, 조정과 민간에서 끊임없이 영창대군을 구원해달라는 상소가 이어졌다. 그러나 1614년(광해군 6년) 봄, 이이첨 등의 명을 받은 강화부사 정항에게 영창대군은 살해되었다. 그때 영창대군의 나이 겨우 9세였다. 영창대군은 사약을 받고 죽은 게 아니었다. 강화부사 정항이 방안에 가두어놓고 장작불을 지펴 그 열기로 죽게 하였다. 정말 잔인하고 끔찍하게 조선의 왕자가 살해되었다. 조선왕조 이야기를 테마별로 나누어 정리하다 보면 누구보다 왕자들의 희생이 많았음을 알 수 있다. 툭하면 역모로 얽어매어 죽음에 이르게 했다. 조선에서 왕의 아들로 태어나는 게 결코 행복한 것만은 아니었다. 왕의 자리는 하나이고 왕의 아들은 수두룩하니 문제가 발생하게 마련이었다. 조선이라는 나라는 왕자가 많이 탄생해도 탈이었고, 탄생하지 않아도 탈이었다. 조선의 왕자로 태어나 왕이 되지 못한 왕자들 중 과연 몇 명이나 행복한 삶을 살다 갔는지 새삼 또 궁금해진다. 그리고 희생당한 왕자는 몇 명이나 되었는지도 궁금해진다.

어쩌면 광해군은 태종이나 세조에 비하면 잔인하다고 말할 수 없다. 그는 오히려 인목대비 김씨를 죽여야 한다는 대북 세력의 강력한 주장을 물리치고 자신의 판단으로 인목대비 김씨를 살려놓기도 했고, 영창대군을 죽이는 것도 오랫동안 반대한 왕이었다. 영창대군과 인목대비 김씨를 처단하여야 한다는 상소를 대신들은 물론 종실들까지 시도 때도 가리지 않고 끊임없이 올렸지만 광해군은 계속하여 윤허하지 않았다. 『광해군일기』 중 〈종실이 영창대군의 처벌을 간하다〉란 제목으로 실려 있는 내용 하나만 읽어봐도 광해군이 영창대군이나 인목대비 김씨를 죽이려고까지는 생각하지 않았음을 알 수 있다. 『인조실록』 내용과 상반되는 내용이다. 문제는 종실들까지 10세도 안 된 어린 왕자를 유배에 그치지 않고 처단하라고 거의 매일같이 광해군에게 상소를 올렸다는 것이다. 도저히 납득하기 어려운 일이었다. 광해군보다 잔인한 사람들은 집권세력도 세력이지만 종실들이었다. 종실들은 피를 나눈 왕족이 아닌가. 그 당시 대신들은 물론 종실들까지 광해군이 성군이 되도록 도와주지 않았다. 정말 무시무시한 사람들이었다.

『광해군일기』를 보면 광해군은 같은 내용의 상소가 하루가 멀다시피 계속해서 빗발쳐도 "이미 유시하였다. 윤허하지 않는다. 다시 말하지 말라"란 같은 대답만 계속하였다. 그러나 영창대군을 처단하라는 상소는 무려 8개월 동안이나 거의 매일 올라왔다. 정말로 끈질기고 무서운 대신들과 종실들이었다. 광해군은 이미 자신이 왕위에 올랐으니 굳이 어린 영창대군과 인목왕후 김씨를 처단까지

할 필요는 없다고 생각했을 것이다. 그런데 대신들과 종실들은 지치지 않고 상소를 계속 올렸다. 이에 광해군이 질리고 지쳐버렸을지도 모른다. 알려진 것과 달리 광해군이 영창대군과 인목왕후 김씨를 처벌하라는 상소가 거의 매일 빗발쳐도 계속 거절하고 응하지 않은 것을 보면 아주 모진 왕은 아니었다고 본다.

광해군은 서자로 태어나 어렵게 세자로 책봉되었다. 선조에게 늦게까지 적자가 탄생하지 않았기 때문이다. 광해군은 서장자도 아니었기에 세자로 책봉되어 왕위에 오르기까지 마음고생을 많이 하였다. 왕위에 올라서도 마음고생은 끝나지 않았다. 그러다 1623년(광해군 15년) 인조반정이 일어나 왕위를 끝까지 지켜내지 못하고 폐위되는 신세가 되고 말았다. 그 결과 그가 폐서인시켰던 영창대군의 관작은 복위되었다.

한편 인목왕후 김씨는 서자인 광해군으로 인하여 끔찍한 아픔을 겪었지만 조카인 인조 덕분에 명예회복을 하였다. 하지만 그녀에게 큰 위로는 되지 못했을 것이다. 광해군을 죽어서도 용서할 수 없었을 것이다. 선조와의 사이에 태어난 하나뿐인 아들 영창대군을 잃었고, 친정아버지 김제남을 비롯한 친정가문이 멸문지화滅門之禍되었으니 어찌 쉽게 용서할 수 있겠는가. 그녀는 광해군을 폐위시켜 강화로 추방하고 조카인 인조를 자신의 양자로 삼아 남편 선조의 왕통을 계승토록 하였다. 그러면서 차츰 시중든 사람들에게 말하기를 "자신의 부모와 형제의 원수를 갚아 자신으로 하여금 만년의 존귀하고 영화스러운 복을 누리게 하였으니, 어찌 천행天幸이 아니겠느냐. 자신은 죽어도 유감이 없다"고 하였다. 어느 정도 아픔이 가시긴 했던 모양이다. 참으로 다행한 일이 아닐 수 없다. 그 내용이 『인조실록』에 남아 있다.

세상의 이치가 그렇듯 망하는 사람이 생겨나면 흥하는 사람이 생겨나게 마련이다. 광해군은 영창대군이 역모를 꾀한다고 해도 일단 왕위에 올랐으니 나이 어린 이복동생의 목숨을 끝까지 지켜주어야 했다. 처단하라는 상소가 아무리 빗발쳐도 거절했어야 했다. 화가 화를 불러옴을 광해군은 더 깊이 깨달았어

선조의 계비이자 영창대군의 어머니 인목왕후 김씨가 유일한 딸 정명공주와 5년간 유폐생활을 했던 덕수궁의 석조전 낮과 밤의 모습이다. 밤중인데 불이 훤하게 켜져 있다. 왠지 21세기가 아닌 17세기 초로 돌아간 듯하다.

야 했다. 누가 봐도 어린 동생을 그렇게 잔인하게 죽어가도록 내버려둔 것은 큰 잘못이다. 인조반정 후 서인으로 강등되어 죽어간 영창대군이 다시 왕자로 복위되었지만 무슨 소용인가 싶어진다. 뜨거운 방에서 열기에 타죽은 영창대군의

선조의 유일한 적자, 영창대군 묘 전경이다.

인생을 그 누구도 보상해줄 수 없기 때문이다. 영창대군이 왕의 적자로 태어난 게 행운이 아니라 불운이 되어버렸다. 영창대군은 잠시 잠깐 선조가 살아 있을 당시만 행복했을 것이다.

광해군은 영창대군을 살해한 뒤, 왕통의 취약성을 은폐하기 위하여 영창대군의 어머니이자 자신의 서모인 인목왕후 김씨도 폐서인시켜 1618년(광해군 10년)부터 5년 동안이나 서궁(덕수궁)에 유폐시켰다. 그곳에 유폐되었던 그녀 역시 1623년(광해군 15년) 인조반정으로 광해군이 폐출되면서 복위되었다. 그나마 그녀는 살아 있을 때 복위되어 자존심을 조금이나마 회복할 수 있었다. 하지만 그녀가 입은 상처가 쉽게 가실 리 없었다. 인목왕후 김씨가 서모이긴 하지만 어머니는 어머니 아닌가. 어머니를 폐하였다는 패륜론을 명분으로 삼았기 때문에

광해군이 폐위되어 강화로 추방된 후 인조가 조선의 제16대 왕으로 즉위한 덕수궁의 즉조당이다. 이곳에서 광해군도 왕으로 즉위하였다.

인목왕후 김씨와 광해군의 불화는 반정 성립과정에서 중요한 역할을 하였다. 광해군이 스스로 자신의 무덤을 판 격이 되고 말았다. 『광해군일기』를 보면 인목대비(인목왕후) 김씨가 광해군을 왕위에서 폐한다는 교지내용이 기록되어 있다. 구구절절한 그녀의 한이 교지내용에 고스란히 배어 있다. 서슬이 시퍼런 모습으로 교지를 써내려갔을 그녀의 모습이 가슴을 아프게 한다. 〈대왕대비가 왕을 폐하여 광해군으로 삼고 금상으로 왕위 계승케 하다〉란 제목의 기사로 그 내용이 『광해군일기』에 자세히 실려 있다.

　그 내용의 앞부분만 읽어봐도 그녀의 화가 어디까지 치밀어 있었는지 짐작이 된다. "대왕대비가 왕을 폐하여 광해군光海君으로 삼고, 이지를 서인庶人으로 삼고, 금상을 책명하여 왕위를 계승하게 하였는데, 그 교지는 다음과 같다. '소성정의왕대비昭聖貞懿王大妃는 다음과 같이 이르노라. 하늘이 많은 백성을 내고 임금을 세우게 하신 것은 인륜을 펴고 법도를 세워 위로 종묘를 받들고 아래로 백성을 잘 다스리게 하려고 하신 것이다. 선조대왕宣祖大王께서 불행하게도 적자適子가 없으시어 일시의 권도에 따라 나이 순서를 뛰어넘어 광해光海를 세자로 삼았다. 그런데 그는 동궁에 있을 때부터 잘못하는 행위가 드러났으므로 선조께서 만년에 몹시 후회하고 한스럽게 여기셨고, 그가 왕위를 계승한 뒤에는 도리어 어긋나는 짓을 그지없이 하였다. 우선 그 중에서 큰 죄악만을 거론해볼까 한다. 내가 아무리 덕이 부족하더라도 천자의 고명誥命을 받아 선왕의 배필이 되어 일국의 국모 노릇을 한 지 여러 해가 되었으니 선조의 아들이라면 나를 어머니로 여기지 않을 수 없을 것이다. 그런데 광해는 남을 참소하고 모해하는 자들의 말을 신임하고 스스로 시기하고 혐의하는 마음을 가져 우리 부모를 형벌하여 죽이고 우리 일가들을 몰살시켰으며 품속에 있는 어린 자식을 빼앗아 죽이고 나를 유폐하여 곤욕을 치르게 하였으니, 그는 인간의 도리가 조금도 없는 자이다. 그가 이러한 짓을 한 것은 선왕에게 품었던 유감을 풀려고 한 것인데 미망인에 대해서야 무슨 짓인들 못하겠는가. 그는 형과 아우를 살해하고 조카들을 모조리 죽였으며 서모庶母를 때려죽이기까지 하였다.'(후략)."

그녀는 대북파의 의견에 따라 광해군의 이 같은 패륜행위를 훈민정음(한글)으로 하교하였다. 그 후 그녀는 10년을 더 살다가 1632년(인조 10년) 49세 나이로 세상을 떠났다. 그녀의 소생으로는 선조와의 사이에 태어난 영창대군과 영창대군보다 3년 먼저 태어난 정명공주(1603~1685)가 있다. 1603년(선조 36년) 정릉동 행궁(덕수궁)에서 태어난 정명공주貞明公主 역시 11명이나 되는 선조의 딸들 중 유일한 공주로 태어났다. 그 공주도 인목대비 김씨가 서궁에 유폐되었을 때 함께 유폐되어 있었다. 그녀는 한석봉 체의 대가였던 선조와 명필가였던 인목대비 김씨의 필체를 닮아 글씨를 매우 잘 썼다. 현재 남아 있는 그녀가 쓴 '화정華

안성의 칠장사 대웅전이다. 이곳에 인목대비의 친필족자가 보관되어 있다. 인목왕후 김씨는 억울하게 죽은 친정아버지 김제남과 그의 유일한 아들 영창대군의 명복을 빌기 위해 이곳을 자주 찾았다고 전해진다.

政'이란 글씨만 보아도 알 수 있다. 그녀가 바로 정명공주다. 선조의 유일한 공주였던 그녀는 풍산 홍씨 가문의 홍주원에게 시집을 가서 동생인 영창대군의 명까지 보태 살았는지 83세에 생을 마감하였다. 그녀를 주인공으로 한 TV 드라마 '화정華政'이 50부작으로 인기리에 방영된 적도 있다.

　인목대비 김씨(인목왕후 김씨) 측 인물로 추정되는 작가가 쓴 『계축일기』에 인목대비 김씨의 서궁(덕수궁) 유폐생활과 광해군 대 영창대군의 치열한 권력다툼이 세세하게 전해지고 있다. 또 금강산 유점사에는 명필가였던 그녀가 친필로 쓴 「보문경」 일부가 전해지고 있으며, 그 밖에도 인목왕후 김씨의 친필이 몇 점 남아 있다. 경기도 안성에 위치한 칠장사에도 그녀가 친필로 쓴 보물 제1627호인 「어필칠언시」와 경기도 유형문화재 제34호인 친필족자 등이 남아 있다.

칠장사는 인목왕후 김씨가 친정아버지 김제남과 아들 영창대군의 넋을 기리기 위하여 자주 찾던 곳이다. 현재 경기도 기념물 제75호인 영창대군 묘가 칠장사와 18km 정도 떨어진 곳으로 이장되었다. 원래 1614년(광해군 6년) 영창대군이 살해되면서 경기도 광주시 남한산성 아래에 조성되었으나 성남시 개발지역에 포함되어 1971년 지금의 안성시 일죽면으로 옮겼다. 칠장사에 소장되어 있는 인목왕후 김씨의 시 한 편을 소개해본다. 그녀의 마음을 읽을 수 있어 왠지 가슴이 뭉클하다.

老牛用力已多年(노우용력이다년) 늙은 소 이미 여러 해 동안 힘써 일하고

領破皮穿只愛眠(영파피천지애면) 목 찢기고 가죽 뚫려 다만 쉬고 싶건만

犁耙已休春雨足(려파이휴춘우족) 쟁기 써레질 끝나고 봄비는 넉넉한데

主人何苦又加鞭(주인하고우가편) 주인은 어찌 또 쓰린 채찍으로 재촉하나?

인목왕후 김씨가 남편인 선조와 원비 의인왕후 박씨와 잠들어 있는 목릉穆陵의 전경과 비석이다. 비각 안의 비석에는 '조선국 선조대왕목릉 의인왕후부중강 인목왕후부좌강朝鮮國 宣祖大王 穆陵 懿仁王后祔中岡 仁穆王后祔左岡'이라고 새겨져 있다. 목릉은 동원이강릉으로 선조가 정자각 위쪽에, 원비 의인왕후 박씨가 중앙에, 계비 인목왕후 김씨가 맨 왼쪽 언덕 위에 각각 잠들어 있다.

42기의 조선 왕릉 중 가장 긴 신도를 자랑하는 목릉穆陵의 신도神道 모습이다.
인목왕후 김씨의 능침에서 정자각 뒤로 선조의 능침이 멀리 건너다보인다.

늦가을, 선조의 계비 인목왕후 김씨의 능침 전경과 후경이다. 그녀의 능침에서 선조의 능침이 멀리 건너다보인다. 목릉의 비석을 보면 왕 곁에 2명의 왕비가 각각 다른 언덕에 잠든 동원이강릉임을 알 수 있다.

　　인목왕후 김씨의 능호는 목릉穆陵이며 능은 동원이강릉同園異岡陵으로 조성되어 있다. 그녀는 선조와 원비인 의인왕후 박씨의 옆 동산에 잠들어 있다. 조선왕조가 문을 연 이래 왕 곁에 원비와 계비 모두 함께 잠든 왕릉은 목릉이 처음이다. 동원이강형식으로 조성된 세 개의 능침이 그녀의 삶과는 다르게 평화로워 보인다. 그녀는 원비 의인왕후 박씨 능침 옆 동산에 선조를 건너다보면서 잠들어 있다. 두 왕비 모두 왕위에 올린 아들이 없어 원비·계비가 왕 곁에 잠들 수 있었을 것이다.

계비인 인목왕후 김씨가 원비인 의인왕후 박씨를 미워할 일은 없다. 원비가 죽었기 때문에 그녀가 왕비 자리에 오를 수 있었다. 그러니 그녀는 왕비가 되게 해준 원비에게 오히려 고마워해야 할 일이다. 거기에 원비인 의인왕후 박씨가 왕위를 계승할 왕자를 남겨놓지 않고 죽었으니 인목왕후 김씨에게 희망까지 선물한 게 아닌가.

그러나 인목왕후 김씨는 왕비가 되면서 희망이 절망이 되고 말았다. 그녀의 희망으로 태어난 영창대군은 그녀를 왕의 어머니로 만들어주지 못하였다. 왕위를 계승하기는커녕 이복형인 광해군에게 죽임을 당했기 때문이다. 영창대군은 그녀에게 아픔이 되었을 뿐 희망이 되지는 못하였다. 그녀의 가슴에 영창대군을 영원히 묻어야만 하였다. 그녀는 비참하게 살해된 영창대군이 생각나서 저 세상에서도 잠 못 이루고 있을 것만 같다. 원수 중의 원수가 된 광해군을 생각하면 왜 그렇지 않겠는가.

목릉의 영혼들은 정자각 뒤에 있는 신문神門을 빠져나와 신교神橋를 건넌 뒤 각각 세 갈래 길로 나뉜 신로神路를 따라 각자의 능침으로 오른다. 선조는 정자각 바로 뒤의 언덕 위에 자리한 능침과 신로가 이어지고, 선조와 헤어진 원비와 계비의 신로는 그녀들의 능침으로 각각 이어진다. 그 중 계비 인목왕후 김씨가 잠들어 있는 능침까지는 신로가 길어도 너무 길다. 가는 길에 신교가 있고, 그 신교 밑으로 시냇물이 졸졸졸 흐른다. 조선 왕릉 중 가장 긴 신로의 모습을 만날 수 있는 곳이다. 마을길 같은 느낌이 들어 정겹다.

인목왕후 김씨의 능침에서 원비 의인왕후 박씨의 능침은 보이지 않는다. 중간에 솔숲이 가려 있기 때문이다. 오로지 선조의 능침만 마주 건너다보인다. 선조의 계비 인목왕후 김씨는 경기도 구리시 동구릉로 197(인창동)에 위치한 동구릉의 능역 안 목릉穆陵에 원비 의인왕후 박씨와 더불어 선조와 함께 잠들어 있다. 그녀가 남편 선조를 건너다보면서 잠든 목릉에서 그녀의 아들 영창대군 묘와는 67.67km 정도 떨어져 있다. 아들과 너무 멀리 떨어져 있다.

13

날벼락 맞은 폐비 문성군부인 류씨
(제15대 왕 광해군의 비)

폐비廢妃 문성군부인 류씨(1598~1623)는 문양부원군 유자신(1541~1612)과 봉원부
부인 정씨의 3남 3녀 중 막내딸로 1598년(선조 31년) 태어났다. 그녀는 조선 제
15대 왕 광해군(1575~1641)의 비가 되었다. 그녀는 왕이 될 왕자를 낳아 그 왕자
가 세자로 책봉되었다. 그런데 남편인 광해군이 폐왕이 되는 바람에 함께 폐위
되고 말았다. 그녀의 본관은 문화이다.

그녀의 남편 광해군이 반정으로 인조(능양군)에게 왕위를 빼앗겨 폐왕이 되면
서 그녀도 폐비가 되었다. 그 결과 그녀와 광해군은 능호도, 묘호도, 시호도 받
지 못하였다. 그녀를 폐비廢妃 류씨, 아니면 문성군부인文城君夫人 류씨라고 부른
다. 그녀는 광해군이 즉위하자 세자빈에서 왕비로 책봉되어 15년 동안이나 조
선의 국모 자리에 올라 있었다. 그러나 그 재위기간이 부끄럽게 되고 말았다. 광
해군이 왕위에서 쫓겨나는 바람에 그녀 역시 왕비 자리를 내놓아야만 하였다.

그녀는 폐왕이 된 광해군을 따라 폐세자가 된 그녀의 유일한 아들 이지와 폐

세자빈이 된 며느리 박씨와 함께 왕족들의 단골 유배지인 강화도로 유배를 떠났다. 광해군 부부와 아들 부부는 강화도에서 각각 위리안치圍籬安置되었다. 탱자나무 울타리 안에 갇혀 지냈다. 그 당시 그녀의 아들 내외 나이는 20대 중반이었다. 그런데 폐세자 이지(1598~1623)와 폐세자빈 박씨는 유배생활 중 강화도 바깥쪽과 내통을 하려다가 발각이 되었다. 결국 폐세자 이지 부부는 담 밑에 구멍을 뚫어 바깥으로 빠져나가려다 들켜 잡히고 말았다. 그때 잡힌 폐세자 이지의 손에는 은덩어리와 쌀밥, 그리고 황해도 감사에게 보내는 편지가 있었다. 편지 내용이 무엇인지는 알 수 없었지만 자신을 옹호하던 평안감사와 모의하여 반정 세력을 다시 축출하려는 시도였을 것으로 보인다.

이 사건으로 인하여 인목대비(인목왕후 김씨)는 가뜩이나 눈엣가시였던 이들을 죽이려 하였다. 이 소식을 전해들은 폐세자 이지는 스스로 목숨을 끊었고, 폐세자빈 박씨도 자결하고 말았다. 폐세자빈 박씨는 세자가 탱자나무 가시울타리를 빠져나갈 때 나무 위에 있었다고 하는데 아마 망을 보고 있었던 것 같다. 하지만 남편인 이지가 탈출에 실패하여 다시 안으로 들어오는 것을 본 그녀는 놀라서 그만 나무에서 떨어졌고, 폐세자 이지가 목숨을 끊은 뒤 그녀도 스스로 목숨을 끊었다. 대비극이었다.

이렇게 장성한 아들과 며느리를 한꺼번에 잃은 광해군의 부인 폐비 문성군부인 류씨는 아들 내외가 세상을 뜬 지 1년 반쯤 지난 뒤 세상을 떠났다. 폐비 문성군부인 류씨는 광해군의 중립정책을 이해할 수 없는 처사라면서 재위시절, 광해군에게 대명사대주의를 주청하기도 하였다. 또한 광해군이 폐위되자, 궁궐 후원에 숨어 있으면서 인조반정이 종묘사직을 위한 것이 아니라 몇몇 인사들의 부귀영화를 위한 것이라고 비판하였다. 그만큼 그녀는 나름대로의 성리학적 사상 기반을 가지고 있던 가치관이 뚜렷한 여인이었다. 그녀는 왕비에 올라 다음 왕위를 이어갈 왕자까지 낳다. 그런데 그녀에게 상상하지도 못한 날벼락이 떨어져 그녀가 왕의 어머니가 되는 일은 사라져버렸다. 인목대비가 영창대군을 잃은 슬픔을 그녀도 맛보았다. 자식을 잃은 어미의 심정을 그녀 또한 절실히 느꼈을 것이다.

그녀의 시어머니였던 인목대비는 광해군이 2백여 년을 화친해온 중국의 은혜를 저버렸다며 광해군을 폐위하는 교지에서도 자세히 밝혔다. "그동안의 은덕을 저버리고 천자의 명을 두려워하지 않았으며 배반하는 마음을 품고 오랑캐와 화친하였다"는 것이다. 아울러 "선조는 40여 년 동안 왕위에 올라 지성으로 중국을 섬기며 평생에 한 번도 서쪽으로 등을 돌리고 앉으신 적이 없었다"면서 꾸지람을 이어갔다. 그러면서 더 이상 종묘사직의 신령들을 받들 수 없어 폐위시킨다고 밝혔다. 1623년(광해 15년)『광해군일기[중초본]』187권〈대왕대비가 왕을 폐하여 광해군으로 삼고 금상으로 왕위 계승케 하다〉란 제목의 기사에 자세히 나와 있다.

광해군의 부인 폐비 문성군부인 류씨는 유배생활이 시작되면서 화병으로 유배생활 1년 7개월 만인 1624년(인조 2년) 음력 10월 그녀 역시 아들 내외와 마찬가지로 비극적인 생을 마감하게 되었다. 15년 1개월이나 국모 자리에 있던 그녀가 하룻밤 사이에 죄인이 되어 유배지로 떠나게 되었으니 기가 막힐 노릇이었을 것이다. 그녀가 화병이 걸린 것은 당연한 일이다. 그녀의 자녀로는 폐세자가 된 이지밖에 없었다. 그런데 그 아들이 그렇게 비참하게 죽어갔으니 그녀가 더 살아가야 할 의미가 없어졌을지도 모른다. 광해군은 그녀보다 18년이나 유배생활을 더 하다가 그녀 곁에 나란히 잠들었다. 그녀의 남편 광해군은 아들내외와 그녀가 세상을 떠난 뒤에도 끈질기게 삶을 이어갔다. 그녀와 함께한 유배생활까지 합하면 19년이 넘도록 유배생활을 했으니 하는 말이다. 온갖 수모를 겪어내면서 한 곳에서 유배생활을 한 것도 아니었다. 여기저기 옮겨다니면서 하다가 끝내는 제주도에서 생을 마감했다.

그녀의 남편 광해군도 연산군보다야 훨씬 적지만 시詩를 남기고 떠났다. 연산군의 시도 그렇지만 광해군의 시 역시 읊어보면 슬프다. 그의 외로운 심기가

폐비 문성군부인 류씨가 광해군과 나란히 잠들어 있는 광해군 묘역 모습이다. 사전에 출입 허가를 받고 철문을 열어주
어야 묘역을 관람할 수 있다. 묘역이 10년 전 찾았을 때와 별반 다르지 않았다. 그녀의 마음을 대변하듯 그녀 앞에 세워
진 비석이 새까맣게 변해 있다. 비석에는 '광해군지묘光海君之墓', '문성군부인류씨지묘文城君夫人柳氏之墓'라고 각각 새겨져
있다.

그대로 드러나 있다. 그가 마지막 이배지인 제주도로 옮겨가면서 배 안에서 지
은 시다. 그는 제주도로 이배되는지도 몰랐다. 그가 탄 배의 사방을 천으로 가리
고 갔기 때문이다. 가도 가도 끝없는 항해를 계속하였을 테니 이대로 바다에 수
장이 되는 것은 아닌지 많이도 불안했을 것이다. 광해군은 제주도 어등포(지금의
구좌읍 행원리)란 항구에 닿아서야 그곳이 제주도임을 알고 눈물을 주룩주룩 흘렸
다고 한다.

3년 전 가족들과 제주도 여행을 하면서 그의 유적을 처음으로 찾아가보았다. 그가 강화 교동에서 병자호란이 일어난 1637년(인조 15년) 5월에 제주도로 이배되면서 입항했던 제주시 구좌읍 행원리의 어등포 항구를 먼저 찾아갔다. 항구가 깨끗하게 정비되어 있고, 곳곳에 예쁜 카페도 있고, 바닷길을 산책하기에도 좋았다. 그리고 올해 또다시 가족여행을 제주도로 가면서 그곳을 찾았다. 시원한 바닷바람 맞으며 해녀들의 쉼터가 있는 곳까

제주도의 국민은행 제주지점이 자리하고 있는 곳에 광해군 적소光海君 謫所터라고 새겨진 안내 표석이 있다. 이 언저리가 광해군이 4년 4개월 동안 유배생활을 하다가 생을 마감한 곳이다.

지 걸었다. 비취빛 제주의 바닷물이 출렁출렁 손을 흔들며 반갑게 맞았다. 항구 주변에 거대한 풍력기가 전보다 더 많아진 것 빼고는 달라진 것은 별로 없었다.

광해군이 이곳 어등포에 기착하여 4년 4개월 동안 위리안치되었던 제주의 유배 터도 찾아갔다. 안내 표석이 그곳이 유배 터였음을 알려주고 있다. 그가 유배생활을 했던 그 유배 터에는 현재 국민은행 제주지점이 자리하고 있다. 조그만 초가에 탱자나무 울타리만이 쳐져 있었을 그곳이 지금은 많은 사람들이 오가고 빌딩들과 자동차들로 복잡한 제주도의 중심지가 되어버렸다. 자신이 유배온 제주가 이렇게 인기 최고의 관광지가 될 줄 광해군 역시 짐작했을 리 없다.

광해군의 유배 터에 설치된 광해군 적소光海君 謫所터라고 새겨져 있는 안내 표석에는 "광해군의 적소 터로, 1623년(광해군 15년) 인조반정으로 왕에서 쫓겨난 광해군이 강화의 교동에 안치되었다가 1637년(인조 15년) 제주에 이배되어 제주에서 귀양살이를 하였으며 1641년(인조 19년) 이곳에서 병사했다"는 내용이 새겨

제주목관아濟州牧官衙 전경과 관덕정 모습이다. 관덕정觀德亭 앞에서 광해군의 장례가 치러졌다.

져 있다. 유배생활 중 제주에서 67세 나이로 사망한 광해군의 장례식은 왕실 허가에 따라 제주목관아濟州牧官衙 관덕정觀德亭 앞에서 왕자에 준해 거행되었다. 당시 제주목사濟州牧使 이시방이 광해군의 죽음 소식을 듣고 달려가 열쇠를 부수고 들어가 예로 염을 하였다. 제주목사뿐 아니라 대부분의 제주도민들이 광해군의 장례에 참석해 예를 표한 것으로 알려져 있다.

〈광해군이 죽다〉라는 제목의 기사가 1641년(인조 19년) 『인조실록』에 있다. 그 기사에 광해군이 강화의 교동도에서 제주도로 옮겨갈 때 배 안에서 지은 시가 있어 그 시를 소개한다. 한글로만 해석되어 있는 시에 원본 시를 앞에 붙이고, 음도 달아보았다.

風吹飛雨過城頭(풍취비우과성두) 부는 바람 뿌리는 비 성문 옆 지나는 길
瘴氣薰陰百尺樓(장기훈음백척루) 후덥지근 장독 기운 백 척으로 솟은 누각
滄海怒濤來薄暮(창해노도래박모) 창해의 파도 속에 날은 이미 어스름

碧山愁色帶淸秋(벽산수색대청추) 푸른 산의 슬픈 빛은 싸늘한 가을 기운
歸心厭見王孫草(귀심염견왕손초) 가고 싶어 왕손 초를 신물나게 보았고
客夢頻驚帝子洲(객몽빈경제자주) 나그네 꿈 자주도 제자 주에 깨이네
故國存亡消息斷(고국존망소식단) 고국의 존망은 소식조차 끊어지고
烟波江上臥孤舟(연파강상와고주) 연기 깔린 강 물결 외딴 배에 누웠구나

　요즘 제주에서 광해光海는 '빛의 바다'라는 뜻으로 스토리텔링의 보고로 여겨진다. 제주시 원 도심의 도시재생에 광해가 분명 빛의 바다가 될 것임을 확신하고 광해군을 재조명하고 있다. 그의 파란만장한 삶은 바다와 뗄 수 없는, 척박한 땅에서 생명을 이어온 제주와 닮았다며 관덕정觀德亭 주변 활성화 추진협의체 공동위원장을 맡고 있는 제주대학교 교수가 자신감을 드러내는 기사를 읽었다. 나 역시 영월에 유배되었다가 살해된 단종처럼, 광해군이 제주에서 스토리텔링의 보고가 되는 것은 시간문제가 아닌가 싶었다. 단종은 영월에서 4개월 정도 유배생활을 했는데도 매년 '단종문화제'를 열고 있다. 그런데 광해군은 제주에서 4년 넘게 유배생활을 했지 않은가. 이제 광해군을 스토리텔링 보고로 만드는 것은 시간문제인 듯싶다. 나 역시 '광해문화제'에 기대 만발이다.
　폐비 문성군부인 류씨의 묘는 광해군의 소원대로 그녀의 시어머니 공빈恭嬪 김씨의 묘와 가까운 곳에 자리해 있다. 그녀는 광해군과 나란히 쌍분으로 조성된 묘역에 잠들어 있다. 그런데 묘역이 10년 전 찾았을 때나 며칠 전 찾았을 때나 달라진 게 없다. 새까맣던 폐비 문성군부인 류씨의 비석이 닦여 있을 뿐, 잔디도 아예 다 죽고 더 형편없어졌다. 어떤 왕자의 무덤도 이보다는 낫다. 어찌되었거나 왕비의 일생은 그야말로 왕의 일생에 따라 희비가 엇갈리게 마련이다. 아무리 잘난 왕비라 해도 왕을 잘 만나야 왕비의 일생도 빛이 난다. 죽어서까지 그 영향이 고스란히 미친다. 왕이 폐왕이 되면 왕비도 그대로 폐비가 되고 만다.
　광해군의 어머니 공빈 김씨(1553~1577)는 사포 김희철의 딸로 조선의 제14대

폐비 류씨와 광해군이 잠들어 있는 광해군 묘의 전경과 머리가 떨어져나간 망주석, 그리고 문석인 모습이다. 문석인의 표정이 금방이라도 눈물이 줄줄 흐를 것만 같다. 사초지마저 무너져내려 이래저래 심난하다. 앞서 폐왕이 된 연산군의 묘역은 이보다 훨씬 잘 조성되어 있다. 문석인도 양 옆에 두 쌍씩 설치되어 있고, 아늑하고 양지바른 곳에 자리하고 있다.

왕 선조의 후궁이 되어 추존 왕후까지 되었다. 그녀의 본관은 김해이다. 그녀는 1574년(선조 7년) 선조의 서장자인 임해군을 낳았으며, 서차자인 광해군을 낳은 지 2년 된 1577년(선조 10년)에 산후병으로 죽었다. 광해군이 3세 때 죽었기 때문에 그를 제대로 키우지도 못하였으며, 왕위에 오르는 것도 보지 못했다. 그러니 광해군이 고비마다 어머니를 그리워했을 것이다. 그녀의 아들 광해군은 왕으로 즉위하면서 그녀를 왕후로 추존하여 자숙단인공성왕후慈淑端仁恭聖王后의 시호를 내리고, 능호도 성릉成陵으로 올렸다. 그러나 그녀는 잠시 잠깐 추존 왕후까지 되어 호강을 누렸을 뿐 광해군이 폐위되면서 시호 및 능호가 모두 삭탈되었다. 그리고 원래의 후궁 자리로 되돌아갔다. 정식으로 왕비 자리에 올랐음에도 서인으로 강등된 연산군 어머니를 생각하면 그녀는 그래도 후궁 지위를 유지하게 되었으니 행복한 왕의 여인이라 본다.

공빈 김씨는 궁인으로 입궐하여 선조의 승은을 입은 뒤 내명부 정3품인 소용이 되었다. 그 후 종2품 숙의로 있을 때 선조의 장남인 임해군(1572~1609)을 낳아 종1품인 귀인에 봉해졌고, 차남인 광해군(1575~1641)을 낳자 마침내 정1품인 빈에 책봉되었다. 그녀의 아버지 김희철은 후일 1592년(선조 25년) 임진왜란 때 의병장으로 활동하다가 전사하였다. 공빈 김씨는 선조의 사랑을 독차지했지만 광해군을 낳고 산후병으로 세상을 일찍 떠나는 바람에 그녀의 뒤를 이어 인빈 김씨(1555~1613)가 그녀를 대신해 선조의 총애를 받기 시작하였다. 인빈 김씨로 인하여 선조는 공빈 김씨를 애도하는 마음이 점점 줄어들게 되었다. 나라는 왕이 움직이지만 왕은 여인이 움직임을 선조를 보면 알 수 있다.

훗날 인빈 김씨에 대한 선조의 총애는 이전의 공빈 김씨에 대한 것보다 훨씬 컸다고 기록되어 있다. 선조는 광해군 대신 인빈 김씨의 소생인 신성군(?~1592)을 세자로 앉히려고까지 하였을 정도였다. 여자의 마음을 갈대와 같다고 표현하는데 선조를 보면 남자의 마음이 더 갈대와 같다. 한편 후궁들끼리도 나름대로 서열이 있긴 있었나 보다. 선조가 후궁 중에 아들을 가장 먼저 낳아준 제1후궁 공빈 김씨의 아들을 세자로 삼은 것만 보아도 알 수 있다. 왕비의 소생이 없으면 후궁의 아들이 왕위를 이을 수밖에 없는데 그렇게 되면 왕위계승문제로 정국이 시끄럽게 된다. 자칫 잘못하다가는 왕자들이 역모에 휘둘려 유배를 가거나 사사되곤 하였다. 동복형제, 이복형제 가리지 않고 왕위 다툼을 벌여 왕자들의 목숨이 날아가곤 하였다. 조선왕조를 보면 장남이 왕위에 오른 경우보다 오히려 차남이 왕위를 이어받은 경우가 더 많다. 그로 인해 피바람이 더 세게 불곤 하였다. 그만큼 왕위에 오르는 것은 하늘의 별을 따는 것 이상으로 어려웠다.

광해군 역시 왕위에 오르기까지 동복형을 죽이고 이복동생을 죽였다. 이런 광해군이 왕이 되는 모습을 공빈 김씨는 지켜보지 못했지만 죽어서 잠시나마 융숭한 대접을 받았다. 그녀의 묘는 왕릉 버금가는 모습으로 조성되었다. 묘 주변에는 문석인과 무석인을 비롯한 많은 석물이 있었으며, 실제 왕릉과 비교해도 손색이 없을 정도로 잘 꾸며졌다. 하지만 그녀의 아들 광해군이 폐위되는 바람에 비석 등이 남아 있지 않아 그녀에 대한 자세한 기록을 찾아볼 수 없다. 묘역이나 묘 앞에 비석이 한 기도 세워져 있지 않은 묘로 공빈 김씨의 묘가 유일하다. 잠시 기뻤다가 영원히 슬퍼진 왕의 여인 중 한 명이 바로 공빈 김씨. 그녀가 좀 더 오래 살면서 광해군에게 사랑을 쏟으며 키워주었으면 광해군이 그렇게 살벌한 성품이 되지는 않았을지도 모른다. 광해군은 어머니의 사랑을 제대로 받지 못하고 성장한 왕 중의 한 사람이다. 따뜻한 어머니의 사랑이 왕에게 미치는 영향이 얼마나 큰지 광해군을 보아도 알 수 있다.

광해군의 어머니 공빈 김씨의 묘는 광해군 부부가 잠든 광해군 묘에서 얼마 떨어지지 않은 풍양 조씨 시조 묘역 안에 위치해 있다. 그녀의 묘 앞은 고려의 개국공신인 조맹의 묘가 가로막고 있다. 풍양 조씨들이 먼저 묘역을 조성해 놓은 곳에 그녀의 묘가 들어섰다. 그녀의 묘는 조맹의 묘 바로 뒤쪽에 자리하고 있다. 광해군이 자신의 어머니 무덤을 조성할 때 앞에 있는 조맹의 봉분을 깎아 버렸다고 한다. 그 후 깎였던 봉분을 광해군이 폐위되면서 인조의 명에 의해 다

한때 성릉成陵으로 불렸던 성묘成墓의 전경과 후경이다. 전각만 없을 뿐 왕릉과 다름없이 석물은 모두 갖추고 있다. 봉분에 난간석이 설치되어 있고, 무석인까지 세워져 있다. 비석만 없을 뿐이다.

시 만들었다고 한다. 아무리 왕이라 해도 고려의 개국공신인 조맹의 묘를 그렇게 대한 것은 잘못이다. 그래도 풍양 조씨 문중에서는 광해군이 그나마 묘를 파헤치지 않은 것을 다행이라 생각했을지는 모르겠다.

광해군은 신하들의 반대를 무릅쓰고 왕릉에만 설치하는 무석인까지 세우고, 그의 어머니 능호를 성릉成陵이라 명명하였다. 왕비로 추존되었던 공빈 김씨의 묘에는 병풍석 대신 호석이 둘러져 있으며 난간석이 설치되어 있다. 그 밖의 석물들도 왕릉과 똑같이 설치되어 있다. 석마를 대동한 문무석인이 우뚝 서 있으며 석양과 석호가 각각 양쪽에 1쌍씩 서서 능침을 수호하고 있다. 석물들도 큼직하다. 공빈 김씨의 묘가 광해군 묘보다 훨씬 잘 조성되어 있다. 폐왕은 되었지만 왕위에 올랐던 아들을 둔 덕분이다. 그러나 그녀는 왕비에서 다시 빈으로 강등되어 성릉成陵은 성묘成墓로 불리게 되었다. 『인조실록』에 봉분과 표석이 없어진 조맹의 묘를 인조가 봉분할 것을 명한 내용이 〈공빈 김씨의 묘소에 법에 어긋나게 세운 석물을 허물 것과 조맹의 무덤에 봉분할 것을 명하다〉란 제목으로 실려 있다.

광해군과 나란히 잠들어 있는 폐비 문성군부인 류씨의 묘는 같은 골짜기지만 시어머니 공빈 김씨 묘와는 조금 떨어진 곳에 위치해 있다. 사실 그녀는 공빈 김씨의 얼굴도 모른다. 광해군이 어려서 죽었기 때문이다. 공빈 김씨는 광해군과 광해군의 형 임해군의 생모로, 왕자를 기다리던 시아버지에게 2명의 아들을 연달아 안겨주어 사랑을 받았던 선조의 제1후궁이었다. 거기에 광해군이 선조의 뒤를 이어 왕위에 올랐으니 그녀의 시어머니는 행복한 왕의 여인 중 한 명이라 할 수 있다. 광해군이 왕위에서 쫓겨나지만 않았다면 왕을 낳은 후궁들의 신주를 모셔놓은 칠궁에 그녀의 신주도 모셔져 있게 되었을 것이다. 그런데 안타깝게도 시어머니가 아닌 시어머니와 동서지간이었던 인조의 할머니이자 추존 왕 원종의 어머니인 인빈 김씨의 신주가 칠궁에 모셔져 있다. 공빈 김씨와 인빈 김씨의 희비喜悲가 교차되어버렸다. 시어머니인 공빈 김씨의 복은 거기까지였나 보다.

폐비 문성군부인 류씨의 복도 왕비에 올라 있었을 때까지였던 모양이다. 아마 유효기간이 그때까지가 아니었나 싶다. 그녀는 남편의 소원대로 좀 떨어져 있긴 해도 함께 복의 유효기간이 끝난 시어머니 발치에 잠들어 있다. 그녀 역시 연산군의 비였던 폐비 거창군부인 신씨와 마찬가지로 왕릉이 아닌 홍살문·정자각·비각·수복방·수라간도 없는 경기도 남양주시 진건면 송릉리 산 59번지에 자리한 광해군 묘에 나란히 잠들어 있다. 더 안타까운 것은 하나뿐인 아들이지 역시 폐세자가 되어 며느리와 함께 유배지 강화에서 자살을 한 것이다. 한때 세자였던 이지는 묘조차 남아 있지 않다. 광해군 곁에 잠든 폐비 문성군부인 류씨의 묘에서 시어머니 공빈 김씨의 성묘와는 1.4km 정도, 광해군의 형 임해군 묘와는 1.8km 정도 떨어져 있다. 가까이에서 서로의 아픔을 위로해주며 잠들어 있지 않을까.

14

삼궤구고두례三跪九叩頭禮로 항복 례를 한 왕의 비 인열왕후 한씨

(제16대 왕 인조의 원비)

인열왕후 한씨(1594~1635)는 서평부원군 한준겸(1557~1627)과 화산부부인 황씨의 2남 4녀 중 막내딸로 원주읍내 우소에서 1594년(선조 27년) 태어났다. 그녀는 조선 제16대 왕 인조(1595~1649)의 원비가 되어 조선 제17대 왕 효종(1619~1659)을 낳아 왕으로 만들었다. 그녀의 본관은 청주다.

그녀는 1610년(광해군 2년) 능양군(인조)과 혼례를 올려 청성현부인에 봉해졌다가 인조 즉위일 다음 날에 왕비로 책봉되었다. 그녀는 자신이 왕비에 오를 것이라는 생각은 하지 못하고 서손인 능양군과 혼례를 올렸을 것이다. 남편 능양군은 왕위에 오를 서열이 아니었다. 왕비가 낳은 아들도 아니었고, 후궁이 낳은 아들도 아니었다. 후궁의 손자로 할아버지가 선조이고, 할머니가 인빈 김씨였다. 선조와 인빈 김씨 사이에서 5남으로 태어난 정원군(추존 왕 원종)의 아들이었다. 그녀의 시아버지 정원군(1580~1620)도 서자인데다 장자도 아니었으니 남편이 왕이 되리라는 생각조차 못했을 것이다.

조선 제14대 왕 선조의 제2후궁으로 인열왕후 한씨의 시할머니인 인빈 김씨의 순강원順康園과 왕과 왕비로 추존된 그녀의 시아버지와 시어머니인 추존 왕 원종과 인헌왕후 구씨의 김포 장릉章陵 모습이다.

인열왕후 한씨와 인조 사이에 태어난 4남 중 차남인 제17대 왕 효종, 장남인 소현세자, 3남인 인평대군의 묘이다. 4남은 생몰년도도 미상이며, 일찍 죽어서인지 묘가 남아 있지 않다.

　　그런데 능양군이 삼촌인 광해군을 몰아내고 왕위를 차지하였다. 사람의 일은 한 치 앞을 모른다더니 그녀도 자신의 앞날을 예측하지 못했을 것이다. 이래서 세상은 살아볼 만한 것인지도 모른다. 복권에 당첨되는 사람이 있듯이 인생도 충분히 그럴 수 있기에 하는 말이다. 그녀의 남편이 금상으로 왕위를 계승케 된 내용이 『광해군일기 중초본』에 〈대왕대비가 왕을 폐하여 광해군으로 삼고 금상으로 왕위 계승케 하다〉란 제목으로 실려 있다. 이 내용은 『인조실록』 1권, 인조 1년 3월 14일 갑진 7번째 기사 1623년 명 천계天啓 3년에 기록한 기사에도

〈인조의 즉위와 광해군의 폐위에 대한 왕대비의 교서〉란 제목으로 실려 있다.

　아무튼 그녀는 생각지도 않게 왕비가 되었다. 꿈조차 꾸기 어려운 왕비의 꿈이 이루어졌다. 그녀의 소생으로는 소현세자(1612~1645), 효종(1619~1659), 인평대군(1622~1658), 용성대군(?~?) 4남이 있다. 그런데 그녀는 막내인 용성대군을 늦은 나이에 낳은 후 산후병으로 1635년(인조 13년) 창경궁 여휘당麗輝堂 산실청에서 42세 나이로 승하하였다. 갑자기 찾아온 복이 너무 과했을까? 그녀는 그렇게 오래 살지도 못하고 세상을 떠났다. 그래도 그녀는 왕비에 올라 10년이 넘도록 왕비 자리에 있었다. 그러니 무슨 욕심이 더 있었겠는가. 죽어도 여한이 없었을 왕비다. 왕위를 이어받을 수 있는 아들들을 4명이나 낳아놓았으니 걱정 없이 눈을 감을 수 있었을 것이다.

　그러나 그녀의 장남 소현세자(1612~1645)가 의문사하고 말았다. 그녀가 살아 있었다면 소현세자가 그렇게 세상을 떠나진 않았을지도 모른다. 소현세자는 그녀가 세상을 떠난 10년 뒤 세상을 떠났다. 아들의 죽음을 보지 않았으니 그나마 다행이라 할 수 있다. 그녀는 음력으로 1636년(인조 14년) 12월 8일~1637년 1월 30일, 양력으로 1637년(인조 15년) 1월 3일~2월 24일 일어난 조선과 청나라의 싸움인 병자호란丙子胡亂도 겪지 않고 세상을 떠났다. 이래저래 다행이고 복이 많은 편이다. 그녀는 1635년(인조 13년) 병자호란이 일어나기 전해에 세상을 떠나 처참했던 전쟁을 경험하지 않았다. 그녀의 남편 인조가 청나라의 태종 앞에서 삼궤구고두례三跪九叩頭禮로 치욕적인 항복 례를 한 사실도 알 리 없다. 인조는 병자호란 패전 후 청나라 태종 앞에서 일국의 왕으로서 한 번 무릎을 꿇을 때마다 세 번 이마를 땅에다 찧는 '삼배구고두三拜九叩頭'라고도 부르는 '삼궤구고두례三跪九叩頭禮'로 항복 례를 하였다.

　인조는 치욕적인 항복 례와 함께 청나라로부터 다음과 같은 강화조약 조항을 받아들여야 했다. ① 청나라에게 군신君臣의 예禮를 지킬 것, ② 명나라의 연호를 폐하고 관계를 끊으며, 명나라에서 받은 고명誥命·책인册印을 내놓을 것, ③

남한산성의 동문 좌익문左翼門, 서문 우익문右翼門, 남문 지화문至和門, 북문 전승문全勝門 모습이다.

조선 왕의 장자·제2자 및 여러 대신의 자제를 선양에 인질로 보낼 것, ④ 성절聖
節(중국황제의 생일)·정조正朝·동지冬至·천추千秋(중국 황후·황태자의 생일)·경조慶弔 등
의 사절使節은 명나라 예에 따를 것, ⑤ 명나라를 칠 때 출병出兵을 요구하면 어기
지 말 것, ⑥ 청나라 군이 돌아갈 때 병선兵船 50척을 보낼 것, ⑦ 내외 제신諸臣과
혼연을 맺어 화호和好를 굳게 할 것, ⑧ 성城을 신축하거나 성벽을 수축하지 말 것,
⑨ 기묘년己卯年(1639년)부터 일정한 세폐歲幣를 보낼 것 등의 요구사항을 명했다.

　　당시 47일간의 기록을 담은 영화 〈남한산성〉에도 잘 나타나 있듯이 엄동설
한에 치열했던 전쟁을 벌인 남한산성에는 그 비참했던 전쟁의 흔적이 많이 남
아 있다. 그녀의 남편 인조는 남한산성 행궁에 머물며 청나라에 항거하다가 끝
내 곤룡포 대신 청색 평민복을 입어야만 하였다. 그러고는 맨발로 군막의 높은

조선 제17대 왕 효종을 낳은 인열왕후 한씨와 인조가 합장되어 잠들어 있는 파주 장릉長陵의 재실과 전경, 그리고 정자각·비각·수복방 모습이다. 참도가 4도로 넓고 장엄해 보인다. 비석에는 '조선국 인조대왕장릉 인열왕후부좌朝鮮國仁祖大王長陵 仁烈王后祔左'라고 새겨져 있다.

자리에 앉아 있는 청나라 태종을 향해 한 번 절할 때마다 세 번씩 이마를 땅에 대고 조아리는 '삼궤구고두례三跪九叩頭禮'로 치욕적인 항복을 했다. 인조는 곤룡포를 벗고 청색 옷으로 갈아입은 뒤 백마를 타고 남한산성 서문인 우익문右翼門으로 빠져나와 삼전도를 찾아가 항복을 하고 말았다. 청나라 태종에게 인조는 신하가 되었으니 곤룡포를 입으면 안 되었고, 죄를 지었으니 정문인 남문으로 나올 수 없어 서문으로 나오게 했으며, 항복을 했으니 백마를 탈 수밖에 없었다고 한다. 남한산성에는 사대문이 자리하고 있다. 동문 좌익문左翼門, 서문 우익문右翼門, 남문 지화문至和門, 북문 전승문全勝門인데, 그 중 서문인 우익문이 가장 작다. 사람 한 명이 겨우 빠져나갈 수 있는 문이다.

그 당시 조선은 청나라가 요구한 사항을 그대로 지켜나갈 수밖에 없었다. 그러니 그녀의 장남 소현세자 부부와 차남 효종 부부는 청나라의 인질이 되어 그곳에서 8년여 동안이나 억류생활을 해야만 했다. 그 후 돌아왔지만 소현세자는 귀국한 지 2개월 만에 세상을 떠나고 말았다. 인열왕후 한씨가 살아 있었다면 그 무엇보다 소현세자의 죽음 앞에 가장 큰 상실감을 맛보았을 것이다. 세자로 책봉된 지 20년이 지났는데 왕위에도 오르지 못하고 급사를 했으니 그 슬픔은 이루 말할 수 없었을 것이다. 소현세자가 세상을 떠나자 〈대제학 이식이 지은 지문의 내용〉이란 제목의 기사 내용을 보면 "금상今上 15년에 남한산성의 액환을 당하여 세자가 청나라에 인질로 들어갔다가, 9년 뒤인 을유년 2월에야 비로소 본국으로 돌아오게 되었는데, 4월 26일(무인)에 세자의 병이 갑자기 위독해져서 창경궁昌慶宮의 환경전歡慶殿에서 졸하였다"고 1645년(인조 23년) 『인조실록』 46권에 기록되어 있다.

왕이 오래 살아 재위기간이 길어지면 길어질수록 세자에게 화가 발생하는 경우가 많았다. 왕이 적당한 시기에 왕위를 물려주어야 하는데 죽을 때까지 왕위를 지켰으니 문제였다. 조선시대에는 재위기간이 따로 정해져 있지 않아 왕이 일찍 죽어도 탈, 너무 오래 살아도 탈이 되었다. 왕위에 오랫동안 올라 있으

조선 제17대 왕 효종을 낳은 인조의 원비 인열왕후 한씨와 인조의 합장릉인 장릉長陵 모습이다. 장릉은 앞이 확 트이고, 주변경관이 매우 아름답다. 장릉을 둘러싸고 있는 솔숲도 아름답지만 수령이 오래된 재실 앞의 느티나무들도 아름답다.

면서도 오히려 세자에게 왕위를 빼앗길까봐 두려워한 왕들도 꽤 있었다. 그녀의 남편 인조도 마찬가지였다.

그녀가 세상을 뜬 지 10년 뒤인 1645년(인조 23년) 소현세자(1612~1645)가 세상을 떠났다. 그런데 그녀의 남편 인조는 소현세자 빈 민회빈 강씨(1611~1646)와 손자들까지 비참하게 죽게 만들었다. 3명의 어린 손자들을 전염병이 도는 제주도로 유배를 보냈다. 아니나다를까, 석철(경선군)·석린(경완군)은 13세, 9세에 각각 전염병에 걸려 제주도에서 유배생활 1년도 안 되어 세상을 떠났다. 그리고 5세의 막내 석견(경안군)만 겨우 살아남았다. 큰손자 석철(1636~1648)은 12세, 둘째 손자 석린(1640~1648)은 8세, 막내 손자 석견은 4세밖에 안 되었는데 머나먼 섬 제주도로 유배를 보냈다. 그렇게 어린 손자들까지 무슨 죄가 있다고 유배를 보내 죽게 만들었는지 모르겠다. 참으로 인정머리 없는 인조였다. 그녀는 그런 남편을 도저히 이해할 수 없었을 것이다. 그나마 후궁 소생이 아닌 그녀의 차남이 소현세자 뒤를 이어 세자로 책봉되고 왕위를 이어받았으니 그것으로 위안받았을지는 모르겠다.

인조는 그녀가 세상을 떠나자 장사를 지내면서 그녀 곁에 잠들기 위해 수릉壽陵을 삼아놓았다. 수릉은 임금이 죽기 전에 미리 만들어두는 임금의 무덤을 말하는데 그때는 소현세자가 살아 있었다. 다시 생각해보아도 그녀가 인조보다 오래 살았더라면 소현세자가 그런 대접을 받으면서 그렇게 죽어가지는 않았을 것이다. 소현세자 빈 민회빈 강씨와 손자들도 그렇게까지 처참하게 죽어가게 내버려두지는 않았을 것이다. 그녀가 일찍 세상을 떠나 부재중이었던 게 탈이었다. 하지만 쿠데타를 일으켜 삼촌의 왕위를 쟁탈한 인조이니 과연 그녀가 막을 수 있었을까? 그녀의 장남 가족들은 무서운 아버지, 무서운 시아버지, 무서운 할아버지를 만나 모두 죽음의 고통을 겪어야만 하였다.

인열왕후 한씨의 능호는 장릉長陵이다. 장릉은 파주시 문산읍 운천리에 인조와 동원이강릉으로 처음에 조성하였다. 그런데 1731년(영조 7년) 장릉에서 사갈(뱀과 전갈)이 뒤섞여 석물 틈에 집을 짓고 있어 현재 위치로 천장을 하여 왕과 왕비를 합장하게 되었다. 그녀는 소현세자 가족을 생각하면 가슴이 아프지만 그래도 그녀가 낳은 차남 봉림대군(효종)이 남편의 왕위를 이어받아 기쁘기도 할 것이다. 왜냐하면 그녀가 죽은 후 숭선군·낙선군을 낳은 후궁들 중에 악독하기로 소문난 귀인 조씨가 인조의 사랑을 독차지했기 때문이다. 하지만 4남을 낳은 그녀는 경기도 파주시 탄현면 장릉로 90에 위치한 장릉에 인조와 합장되어 잠들어 있다. 장남 소현세자昭顯世子와는 30km 정도, 차남 효종孝宗과는 121.51km 정도, 3남 인평대군麟坪大君과는 77.16km 정도 떨어진 장릉長陵에 잠들어 있다. 인조의 사랑을 별로 받지 못한 인조의 계비 장렬왕후 조씨의 휘릉徽陵과는 54km 정도 떨어져 있다.

15

꾸지 않았을 꿈을 이룬 인선왕후 장씨

(제17대 왕 효종의 비)

인선왕후仁宣王后 장씨(1618~1674)는 신풍부원군 장유(1587~1638)와 영가부부인 김씨의 1남 2녀 중 둘째 딸로 1618년(광해군 10년) 경기도 안산安山에서 태어났다. 그녀는 조선 제17대 왕 효종(1619~1659)의 비가 되어 조선 제18대 왕 현종(1641~1674)을 낳아 왕으로 만들었다. 그녀의 본관은 덕수이다.

그녀는 13세가 되던 1630년(인조 8년) 한 살 어린 봉림대군(효종)과 가례를 올리고 풍안부부인에 봉해졌다. 봉림대군은 인조의 차남이었다. 한편 그녀는 1637년(인조 15년) 병자호란 때 조선이 청나라에게 패전하자 시아주버니인 소현세자 부부를 따라 남편인 봉림대군이 19세, 그녀가 20세 때 함께 청나라에 인질로 끌려가 9년이 다 되도록 청나라의 선양에서 생활하였다. 청나라가 시아버지 인조의 항복 례를 받은 다음, 세자 일행을 인질로 끌고 가서 그렇게 오랫동안 돌려보내지 않았다. 여기에는 조선을 청나라에 흡수시키려는 의도가 깔려 있었음이 분명하다. 아니, 청나라는 이미 우리나라를 흡수했다고 생각했는지도 모른다.

인선왕후 장씨와 효종이 아래위로 잠들어 있는 영릉寧陵의 전경이다. 홍살문을 지나 참도 중간쯤에 금천교가 있는 게 다른 왕릉과 다르다.

그녀는 1남 6녀의 자녀를 낳았다. 딸들 속에 남편인 효종의 왕위를 이어받을 아들 조선 제18대 왕 현종을 낳아 잘 길렀다. 그 아들은 중국 선양에서 태어났다. 그녀는 남편 효종을 따라 청나라에 인질로 끌려가 그곳에서 외아들 현종(1641~1674)과 6녀 중 숙명공주(1640~1699)와 숙휘공주(1642~1696)를 낳았다. 그러고 보니 27명의 조선 왕들 중 현종만 유일하게 해외 출생자다. 중국과 인연이랄까? 그녀의 선조先祖는 중국 사람이었다. 그런데 그녀가 선조의 나라인 중국에서 자녀를 출생한 셈이 되어버렸다. 인선왕후 장씨의 선조는 장순용張順龍으로 본디 중국 사람이었다. 중국 원나라 때 장순용은 선무장군宣武將軍 진변 총관鎭邊摠管으로서 공주를 따라 동쪽으로 왔다가 고려에서 벼슬하여 여러 번 문하찬성사를 지냈으며 덕수현을 채지采地로 받았는데 자손들이 그곳을 관향으로 삼았다.

그녀의 선조들을 소개해본다. 우리나라 조정에 와서 장핵張翮이란 분이 한성부 판윤을 지냈고, 그 뒤 4대에 이르러 장옥張玉이란 분이 문장에 능해 일찍이 장원으로 뽑혀 승문원 판교까지 지냈고, 이조 참판의 증직을 받았는데, 이분이 왕후의 5대조이다. 고조의 휘는 임중任重이니 장례원 사의였고, 증조의 휘는 일逸이니 목천 현감이었고, 할아버지의 휘는 운익雲翼이니 형조 판서를 지냈으며 역시 장원을 하여 일찍부터 드러났는데 뒤에 보조 공신 영의정 덕수 부원군의 증직을 받았고, 인선왕후 장씨의 아버지 휘는 유維이니 우의정 신풍 부원군 문충공이다. 문충공은 인조에게 인정을 받았고, 정사훈에 녹훈되었으며, 문장과 덕행이 세상에 크게 알려졌다. 어머니 영가부부인永嘉府夫人 김씨는 안동의 명망 있는 집안인 충신 김상용의 따님으로, 한때 문벌에 대해 말하는 자들이 그녀의 외가를 첫째나 둘째로 손꼽았다. 따지고 보면 그녀는 중국의 핏줄이라 볼 수 있다. 그녀의 조상이 중국 사람이었으니 하는 말이다. 그녀의 시조는 아랍에서 귀화한 덕수 장씨라고 한다.

인선왕후 장씨는 현재의 시흥시 장곡동(옛 안산)에서 태어나 13세가 되었을 때 인조의 차남인 봉림대군과 결혼하여 왕비가 되었다. 그녀를 기리기 위해 그녀가 태어나 성장한 시흥의 장곡동 매꼴공원에서는 2016년부터 매년 인선왕후축제를 열고 있다. 그녀의 동상도 자리하고 있다. 작은 공원이지만 그녀를 기리는 벽화가 예쁘게 그려져 있어 그녀의 일생을 돌아볼 수 있다. 그녀의 집안은 넉넉하지는 않았다. 그녀는 이곳 장곡동에 살면서 가까이 있는 갯벌에서 게도 잡아 반찬을 만들어 먹었을 정도로 검소했다고 한다. 한편 그녀는 왕비에 올라 궁궐에 살면서 시집 간 딸들에게 수시로 안부편지를 썼다. 내용은 일반 생활의 안부지만, 무대가 궁중과 사대부가의 사연인 만큼 궁중 풍속, 정치사건 등도 포함되어 흥미롭다. 그녀의 편지에는 안부를 묻거나 건강을 걱정하고, 딸이나 손자들의 생일을 맞으면 선물을 보낸다는 내용이 들어 있다.

그녀가 쓴 편지 중 70건이 현재 남아 있다. 다섯 공주 등에게 보낸 한글 편지로 둘째 공주 숙명淑明에게 53건, 셋째 공주 숙휘淑徽에게 16건, 기타 1건 등이다. 자상하고 따뜻한 어머니였음을 알 수 있다. 그녀가 아버지 장유(1587~1638)를 닮은 게 아닌가 싶다. 그녀의 아버지 장유는 예조·이조의 낭관을 지내고, 그 뒤 대사간·대사성·대사헌 등을 역임하였다. 한편 천문·지리·의술·병서 등 각종 학문에 능통했고, 서화와 특히 문장에 뛰어나 이정구·신흠·이식 등과 더불어 조선 문학의 사대가四大家라는 칭호를 받았다. 『인조실록』에 그녀의 아버지 장유의 효성이 담긴 글이 실려 있다. 이처럼 장유는 헤아리기 어려울 정도로 여러 관직을 섭렵하였다. 그런데 그는 어머니 부음으로 18차례나 사직소를 올려 끝내 관직을 사양하고 관직에서 물러났다. 그러나 어머니의 장례 후 과로로 안타깝게도 병사하고 말았다. 인선왕후 장씨는 이같이 문장이 뛰어나고 효성이 지극한 아버지를 두었으니 그녀 역시 따뜻한 품성을 지닌 것은 당연한 게 아닌가 싶다.

인선왕후 장씨에게는 아들이 현종 한 명이 아니라 3명이나 있었다고 『인조실록』은 전하고 있다. 『인조실록』의 〈인조 대왕 묘지문〉에 나와 있는 인조의 가족 소개를 보면 알 수 있다. 여기서 왕의 원비 한씨韓氏는 효종의 어머니로, 인조의 원비 인열왕후 한씨를 말한다. 효종은 인선왕후 장씨와의 사이에 조졸한 맏딸 숙신공주까지 포함하면 3남 6녀를 낳은 셈이다. 하지만 3남 중 현종만 살아남아 왕위에 오를 수 있었다. 그런데 다른 기록에는 효종에게 숙신공주가 맏딸로 나와 있는데 『인조실록』에는 맏딸이 숙안공주로 나와 있다. 숙신공주는 아예 소개되지 않았다. 조졸했기 때문인지는 몰라도 서삼릉에 인선왕후 장씨의 소생으로, 효종 제1녀 숙신공주의 묘가 자리하고 있는데 『조선왕조실록』에는 제대로 소개되지 않았다. 송시열이 지은 『효종실록』 〈효종대왕 묘지문〉에도 인선왕후 장씨가 낳은 자녀에 숙신공주가 들어가지 않은 1남 5녀로 기록되어 있다. 김수항이 지은 『현종실록』 〈인선 왕후 지문〉에도 1남 5녀로만 나와 있다. 아마 조졸한 맏딸과 두 아들을 빼고 쓴 모양이다.

1645년(인조 23년)이 되어서야 시아주버니인 소현세자가 인질에서 풀려나 귀국하였다. 그런데 무슨 일인지 귀국한 지 2개월 만에 죽고 말았다. 그 바람에 그녀의 남편 봉림대군이 세자에 올라 그녀도 세자빈이 되었다. 그녀의 시어머니

영릉寧陵의 정자각과 비각 모습이다. 영릉의 정자각에는 다른 왕릉과 달리 우측에 계단이 세 개 설치되어 있다. 비각에 세워진 비석에는 '조선국 효종대왕영릉朝鮮國 孝宗大王寧陵'이라고 새겨져 있다. 인선왕후 장씨의 이름은 없다. 이곳에 누가 잠들었는지 비석만 보고는 알 수 없는 노릇 아닌가. '인선왕후 부仁宣王后 祔'가 빠져 있다.

가 그랬듯 그녀도 생각지도 않게 왕비 자리까지 오르게 되었다. 살다 보면 이처럼 꾸기 어려운 꿈도 이루어질 때가 있다. 욕심을 부린다고 될 일이 아니다.

그러나 그녀는 세자빈 책봉이 늦어져 사저에서 아이를 낳기도 하였다. 세자빈 책봉뿐 아니라 왕비 책봉도 늦어졌다. 1649년(인조 27년) 인조가 죽고 효종이 즉위한 뒤 2년이 지나서야 정식으로 왕비에 책봉되었다. 효종이 소현세자의 바로 아래 동생이긴 하나 왕의 서열로 1순위는 아니었다. 소현세자 아들들이 3명이나 있었기 때문이다. 그래서 그녀의 왕비 책봉도 늦어졌던 모양이었다.

어찌되었거나 그녀의 남편인 효종은 31세에 왕이 되었고, 그녀는 32세에 왕비가 되었다. 좀 늦은 나이에 왕과 왕비가 되었다. 그리고 그녀는 왕비가 된 지 10년 만에 왕대비에 올랐다. 1659년(효종 10년) 효종이 재위기간 10년 만에 세상을 떠났기 때문이다. 그녀는 1662년(현종 3년) 효숙孝肅의 존호를 받아 효숙왕대비孝肅王大妃가 되었으며, 왕대비에 오른 지 12년 뒤인 1674년(현종 15년) 57세에 사망하였다. 인선왕후 장씨가 사망할 당시에 그녀의 새시어머니인 인조의 계비 장렬왕후 조씨(1624~1688)는 살아 있었다. 시아버지와 새시어머니의 나이 차가 29세나 났기에 며느리였던 그녀보다도 새시어머니가 6세나 어렸다. 그러나 그녀는 큰동서 소현세자 빈이었던 민회빈 강씨와 달리 장렬왕후 조씨를 모시는 데도 온 정성을 다했다.

그녀의 행적과 성품을 『현종개수실록』에 실린 지문誌文의 내용에서 알아낼 수 있다. "기해년에 효종의 병이 위독하자 후는 하늘을 향하여 자기를 대신 데려가달라고 호소하였고, 급기야 불휘不諱에 이르자 예에 지나치도록 통곡과 몸부림을 하였다. 그러나 송종送終 절차에 있어서는 시신 목욕시키는 일, 손톱 자르는 일에서부터 아무리 작은 일이라도 반드시 친히 하고 아랫사람들에게 맡기지 않았으며 되도록 성신誠信을 다하였고, 그 후 기미일 졸곡卒哭 때까지 미음만 마셨던 것이다. 그리하여 우리 전하가 울면서 음식을 드시도록 청하자, 후는 이르기를 '자기 목숨을 스스로 끊는다는 것이 사실은 과한 일이지만 살기 위하여 억지로 밥을 먹는 일도 나로서는 차마 못할 일이다.' 하였다."

　문제는 그녀의 남편 효종이 세상을 떠나자 새시어머니 장렬왕후 조씨로 인해 장렬왕후 조씨가 상복을 얼마 동안 입어야 하느냐에 따른 예송논쟁禮訟論爭에 불이 붙었다는 것이다. 현종 때 궁중의례의 적용문제, 특히 복상服喪기간을 둘러싸고 서인西人과 남인南人 사이에 크게 논란이 벌어진 두 차례의 사건으로, 효종이 세상을 떠났을 때와 효종의 비 인선왕후 장씨가 세상을 떠났을 때 격렬하게 싸웠다. 효종이 세상을 떠났을 때 문제되었던 예론이 그녀가 세상을 뜨니 또다시 새 시어머니 장렬왕후 조씨의 복상문제로 불거졌다. 결국 인선왕후 장씨의 사망은 제2차 예송논쟁의 시발점이 되었다. 효종이 차남으로 왕위에 올랐기 때문에 장렬왕후 조씨가 사망하기 전까지 국상이 날 때마다 계속해서 복상문제로 시끄러웠다.

　1차 예송논쟁 때는 효종이 차남이니 장렬왕후 조씨가 1년간 상복을 입어야 한다는 서인과 차남이어도 왕위에 올랐으니 장남이 왕위에 올랐을 때와 마찬가지로 3년간 상복을 입어야 한다는 남인이 맞서 싸워 결론은 서인의 의견대로 1년간 상복을 입는 것으로 매듭지었다. 그 결과 남인계의 윤휴, 허목, 윤선도가 정계에서 축출되었다. 그리고 2차 예송논쟁 때는 효종의 비 인선왕후 장씨가 역시 맏며느리가 아니니 시어머니가 되는 인조의 계비 장렬왕후 조씨는 9개월만 상복을 입으면 된다는 서인의 주장이 패배를 하였다. 남인은 왕비에 올랐으니 1년을 입어야 한다고 주장하여 2차 예송논쟁 때는 승리를 하였다. 이로 인해 송시열을 중심으로 한 서인세력이 정계에서 축출되어 유배를 떠나야만 했다.

　그녀의 남편 효종과 예송논쟁의 주역이었던 그녀는 아들 현종이 왕위에 올라 있을 때 언제나 큰일이 생기면 걱정과 두려워하는 빛을 얼굴에 보이면서 현종에게 타이르기를 "내 마음도 이러한데 네가 소홀히 해서 될 일인가." 하면서 경계하는 뜻이 매우 간절하였다. 그러나 효종이 승하한 1659년(효종 10년) 기해년에 큰 슬픔을 당한 후로 너무 몸을 돌보지 않았던 것이 병이 되었던 모양이

보물 제1532호인 영릉寧陵의 재실 전경과 천연기념물 제495호인 회양목, 그리고 그 밖의 나이든 향나무, 느티나무 모습이다. 재실 앞에는 연못도 있다.

다. 그녀는 고질화된 병 때문에 호서湖西의 온양溫陽을 자주 찾아 온천 목욕을 하였다. 그 결과 다소의 효과를 보았으나 1674년(현종 15년) 2월에 갑자기 병이 더하여 24일에 경덕궁(경희궁) 회상전會祥殿에서 홍서하였다. 그때 나이가 57세였다. 유사有司가 시법諡法에 의하여 논의하면서, 인仁을 베풀고 의義에 승복하는 것을 일러 인仁, 성선聖善으로 두루 알려져 있음을 일러 선宣이라 하여 시호를 인선仁宣으로 올리고, 또 휘호徽號를 더 올려 '경렬명헌敬烈明獻'이라고 하였다.

그녀는 타고난 성품이 원래 정숙한데다 법도 있는 가문의 교훈을 받아서인지 몸가짐이나 말 한마디도 모두 타의 모범이 될 만하였다. 그리하여 비록 병을 앓거나 혼자 사석에 있을 때라도 반드시 예에 의하여 행동을 취하였으며, 심지어 자녀를 대할 때라도 나태하거나 오만한 빛이라곤 볼 수가 없었다. 그리고 사친私親에 대하여는 돌봐주기도 하고 돈목敦睦도 유지하였다. 그러나 옳지 못한 길로 은총을 요구하는 일 따위는 절대 허락하지 않아 안과 밖이 절연하였다고 『조

인선왕후 장씨와 효종의 능침 전경과 효종의 능침 뒤에서 바라본 후경이다. 조선 왕릉 최초의 동원상하릉으로, 조선 42기 왕릉 중 효종의 영릉寧陵과 경종의 의릉懿陵이 동원상하릉으로 조성되었다. 인선왕후 장씨의 능침이 아래에 자리하고, 효종의 능침이 위에 자리한다. 두 능침이 경종의 의릉과 달리 아래위로 일직선은 아니다. 인선왕후 장씨의 능침이 효종의 능침보다 오른쪽으로 약간 비켜나 있다.

선왕조실록』은 전한다.

조선 제17대 왕 효종의 비 인선왕후 장씨는 구리의 동구릉에서 여주의 영·영릉의 영릉寧陵으로 천장되어 잠들었다. 효종의 영릉寧陵에 문제가 발생하여 그녀가 승하한 1674년(현종 15년) 계축년 겨울에 효종의 영릉을 세종의 영릉英陵이 있는 여주驪州 홍제동弘濟洞에 자좌오향子坐午向으로 된 산등성이로 옮겨 모셨다. 그로 인해 그녀의 생전 명령에 따라 6월 4일을 기하여 그녀의 능침을 효종의 능침 아래에다 부장附葬하였다. 같은 산줄기에 아래위로 그녀와 그녀의 남편 효종이 잠들었다.

그녀의 능호는 효종과 같은 영릉寧陵이며 효종과 함께 동원상하릉同原上下陵으로 조성되었다. 그녀의 능침이 아래, 그녀의 남편 효종의 능침이 위에 자리하고 있다. 그녀의 소생으로는 현종과 공주 6명이 있다. 그녀는 아들 1명을 잘 길러 왕위다툼을 벌일 일도 없었다. 그러니 왕의 어머니가 되어서도 행복하였을 것이다. 효종은 후궁도 한 명밖에 안 두었으며 그 후궁이 아들도 낳지 않았다. 이래저래 인선왕후 장씨는 마음고생을 덜 했을 것이다. 그녀는 행복한 왕의 어머니였고, 그녀의 아들 현종은 어머니의 사랑을 듬뿍 받으며 왕위에 올라 어머니를 그리워할 이유가 없는 행복한 왕이었다.

만약에 그녀가 아들을 낳지 못했거나 낳았어도 그 아들이 왕위에 오르지 못하고 일찍 죽었으면 왕위계승문제로 정국이 혼란에 혼란을 거듭하였을 것은 분명하다. 후궁 소생으로도 아들이 없었으니 정국은 또다시 피바람이 일었을지도 모른다. 제2의 연산군, 광해군이 나오지 말라는 법은 없었다. 그랬으면 소현세자의 3명의 아들 중 유일하게 살아남은 막내 석견(경안군)이 왕위에 올라갔을지도 모른다. 어쩌면 그게 순리였을 것이다. 하지만 그렇게 되기까지는 죽음을 맞이해야 할 왕족과 신하들이 엄청났을 것이다. 다행히 그녀는 왕위를 계승할 왕자 한 명을 잘 낳아놓았다. 그녀가 아들을 낳아 건강하게 잘 키워놓았기 때문에 정치적인 안정을 가져온 셈이다. 현종 역시 어머니가 재위기간 내내 곁에 계

동원상하릉인 영릉寧陵의 옆모습과 인선왕후 장씨의 능침 뒤에 자리한 효종의 능침에서 그녀의 능침을 바라본 모습이다. 멀리 정자각과 몇 해 전 복원한 수라간 모습이 내려다보인다. 그녀의 능침이 정자각에서 약간 오른쪽으로 비켜나 있음을 알 수 있다.

시면서 사랑을 쏟으셨으니 복이 많은 왕이다. 그녀가 세상을 뜬 해에 현종도 눈을 감았다. 그녀는 왕의 어머니가 되어 행복했을 테고, 현종은 어머니가 항상 곁에서 지켜보고 있어 행복했을 것이다. 모자가 보기 드물게 복이 많았다. 그녀와 잠든 효종의 영릉寧陵과 그녀의 유일한 아들 현종이 잠든 동구릉의 숭릉崇陵과는 69km 정도 떨어져 있다.

16

홍수의 변紅袖之變을 일으킨 명성왕후 김씨

(제18대 왕 현종의 비)

명성왕후明聖王后 김씨(1642~1683)는 청풍부원군 김우명(1619~1675)과 덕은부부인 송씨의 4남 2녀 중 장녀로 1642년(인조 20년) 서울에서 태어났다. 그녀는 조선 제 18대 왕 현종(1641~1674)의 비가 되어 조선 제19대 왕 숙종(1661~1720)을 낳아 왕 으로 만들었다. 그녀의 본관은 청풍이다.

그녀는 1651년(효종 2년) 10세에 세자빈으로 책봉되어 어의궁於義宮 본궁에서 가례를 올렸다. 어의궁은 그녀의 시아버지인 효종의 잠저潛邸로 효종이 왕위에 오르기 전 살았던 집이다. 원래 어의궁은 상어의궁上於義宮·하어의궁下於義宮이 있 었는데 상어의궁은 시할아버지인 인조의 잠저이다. 한성부 중부 경행방, 현재의 서울특별시 종로구 낙원동 일대에 있었다. 《한경지략漢京識略》에 보면 '유지명잠 룡지有池名潛龍池'라 하여 이곳에 잠룡이라는 이름의 연못이 있었다고 한다. 인조 는 정원군(추존 왕 원종)의 아들 능양군으로 태어나 아버지의 집 송현궁에서 계속 살다가 훗날 한씨(인열왕후) 부인과 혼인 직후 따로 나와 향교동에 정착하였고,

홍수의 변을 일으킨 명성왕후 김씨   **331**

명성왕후 김씨가 제18대 왕 현종과 나란히 잠들어 있는 동
구릉의 숭릉崇陵 전경이다. 만추의 모습이다.

이곳에서 소현세자·효종·인평대군을 낳았다. 그 후 인조반정으로 능양군이 조선 제16대 왕으로 즉위하면서 그가 살던 집은 어의궁이 되었다. 그런데 얼마 지나지 않아 인조가 그 궁을 폐궁시켰다. 그로 인해 건물들은 모두 사라져 현재 궁의 위치조차 가늠하기 어렵다.

명성왕후 김씨의 시아버지인 조선 제17대 왕 효종의 잠저는 하어의궁이라고 불렀다. 한성부 동부 숭교방으로, 지금의 종로구 효제동, 연지동 일대에 자리잡고 있었다. 그녀의 시아버지 효종이 봉림대군 시절 훗날 인선왕후가 되는 시어머니 장씨와 혼인한 후 이곳에 살았다. 참고로 이 자리는 조선 제9대 왕 성종의 계비 정현왕후 윤씨의 본궁으로 정현왕후 윤씨의 소생인 조선 제11대 왕 중종의 잠저이기도 했다. 왕위에 오르기 전 살았던 집을 잠저潛邸라고 하는데 이곳 하어의궁이 시아버지 효종의 잠저이기 전에 제11대 왕 중종의 잠저였던 곳이다. 인조의 차남으로 왕위에 오른 효종과 인조의 3남 인평대군은 우애가 남달랐다. 그 인평대군의 집이 낙산駱山에 자리하여 효종의 잠저인 하어의궁과 마주하고 있었다. 시아버지 효종은 시할아버지 인조와 마찬가지로 왕이 될 왕자가 아니었기에 결혼 후, 이처럼 궁궐 밖에서 살아야만 했다.

그녀의 시아버지 효종은 소현세자昭顯世子가 사망함에 따라 대군에서 세자가 되었고, 곧 왕으로 즉위하였다. 그 이후 이곳 효종의 옛 사저를 어의궁으로 불렀고, 이때부터 인조가 살았던 옛 어의궁은 상어의궁, 봉림대군(효종)이 머물렀던 어의궁은 하어의궁이라 불렀다. 그리고 왕을 배출했다 하여 '용흥궁龍興宮'으로도 불렀다. 명성왕후 김씨의 남편 현종은 이곳에 현판 '용흥구궁龍興舊宮'을 남겼다. 이후 주로 왕실의 사적 재산을 조달 및 관리하고, 왕과 세자가 가례를 올리

현종과 명성왕후 김씨가 나란히 잠들어 있는 숭릉崇陵의 봄·여름·가을 풍경이다.

는 별궁으로 기능했다. 가례 자체는 시할아버지 인조와 계비 장렬왕후 조씨의 친영부터 시작하여, 현종과 명성왕후 김씨, 그리고 아들 숙종과 인현왕후 민씨와 손자인 영조와 정순왕후 김씨도 이곳에서 가례를 치렀다. 그러다 1907년(융희 원년) 궁내부령으로 궁의 업무를 담당하던 도장을 폐지하고 모든 재산이 제실관리국으로 넘어가면서 어의궁도 황실재산에서 국가재산이 되었다. 이후 헐려 사라짐에 따라 현재는 흔적이 남아 있지 않다. 명성왕후 김씨와 남편 현종이 가례를 치른 이곳에 초현대식 예식장이 들어서 있을 뿐이다. 안내표지판만이 이

곳이 '어의궁於義宮' 터였음을 애써 알리고 있다.

명성왕후 김씨는 지능이 비상하고 성격이 과격하여 궁중의 일을 다스림에 거친 처사가 많았고, 아들 숙종 즉위 초에는 조정의 정무에까지 관여하여 비판을 받기도 하였다. 아들 숙종이 어린 나이에 왕위에 올랐을 때 수렴청정垂簾聽政은 안 했지만 1675년(숙종 원년) '홍수의 변紅袖之變' 때에는 대전에 나와 문 하나를 사이에 두고 숙종의 뒤에 앉아 대신들에게 흐느끼며 자신의 의견을 피력하기도 하였다. 왕족들이 궁궐에 출입하면서 궁중 나인들과 부적절한 관계를 가져 아이까지 생기자 이들을 유배시킨 사건이 '홍수의 변'이다. 홍수紅袖는 고려와 조선시대에 궁궐 안에서 왕과 왕비를 가까이 모시는 내명부를 통틀어 이르던 말로, 엄한 규칙이 있어 환관宦官 이외의 남자와는 절대로 접촉하지 못하며, 평생을 수절하여야만 하였다. 환관은 조선시대에 내시부에 속하여 왕의 시중을 들거나 숙직 따위의 일을 맡아보던 남자로, 모두 거세된 사람이었다.

그런데 '홍수의 변紅袖之變'이 일어난 것이다. 그것도 왕족인 종친이 궁중 나인들과 부적절한 관계를 가졌다니 큰 변이 아닐 수 없다. 홍수紅袖란 말은 처음에는 '붉은 옷소매'라는 의미로 '아름다운 여인'을 가리켰다. 그 후 옷소매 끝동에 자주색 물을 들인 젊은 나인을 상징하는 호칭으로 바뀌었다. 궁녀들의 별칭으로 바뀐 홍수는 왕을 뵈었든 뵙지 못했든 간에 전부 왕의 여자였기에, 그들과 사사롭게 정을 가질 수 없었다. 세자조차 동궁에 속한 궁녀가 아니면 함부로 궁녀에게 정을 품을 수 없었다. 이런 상황에서 종친이 궁녀와 몰래 정을 통하면 그야말로 죽음이었다. 지난해 최고의 인기드라마가 된 〈옷소매 붉은 끝동〉을 떠올리게 한다. '홍수의 변紅袖之變'이 드라마의 모티브가 된 것은 아닌지 모르겠다. 제목부터 그런 게 아닌가 싶다.

그런데 그녀가 친정아버지 김우명과 함께 인조의 3남인 인평대군(1622~1658)의 아들들이 궁녀들과 불륜 관계를 맺었다고 고발한 것이다. 그녀는 그들이 숙종의 왕권에 위협이 된다고 판단하여 그들을 모함하기에 이르렀다. 그러나 그들에게 죄가 없다고 판명되면서 자신의 친정아버지 김우명이 오히려 공격당하게 되었다. 그러자 그녀는 왕이 집무를 보는 대전으로 나아가 울부짖으며 정무에까지 간여하여 인평대군의 삼형제와 궁녀들을 유배시키는 데 성공하였다. 그녀는 자신의 외동아들 숙종이 14세 어린 나이에 등극하고 수렴청정도 받지 않아 걱정이 앞선 나머지 정사에 참견을 많이 한 것이 아닌가 싶다. 숙종은 성인 나이인 20세가 되지 않은 어린 나이에 즉위하였으면서도 수렴청정을 받지 않은 유일한 왕이다. 이 또한 그녀의 욕심 때문이다.

사실은 그녀의 욕심 때문에 숙종이 성인 나이가 되려면 6년이나 남았는데도 수렴청정을 받지 못했다. 그녀는 서인집안 출신이었고, 그녀의 서조모인 장렬왕후 조씨는 남인집안 출신이었다. 숙종에게 친증조모는 아니었지만 서열상 장렬왕후 조씨가 왕실 어른이었으므로 수렴청정을 하는 게 맞는 일이었다. 그러니 명성왕후 김씨가 권력을 남인집안 출신인 장렬왕후 조씨에게 넘기기 싫었을 것이다. 그 결과 신하들과 의논 끝에 숙종의 친정을 결정하였다. 그러면서 자신이 정치에 이것저것 참견을 많이 하였다. 그녀를 태종의 비 원경왕후 민씨와 중종의 제2계비 문정왕후 윤씨에 버금가는 왕비라고 할 정도로 그녀는 욕심 많고 다혈질인 왕비였다.

명성왕후 김씨는 눈물을 흘릴 이유가 없는 왕비이다. 복에 겨운 나머지 좋아서 흘리는 눈물이라면 모를까, 다른 왕비들에 비해 억울할 일은 없다고 본다. 조선의 왕비들 중 그녀가 가장 행복한 왕비가 아닌가 싶다. 남편인 현종이 후궁도 들이지 않았으니 후궁들과 유치한 싸움을 벌일 일도 없었고, 왕위를 계승할 왕자도 딱 한 명만 낳아 경쟁자 없이 아들이 왕위에 올랐지 않은가. 그런데 뭐가 그리 억울하여 눈물을 흘렸는지 모르겠다. 그녀가 소리까지 내며 슬피 울었다는 기록이 『숙종실록』에 〈봉조하 송시열이 왕대비의 지문을 올리다〉란 제목의 기사에 실려 있다. 그녀의 욕심이 하늘 높은 줄 몰랐던 게 문제였다.

『숙종실록』에 나와 있는 정·남·연은 인조의 3남인 인평대군의 아들들이다.

현종과 그의 비 명성왕후 김씨가 나란히 잠들어 있는 숭릉崇陵이 정자각 위로 보인다. 한 폭의 그림처럼 아름답다.

인평대군은 효종의 동생으로 둘은 우애가 돈독했다. 그런데 인평대군이 6남 4녀의 자녀를 낳고 형인 효종보다 일찍 세상을 떠났다. 그 중 차남과 4남, 그리고 딸 둘은 요절하였다. 인평대군 부인도 인평대군이 죽었을 때 임신 중이었는데 남편인 인평대군이 죽은 후 건강이 악화되어 아이도 낳지 못하고 죽었다. 이때 장남 복녕군과 차남 복창군은 군호를 받고 결혼한 상태였으나 나머지 2남 2녀는 어렸다. 그리하여 현종이 고아가 된 사촌 형제들을 궁궐로 데려와 키웠다. 현종은 외아들이라 4촌인 그들과 친형제처럼 지냈다. 숙종도 아버지 현종과 마찬가지로 외아들로 당숙인 그들 삼복三福 형제라 불렀던 복창군(이정), 복선군 (이남), 복평군(이연)을 챙겼다. 왕족들에게도 이런 인간미가 있다니. 그런데 '홍수

명성왕후 김씨와 현종이 나란히 잠든 숭릉의 비각·비석 모습이다. 비석에는 '조선국 현종대왕숭릉 명성왕후부좌朝鮮國 顯宗大王崇陵 明聖王后祔左'라고 새겨져 있다.

의 변紅袖之變'을 일으켜 그들 형제를 모함한 명성왕후 김씨였다. 그녀는 남편 현종은 물론 아들 숙종까지 자신의 손아귀에 넣고 마음대로 조종한 왕비였다.

그녀의 그러한 성격이 1675년(숙종 1년) 아들 숙종이 조선 제19대 왕으로 즉위하자마자 궁녀들의 간통을 고발하게 하고, 자신이 증언하면서 왕손들을 처벌받게 한 '홍수의 변紅袖之變'을 일으켰다. 이에 남인들은 그녀가 조정에 간섭하는 것으로 인식하고 이를 비판하였으며, 서인들은 남인들의 대비에 대한 불경을 공격하여 당쟁이 더욱 격화되었다. 하지만 숙종은 왕족인 그들이 궁녀들을 성폭력하여 아이까지 낳게 하는 등 간통을 일삼은 이상 그들을 처벌할 수밖에 없었다. 처음에는 유배를 보냈지만 끝내 역모 죄로 삼복三福 형제 중 인평대군의 2남 복창군福昌君과 4남 복선군福善君을 참형시켰다. 3남인 복평군福平君만 살아남았다. 숙종은 어머니인 명성왕후 김씨의 등쌀에 그들의 참형을 막을 길은 없었을 것이다.

41명의 조선왕비들 중 현종의 비 명성왕후 김씨가 성종의 계비 정현왕후 윤씨, 효종의 비 인선왕후 장씨보다도 어쩌면 더 행복을 누린 왕비일지도 모른다. 하지만 그녀는 악비로 이름이 나 있다. 그녀의 지나친 욕심 때문이다. 이들 3명의 왕비들을 포함하여 왕을 낳아 왕위에 올린 왕비들이 13명 있다. 이 왕비들 중 2명의 아들을 왕위에 올린 태조의 원비 신의왕후 한씨와 세종의 비 소헌왕후 심씨가 있다. 이 왕비들은 과연 행복했을까? 그리고 태종의 비 원경왕후 민씨, 문종의 비 현덕왕후 권씨, 세조의 비 정희왕후 윤씨, 성종의 폐비 윤씨, 성종의 계비 정현왕후 윤씨, 중종의 제1계비 장경왕후 윤씨, 중종의 제2계비 문정왕후 윤씨, 인조의 원비 인열왕후 한씨, 고종의 비 명성황후 민씨 그 어느 왕비가 행복했을까? 오히려 왕을 낳지 못한 28명의 왕비들 중 이들보다 더 행복했을 왕비들이 많아 보인다.

아무튼 그녀는 이것저것 아들의 정사에 간여하다가 1683년(숙종 9년) 세상을 떠났다. 걱정거리를 만들어주지 않았던 남편이 고마워 남편 곁으로 얼른 따라간 모양이다. 아마 여한이 없어 일찍 생을 마감했는지도 모른다. 그녀는 왕비들이 부러워할 왕비들 중 으뜸이라고 생각된다. 그녀의 남편 현종에게 여인은 오직 그녀뿐이었으니 하는 말이다. 자녀로는 남편의 왕위를 이은 외동아들 숙종과 3명의 공주를 두었다. 불행이라면 공주 둘이 어려서 세상을 떠난 일일 것이다. 그녀 역시 시어머니인 인선왕후 장씨처럼 왕위에 올릴 아들이 하나뿐이었고, 그 아들이 남편의 뒤를 이어 아무 탈 없이 왕위에 올랐다. 그녀는 살아서 아들이 왕위에 오르는 것도 지켜보았고, 아들이 왕이 되어 나라를 다스리는 것도 9년간이나 지켜보았다. 시어머니인 인선왕후 장씨와 마찬가지로 그녀 역시 행복한 왕의 부인이요, 왕을 낳은 왕의 어머니이다. 그리고 그녀의 아들 숙종도 왕위에 올라 있는 자신을 곁에서 10년 가깝게 지켜본 어머니를 두었으니 복이 많은 왕이다.

효종 대에 이어 현종 대에는 왕위를 이어갈 아들이 한 명씩 준비되어 있어 왕족에게 화를 가하는 일이 없었다. 그로 인해 왕실도 편안하였다. 왕비가 아들을 많이 낳아도 탈, 낳지 못해도 탈이었는데 시어머니와 그녀는 외동아들을 남겨놓아 왕실도 조용하고 조정도 조용하였다. 효종의 비 인선왕후 장씨나 현종의 비 명성왕후 김씨나 고부간 모두 행복한 왕비들이었고, 행복한 왕의 어머니들이었다. 그래도 중국 청나라 심양에 인질로 끌려가 그곳에서 아이 낳고 9년 정도를 살다가 돌아온 시어머니 인선왕후 장씨보다는 현종의 비 명성왕후 김씨가 훨씬 더 행복한 왕비로 여겨진다.

명성왕후 김씨는 남편 현종이 더 살아주었더라면 그녀의 행복이 배가 되었을 텐데 그런 복까지는 주어지지 않았다. 행복총량의 법칙이 맞는다고 그녀가 증명해준 게 아닐까? 조선의 왕들 중 후궁을 두지 않은 왕은 예종과 그녀의 남편인 현종, 그리고 경종, 순종 4명이다. 예종이나 경종과 순종은 재위기간이 짧아 그럴 수 있지만 현종은 재위기간도 15년이 넘는데 후궁을 단 한 명도 두지 않았다. 예종, 경종, 순종은 후궁은 들이지 않았지만 왕비를 2명씩 맞이하였다.

그런데 그녀의 남편 현종은 부인으로 딱 한 명, 그녀뿐이었지 않은가. 왕비들은 누구보다 현종 같은 왕을 선호할 것이다.

그런데 현종이 부인을 한 명만 둔 것에 대하여 명성왕후 김씨만을 사랑해서만이 아니라는 설도 있다. 사실 현종 대에 외부침략은 없었지만 기근이 심해 백성들의 고통이 말이 아니었다. 그랬으니 그 상황에 후궁을 들이는 것은 백성들이 볼 때 용납할 수 없는 일이라 생각했을 것으로 본다. 한편 현종은 눈병과 피부병이 심해 치료차 한양을 떠나 온양 온천을 자주 찾았다고 한다. 온양행궁에 장기간 머무를 때가 많았다고 한다. 어떤 이유에서건 명성왕후 김씨는 현종에게 단 하나뿐인 부인이었다. 현종 대에 찾아온 대기근도 그녀의 행복에 걸림돌이 되지 못하였다. 그러나 그녀의 간섭이 너무 심해 현종이 후궁을 들일 수조차 없었다는 이야기도 전해온다. 왠지 그러고도 남았을 것 같다. 그녀는 현종을 공처가로 만들고 나아가 애처가로 만들고도 남았을 왕비였다.

그러나 며느리 장희빈(희빈 장씨)을 비롯한 숙종의 후궁들로 인하여 숙종만큼 그녀의 골치도 아팠을 것이다. 그래도 다른 왕비들이 겪은 일들에 비하면 이 일들은 그녀에게 별것 아닌 일일 뿐이다. 그녀는 아들 숙종의 원비 인경왕후 김씨가 1680년(숙종 6년) 10월에 승하하자 이듬해 정월에 바로 계비繼妃를 가릴 것을 의논하였다. 그때 조정의 신하들이 너무 빠르다고 말하였으나, 그녀는 "강한 나라가 옆에 있으니 고집할 수 없다." 하였다. 그러고는 원비 인경왕후 김씨가 승하한 지 1년도 안 되어 5월에 제1계비로 인현왕후 민씨를 책봉하였다. 아마 장희빈이 계비가 될까봐 서둘러 계비 책봉을 서둘렀을지도 모른다. 3년상은커녕 원비가 세상을 뜬 지 7개월 만에 서둘러 인현왕후 민씨를 며느리로 맞았다. 그리고 2년 뒤에 세상을 떠났다.

숙종은 창경궁의 저승전儲承殿 서별당西別堂에서 어머니 명성왕후 김씨가 42세에 승하하자 자신이 행록行錄을 직접 짓다가 눈물을 흘리면서 우의정 김석주에게 명하여 행록을 짓도록 하였다. 자신이 기록한 것 중 빠지고 누락된 것이 많

조선의 제19대 왕 숙종을 낳은 명성왕후 김씨와 현종이 나란히 잠들어 있는 숭릉崇陵의 능침 전경과 후경이다. 그리고 그녀가 낳은 유일한 아들 숙종의 명릉이다.

으나 정신이 없고 마음이 찢어지는 듯하여 계속 지을 수 없다며, 명성왕후 김씨의 아름다운 덕을 장차 다가올 훗날에 드리워 알리지 못할까 깊이 두렵다고 말했다. 그리하여 『숙종실록』의 명성왕후 김씨의 행장은 〈김석주가 왕대비의 행장을 찬진하다〉란 제목으로 기록되어 있다. 그녀의 시호는 현렬희인정헌문덕명성왕후顯烈禧仁貞獻文德明聖王后이고, 능호는 숭릉崇陵이다.

그녀에 비해 그녀의 아들 숙종은 할아버지 효종과 아버지 현종과는 달리 여인들 치마폭에서 헤어나지를 못하였다. 그리하여 원비 인경왕후 김씨가 세상을 뜬 후 들인 제1계비 인현왕후 민씨를 폐위시키고, 궁녀 출신 장희빈(희빈 장씨)을 왕비로 삼았다가 다시 인현왕후 민씨를 복위시키고, 장희빈을 빈으로 내려앉게 한 뒤 사사시키는 등 혼란에 혼란을 거듭하였다. 그녀의 며느리들로 인해 그 당시 당파싸움도 극치를 보였다.

아들 숙종의 여인들이자 그녀의 며느리들로 골치깨나 아팠을 명성왕후 김씨의 숭릉崇陵은 쌍릉으로 조성되어 있다. 다행히 그녀는 장희빈과 인현왕후 민씨와의 갈등은 지켜보지 못하고 세상을 떠났다. 그녀가 살아 있었다면 숙종이 제1계비로 들어온 인현왕후 민씨를 폐위시켜 내쫓고 장희빈(희빈 장씨)을 왕비 자리로 절대 들이지 않았을 것이다. 장희빈이 숙종의 후궁이었을 때도 그녀를 사가로 쫓아낸 시어머니 명성왕후 김씨가 아닌가. 어찌되었거나 그녀는 다른 왕비들이 시샘을 하고도 남을 행복한 왕비였고 행복한 왕의 어머니였다. 그래도 그녀는 그 행복에 감사할 줄 몰랐다. 그랬던 명성왕후 김씨가 현종과 경기도 구리시 동구릉로 197(인창동) 동구릉 능역 안의 숭릉에 나란히 잠들어 있다. 그녀의 숭릉崇陵과 아들 숙종이 잠든 명릉明陵과는 23.88km 정도 떨어진 거리다.

17

죽어서도 여인들 틈바구니에 낀 남편을 바라보아야 하는
인현왕후 민씨
(제19대 왕 숙종의 제1계비)

인현왕후仁顯王后 민씨(1667~1701)는 여양부원군 민유중(1630~1687)과 민유중의 계실인 은성부부인 송씨의 2남 3녀 중 2녀로 1667년(현종 8년) 태어났다. 그녀는 조선 제19대 왕 숙종(1661~1720)의 제1계비가 되었다. 그녀가 석녀石女라는 말이 맞는 모양이다. 그녀에겐 한 명의 자녀도 탄생하지 않았다. 그러니 왕을 낳은 어머니도 될 수 없었다. 그녀의 본관은 여흥이다.

숙종의 원비 인경왕후 김씨가 1680년(숙종 6년) 왕비로 책봉된 지 4년 만에 천연두로 사망하자, 숙종은 그녀의 3년 상을 치르기 훨씬 전인 1681년(숙종 7년) 1년도 안 되어 인현왕후 민씨와 가례를 올렸다. 그때 인현왕후 민씨의 나이는 15세였다. 그녀의 아버지 민유중은 서인이면서 노론의 중진으로 활약하고 있었다. 그녀가 왕비로 간택되었을 때도 숙종은 어머니인 명성왕후 김씨가 쫓아낸 남인세력 장희빈(희빈 장씨)을 잊지 못하고 있었다. 장희빈은 숙종의 원비 인경왕후 김씨가 죽자 바로 은총을 입었다. 그러나 숙종의 어머니 명성왕후 김씨는

제2부 | 왕 곁에 잠든 왕비들

조선 제19대 왕 숙종이 제1계비 인현왕후 민씨와 나란히 잠들고, 왼쪽 언덕 위에 제2계비 인원왕후 김씨가 홀로 잠들어 있는 명릉明陵 모습이다. 명릉은 쌍릉과 단릉이 아니라 동원이강릉同原異岡陵이다. 제2계비 인원왕후 비석에 새겨진 글씨를 보면 알 수 있다.

1680년(숙종 6년) 남인이 밀려나고 서인이 경신환국으로 다시 집권하자 이듬해 장희빈(1659~1701)을 사가로 내쫓았다.

제11대 왕 중종의 제2계비 문정왕후 윤씨와 맞장뜰 만큼의 악비였던 조선 제18대 왕 현종의 비 명성왕후 김씨는 서인계 가문인 청풍 김씨 출신이다. 숙종 역시 명종이 그랬듯 어머니와 대적할 수가 없었다. 나인으로 뽑혀 궁중에 들어온 장희빈을 쫓아낸 이유가 『숙종실록』의 〈장씨를 책봉하여 숙원으로 삼다〉라는 글에 자세히 실려 있다. 그 기록에서 명성왕후 김씨가 말하기를 "내전內殿이 그 사람을 아직 보지 못하였기 때문이오. 그 사람이 매우 간사하고 악독하고, 주상이 평일에도 희로喜怒의 감정이 느닷없이 일어나시는데, 만약 쬠을 받게 되면

국가의 화가 됨은 말로 다할 수 없을 것이니, 내전은 후일에도 마땅히 나의 말을 생각해야 할 것이오"라고 말했다. 내전은 바로 인현왕후 민씨다.

　숙종은 성격이 과격했던 어머니 명성왕후 김씨가 1683년(숙종 9년) 음력 12월, 세상을 떠나자마자 사가로 쫓겨났던 장희빈을 궁궐로 불러들였다. 이때부터 숙종은 또다시 그녀만 찾게 되었다. 인현왕후 민씨가 잉태도 못하는 상황에서 숙종이 남인세력인 장희빈만 지나치게 총애하자 불안감을 느낀 서인세력은 후궁을 들여 후사를 볼 것을 숙종에게 권하였다. 그리하여 서인세력인 영의정 김수항의 종손 김희홍의 딸을 후궁으로 간택하여 숙의에 봉하였다. 그러나 숙종은 숙의 김씨에게 별 관심을 갖지 않았다. 오직 장희빈에게 푹 빠져 헤어나지를 못하였다.

　장희빈(희빈 장씨)에게 이미 푹 빠져버린 숙종은 당시 조정을 장악하고 있던 서인 강경파들이 하나둘씩 세상을 떠나자, 이를 계기로 왕권을 강화시키기로 작정하고 서인세력을 견제하기 시작하였다. 숙종은 남인세력인 자의대비(장렬왕후 조씨)의 6촌 동생인 조사석을 영의정에 앉혔다. 조사석은 장희빈의 어머니와 내연 관계였던 사람이었다. 그리고 얼마 후 장희빈이 1688년(숙종 14년) 왕자 윤(경종)을 낳았다. 그러니 숙종이 그녀를 더욱 총애할 수밖에 없었다. 그런데 장희빈의 어머니 윤씨가 산후조리를 위해 옥교를 타고 궁궐로 들어오다가 사헌부 관리에게 옥교를 빼앗기고 여덟 명의 노비가 취조당하는 사건이 일어났다. 천인 윤씨가 옥교를 탈 수 없다는 이유에서였다. 그러나 딸 장희빈은 내명부 2품이었으므로 숙종은 이 사건을 자신에 대한 능멸로 보고 서인에 대한 공세를 본격적으로 하였다. 숙종은 그 공세의 하나로 2개월 된 윤을 원자로 정하고, 장희빈을 내명부 정1품인 희빈에 봉하였다. 장희빈에게 날개를 달아준 셈이었다.

　아직 인현왕후 민씨의 나이가 22세밖에 안 되었으므로 대부분의 서인들이 원자책봉에 반대하였으나 숙종은 강하게 밀고 나갔다. 송시열(1607~1689)이 이에 반대하는 상소를 올리자 숙종은 송시열을 삭탈관직하고 제주도에 유배시킨

보길도를 거쳐 제주도로 유배를 갔던 우암 송시열이 한양으로 올라오는 중 전북 정읍에서 사사되었다. 전북 유형문화재 제50호인 비각의 모습이다. 비각 안에 '송우암수명유허비宋尤庵受命遺墟碑'가 세워져 있다.

뒤, 서인들을 몰아내고 남인들을 등용하여 우의정과 좌의정에 임명하였다. 이어서 계비인 인현왕후 민씨의 투기를 이유삼아 그녀를 폐출시키려고까지 하였다. 그리고 서인의 거두 송시열을 사사시키고, 서인세력들을 죽이거나 삭탈관직시키지 않으면 유배를 시키는 등 정계에서 모두 축출하였다. 아울러 남인의 주장에 따라 서인들이 신앙처럼 모시던 이이(1536~1584), 성혼(1535~1598)도 문묘에서 출향시켰다. 이어 인현왕후 민씨까지 끝내 폐출시키고 말았다. 여인한테 한번 잘못 빠지면 헤어나기 어렵다더니 숙종이 그랬다.

『조선왕조실록』에 3천 번 이상 이름이 등장하는 조선시대 대학자 송시열까지 장희빈으로 인해 목숨을 내놓아야 했다. 그가 83세까지 오래 산만큼이나 그의 은거지·유배지 등이 전국 곳곳에 많다. 대전, 괴산, 포항, 거제, 보길도, 제주 등등. 요즘 그곳들이 모두 관광지가 되었다. 그는 마지막 유배지인 제주도로 가는 도중 풍랑을 만나 전남 완도의 보길도에 잠시 머문 적이 있다. 그곳에도 그의 흔적이 남아 있다. 그는 그곳에 머무는 동안 큰 바위에 자신의 착잡한 심정을 새겨놓았다. 그 바위 이름이 '글쓴바위'다. 보길도에 고산 윤선도의 흔적만 있는 게 아니다. 83세나 되는 노구의 몸을 이끌고 제주도로 배를 타고 유배 길에 올랐던 송시열의 흔적도 남아 있다. 그는 '글쓴바위'에 임을 향한 회한의 시문을 새겨 넣었다. 그 임은 숙종으로 자신을 머나먼 제주로 유배를 떠나게 한 사람이다. 그런데도 그는 숙종을 그리워하는 시를 써놓았다.

八十三歲翁 (팔십삼세옹)　여든셋 늙은 몸이
蒼波萬里中 (창파만리중)　푸른 바다 한가운데에 떠 있구나

一言胡大罪 (일언호대죄)　한마디 말이 무슨 큰 죄일까
三黜亦云窮 (삼출역운궁)　세 번이나 쫓겨난 이도 또한 힘들었을 것이다(魯나라 학자 柳
　　　　　　　　　　　　　 下忠의 故事)

北極空瞻日 (북극공첨일)　대궐에 계신 님을 속절없이 우러르며
南溟但信風 (남명단신풍)　다만 남녘 바다의 순풍만 믿을 수밖에

貂裘舊恩在 (초구구은재)　담비 갖옷 내리신 옛 은혜 있으니
感激泣孤衷 (감격읍고충)　감격하여 외로운 충정으로 흐느끼네

보길도는 서인의 거두 송시열(1607~1689)과 정적관계에 있었던 남인의 윤선도(1587~1671)가 14년가량이나 유배생활을 한 곳으로 널리 알려져 있다. 송시열이 예송전쟁을 펼쳤던 윤선도와 악연인지 인연인지 보길도에 함께 흔적을 남겨놓았다. 그러나 보길도는 송시열보다 윤선도의 섬이 되어버렸다. 곳곳에 그의 흔적이 남아 있어 그를 그리워하는 사람들의 발길이 끊이지 않는다. 송시열은 윤선도의 유배지였던 보길도에 잠시 들른 후 그의 유배지 제주도로 떠났다. 제

주도가 그의 마지막 유배지가 되었다. 그해 제주도에서 국문을 받고자 한양으로 올라오던 중 전북 정읍에서 숙종이 내린 사약을 받고 서인과 노론의 영수였던 우암 송시열은 사사賜死되고 말았다. 동인이 조선 제14대 왕 선조 대에 남인과 북인으로 갈라졌듯이 제19대 왕 숙종 대에 와서는 서인이 노론과 소론으로 갈라졌다.

송시열은 인현왕후 민씨의 외조부인 송준길과 양송兩宋으로 불렸으며, 송준길과는 본가 쪽보다 외가 쪽으로 더 가까웠다. 본가 쪽으로는 12촌 간인데 외가 쪽으로는 6촌 간이니 그렇다. 이처럼 친인척인 둘은 함께 만나 한 살 위인 송준길의 집에서 어려서부터 함께 공부를 했다. 그러니 장희빈(희빈 장씨)의 아들을 태어나자마자 원자로 책봉하는 것을 앞장서서 반대했을 것이다. 사실 인현왕후 민씨의 나이가 장희빈보다 8세나 적다. 그러니 앞으로 아들을 낳을지도 모르므로 좀 더 기다려보자는 것이었다. 그러나 숙종은 끝내 그의 의견을 듣지 않고 그를 제주도까지 유배를 보냈다가 사사하고 말았다. 숙종이 선견지명이 있었던 모양이다.

명성왕후 김씨가 승하한 후, 인현왕후 민씨는 다시 장희빈을 불러들이자고 숙종에게 말했다. 그때 인조의 계비 장렬왕후 조씨도 또한 힘써 그 일을 숙종에게 권하니, 숙종이 곧 불러들이라고 명하여 장희빈은 다시 숙종의 총애를 독차지하였다. 이후 장희빈의 교만과 방자함은 더욱 심해져서 어느 날 숙종이 그녀를 희롱하려 하자 피해 달아나 내전內殿 앞에 뛰어들어와, "제발 나를 살려주십시오"라고 하였으니, 이는 내전이었던 인현왕후 민씨의 기색을 살피고자 함이었다. 내전이 낯빛을 가다듬고 조용히, "너는 마땅히 전교傳敎를 잘 받들어야만 하는데, 어찌 감히 이와 같이 할 수가 있는가?" 하였다. 그 이후로 내전이 시키는 모든 일에 교만한 태도를 지으며 공손하지 않았으며, 심지어는 불러도 순응하지 않는 일까지 있었다. 어느 날 내전인 인현왕후 민씨가 명하여 종아리를 때리게 하니 더욱 원한과 독을 품었다. 이 내용은 『숙종실록』에 자세히 나와 있다.

인현왕후 민씨는 시어머니 명성왕후 김씨가 그녀를 왜 내쫓았는지 살면서 뼈저리게 느꼈을 것이다.

아니나다를까, 교활하기 짝이 없는 그녀로 인해 인현왕후 민씨는 폐서인이되어 상궁 한 명, 시녀 두어 명과 함께 안국동의 본가인 감고당(현 덕성여고 자리)으로 쫓겨나고 말았다. 그곳에서 그녀는 식구들을 모두 큰아버지 집에 거처하게 하고 혼자서 지냈다. 그러면서 일절 외부와 접촉을 끊고 아래채에 기거하면서, 뚫어진 문에 창호지 한 장 바르지 않고 잡초도 그대로 두고 지내 감고당은 폐옥과 다름이 없었다.

감고당感古堂은 원래 서울 종로구 안국동 덕성여고 자리에 있었다. 그 후 1966년 도봉구 쌍문동으로 옮겨졌고, 다시 경기도 여주의 명성황후 생가 옆으로 옮겨 복원해놓았다. 감고당은 숙종의 제1계비 인현왕후 민씨의 아버지 민유중의 집이었다. 이곳에서 인현왕후 민씨가 장희빈과의 갈등으로 인해 왕비 자리에서 쫓겨나 5년여 동안 머물렀으며, 그녀와 같은 집안인 고종의 비 명성황

경기도 여주의 명성황후 민씨의 생가 곁으로 옮겨 복원해놓은 감고당感古堂의 현재 모습이다.

후 민씨도 아버지 민치록이 사망한 후 고향인 여주를 떠나 한양의 감고당에서 어머니 한산부부인과 함께 왕비로 책봉되기 전까지 머물렀다.

이처럼 감고당은 조선의 두 왕비가 배출된 역사적 가치가 높은 건물이다. 감고당이라고 부르기 시작한 것은 1761년(영조 37년)부터다. 영조는 효성이 지극했던 인현왕후 민씨를 기려 "감고당感古堂"이라는 편액을 내렸다. 명성황후 민씨의 아버지 민치록이 인현왕후 민씨의 아버지 민유중의 묘를 관리하면서 살았던 명성황후 민씨 생가 곁에 감고당이 복원되었다. 원래 자리가 아니라 낯설기는 하지만 명성황후 민씨의 생가를 성역화하면서 함께 감고당을 옮겨와 복원하였다. 명성황후 생가 바로 뒷동산에는 인현왕후 민씨의 아버지 민유중의 묘가 자리하고 있다. 그러니 감고당이 이곳으로 옮겨온 것이 그렇게 낯선 것만은 아니다.

숙종은 인현왕후 민씨를 폐위시킨 후 장희빈을 왕비로 책봉하였고, 그녀의 아버지 장형(1623~1669)을 양반으로 승격시켜 옥산 부원군으로 정하였다. 이로써 장희빈 집안은 최고 명문가로 자리 잡게 되었다. 그녀의 집안은 그렇게 빈곤한 집안은 아니었다. 중인집안으로 역관譯官 출신이 많다. 조부인 장응인과 외조부인 윤성립은 모두 역관으로 벼슬이 정3품과 종4품이었고, 드라마를 통해 잘 알려진 당숙 장현은 숙종 때 역관의 수장으로 거부로도 이름이 높았다. 할아버지 장응인 이후로 무려 인동 장씨 집안에서 20여 명의 역관이 나왔다. 그 중 역과에 수석으로 합격한 사람이 7명이나 나올 정도로 실력이 출중했다. 그녀의 외할아버지 윤성립도 역관 출신으로, 친가와 외가가 모두 역관 집안이다. 역관은 조선시대 번역, 통역 등 외국어와 관련된 업무를 담당한 관리로 중인의 대표적인 기술관이었다.

그런데 장희빈이 왕비가 된 지 5년이 지나면서 예전의 서인세력 못지않게 남인세력이 커져가고 있었다. 숙종은 이에 고심하며 인현왕후 민씨를 폐비시킨 것을 후회하였다. 그러던 중 1694년(숙종 20년) 서인에서 갈라진 소론 김춘택이 숙종의 마음을 읽고 폐비복위운동을 일으켰다. 그러자 남인의 민암, 김덕원 등이 이를 막으려 하였다. 그런데 이번에는 숙종이 남인세력들을 유배시킨 후 사사시켜 갑술옥사甲戌獄事가 일어났다. 그 결과 폐위되었던 인현왕후 민씨는 복위되었고, 왕비에 올라 있던 장희빈은 왕비에서 후궁으로 강등되었다. 그리고 양반에 올려주었던 장희빈의 아버지 장형의 봉작도 거두어버렸다. 거기에다 아예 빈이 후비로 오르지 못하도록 국법을 제정하였다. 자신이 그토록 사랑했던 장희빈이었지만 그녀의 비행에 숙종은 정이 뚝 떨어진 모양이었다. 정말 숙종의 마음은 알다가도 모를 일이다.

인현왕후 민씨가 왕비 자리에서 쫓겨났을 때 그녀를 생각하며 백성들이 지어 부른 참요가 전해지고 있다. 장희빈의 모함으로 숙종이 인자한 인현왕후 민씨를 내쫓았을 때 백성들이 이를 안타까워하며 지어 부른 노래가 〈미나리와 장다리〉이다. 이런 노래를 참요讖謠라고 하는데, 주로 아이들이 부르는 동요의 하나로 하늘의 뜻을 대변하며 노래에 예언 능력이 있다고 믿었다. 인현왕후 민씨가 쫓겨날 때 백성들과 산천초목이 다 울었다고 사료는 전한다.

미나리는 사철이요 장다리는 한철일세
철을 잃은 호랑나비 오락가락 노닐더니
제철 가면 어이 놀까 제철 가면 어이 놀까

장다리는 무나 배추 따위의 꽃줄기를 말하는데 사철 푸른 미나리와 달리 장다리꽃은 한철 피고 만다. 장다리는 키만 컸지 한철로 곧 시들어버린다. 그렇지만 미나리는 얼음장 밑에서도 푸르게 돋아난다. 이 노래를 부른 깊은 뜻은 인현왕후 민씨가 다시 왕비 자리에 오르길 바라는 백성들의 마음을 전하기 위함이다. 악행의 대가였던 장희빈은 장다리처럼 얼마 못 가 왕비 자리에서 쫓겨나고, 착한 마음을 가진 인현왕후 민씨는 미나리같이 푸른 생명력으로 활짝 피어나 왕비 자리에 복위되기를 바라는 마음이 이 노래에 담겨 있다. 인현왕후 민씨

인현왕후 민씨와 숙종이 나란히 잠들어 있는 명릉明陵의 정자각과 그 정자각 신문神門으로 올려다보이는 능침 모습이다.

는 예의가 바르고 덕성이 높아 이처럼 백성들의 추앙을 받았다고 전해진다. 백성들은 사실 호랑나비가 오락가락 노닐다가 제철을 잃을까봐 제일 큰 걱정이었을 것이다. 호랑나비는 바로 숙종을 일컬은 말이다.

　인현왕후 민씨는 오늘날 문화예술 발전에 큰 공헌을 한 왕비이다. 그 중 문학 발전에 크게 기여한 주인공이기도 하다. 그녀로 인하여 역사적인 문학작품이 탄생하였다. 한 궁녀가 인현왕후 민씨를 주인공으로 쓴 전기체 소설《인현왕후 전》이 현재도 전해져오고 있다. 또한 숙종의 원비인 인경왕후 김씨의 숙부 김만중이 쓴 고전소설《사씨남정기》도 전해져오고 있다. 이 작품들은 인현왕후 민씨가 소재를 제공해주어 탄생된 작품들이다.《사씨남정기》는 숙종이 인현왕후 민씨를 폐출하고 장희빈을 책봉한 사건에 대해 숙종이 깨닫도록 할 목적을 갖고 쓴 소설이다. 이러한 소설 창작 동기에서 목적성과는 별도로 특징적으

새로 복원한 명릉明陵의 수복방과 비각·비석 모습이다. 명릉의 비각에는 두 개의 비석이 세워져 있다. 그 중 하나는 숙종과 제1계비 인현왕후 민씨의 비석 모습으로, 여기에는 '조선국 숙종대왕명릉 인현왕후부좌朝鮮國 肅宗大王明陵 仁顯王后祔左'라 새겨져 있다. 또 다른 비석은 숙종의 제2계비 인원왕후 김씨의 비석이다.

로 작품에서 드러나는 것은 17세기 중반 이후 강화되기 시작한 가문 의식이다. 임진왜란과 병자호란 양난 이후 피폐화된 현실, 특히 예송禮訟과 그에 따른 수차례의 환국換局, 그리고 사족 가문 내부의 처첩갈등 같은 여러 문제가 작품에 반영되어 그 당시의 사회상을 잘 보여주고 있다.

인현왕후 민씨는 참요讖謠를 통해서도, 문학작품을 통해서도 백성들에게 많은 사랑을 받았다. 그런 백성들의 따뜻한 사랑 때문에 그녀는 쫓겨난 지 5년쯤 지나 왕비 자리로 다시 돌아올 수 있었다. 그녀는 복위 후 자신을 쫓아낸 장희빈과 화합을 도모하며 지내려 노력하였다. 그러나 그녀는 화해도 제대로 이루지 못하고 병을 얻어 얼마 못 살고 세상을 떠나고 말았다. 그녀가 허약했던 때문인지, 마음고생을 많이 했던 때문인지, 한 명의 자녀도 낳지 못하고 복위된 지 7년 만인 1701년(숙종 27년) 35세의 젊은 나이로 눈을 감고 말았다.

인현왕후 민씨가 숙종과 나란히 잠들어 있는 명릉明陵의 능침과 석마를 대동하고 서 있는 문무석인 모습이다. 무석인은 뭐가 그리 좋은지 웃음을 참느라 애쓰고 있다. 죽어서나마 숙종 곁에 잠든 인현왕후 민씨가 무석인처럼 웃고 지내면 좋겠다는 생각이 든다. 명릉의 석물은 다른 왕릉의 석물보다 크기가 매우 작다. 아마 가장 작을 것이다. 문무석인의 키가 165cm인 내 키 정도밖에 안 된다.

　　그녀의 마음은 미나리 같았지만 그녀의 인생은 미나리 같지 않았다. 그녀가 왕이 될 왕자를 낳았다면 왕비 자리에서 쫓겨날 일도 없었을 것이다. 그녀가 낳은 왕자가 왕위 서열 1위가 되기 때문이다. 이미 장희빈의 아들이 세자로 책봉되어 있었는데 그녀가 복위되어 왕자를 낳았으면 어땠을까? 장희빈의 아들 경종의 앞날은 더 비참했을지도 모른다. 덕을 쌓지 못한 어머니를 둔 경종을 생각하면 인현왕후 민씨가 왕자를 낳지 못한 게 그렇게 안타깝지만은 않다. 그녀가 죽자 숙종은 직접 그녀의 행록行錄을 지어 내렸다. 〈임금이 친히 지은 대행왕비의 행록과 이여가 지어 바친 후기〉란 제목으로 1701년(숙종 27년) 11월 23일 『숙종실록』이 전하고 있다. 숙종은 글도 참 잘 썼던 모양이다. 숙종이 쓴 행록을 보면 "죽은 뒤에 행록行錄과 제문祭文에 지나치게 찬미讚美하는 말이 많이 있는데, 이것이 죽은 자에게 무슨 유익함이 있겠는가?"라고 썼다. 그리고 "후后의 덕으로써 자식이 없고 수壽가 없으니, 어찌 그 이치理致가 이와 같이 상도常道에 어긋나는 것인가? 이것이 내가 하늘을 원망하지 않을 수 없는 것이다. 아! 슬프도다." 하였다. 숙종의 진심이 느껴지는 행록의 글이다.

그녀의 능호는 명릉明陵이며 능은 쌍릉으로 조성되어 있다. 그녀는 자신을 내쫓았다가 다시 불러들인 변덕쟁이 남편 숙종 곁에 나란히 잠들어 있다. 숙종은 죽어서나마 인현왕후 민씨에게 속죄하고 싶었던 모양이다. 어찌되었거나 여인들 치마폭에서 헤어날 줄 몰랐던 숙종이 그 많은 부인들 중 그녀 곁에 잠들겠다고 죽기 전 말했다니 그나마 다행이었다. 하지만 숙종은 죽어서도 사랑놀이하느라 이 능침 저 능침 찾아다니기 바빠 발에 물집이 생기고, 신발이 쉴 새 없이 닳을지도 모른다. 3명 왕비의 능침은 물론 장희빈의 대빈묘大嬪墓까지 같은 능역 안에 있으니 누가 그를 말리겠는가.

거기에다 숙종이 엄청 사랑했던 영조의 어머니 숙빈 최씨가 잠들어 있는 소령원昭寧園도 그리 멀지 않은 곳에 있으니 죽어서도 여인들 때문에 골치깨나 아플 숙종이다. 그래도 인현왕후 민씨는 곁에 찾아와 잠든 것만 해도 행복하여 그런 숙종을 용서할지도 모른다. "악한 끝은 없어도 선한 끝은 있다"는 말의 의미를 확인시켜준 인현왕후 민씨는 경기도 고양시 덕양구 서오릉로 334~32 서오릉 능역 안의 명릉에 숙종과 나란히 잠들어 있다. 그녀는 자녀를 한 명도 낳지 못했다. 그녀와 마찬가지로 숙종에게 적자를 선물하지 못한 원비 인경왕후 김씨, 제2계비 인원왕후 김씨도 서오릉 능역 숙종의 명릉 가까이 잠들어 있다.

18
인현왕후 민씨가 부러운 인원왕후 김씨
(제19대 왕 숙종의 제2계비)

인원왕후仁元王后 김씨(1687~1757)는 경은부원군 김주신(1661~1721)과 가림부부인 조씨의 3남 2녀 중 장녀로 1687년(숙종 13년) 태어났다. 그녀는 조선 제19대 왕 숙종(1661~1720)의 제2계비가 되었다. 숙종의 다른 왕비들처럼 그녀도 적자를 낳지 못해 숙종에게 적자 탄생을 포기시킬 수밖에 없었다. 그녀는 슬하에 한 명의 자녀도 남기지 못하였으니 당연히 왕을 낳은 어머니의 대열에 낄 수가 없었다. 그녀의 본관은 경주이다.

그녀는 숙종의 제1계비인 인현왕후 민씨가 1701년(숙종 27년) 죽자 간택되어 궁중에 들어와 다음 해인 1702년(숙종 28년) 16세 나이로 42세나 된 숙종의 세 번째 왕비가 되었다. 숙종과 그녀의 나이 차이는 26세다. 그녀 역시 적자 탄생을 학수고대했을 숙종에게 적자를 안겨주지 못하였다. 인현왕후 민씨와 마찬가지로 그녀도 석녀石女였던 모양이다. 그녀의 시조는 김알지이며 신라 경순왕의 후손으로, 그녀의 가문은 신라·고려·조선조까지 명문가 중의 명문가였다. 그 사실이 『숙종실록』에 자세히 소개되어 있다. 숙종의 제2계비였던 그녀는 영조를 양자로 들인 후 숙종이 유교遺敎로써 경종 조에 영조를 세제世弟로 책봉할 때 하교하였다. 영조는 그 고마움에 그녀가 죽자 직접 대왕대비였던 그녀의 행록行錄을 정성껏 썼는지도 모른다. 1757년(영조 33년) 3월 26일 『영조실록』에 〈친히 지은 대행 대왕대비의 행록〉이란 제목으로 그녀의 행록이 실려 있다. 영조 역시 아버지인 숙종을 닮아 글을 잘 썼다. 영조가 남긴 글들은 행록뿐 아니라 참 많다.

끝내 숙종은 3명의 왕비를 두었지만 적자를 남겨놓지 못하고 1720년(숙종 46년) 60세 나이로 세상을 떠났다. 그리하여 숙종의 후궁 장희빈(희빈 장씨)의 아들 경종이 조선 제20대 왕으로 즉위하였다. 숙종이 왕비들에게 왕자를 낳지 못하였기 때문에 후궁 소생이었지만 경종이 왕위에 오를 수 있었다. 세 번째 왕비로 책봉된 인원왕후 김씨까지 왕자를 낳지 못한 것은 경종에게는 다행이었다. 만약에 숙종의 제2계비인 그녀가 숙종의 적자를 턱하니 낳았으면 경종은 또 한 번의 아픔을 겪어내야만 했을 것이다. 목숨이 위태로웠을 수도 있었다. 장희빈 같은 어머니를 두어 그가 겪은 아픔이 배가 될 뻔하였다. 왕자뿐 아니라 공주도 낳지 못했던 그녀였지만 경종 대에 가서는 왕대비가 되었고, 숙종의 또 다른 후궁 숙빈 최씨의 아들인 영조가 경종의 뒤를 이어 조선 제21대 왕이 되었을 때는 대왕대비가 되었다. 그녀는 소론의 딸이었지만 남편 숙종이 죽은 뒤 노론으로 당색을 바꿨다. 친정가문과 다른 당색을 갖는다는 것은 쉽지 않은 일이었을 텐데 그녀는 어려운 결정을 하였다.

그녀는 1711년(숙종 37년) 천연두를 앓았으나 소생하였고, 홍진·치통·종기 등을 앓았다는 기록이 남아 있다. 경종이 자녀를 낳지 못하자 숙빈 최씨의 아들인 연잉군(영조)을 지지해 왕세제王世弟로 책봉하는 데 결정적인 역할을 하였으며, 연잉군이 역모의 주범으로 용의선상에 오르자 몸소 보호하였다. 야설에는 그녀가 임신을 하였으나 유산하였다는 기록이 있지만 확실한 증거는 없다. 그녀는 1721년(경종 원년) 경종을 등극시키고 연잉군을 자신의 양자로 입적하였다.

숙종의 제2계비 인원왕후 김씨와 숙종, 그리고 제1계비 인현왕후 민씨가 잠든 명릉明陵의 참도와 전경이다. 명릉은 향로와 어로 양쪽에 변로까지 잘 갖추고 있다. 정자각 뒤에 제1계비 인현왕후 민씨가 숙종과 잠들어 있고, 왼쪽 언덕 위에 제2계비 인원왕후 김씨가 홀로 잠들어 있다.

장희빈의 아들 경종은 아이러니하게도 인현왕후 민씨의 양자로 입적되어 왕위에 올랐다. 서자가 왕위에 오르려면 왕비의 양자가 되어야만 하였다. 연잉군의 양모가 된 인원왕후 김씨는 연잉군이 왕으로 등극할 수 있도록 많은 지원을 해주었다. 그녀는 연잉군(영조)이 왕위에 오르면서 대왕대비로 있다가 1757년(영조 33년) 71세가 되어 세상을 떠났다. 무려 37년이나 홀로 살다가 세상을 떠났다. 그녀가 숙종의 적자를 낳지 못했기 때문에 출신성분이 약했던 경종과 영조가 조금은 수월하게 왕위에 오를 수 있었다. 그녀가 아들을 낳지 못해 궁내에 피바람이 몰아치지 않은 것도 사실이다.

숙종은 9명의 부인들 중 제1계비 인현왕후 민씨와 나란히 잠들었지만 그의

명릉明陵의 전경이다. 숙종의 제2계비 인원왕후 김씨가 왼쪽 언덕 위에 홀로 잠들어 있는 모습과 그녀의 오른쪽으로 남편 숙종과 제1계비 인현왕후 민씨가 나란히 잠들어 있는 모습이다.

곁에 잠들고 싶어 했던 또 한 왕비로 제2계비인 인원왕후 김씨가 그의 왼쪽 위에 잠들어 있다. 그런데 그녀는 별도로 능호를 받지 못해 숙종의 명릉을 함께 쓰고 있다. 비석을 통해 명릉이 동원이강릉同原異岡陵임을 알 수 있는데 명릉은 동원이강릉이 아니라 쌍릉과 단릉이라 할 수 있다. 그녀가 숙종의 능침 왼쪽 위에 있기 때문에 그녀의 능을 단릉으로 볼 수밖에 없다. 명릉이 동양의 예절방위禮節方位 원칙인 좌남우녀左男右女, 좌상우하左上右下 원칙에 어긋나기 때문이다.

좌를 우보다 높게 치기 때문에 선조의 목릉처럼 계비인 인원왕후 김씨의 능은 숙종과 인현왕후 민씨의 능 오른쪽에 자리해야 한다. 그래야 동원이강릉으로 볼 수 있다. 그러니 명릉은 동원이강릉同原異岡陵이라기보다 정자각을 함께 쓰

제2계비 인원왕후 김씨의 비석이다. 비석에 '조선국 인원왕후부우강朝鮮國 仁元王后祔右岡'이라 쓰여 있으니 명릉明陵은 단릉이 아니라 동원이강릉으로 볼 수밖에 없다.

는 쌍릉과 단릉으로 각각 보는 게 맞을 것 같다. 하지만 두 개의 비석을 읽어보면 동원이강릉으로 볼 수밖에 없다. 명릉의 비각에는 두 개의 비석이 세워졌는데 하나의 비석에는 '조선국 숙종대왕명릉 인현왕후부좌朝鮮國 肅宗大王明陵 仁顯王后祔左'라 새겨져 있고, 또 하나의 비석에는 '조선국 인원왕후부우강朝鮮國 仁元王后祔右岡'이라 쓰여 있다. 바로 숙종의 제2계비 인원황후 김씨의 비석이다. 비석이 명릉은 동원이강릉이라고 말해주고 있다. 더 이상 따지지 말아야 할 일이다.

인원왕후 김씨는 평소 숙종이 잠든 명릉에 나란히 잠들기를 소원하며 미리 명릉에서 얼마 떨어지지 않은 곳에 자리를 잡아놓았다. 그러나 따로 정자각을 세우자면 송림松林을 벌채해야 할 것을 근심한 영조가 숙종과 더 가까운 곳에 그녀의 능을 조성하고 명릉과 한 정자각의 봉사를 받게 하였다고 한다. 그래도 그녀는 원비 인경왕후 김씨보다는 숙종과 가깝게 잠들어 있다. 그녀가 왕자를 낳았거나 그녀의 외척세력이 그녀에게 힘을 실어주었다면 아마 그녀도 원비와 제1계비를 제치고 숙종 곁에 잠들어 있을 것이다. 그러나 그녀는 숙종 언저리에 잠든 것만 해도 행복해할지도 모른다. 왕과 아주 멀리 떨어져 잠들어 있는 왕비와 왕의 여인들도 많기 때문이다.

숙종의 제2계비 인원왕후 김씨는 자녀도 낳지 못하고 죽는 복도 타고나지 못했다. 영조의 원비 정성왕후 서씨의 국상 중에 그녀가 세상을 떠났다. 그래서

숙종과 능호를 같이 쓰고 있는 숙종의 제2계비 인원왕후 김씨의 명릉明陵 능침에서 내려다본 여름·겨울 풍경이다. 숙종
과 제1계비 인현왕후 민씨의 능침 뒷모습과 정자각이 내려다보인다. 무석인의 표정이 별로 기분 좋아 보이지 않는다.

인지 그녀의 왕릉도 허술하게 조성된 편이다. 그녀의 아들로 입적하여 왕이 되게 해주었지만 어디 자신을 낳아준 숙빈 최씨의 소령원昭寧園 조성만 하겠는가. 거기에 자신의 원비 정성왕후 서씨와 장례가 겹쳤으니 소홀할 수밖에 없었을 것이다. 그러나 그녀에 대한 영조의 효성이 극에 달했다고 『영조실록』은 전하고 있다. 발인發靷 날 영조의 효성이 드러나 있는 〈대행대왕대비의 발인을 행하다〉란 제목의 내용만 읽어봐도 알 수 있다. 1757년(영조 33년) 7월 11일 『영조실록』에는 "대행대왕대비大行大王大妃의 발인發靷을 하였다. 임금이 최복衰服을 갖추어 입고 곡哭하면서 걸어 따라갔다. 홍화문弘化門에 나가서 비로소 보련步輦을 타고 모화관慕華館에 이르러 견전遣奠을 거행하였다. 신은 삼가 살펴보건대, 인산因山 때에 임금이 여輦를 따라간 일은 열조列朝에 없었던 일인데, 우리 성상께서 불훼지년不毁之年으로서 단연斷然히 행하셨으니, 진실로 천고千古 제왕의 성절盛節이십니다. 성상의 성효誠孝는 하늘에서 타고난 것이어서 시탕侍湯을 할 때부터 밖에서 밤을 새워 빌었고, 대고大故를 당하여서는 관을 붙잡고 가슴을 치며 통곡하였으므로 좌우에 있는 사람을 슬프게 감동시켰습니다"라고 기록하고 있다.

그녀보다 한 달 앞서 세상을 떠난 영조의 원비 정성왕후 서씨의 홍릉弘陵 석물과 그녀의 명릉明陵 석물은 닮아도 너무나 닮았음을 알 수 있다. 두 왕릉이 같은 시기에 조성되었기 때문일 것이다. 숙종의 제2계비 인원왕후 김씨는 경기도 고양시 덕양구 서오릉로 334~32 숙종의 명릉明陵에 잠들어 있다. 그녀가 숙종의 오른쪽에 잠들어 있으니, 명릉은 못 갖춘 동원이강릉同原異岡陵이다. 인원왕후 김씨와 양자로 입적된 영조와의 나이 차는 7세밖에 안 된다. 하지만 영조는 71세에 세상을 떠난 양어머니 인원왕후 김씨에게 최고의 효를 행했다. 그녀가 영조를 양자로 삼고 왕세제로 책봉되도록 힘써주었으니 어찌 감사하지 않겠는가. 인원왕후 김씨가 세상을 떠났을 때 영조의 나이는 64세였다. 그러니 아무리 친상親喪이라 하더라도 애통을 절제하여 몸에 훼상毁傷이 되지 않도록 해야 할 나이였다. 하지만 영조는 자신을 양자로 입적한 숙종의 제2계비 인원왕후 김씨의

인원왕후 김씨가 홀로 잠들어 있는 명릉明陵의 여름·겨울 능침 전경과 후경이다. 능침도 왜소하고 석물들도 왜소한 게 전반적으로 허술해 보인다.

왕릉을 정성껏 조성해주었다. 그녀는 숙종의 명릉明陵 오른쪽 언덕 위에 홀로 잠들어 있다. 아마 숙종 곁에 잠든 제1계비 인현왕후 민씨를 내려다보면서 많이도 부러워하고 있을 것이다.

19

자녀를 낳을 수 없어 안타까웠던 선의왕후 어씨

(제20대 왕 경종의 계비)

선의왕후宣懿王后 어씨(1705~1730)는 함원부원군 어유구(1675~1740)와 완릉부부인 이씨의 외동딸로 1705년(숙종 31년) 태어났다. 그녀는 조선 제20대 왕 경종(1688~1724)의 계비가 되었다. 그녀 역시 자녀를 낳고 싶었어도 낳을 수 없어 왕의 어머니가 될 수 없었다. 그녀의 본관은 함종이다.

『영조실록』에 〈이의현이 대행 왕대비의 묘지문을 지어 올림에 첨삭하여 내려주다〉란 제목으로 실려 있는 경종의 계비 선의왕후 어씨의 묘지문을 읽어보면 그녀의 일대기를 어느 정도 짐작할 수 있다. 그녀는 원비 단의왕후 심씨가 세자빈 시절에 세상을 떠나자 경종의 두 번째 세자빈으로 책봉되었다. 그 후 경종이 즉위하면서 왕비로 책봉되었다. 그런데 경종이 1724년(경종 4년) 세상을 떠나는 바람에 그녀는 결혼한 지 6년 만에 홀로 되었다. 20세 나이에 홀로 되어 1726년(영조 2년) 왕대비가 되고 경순왕대비敬純王大妃라는 존호를 받았다.

그녀는 세자빈으로 책봉된 후 시아버지인 숙종의 사랑을 듬뿍 받았다. 그런

선의왕후 어씨가 조선 제20대 왕 경종과 잠들어 있는 의릉懿陵의 전경과 비석 모습이다. 비석에는 '조선국 경종대왕의 릉 선의왕후부朝鮮國 景宗大王懿陵 宣懿王后祔'라고 새겨져 있다. 의릉懿陵의 정자각은 휘릉徽陵·숭릉崇陵·익릉翼陵과 더불어 다른 왕릉들과 달리 양쪽에 익랑翼廊이 달려 있다.

데 그녀가 세자빈이 된 지 2년 만에 숙종은 세상을 떠나고, 왕위를 이어받은 남편 경종이 재위 4년 만에 세상을 떠나고 말았다. 그녀 또한 비운의 왕비가 아닐 수 없다. 그녀가 세상을 떠난 1730년(영조 6년) 『영조실록』의 묘지문墓誌文에 "숙종은 늘 손을 잡고 하교하기를 '나는 너의 착함을 알고 있으니, 훗날에 너를 믿는 것이 많을 것이다.' 하였다. 또 하교하시기를, '듣건대, 너의 증왕모曾王母께서 오래 살고 복이 많았다고 하니, 너도 그와 같기를 바란다.' 하였는데, 후께서 물러나와 좌우左右에게 말하면서 울기까지 하였었다. 대상大喪을 당하여 애통하고 사모하기를 제도대로 다하고, 약방藥房에 답하기를, '재궁梓宮이 한번 닫히면 어찌 다시 천안天顔을 뵐 수 있겠는가?' 하니, 신료臣僚들이 감동하지 않는 이가 없었다. 여시女侍들을 부리는 데 있어서 은혜를 골고루 흡족하게 베풀었으며, 어려서 부모父母를 여읜 자를 보면 더욱더 돌보고 어루만져주었는데, 이는 자신이 어릴 때 어머님을 여읜 슬픔 때문에 그것을 아랫사람에게 미루어 미치게 한 것이다. 경자년에 왕후王后로 진위進位하고, 임인년

동원상하릉同原上下陵으로 조성된 선의왕후 어씨의 남편 경종의 능침 전경과 후경이다. 왕비의 능침에는 곡장이 없고, 왕비의 능침 바로 뒤에 자리한 왕의 능침에만 곡장을 설치했다. 곡장 뒤에서는 선의왕후 어씨의 능침은 보이지 않는다.

자녀를 낳을 수 없어 안타까웠던 선의왕후 어씨　　**367**

가을에 예를 갖추어 책봉冊封되었다"고 기록되어 있다.

　선의왕후 어씨는 숭교방(서울 명륜동)의 사저에서 태어났으며, 1718년(숙종 44년) 경종의 원비인 단의왕후 심씨(1686~1718)가 열병으로 33세에 죽자 6개월 만인 그해 9월, 14세 나이로 세자빈에 책봉된 후 가례를 올렸다. 그녀 역시 원비인 단의왕후 심씨와 마찬가지로 자녀를 낳지 못하였다. 원인은 경종이 남성의 기능을 잃었기 때문이다. 그녀는 경종이 아이를 낳을 수 없음을 이미 알았는지 소현세자(1612~1645)의 증손인 밀풍군 이탄(1698~1729)을 양자로 들이려 하였다. 왕세제王世弟에 책봉되어 있는 연잉군(영조)을 그녀가 반대하면서 종실 자손을 양자로 들여 남편의 왕위를 계승하게 하려고 했던 것이다. 그러나 그녀의 계획은 실패하였다. 그런데도 그녀가 역모로 몰리지 않고 살아남은 게 참으로 용한 일이다.

　밀풍군 이탄은 조선 후기의 왕족으로 인조의 장자인 소현세자의 증손이자

고양시 향토문화제 제5호인 경안군과 임창군의 묘 모습이다. 위가 소현세자의 3남인 경안군의 묘이고, 아래가 그의 아들 임창군의 묘이다. 선의왕후 어씨가 양자로 들이려 했던 밀풍군은 임창군의 아들이다. 밀풍군을 비롯하여 소현세자의 후손들 묘가 이곳 고양시 대자동에 모두 모여 있다.

종실인 임창군(1663~1729) 이혼의 장남이다. 임창군의 아버지가 소현세자의 3남인 경안군(1644~1665) 이회이다. 소현세자의 3명의 아들 중 전염병이 도는 유배지 제주도에서 유일하게 살아남았던 경안군의 손자가 바로 밀풍군이다. 밀풍군은 그의 증조부인 소현세자가 무사히 왕위에 올랐더라면 적출이었던 그도 왕이 될 확률이 높았다. 그러나 밀풍군에게 그런 복은 없었다. 그 역시 역모에 휩싸이지 않고 소현세자의 자손으로 살아남은 것만도 용한 일이다. 『영조실록』〈영조대왕 행장行狀〉에도 "1728년(영조 4년) 무신戊申 춘3월春三月에 영남嶺南의 역적 이인좌李麟佐·정희량鄭希亮 등이 모반하였는데, 왕사王師가 물리쳐 평정하였다. 이달 20일에 서울을 침범하여 밀풍군密豊君 이탄李坦을 추대하려고 뱀·지렁이처럼 모여 얽혀서 화를 빚은 지 자못 오래되었으나 조정에서는 까마득히 몰랐다"라고 기록되어 있다.

매사에 조심스럽고 온유하였던 선의왕후 어씨는 경종이 병약한 탓에 자녀를 가질 수 없는 것이 매우 안타까웠을 것이다. 그러나 그러한 현실을 받아들이면서 살아갈 수밖에 없었다. 그녀는 경종이 죽은 후 경종의 이복동생인 영조(1694~1776)가 왕위를 계승하면서 왕대비에 올랐다. 하지만 그녀도 오래 살지 못하고 1730년(영조 6년) 26세를 일기로 세상을 떠났다. 경종과 그녀의 나이 차이는 17세. 14세에 세자빈으로 궁궐에 들어와 12년 만에 세상을 떠나면서 궁궐생활을 접었다. 그녀의 부장祔葬에 대한 글이 〈선의왕후를 의릉 동강 하혈 신좌의 언덕에 부장하다〉란 제목으로 『영조실록』 1730년(영조 6년) 10월 19일에 "선의왕후宣懿王后를 의릉懿陵 동강同崗 하혈下穴 신좌申坐의 언덕에 부장祔葬하였다"라고 기록되어 있다.

선의왕후 어씨의 능호는 의릉懿陵이며 능은 제17대 왕 효종의 영릉寧陵처럼 동원상하릉同原上下陵으로 조성되어 있다. 그녀는 경종 옆이 아닌 경종의 발치에 잠들어 있다. 경종의 능침 아래 그녀의 능침이 있다. 두 능침이 좌우로 나란히 있는 게 아니고 위아래로 나란히 있다. 능의 모습이 쌍릉보다는 낯설어 보이지만

경종과 계비 선의왕후 어씨의 의릉懿陵을 옆에서 바라본 모습이다. 그녀는
남편인 경종과 옆으로 나란히 잠든 게 아니라 앞으로 나란히 잠들었다.

남편인 경종이 부인인 선의왕후 어씨를 위에서 내려다보면서 보호하고 있는 것 같아 따뜻하게 보인다.

그녀는 계비였지만 원비를 젖히고 왕 곁에 잠들어 있는 그나마 행복한 왕비다. 그녀는 경종에게 자녀가 탄생할 수 없음을 알고 양자를 들이려고 했지만 그녀에겐 어쩌면 무자녀가 상팔자였을지도 모른다. 영조가 이미 왕세제로 책봉되어 있었고, 당파싸움이 치열했던 그 시대에 경종에게 적자가 태어났으면 또다시 정국에는 피바람이 거세게 몰아쳤을 것이 분명하다. 경종이 자신의 뒤를 이을 왕자를 낳지 못한 게 오히려 정국을 안정시키는 데 도움이 되었는지도 모른다. 자녀를 낳지 못해 안타까웠던 선의왕후 어씨는 서울특별시 성북구 화랑로 32길 146-20(석관동) 남편 경종의 발치에 잠들어 있다. 그

늦가을! 계비 선의왕후 어씨의 남편 경종의 능침 전경과 후경이다. 경종의 능침에만 설치되어 있는 곡장 뒤에서 바라본 풍경은 아파트가 시야를 가려 별로다. 의릉懿陵은 능침끼리 앞으로 나란히를 잘하고 있어 왕비의 능침은 왕의 능침 뒤에서 보면 보이지 않는다. 의릉의 문무석인 모습은 좀 험상궂게 생겼다.

녀가 잠든 의릉은 동원상하릉同原上下陵이다. 그녀 역시 한 명의 자녀도 낳지 못했다. 그녀의 머리 위쪽에 잠든 남편 경종의 의릉懿陵에서 원비 단의왕후 심씨의 혜릉惠陵과는 12km 정도 떨어져 있다.

20

원비를 어이없게 만든 당돌한 계비 정순왕후 김씨
(제21대 왕 영조의 계비)

정순왕후貞純王后 김씨(1745~1805)는 오흥부원군 김한구(1723~1769)와 원풍부부인 원씨의 2남 1녀 중 외동딸로 1745년(영조 21년) 태어났다. 그녀는 조선 제21대 왕 영조(1694~1776)의 계비가 되었다. 하지만 영조가 너무 나이가 많은 탓으로 그녀가 아무리 자녀를 낳고 싶어도 낳기는 어려웠을지도 모른다. 그녀의 본관은 경주다.

그녀는 영조의 원비인 정성왕후 서씨(1692~1757)가 세상을 뜨자 1759년(영조 35년) 왕비로 책봉되어 영조의 계비가 되었다. 영조는 부왕인 숙종의 유지대로 후궁들 중 왕비를 책봉하지 않고 간택을 통하여 왕비를 뽑았다. 그녀는 15세 꽃다운 나이에 66세 영조를 만나 부부가 되었다. 조선왕조가 문을 연 이래 왕과 왕비의 나이 차가 무려 51세로 가장 많이 난다. 그녀는 간택 때부터 영조의 마음을 사로잡았다. 원비인 정성왕후 서씨를 잃고 영조는 계비를 들이기 위하여 최종적으로 삼간택에 올라온 3명의 규수를 만났다. 그 규수들 중 그녀는 영조가

영조에게 감동을 주며 왕비에 간택된 정순왕후 김씨와 조선 제21대 왕 영조가 나란히 잠든 동구릉의 원릉元陵 전경이다. 얼마 전에 수복방·수라간이 복원되어 제대로 된 왕릉 모습을 하고 있다.

질문하는 것마다 영조를 감동시켰다. 맹랑한 면도 있어 보였지만 영특한 규수였다. 몰락한 가문의 딸로 가난을 겪어보아서 그런지 나이에 비하여 생각이 깊었다. 그녀의 생가는 충남 서산시에 자리하고 있다. 몇 년 전 그녀의 생가가 복원되어 쉽게 관람할 수 있다.

영조는 삼간택에 올라온 3명의 규수들에게 어느 고개가 가장 넘기 힘드냐는 질문을 첫 번째로 하였다. 그녀는 가장 넘기 힘든 고개는 대관령이나 추풍령이라고 답한 규수들과 달리 보릿고개라 답하였고, 꽃 중에 제일가는 꽃이 무슨 꽃이냐는 두 번째 질문에 꽃 중에 가장 좋은 꽃은 목련이나 연꽃이라 답한 규수들과 달리 백성들을 따뜻하게 해주는 까닭으로 목화라 답하였으며, 세상에서 가장 깊은 것이 무엇이냐는 세 번째 질문에는 산이나 물이라 답한 규수와 달리 깊은 것이 많으나 사람의 마음이 가장 깊다고 답한 그녀였다. 누가 들어도 그녀의 대답에 감동이 일었을 것이다.

영조를 이렇듯이 감동시킨 그녀는 삼간택에서 최종합격자가 되어 1759년(영조 35년) 6월 23일, 가례를 올려 영조의 계비가 되었다. 그런데 영조는 1768년(영조 44년) 새장가를 간 지 9년째 되는 날 신하들에게 "옛날의 임금으로 66세에 친영親迎한 사람이 얼마나 되는가?"라고 물었고, "오늘은 또한 무슨 날인가? 곧 기묘년에 창경궁의 통명전通明殿에서 알현을 받았고, 창덕궁의 인정전仁政殿에서 하례를 받았던 날이다. 오늘날 조정 신하들이 과연 기억하고 있는가?" 하고 또 물었다. 새삼 영조가 늦은 나이에 가례를 올렸던 그날이 떠올랐던 모양이다. 그 기록이 『영조실록』에 〈임금으로 66세에 친영한 사람을 묻고 하교하다〉란 제목으로 실려 있다. 영조는 자신의 결혼기념일에 그 당시 늙어도 한참 늙은 나이였음에도 15세 젊은 계비를 맞이한 것이 좀 민망하여 그러지 않았을까 싶다. 새삼 왜 그런 질문을 했는지 모르겠다. 민망한 게 아니라 자신의 건강함을 과시하고 싶었던 것은 아닌지 모르겠다. 조선의 왕들 중 66세가 되어 새장가를 든 왕은 없기 때문이다.

그런데 그렇게 맞이한 계비 정순왕후 김씨는 처음부터 사도세자(1735~1762)의 어머니인 영빈 이씨(?~1764)를 싫어하였다. 영빈 이씨가 영조의 후궁으로 자녀를 1남 6녀나 두고 있었으며 영조의 사랑도 많이 받고 있었기 때문이었을 것이다. 물론 영빈 이씨의 소생인 사도세자와의 사이도 안 좋았다. 그녀는 1735년(영조 11년) 태어난 사도세자보다 10세나 어렸다. 한편 그녀는 사도세자와 사이가 안 좋은 것에 머물지 않았다. 그를 모함하여 죽음으로까지 몰고 갔다. 그녀의 아버지 김한구의 사주를 받은 나경언이 사도세자의 10가지 부도덕한 비행을 상소하게 하여 사도세자를 폐위시켜 뒤주 속에 가두고 굶어죽게 하는 데 결정적인 역할을 하였다. 그녀가 나이 많은 영조와의 사이에 다음 보위를 이을 왕을 낳을 수 있다는 생각에 그런 엄청난 일에 앞장선 것은 아닌지 모르겠다.

그녀는 사도세자가 죽은 뒤 사도세자를 동정하는 시파時派를 적대시하고, 사도세자에 반대하는 벽파僻派를 옹호하였을 뿐만 아니라, 정치적으로 시파 등을 모함하여 천주교에 대한 탄압을 하였다. 정약전(1758~1816), 정약용(1762~1836) 형제가 전라도 흑산도와 강진으로 귀양을 가고, 천주교 신앙의 선구자들이 옥사당하였던 것이 그 즈음의 일이다. 정약전은 정약용의 이복형으로 얼마 전 영화로도 만들어진 『자산어보』를 썼다. 둘은 4세의 나이 차이가 있었지만 서로 친구처럼, 멘토처럼 유배생활을 하면서도 편지를 주고받으며 저술활동을 펼쳤다.

영조의 계비 정순왕후 김씨는 자신과 대립되는 소론 시파들을 계속하여 대거 숙청하였으며, 사도세자의 서자이자 정조의 이복동생인 은언군(1754~1801)과 은언군의 부인 및 며느리 등도 같은 이유로 사사시켰다. 정순왕후 김씨에겐 손자이고, 손자며느리이며, 증손자며느리가 아닌가. 또한 혜경궁홍씨(1735~1815)의 동생인 홍낙임을 처형시켰고, 정조(1752~1800)가 설치한 장용영壯勇營을 폐지하였으며, 정조가 묵인하던 천주교를 대대적으로 탄압하여 남인과 소론 시파들을 축출하였다. 또한 정조가 내쳤던 노론 벽파 관료들을 대거 등용하였다. 그녀는 사도세자의 아들인 정조가 왕위에 오르고, 사도세자의 손자인 순조(1790~1834)가 왕위에 오른 뒤에도 정권을 좌지우지左之右之하였다. 그녀 앞에서 정조가 목숨을 지켜낸 게 천운이었다.

그녀는 1800년(정조 24년) 정조가 승하하고 정조의 아들인 순조가 11세 어린 나이로 즉위하자 대왕대비로서 4년 가까이 수렴청정을 행하였다. 그녀는 정조보다도 5년을 더 살았다. 그녀는 소생이 없었음에도 불구하고 최장기 집권을 한 영조의 계비였다는 배경을 안고 영조의 손자와 증손자가 왕위에 올랐을 때까지도 여왕 노릇을 과감하게 하였다. 그러나 1802년(순조 2년) 정조의 유지에 따라 소론 시파인 김조순(1765~1832)의 딸을 순조의 왕비로 책봉하면서 그녀의 힘은 약해지기 시작하였다.

순조의 장인이 된 김조순은 영안부원군에 봉해지면서 관직을 제수하였다.

영조의 계비 정순왕후 김씨가 영조를 꼭 붙들고 잠든 원릉元陵의 모습이다.

1803년(순조 3년) 그녀는 수렴청정을 거두었고, 그때부터 순조의 친정이 시작되었다. 그러면서 정조의 친위세력이었던 김조순에 의해 대부분의 벽파관료가 숙청되어 그녀의 영향력도 약화되어 허망한 말년을 보내야만 하였다. 벽파僻派는 조선 영조 때 정조의 아버지 사도세자를 무고하여 비방한 당파로, 주로 노론계열이었다. 이에 반대파가 남인계열 시파時派로 사도세자를 동정하고 두둔하며 벽파와 대립하였다. 사도세자를 죽음으로 몰고 갔던 정순왕후 김씨는 벽파의 앞잡이 역할을 한 무서운 왕비였다. 마침내 그녀가 죽으면서 50년 가깝게 세를 과시하였던 경주 김씨의 세도도 막을 내리게 되었다. 그 뒤를 이어 안동 김씨의 기나긴 60년의 세도정치가 막을 올리게 되었다.

영조의 계비 정순왕후 김씨는 정계의 중심에서 당파와 원 없이 어울리다가 소생 없이 1805년(순조 5년) 61세로 창덕궁의 경복전景福殿에서 승하하였다. 그녀는 15세에 왕비가 되어 궁궐에 들어온 뒤, 46년간이나 중궁전, 대비전에서 왕실 어른으로 여왕처럼 군림하다가 떠난 왕의 여인이다. 왕위를 이을 왕자를 낳지 못하면 아무리 왕비라 하여도 기가 죽는 법인데 정순왕후 김씨만은 예외였다. 그녀는 왕자를 낳지 못해 왕의 어머니가 되지 못했지만 왕자를 낳아 왕으로 만들어놓은 왕비들보다 더 큰소리를 치면서 왕권에 관여를 참으로 길게 했던 왕비였다. 그녀가 남편인 영조와 나란히 잠든 원릉에는 왕과 왕비의 비석이 따로 따로 세워져 있다. 합봉合封을 할 경우 비석이 한 기만 설치되어 있는데 이곳 원릉은 예외다. 영조의 신구新舊 비석 3개가 나란히 서 있다.

그에 대한 기록이 1849년(철종 즉위년) 『철종실록』 1권에 〈영부사 조인영이 역대의 능침 중 합봉合封한 전례를 상고해 아뢰다〉란 제목으로 실려 있어 궁금증을 풀 수 있었다. 조인영의 상소문으로 "역대의 능침陵寢으로 합봉合封한 전례를 상고해보니, 후릉厚陵·헌릉獻陵·영릉英陵·명릉明陵의 네 곳은 왕비의 장례가 앞에 있었고 대왕의 장례가 뒤에 있었으나 능호陵號는 모두 그대로 본릉의 호를 썼으니 오늘날 원용하기에 합당할 듯하오나, 오직 선조대왕의 목릉穆陵만은 의인왕

조선 제17대 왕 효종의 영릉寧陵 파묘자리에 조성된 영조의 원릉元陵 비각과 정순왕후 김씨의 비석이다. 비각에는 왕과 왕비의 비석이 세 개나 세워져 있다. '조선국 영종대왕원릉朝鮮國 英宗大王元陵', '조선국 영조대왕원릉朝鮮國 英祖大王元陵', '조선국 정순왕후부좌朝鮮國 定順王后祔左'라고 각각 새겨져 있다. 처음 영조의 묘호는 영종이었다. 그 후 고종 때 영조로 추존하였다.

정순왕후 김씨가 영조를 곁에 두고 잠들어 있는 원릉元陵 능침 공간과 망주석·문무석인 모습이다. 영조는 원비 정성왕후 서씨가 서오릉의 홍릉에서 자신을 기다리고 있는 줄 알고 있으려나 모르겠다.

원비를 어이없게 만든 당돌한 계비 정순왕후 김씨 **379**

계비 정순왕후 김씨와 달리 우허제右虛制 곁에서 비가 오나 눈이 오나 영조를 기다리고 있는 원비 정성왕후 서씨의 홍릉弘陵 모습이다. 하지만 계비 정순왕후 김씨가 원릉元陵에서 영조를 꼭 붙들고 잠들어 있으니 우허제가 임무를 끝내기는 어려울 것이다. 홍릉弘陵의 봄은 언제 찾아올 수 있을까?

后懿仁王后와 합봉하였는데,《보략譜略》의 왕후 능 주註에 이르기는 '초호初號는 유릉裕陵이다.' 하였는바, 유릉을 목릉으로 고친 지가 하도 오래된 일이라서 고정考定하기가 어렵습니다. 또 합봉한 능침이 전후하여 열여덟 곳이나 되지만 표석表石은 모두 한 좌坐만 설치하였는데, 오직 영조英祖의 원릉元陵만은 정순왕후貞純王后와 합봉하여 신구新舊 두 표석을 썼습니다. 이는 모두 예문禮文과 제도制度에 관계된 일인 만큼 아래에서 천단擅斷할 수는 없는 일입니다"라는 기록이 『철종실록』에 실려 있다.

정순왕후 김씨의 능호는 원릉元陵이며 능은 쌍릉으로 조성되어 있다. 그녀는 서오릉의 홍릉弘陵에서 영조를 애타게 기다리고 있는 영조의 원비 정성왕후 서씨 곁으로 영조를 보내지 않았다. 정조의 뜻이었는지, 그녀의 뜻이었는지는 모르나 서오릉이 아닌 동구릉에 영조를 잠들게 한 뒤, 그 곁에 그녀가 나란히 잠들었다. 정순왕후 김씨는 원비 정성왕후 서씨와 달리 우허제右虛制 곁이 아닌 왕 곁에서 편안히 잠들었다. 53년을 해로한 조강지처보다 더 당당히 살다 간 왕의 여인이었으니 여한이 남아 있을 리 없다. 그녀는 경기도 구리시 동구릉로 197(인창동) 동구릉 안의 원릉元陵에 영조와 다정히 잠들어 있다. 그녀 역시 한 명의 자녀도 남기지 못했다. 계비 정순왕후 김씨에게 왕 곁을 빼앗긴 원비 정성왕후 서씨의 홍릉弘陵과 영조의 원릉元陵은 39km 정도 떨어져 있다.

21

왕비가 되어서야 마음을 놓았을 효의왕후 김씨

(제22대 왕 정조의 비)

효의왕후孝懿王后 김씨(1753~1821)는 청원부원군 김시묵(1722~1772)과 당성부부인 홍씨의 1남 1녀 중 외동딸로 1753년(영조 29년) 태어났다. 그녀는 조선 제22대 왕 정조(1752~1800)의 비가 되었다. 안타깝게도 그녀는 정조와의 사이에 자녀를 한 명도 낳지 못하여 왕을 낳은 왕비가 되지 못했다. 그녀의 본관은 청풍이다.

그녀는 신라왕족의 후예이며, 조선 제18대 왕 현종(1641~1674)의 비 명성왕후 김씨(1642~1683)와 친정이 같다. 명성왕후 김씨의 아버지 김우명의 현손으로, 같은 집안 출신이다. 그녀는 1762년(영조 38년) 10세에 세손비로 책봉되어 정조와 어의동 본궁에서 가례를 올렸으며, 1776년(정조 즉위년) 정조가 왕위에 오르자 그녀도 왕비에 올랐다.

그녀는 효자인 정조의 비라 그런지 효성이 어느 왕비보다 지극하여 시어머니인 혜경궁홍씨(1735~1815)를 지성으로 모셔 궁중에서 감탄하지 않은 사람이 없었다. 그리고 우애 또한 극진하였다. 일찍이 과부가 되어 영조가 마련해준 궁궐 안의 거처에 살고 있었던 그녀의 시고모인 화완옹주(1738~1808)가 그녀를 몹시 괴롭혔지만 조금도 개의치 않았고, 왕가의 자녀들을 돌보는 데도 정성을 아끼지 않았다.

효의왕후 김씨와 조선 제22대 왕 정조가 잠들어 있는 건릉健陵 전경이다.

전해오는 이야기에 따르면, 그녀는 성품이 개결介潔하고 사적인 감정에 치우치지 않아서 사가私家에 내리는 은택恩澤을 매우 경계하여 궁중에서 쓰고 남은 재물이 있어도 궁화宮貨는 공물이라 하여 사사로이 사가에 물화를 내린 적이 없다고 한다. 일생을 검소하게 보낸 효의왕후 김씨에게 생전에 여러 차례 존호를 올렸으나 그마저 모두 거절당하였다고 한다. 그래서 죽은 후에야 예경자수睿敬慈粹란 존호를 올렸다.

효의왕후 김씨가 정조와 함께 잠들어 있는 건릉健陵의 문무석인이 활짝 웃고 있다. 신라의 미소가 수막새, 백제의 미소가 서산의 마애삼존불이라면 조선의 미소는 바로 정조의 건릉 문무석인이 아닐까? 문석인보다 무석인이 더 함박웃음을 머금고 있다.

그녀와 정조와의 사이에 자녀는 없었다. 그로 인하여 세도정치가 뭔지를 보여준 홍국영(1748~1781)에게 갖은 모함을 받았다. 정조의 후궁으로 들어온 홍국영의 여동생 원빈元嬪 홍씨(1766~1779)를 그녀가 질투하여 죽게 만들었다는 누명까지 쓰는 수난을 겪기도 하였다. 원빈 홍씨는

건릉健陵의 비각과 그 안의 비석 모습이다. 비석에는 정조가 고종 때 황제로 추존되어 '대한 정조선황제건릉 효의선황후 부좌大韓 正祖宣皇帝健陵 孝懿宣皇后祔左'라고 새겨져 있다. 그 전의 비석은 없다.

13세에 후궁으로 간택되었지만 14세에 요절하고 말았다. 홍국영은 효의왕후 김씨가 왕자를 낳지 못하자 자신의 여동생을 정조의 후궁으로 들여 왕자를 낳으면 정조의 왕위를 계승시키려고 하였다. 그러나 원빈 홍씨가 정조의 후궁이 된지 일 년 만에 창덕궁의 희정당熙政堂에서 죽고 말았다. 홍국영은 그에 관한 누명을 효의왕후 김씨에게 씌우려 했다. 하지만 그 일로 오히려 홍국영의 세도는 꺾이고 말았다. 욕심이 너무 과하면 화가 미친다는 것을 홍국영이 알지 못해 승승장구하던 그의 말로가 비참하게 되었다. 과유불급過猶不及이란 말이 왜 생겨났는지 홍국영 역시 보여주었다.

효의왕후 김씨는 끝내 아들을 낳지 못하였다. 다행히 그녀 대신 정조의 후궁 수빈綏嬪 박씨(1770~1822)가 아들을 낳아 그 아들이 1800년(정조 24년) 정조가 죽고 난 뒤 왕위를 이어받을 수 있었다. 그가 바로 조선 제23대 왕 순조(1790~1834)였다. 수빈 박씨는 다른 후궁들과 달리 간택되어 들어온 조선 후기 명문가 출신이다. 사실 수빈 박씨보다 정조의 또 다른 후궁 의빈宜嬪 성씨(1753~1786)가 아들을 더 일찍 낳았다. 그런데 정조의 장자로 태어난 문효세자(1782~1786)가 그

효의왕후 김씨가 정조와 합장되어 잠들어 있는 건릉의 능침 공간 전경과 후경이다. 곡장 뒤에서 바라보면 안산과 조산이 한눈에 들어온다. 능침과 정자각이 건릉도 일직선은 아니다. 능침이 정자각에서 약간 오른쪽으로 벗어나 있다. 그래도 융릉보다는 건릉이 덜 벗어나 있다. 석마와 나란히 서 있는 문무석인의 모습 또한 아름답다.

만 5세에 죽고 말았다. 그의 죽음은 왕실 가족 모두에게 큰 슬픔을 안겨주었다. 그 후 8년 만에 순조(1790~1834)가 태어난 것이다. 수빈 박씨가 정조에게 너무나 귀한 선물을 안겨주었다. 그 아들이 왕위에 오르자 정조의 원비 효의왕후 김씨는 왕대비로 진봉되었다. 그리고 그녀는 1821년(순조 21년)까지 살다가 창경궁의 자경전慈慶殿에서 69세를 일기로 승하하였다. 그해에 시호가 효의孝懿로 되었고, 1899년(광무 3년) 선황후로 추상되었다.

그녀의 능호는 건릉健陵이며 능은 합장릉으로 조성되었다. 그런데 그녀의 남편 정조의 초장지는 원래 이곳이 아니었다. 시아버지 사도세자思悼世子와 시어머니 혜경궁홍씨惠慶宮洪氏가 잠들어 있는 융릉隆陵의 발치에 정조가 세상을 떠나 잠들어 있었다. 정조는 55세가 되면 아들 순조에게 왕위를 넘겨주고 어머니 혜경궁홍씨를 모시고 아버지의 현륭원(융릉)이 지척에 있는 수원 화성에 내려와 살기로 하였다. 그리하여 화성을 쌓고 화성행궁을 지었다. 그런데 50세까지도 살지 못하고, 49세 나이로 안타깝게 세상을 떠났다. 정조는 생전에 자신의 아버지인 사도세자 발치에 잠들기를 원했다. 그리하여 1800년(정조 24년) 정조가 세상을 떠나자 그의 뜻을 받들어 옛 강무당 터(옛 군사훈련장)에 정조의 건릉健陵을 조성하였다.

정조가 잠든 건릉健陵은 1821년(순조 21년) 정조의 비 효의왕후 김씨(1753~1821)가 승하하면서 21년 만에 건릉 자리가 길지가 아니라면서 사도세자의 발치가 아닌 융릉의 서쪽 산줄기로 천장하여 정조와 효의왕후 김씨를 합장하였다. 아파트를 짓기 위해 터를 닦다가 건릉의 정자각 터가 발굴되어 조사에 들어간 결과 그동안 밝혀지지 않았던 정조의 초장지였음이 드러났다. 정조의 건릉健陵이 천장되었다는 기사가 『정조실록』 1권에 〈정조대왕 천릉비문遷陵碑文〉이란 제목으로 실려 있어 현재 정조의 건릉이 천장되었음을 알 수 있다. "화성華城 현륭원顯隆園 동편 둘째 산등성이 해좌亥坐 언덕에 장사했다. 24년간 재위하고 수한은 49세였으며 신사년 9월 13일 다시 원의 바른편 기슭 자좌子坐 언덕으로 옮겨 모셨다"라고 기록되어 있다. 정조의 묘호가 처음에는 정종이었음도 알 수 있다. 조선 제26대 왕 고종 때 정종이 정조로 추존되었다. 『정조실록』에 정종으로 나와 있는 이유다. 『정조실록』의 〈정조대왕 천릉비문遷陵碑文〉보다 『순조실록』의 〈효의왕후 천릉지문遷陵誌文〉에 건릉이 천장된 설명이 더 자세히 나와 있다.

그녀가 정조와 합장되어 있는 합장릉 앞에는 원래 상석이 2개 있어야 맞는데 그녀의 시부모님인 사도세자와 혜경궁홍씨가 잠들어 있는 융릉隆陵처럼 상석을 1개만 놓았다. 건릉健陵은 융릉에 비해 화려함이 덜하다. 융릉은 병풍석을 화려하게 둘렀지만 건릉은 난간석만 둘렀다. 부모님의 묘보다 검소하게 조성하라는 정조의 유언이 있었기 때문이다. 건릉은 다른 왕릉들도 마찬가지지만 산새들의

사도세자(추존 장조)와 혜경궁홍씨(헌경왕후)가 합장되어 잠들어 있는 융릉隆陵의 능침 모습이다. 이보다 더 아름다운 능침은 없다. 병풍석을 바라보노라면 넋이 나갈 정도다.

합창이 더 크고 우렁차다. 산새들은 사도세자(추존 왕 장조)와 혜경궁홍씨(추존 왕비 헌경왕후)가 합장되어 잠들어 있는 융릉과 정조와 효의왕후 김씨가 역시 합장되어 잠들어 있는 건릉을 자유롭게 오가며 행복한 노래를 부른다.

효의왕후 김씨가 남편 정조와 함께 잠들어 있는 건릉健陵은 시부모님이 잠들어 계신 융릉隆陵과 같은 능역 안에 위치해 있다. 그녀가 왕위를 계승할 왕자는 낳지 못하였지만 정조보다 오래 살았기에 왕 곁에 잠들 수 있었을 것이다. 한편 정조의 뒤를 이어 왕위에 오른 순조의 어머니 수빈 박씨는 후궁이었으므로 왕을 낳았어도 왕 곁에 잠들 수는 없었다. 그러니 정조 곁을 그녀가 일찍이 찜해놓은 것이나 다름없었다.

그녀는 조선 왕릉 중 문무석인의 미소가 가장 아름다운 건릉健陵에 남편 정조와 편안히 잠들어 있다. 건릉을 관람하는 내내 문무석인의 미소에 흠뻑 빠져 마음이 아주 편안해진다. 그들을 바라보면 저절로 미소가 지어진다. 정조에게 자녀를 낳아주지 못해 마음고생을 많이 한 효의왕후 김씨도 이곳의 문무석인들처럼 환한 미소 속에 잠들어 있기를 소망해본다.

그녀는 효자 중의 효자 정조와 함께 경기도 화성시 효행로 481번길 21(안녕동)에 위치한 융·건릉 능역 안의 건릉健陵에 잠들어 있다. 그녀도 효부 중의 효부였다. 끝으로 그녀의 양자로 입적된 순조의 그녀에 대한 그리움이 절절히 배어나오는 글이 『순조실록』〈효의왕후의 애책문〉에 실려 있어 간추려 소개한다. "지극하신 우리 효의왕후孝懿王后께서 50년 동안 국모國母로 계셨지만 아무런 명예도 없고 자취도 찾아볼 수 없었으니, 이것은 태임太任·태사太姒같다고 할 것입니다. 오랫동안 백성들에게 혜택을 베푸시어 옛날 천붕天崩의 쓰라림을 달래었습니다. 사람들은 왕후를 의지하였는데 갑자기 승하하셨으니, 아! 애통합니다. 한번 화성에 가시어 돌아오지 않으시니, 토지신土地神에게 잿밥을 차려놓은 것이 어제 일만 같습니다. 궁궐은 적적하고 하늘은 멀기만 합니다. 의복을 펼쳐놓으면 강림降臨하신 것 같지만 그 의복에 절을 한들 그 누가 입겠습니까? 밤이슬을 밟고 슬픈 감회가 늘었는데 이미 가을이 되었고 깃이 달린 운아雲亞는 시간을 재촉하여 새벽이 다가왔으니, 아! 애통합니다. 건릉健陵을 바라보니 선왕의 원유苑囿와 가깝습니다. 그러나 풍수風水가 길하지 않아서 그 근처 언덕으로 이장하였습니다. 이미 능혈陵穴을 같이하였는데 하물며 부장祔葬한 시기가 같으니, 그 감회가 어떠하겠습니까? 아마 달 속에서 즐겁게 놀고 계실 것이므로 신명神明과 인간이 아무 여한이 없을 것입니다. 아! 애통합니다. 신선의 행차는 이미 멀어졌지만 그 덕망은 조금도 실추되지 않았습니다. 이제 선왕을 사모하는 마음도 다시 할 수 없이 멀어졌습니다. 해옥海屋에서 장수長壽할 기약이 어긋나 영구靈柩는

효의왕후 김씨와 정조가 문무석인의 미소 세례를 받으면서 잠들어 있는 건릉의 봄·여름·가을·겨울 능침 모습이다.

상여 끈에 묶이었습니다. 찬란한 깃발은 바람에 펄럭이는데 사책史策에 길이 드
리워 민몰泯沒되지 않을 것입니다. 아! 애통합니다."

　이 애책문哀冊文은 판부사 김재찬이 『순조실록』에 1821년(순조 21년) 지어 실린
글인데 그야말로 구구절절 효의왕후 김씨에 대한 순조의 눈물겨운 그리움이 배
어 있다. 정말 대단한 문장력이다. 문장 하나하나가 가슴 깊이 파고든다. 이 애
책문을 읽으며 순조는 많이도 흐느꼈을 것이다. 안타깝게도 그녀는 정조의 유
일한 왕비였지만 자녀를 한 명도 낳지 못했다. 하지만 효의왕후 김씨는 정조의
조강지처로 정조와 합장되어 건릉健陵에 잠들어 있다. 양자로 입적한 순조가 잠
든 인릉仁陵과는 42km 정도 떨어져 있다.

22

안동 김씨에게 세도정치 물꼬를 터준 순원왕후 김씨

(제23대 왕 순조의 비)

순원왕후純元王后 김씨(1789~1857)는 안동 김씨 세도정치의 기틀을 마련한 영안 부원군 김조순(1765~1832)과 청양부부인 심씨의 3남 5녀 중 장녀로 1789년(정조 13년) 태어났다. 그녀는 조선 제23대 왕 순조(1790~1834)의 비가 되었다. 그녀는 왕위를 이을 왕자를 둘이나 낳았지만 모두 일찍 죽는 바람에 왕을 만들지 못하여 실제 왕을 낳은 어머니는 되지 못하였다. 그녀의 본관은 안동이다.

그녀는 제23대 왕 순조의 원비로 추존 왕 문조(효명세자)의 어머니이며, 제24대 왕 헌종(1827~1849)의 할머니이다. 그녀가 1800년(정조 24년) 초간택, 재간택을 거쳐 삼간택을 앞두었을 때 갑자기 시아버지가 될 정조(1752~1800)가 세상을 떠났다. 그러자 영조의 계비인 정순왕후 김씨(1745~1805)의 외척인 김관주와 권유 등의 방해로 위기에 처하게 되었다. 그러나 다행히 1802년(순조 2년) 14세에 바로 왕비로 책봉되었다.

그동안 정순왕후 김씨의 가문인 경주 김씨 손에 의해 정권이 이리저리 휘둘렸는데 순원왕후 김씨가 왕비에 오르면서 정권이 교체되기에 이르렀다. 경주 김씨 가문에서 안동 김씨 가문으로 정권이 넘어간 것이다. 조선왕조는 왕비 가문이 움직였다고 해도 과언이 아닐 정도로 외척들 권세가 대단하였다. 그녀는 아버지 김조순과 오라비 김좌근으로 이어지는 안동 김씨 가문의 집권에 지대한

안동 김씨에게 세도정치 물꼬를 터준 추존 왕 문조(익종)를 낳은 순원왕후 김씨가 순조와 합장되어 잠들어 있는 인릉仁陵의 정자각·비각 모습과 전경이다. 정자각 월대에 올라 바라본 전망이 일품이다.

공헌을 한 사람이다. 무엇보다 영조의 계비 정순왕후 김씨가 순조의 수렴청정을 마친 뒤, 그 이듬해에 사망을 한 것도 안동 김씨 가문이 정권의 주도권을 잡는 데 도움이 되었다. 경주 김씨 가문이 무려 50년 가깝게 정권을 잡고 흔들 수 있었던 것은 정순왕후 김씨가 영조의 계비가 되면서부터였다. 그런데 그녀가 사망함으로써 경주 김씨 가문은 저절로 힘을 잃게 되었다. 외척세력에게 왕비가 미치는 영향이 어느 정도인지를 정순왕후 김씨가 마음껏 보여주다가 세상을 떠난 셈이다.

정순왕후 김씨 가문에서 순원왕후 김씨 가문으로 정권이 넘어옴에 따라 이제 60여 년의 안동 김씨 세도정치가 펼쳐지게 되었다. 조선왕조 후기 정치는 안동 김씨 손아귀에서 조종되었다고 해도 틀린 말이 아니다. 조선 제23대 왕 순조대부터 시작된 안동 김씨의 세도정치는 조선 제24대 왕 헌종, 조선 제25대 왕 철종에 이르기까지 3대에 걸쳐 계속되었다. 이는 안동 김씨 가문이 연달아 3대에 걸쳐 왕비를 배출한 게 이유면 이유다. 누구도 안동 김씨의 독주를 막을 길이 없었다. 모든 요직은 안동 김씨 척족세력들과 그 추종자들에게 독식되었고, 감히 타성他姓이 주요 관직을 맡을 수는 없었다. 이씨가 왕이었지만 그 당시 나라는 김씨가 다스렸다고 해도 반론을 제기할 사람은 없어 보인다. 김씨의 힘이 이씨의 힘보다 더 크게 정치에 영향을 미쳤다. 그 당시는 안동 김씨 가문 출신들이 출세를 할 수밖에 없었다. 그래서 사람은 시대 운을 잘 타고나야 출세할 수 있다고 하나 보다.

그래도 안동 김씨 가문 출신 중에 방랑시인 김삿갓(김병연)은 출세를 멀리하였다. 그는 1807년(순조 7년) 태어나 1863년(철종 14년) 세상을 떠났지만 나랏일에 일체 관여하지 않았다. 그는 과시科試로 향시鄕詩에서 할아버지인 줄 모르고 할아버지를 조롱하는 시를 써서 장원까지 하였다. 그 뒤 어머니로부터 그동안 몰랐던 집안 내력을 듣고 조상을 욕되게 한 죄인이라는 자책으로 관직에 나가지 않았다. 그는 자신은 푸른 하늘을 볼 수 없는 죄인이라면서 평생 삿갓을 쓰고

순원왕후 김씨와 순조가 함께 잠들어 있는 인릉仁陵의 비각과 비석들이다. 왼쪽 비석에는 '조선국 순조대왕인릉 순원왕후부좌朝鮮國 純祖大王仁陵 純元王后祔左'라고 새겨져 있고, 오른쪽 비석에는 '대한 순조숙황제인릉 순원숙황후부좌大韓 純祖肅皇帝仁陵 純元肅皇后祔左'라고 새겨져 있다. 대한제국 수립 후 고종 때 순조가 황제로 추존되어 비석이 하나 더 세워졌다.

얼굴을 가린 채 여기저기 떠도는 방랑생활을 하다가 죽었다. 방랑시인 김병연(1807~1863)이 6세 때 선천부사였던 그의 할아버지 김익순(1764~1812)은 평안도 농민전쟁 시 홍경래에게 항복한 죄로 처형당하였다. 그분이 친할아버지인 줄 모르고 할아버지를 조롱하는 시를 지었던 김병연이었다. 그는 김익순이 할아버지라는 사실을 알고 20세부터 전국을 돌면서 즉흥시를 써서 여기저기에 남겼다. 그가 천재시인인 것은 분명하다. 영주의 부석사浮石寺 안양루安養樓를 비롯하여 전국에 그의 시가 많이 남아 있다. 그의 묘는 영월에 있으며 곳곳에 방랑시인답게 흔적을 많이 남겼다.

안동 김씨에게 세도정치의 문을 열어준 순원왕후 김씨는 순조와의 사이에 2남 3녀를 두었다. 그 중 순조의 뒤를 이어 왕위를 계승할 왕자가 있었다. 그가 효명세자孝明世子였다. 효명세자는 서자 출신이었던 아버지 순조와 달리 적장자 출신이었다. 효명세자 아래로 차남이 태어나긴 했으나 조기 사망하였으므로 그녀에게 효명세자는 하나뿐인 아들이었다. 그러나 효명세자는 대리청정을 시작한 지 4년 만인 22세에 안타깝게 세상을 떠나고 말았다. 그나마 그녀에게 불행 중 다행으로 4세가 된 아들이 있었다. 그가 순조의 뒤를 이어 8세에 왕위를 계승한 조선 제24대 왕 헌종(1827~1849)이었다. 그런데 그녀의 적손인 헌종도 23세에 갑작스럽게 요절을 하고 말았다.

그녀의 손자 헌종은 초등학교 1학년 나이에 조선의 제24대 왕으로 즉위하였다. 그러나 한 명의 자녀도 남기지 못한 채 사망하였다. 헌종은 조선의 27명 왕들 중에 가장 어린 나이에 왕이 되었다. 그렇게 어린 나이에 왕이 되었으니 과중한 스트레스가 명을 단축시켰을지도 모른다. 그 결과 헌종의 뒤를 이어 누가 왕위를 이어갈 것인지 조정은 술렁일 수밖에 없었다. 순원왕후 김씨는 아들 효명세자에 이어 손자인 헌종마저 일찍 잃고 말았으니 그 슬픔은 무엇으로도 위로가 안 되었을 것이다. 그녀의 손자 헌종이 왕위에 올라 세상을 떠난 그녀의 아들 효명세자는 익종대왕翼宗大王으로 추존되었다.

『순조실록』1권의 〈순조 대왕 행장行狀〉에 순조의 비인 순원왕후 김씨의 일대기가 간략히 소개되어 있다. "아! 슬프다. 명경왕비明敬王妃는 2남 3녀를 탄생하였다. 장남은 곧 효명세자孝明世子인데 이 세자가 금상전하今上殿下를 낳았다. 금상전하가 즉위하여 세자를 익종대왕翼宗大王으로 추존追尊하였다. 차남은 일찍 졸서卒逝하였다." 명경왕비明敬王妃는 순원왕후 김씨를 가리키고, 금상전하는 헌종을 가리킨다. 그녀의 두 딸도 결혼을 했지만 둘 다 일찍 졸서하였다. 그러고 보면 그녀는 왕비에 올라 오래 살았지만 자녀 복은 없어도 너무 없었다. 나아가 손자복도 없었다.

그녀는 손자인 헌종이 세상을 떠나자 며느리인 헌종의 어머니 효명세자빈(신정왕후 조씨)과 소리 없는 두뇌싸움을 시작하였다. 헌종이 왕위에 오르면서 효명세자가 왕으로 추존되었고, 그녀의 며느리도 왕비로 추존되었다. 그녀의 며느리는 풍양 조씨 가문 출신이다. 급기야 풍양 조씨 가문과 안동 김씨 가문의 세력다툼이 시작된 것이다. 그러나 순원왕후 김씨는 풍양 조씨 가문 출신인 며느리보다 손을 먼저 썼다. 순원왕후 김씨는 방계혈통 중 사도세자의 증손자인 강화도령 원범(철종)을 지목하여 왕위를 잇게 하였다. 그리고 자신의 외척인 김문근의 딸을 철종(1831~1863)의 비로 책봉하면서 안동 김씨의 세도정권이 절정기를 맞게 되었다. 풍양 조씨 가문이 안동 김씨 가문을 이기지 못하였다. 시어머니인 순원왕후 김씨(1789~1857)의 뜻을 며느리인 신정왕후 조씨(1808~1890)가 거역할 수도 없었을 것이다.

순원왕후 김씨는 그녀의 뜻대로 1849년(헌종 15년) 강화도에서 농사짓고 있던 강화도령(철종)을 자신의 아들로 입적시켜 왕위에 올리고, 손자인 헌종에 이어 두 번째 수렴청정垂簾聽政을 하였다. 철종은 그녀의 뜻대로 효장세자(추존 왕 문조)의 동생으로 입적되었다. 그녀의 차남으로 입적된 것이다. 철종의 항렬은 헌종의 아버지 효장세자와 같았다. 6촌 간이었다. 그런데 그녀로 인해 헌종에게 7촌간이었던 철종이 헌종의 숙부가 되었다. 그 결과 철종은 선왕이었던 헌종의 숙

세도정치가 어떤 것인지 확실히 보여줄 수 있게 다리가 된 제23대 왕 순조의 비 순원왕후 김씨가 순조와 합장되어 잠들어 있는 인릉仁陵의 전경과 후경 그리고 장명등 모습이다.

부가 되어 왕위에 올랐다. 그리고 여왕 노릇을 두 번이나 했던 그녀는 1857년(철종 8년) 69세 나이로 창덕궁의 양심각養心閣에서 세상을 떠났다.

순원왕후 김씨의 능호는 인릉仁陵이며 능은 합장릉으로 조성되었다. 그녀는

순조와 합장되었다. 원래 인릉의 초
장지는 파주 인조의 장릉長陵 서쪽
언덕에 있었다. 그런데 풍수지리상
불길하다고 하여 1856년(철종 7년)
현재 자리로 천장되었다. 조선 제
3대 왕 헌종이 원경왕후 민씨와 나
란히 잠들어 있는 헌릉獻陵 곁이다.
인릉이 들어선 자리는 제4대 왕 세
종과 소헌왕후 심씨의 영릉英陵과
제11대 왕 중종의 계비 장경왕후
윤씨의 희릉禧陵이 있었던 자리 근
처로 알려져 있다. 세종의 영릉은
이곳에서 1469년(예종 1년) 여주로
천장되었고, 1537년(중종 32년) 장경

인릉仁陵을 불철주야 수호하고 있는 문무석인과 석마들 모
습이다.

왕후 윤씨의 희릉禧陵은 고양의 서삼릉으로 천장되었다.

　그리하여 인릉仁陵의 능침에는 『국조상례보편』의 제도를 따라 병풍석 없이
난간석만 둘렀다. 천장 후 편찬한 『인릉천봉산릉도감의궤』를 보면 능침 석물을
다시 사용한 기록이 있다. 다시 사용한 석물은 1469년(예종 1년)에 세종의 영릉英
陵을 천장하고 묻은 구 영릉英陵 석물과 1537년(중종 32년)에 장경왕후 윤씨의 희
릉禧陵을 천장하고 묻은 구 희릉禧陵 석물이다. 따라서 문무석인·석마·장명등·혼
유석·망주석·석양·석호 등 대부분의 석물은 구 영릉과 구 희릉의 석물을 다시
사용하였고, 일부 석양·망주석·석마는 새로 제작하였다. 이는 왕릉 천장으로 드
는 국고문제를 해결하기 위해서 조치한 것이라고 한다. 그럼 서울 청량리 세종
대왕기념관 뜰에 서 있는 석물들은 세종대왕의 구 영릉英陵 석물들이 아니란 말
인가? 세종의 영릉 석물들과 중종의 계비 장경왕후 윤씨의 희릉 석물들은 우람

한 편인데 이곳 인릉의 석물들은 아담한 편이다. 이래저래 궁금증만 자꾸 더 늘어난다.

　순원왕후 김씨는 두 아들을 낳았지만 둘 다 왕위에 오르기 전 일찍 죽어 왕위에 올릴 수 없어 안타까웠지만 여왕 노릇을 2대에 걸쳐 한 왕비였다. 친정 가문까지 반석 위에 올려놓았으니 왕비로서 아쉬움 없이 살다 간 왕비다. 그녀는 왕을 낳은 어머니는 되지 못했지만 추존 왕을 낳은 어머니는 되었다. 세자 시절에 죽은 아들 효명세자가 손자 헌종에 의해 왕으로 추존되었기 때문이다. 그녀는 왕 곁에 잠들어 있는 왕비들 중 그래도 행복한 왕비에 뽑힐 만한 왕비이다. 서울특별시 서초구 헌인릉길 34(내곡동) 헌·인릉 능역 안의 인릉仁陵에 순조와 함께 합장되어 편안히 잠들어 있다. 그녀가 남편 순조와 한 능침에 잠든 인릉仁陵과 그녀의 아들 효명세자(추존 왕 문조)의 수릉綏陵과는 27.57km 정도 떨어져 있다.

23

왕 곁에 계비와 함께 잠든 효현왕후 김씨

(제24대 왕 헌종의 원비)

효현왕후孝顯王后 김씨(1828~1843)는 영흥부원군 김조근(1793~1844)과 한성부부인 이씨의 외동딸로 1828년(순조 28년) 태어났다. 그녀는 조선 제24대 왕 헌종(1827~1849)의 원비가 되었다. 그러나 너무 어린 나이에 병에 걸려 죽는 바람에 자녀도 남기지 못하였다. 그녀의 본관 역시 안동이다.

그녀는 1837년(헌종 3년) 10세에 왕비로 책봉되었지만 4년 뒤인 1841년(헌종 7년) 14세 때 한 살 위인 헌종과 가례를 올렸다. 하지만 그녀는 왕비에 오른 지 2년 만인 1843년(헌종 9년) 세상을 떠났다. 안타깝게도 16세, 이팔청춘 꽃다운 나이에 후사를 남겨놓지 못한 채 병에 걸려 세상을 떠났다.

조선의 왕비를 보면 헌종의 원비 효현왕후 김씨처럼 꽃봉오리 시절에 세상을 뜬 세자빈이나 왕비가 생각보다 많다. 부모님 슬하를 너무 일찍 떠나 구중궁궐九重宮闕에서 적응하기 어려워 요절한 것은 아닌지 모르겠다. 모두가 낯선 사람들 틈에서 낯선 행동을 하면서 살아가기 힘들었을 것으로 보인다. 무엇보다 궁

헌종의 원비 효현왕후 김씨가 계비 효정왕후 홍씨와 함께 헌종 곁에 나란히 잠들어 있는 경릉景陵을 홍살문 밖과 안, 그리고 사초지 아래서 바라본 모습이다. 경릉은 조선 왕릉 중 유일하게 삼연릉으로 조성된 왕릉이다. 봉분이 세 개 나란히 자리하고 있지만 아래서는 세 개의 능침이 보이지 않는다.

궐에 갇혀 살면서 무섭고, 외로움을 견디기 어려웠을 것이다. 그녀의 남편 헌종의 비문碑文에 그녀의 간략한 약력이 기록되어 있다. 『헌종실록』〈헌종대왕 비문碑文〉을 보면, "비문에 이르기를 헌종경문위무명인철효대왕憲宗經文緯武明仁哲孝大王은 숭정기원후崇禎紀元後 2백 년인 정해년 7월 18일에 탄생하여 경인년 11월에 즉위하였으며 기유년 6월 6일에 승하하시어 이 해 10월 28일에 양주楊州 건원릉健元陵 서강西岡 유좌酉坐의 언덕에 장사하니, 재위在位는 15년이고 수壽는 23세이시다. 원비元妃 효현왕후孝顯王后 김씨金氏는 무자년 3월 14일에 탄생하여 정유년에 왕비에 책봉되고 계묘년 8월 25일에 승하하시어 12월 2일에 장사하니 수는 16세이시다"라고 영의정이 지은 글이 기록되어 있다. 너무나도 안타깝다. 그녀는 꽃처럼 예쁜 소녀 시절에 생을 마감한 게 아닌가. 애달프기 그지없다. 그녀는 2년간 남편 헌종의 원비로 살았다.

헌종의 원비 효현왕후 김씨가 잠들어 있는 경릉景陵의 비각·비석·수복방이다. 비석에는 '대한 헌종성황제경릉 효현성황후부좌 효정성황후부좌大韓 憲宗成皇帝景陵 孝顯成皇后祔左 孝定成皇后祔左'라고 새겨져 있다. 하나의 비석에 세 명이 소개되어 있다. 왕과 원비, 계비가 나란히 잠들어 있기 때문이다.

너무나 젊은 나이에 세상을 떠난 효현왕후 김씨의 능호는 경릉景陵으로, 능은 삼연릉三連陵으로 조성되었다. 그녀는 헌종과 헌종의 계비인 효정왕후 홍씨 사이에 잠들었다. 그녀가 일찍 죽었지만 왕 역시 일찍 죽어 생각보다 일찍 왕 곁에 잠들게 되었다. 그녀가 왕 곁에 잠들 수 있었던 것은 계비인 효정왕후 홍씨가 일조를 했기 때문이다. 계비가 왕자를 낳아 왕의 어머니가 되었으면 그녀는 원비여도 왕 곁에 잠들기 어려웠을지도 모른다.

14세에 왕비가 되어 16세에 죽은 헌종의 원비 효현왕후 김씨가 계비 효정왕후 홍씨와 함께 왕 곁에 나란히 잠든 경릉景陵의 문무석인들 모습이다. 그나마 표정이 밝아서 좋다. 이 목구비가 선이 굵은 게 늠름해 보이기까지 하다.

헌종의 원비 효현왕후 김씨는 어린 나이에 왕비가 되어 소생도 없이 일찍 죽었지만 죽어서나마 대접을 받고 있으니 다행한 일이다. 그녀는 왕과 2년 동안 부부가 되어 살았지만 영원한 조선의 왕비로 남았다. 그녀는 경기도 구리시 동구릉로 197(인창동) 동구릉 능역 안의 경릉景陵에 계비와 더불어 왕 곁에 나란히 잠들어 있다. 그녀는 밤이 되어도 왕 곁에 잠들어 무섭지도, 외롭지도 않을 것 같다. 생각하면 할수록 너무 어린 나이에 세상을 떠난 그녀가 애처롭다. 꽃도 피워보지 못하고, 날개도 펴보지 못하고, 무엇을 위해 태어났는지도 모르고 이 세상을 저버린 것 같아 슬프다.

『조선왕조실록』에도 그녀에 대해 별 전하는 기록이 없다. 그도 그럴 수밖에 없을 것이다. 인생이 너무나 짧았고, 왕비 재위기간도 2년밖에 안 되었으니 무슨 전할 말이 있었겠는가. 『헌종실록』 10권에 따르면, 1843년(헌종 9년) 9월 2일

효현왕후 김씨가 남편인 헌종과 계비 효정왕후 홍씨와 나란히 잠들어 있는 경릉景陵의 능침 전경과 후경이다. 그리고 능침에서 바라본 정자각 뒷모습이다. 경릉은 삼연릉으로 조성되었다. 이곳에서 소통과 배려가 어떤 모습인지 깨닫는다. 조선 왕릉 중 삼연릉 모습을 처음 대했지만 전혀 낯설지 않았다. 왕과 원비, 계비가 나란히 손잡고 잠들어 있는 것 같아 매우 평화로워 보였다.

그녀가 세상을 떠나자 인자하고 은혜로우며 어버이를 사랑한다는 뜻의 효孝, 착한 행실이 안팎에 나타나는 것을 뜻하는 현顯의 의미를 담은 효현孝顯이란 시호諡號를 붙여주었다. 시호와 함께 올린 휘호는 단성수원경혜정순효현왕후端聖粹元敬惠靖順孝顯王后이다. 그리고 전호殿號를 휘정徽定, 능호陵號를 경릉景陵이라 하였다. 그녀는 헌종과의 사이에 한 명의 자녀도 남겨놓지 못했다. 그녀의 짧은 인생만큼이나 그녀를 소개해줄 이야기가 짧다.

　　조선 제8대 왕 예종의 원비 장순왕후 한씨는 예종과 혼례를 치른 뒤 1년 7개월 동안 부부로 살다가 17세에 인성대군을 낳고 산후통으로 세상을 떠났다. 그런데 효현왕후 김씨는 제24대 왕 헌종과 혼례를 치른 뒤 2년 정도 부부로 살았으니 장순왕후 한씨보다는 몇 달 더 결혼생활을 하다가 세상을 떠난 셈이 된다. 하지만 장순왕후 한씨보다 1세가 더 어린 16세에 세상을 떠났으니 무슨 말을 더 할 수 있겠는가. 조선의 왕비들 중 이들 두 왕비가 가장 어린 나이에 꿈도 이루지 못하고, 세상 구경도 제대로 못하고, 부모형제와 떨어져 살다가 눈을 감았다.

24

왕 곁에 원비와 함께 잠든 효정왕후 홍씨

(제24대 왕 헌종의 계비)

효정왕후孝定王后 홍씨(1831~1903)는 익풍부원군 홍재룡(1794~1863)과 연창부부인 안씨의 외동딸로 1831년(순조 31년) 태어났다. 그녀는 조선 제24대 왕 헌종(1827~1849)의 계비가 되었다. 그녀도 원비와 마찬가지로 한 명의 자녀도 낳지 못하여 왕의 어머니는 될 수 없었다. 그녀의 본관은 남양이다.

그녀는 헌종의 원비인 효현왕후 김씨가 1843년(헌종 9년) 세상을 떠나자 1844년(헌종 10년) 원비와 마찬가지로 경희궁의 숭정전崇政殿에서 14세에 왕비로 책봉되었다. 그러나 그녀가 왕비에 오른 지 5년 가까이 되었을 때 남편인 헌종이 1849년(헌종 15년) 23세의 젊은 나이로 세상을 떠났다. 그 결과 그녀는 20세도 안 되어 그만 과부가 되고 말았다. 헌종은 원비와 2년, 계비와 5년 정도 살고는 요절하고 말았다. 헌종과 두 왕비 사이에 자녀가 태어나지도 못했다. 후궁인 숙의 김씨 사이에서만 딸이 태어났으나 조기 사망하여 헌종은 자녀를 한 명도 남기지 못하고 세상을 떠났다. 헌종에게 궁인 김씨가 낳은 딸이 하나 있었다는 사

헌종의 계비 효정왕후 홍씨와 원비 효현왕후 김씨가 제
24대 왕 헌종과 셋이서 나란히 잠들어 있는 경릉景陵의 전경
이다. 계절마다 색다른 모습을 연출한다.

실이 『헌종실록』 1권, 총서에 간략
하지만 자세히 나와 있다. "한 분의
딸을 궁인宮人 김씨가 낳았는데 일
찍 졸卒하였고, 후사後嗣는 없다"고
기록되어 있다.

　　헌종에게 유일한 딸을 낳아준
궁인 김씨는 고종 때 가서야 후궁
으로 인정을 받았다. 그 내용이 〈헌
종 때의 궁인 김씨에게 숙의로 작
위를 봉하다〉란 제목으로 1906년(대한 광무 10년) 『고종실록』 47권에 실려 있다.
"헌종조憲宗朝에 승은承恩을 입은 궁인宮人 김씨金氏에 대해서 지난날 이해를 생각
하니 특별히 은전을 베풀어야 할 것이니 숙의淑儀로 봉작封爵하라"고 하였다는
기록이 남아 있다. 비록 헌종과의 사이에 태어난 유일한 딸이 조기 사망했지만
늦게나마 다행한 일이다. 어쨌거나 헌종의 부인이었던 게 아닌가.

　　효정왕후 홍씨의 남편인 헌종(1827~1849)은 후사를 한 명도 남겨놓지 못하
고 세상을 떠나고 말았다. 그 바람에 강화도령 철종(1831~1863)이 순원왕후 김씨
(1789~1857)의 양자가 되어 헌종의 왕위를 이어받아 조선 제25대 왕으로 즉위하
였다. 순원왕후 김씨는 순조의 비로 헌종에겐 할머니다. 철종이 즉위함에 따라
철종의 계비 효정왕후 홍씨는 왕비가 된 지도 얼마 되지 않았는데 19세의 젊은
나이로 대비가 되었다. 그 뒤 1857년(철종 8년) 시할머니 순원왕후 김씨가 세상을
떠난 다음에는 왕대비가 되었다. 그녀는 왕대비가 되었지만 하루하루 무료하게
생활을 이어나갔다. 그리고 철종이 세상을 떠난 뒤부터 대비에 오른 철종의 비
철인왕후 김씨(1837~1878)와 어린 궁녀를 대비전에서 돌보는 일을 하였다. 그녀
가 돌본 궁녀가 조선의 마지막 궁녀인 천일청千一淸 상궁이다.

　　1864년(고종 1년) 『고종실록』의 〈철종 대왕의 묘지문〉에도 헌종에게 후사가

삼연릉인 경릉景陵 정자각의 정면과 측면, 그리고 정자각 월대에 올라가 내려다본 전경이다.

없자 순조의 비 순원왕후 김씨에 의해 강화에 살고 있던 철종이 인정문仁政門에 서 즉위한 사실이 나와 있다. "기유년(1849) 6월 임신일壬申日에 헌종대왕憲宗大王 이 승하하시고 후사後嗣가 없자 순원왕후께서 이르기를, '영종대왕英宗大王의 혈 맥血脈은 오직 헌종憲宗과 임금뿐이다.' 하시고, 드디어 큰 계책을 정하고 강화江華 의 잠저潛邸에서 봉영奉迎하셨습니다. 처음에는 덕완군德完君으로 봉하였다가 그 달 9일에 관례冠禮를 행하고 빈전殯殿에서 대보大寶를 받은 다음 인정문仁政門에서 즉위하였으며 중궁전中宮殿을 높여 대비大妃로 삼았습니다. 대왕대비大王大妃와 왕대비王大妃께서는 이미 갑오년(1834)에 존칭을 받았습니다"라는 기록이 실려 있다.

헌종의 계비 효정왕후 홍씨는 남편도 자녀도 없이 무심한 세월과 오랫동안 친구하면서 왕실의 큰일을 많이 겪었다. 그녀는 남편 헌종(1827~1849)의 승하에서부터 시할머니 순원왕후 김씨(1789~1857)의 승하, 철종(1831~1863)의 즉위와 승하, 철종의 비인 철인왕후 김씨(1837~1878)의 승하, 시어머니이자 대왕대비인 신정왕후 조씨(1808~1890)의 승하, 이어서 흥선대원군(1820~1898)의 아들 고종(1852~1919)의 즉위 등을 지켜보아야 하였다. 그녀의 시어머니 신정왕후 조씨는 83세까지 살았다. 그녀는 무려 46년가량 홀시어머니를 곁에서 모신 셈이다.

그녀의 시아버지 효명세자(1809~1830)가 왕위에도 오르지 못하고 세상을 일찍 떠나는 바람에 시어머니 신정왕후 조씨는 실제로 왕비 자리에 오르지 못했다. 그런데 신정왕후 조씨는 요절한 효명세자(추존 왕 문조)의 명을 보태 살기라도 하듯 장수하였다. 신정왕후 조씨에 비하면 효정왕후 홍씨가 더 안되었다. 왕위에 올릴 아들은커녕 손자도 없었으니 하는 말이다. 그녀는 고종의 비 명성황후 민씨(1851~1895) 살해사건과 흥선대원군(1820~1898) 부부의 죽음까지 지켜보았다. 그녀는 조선 말 왕실의 큰일만 수없이 치르다가 재미없고 지루했을 세상을 길게 살다가 떠났다. 그녀의 일생은 상복을 벗을 날이 별로 없었을 것이다.

그녀는 시어머니 신정왕후 조씨가 승하하면서 왕실의 최고 어른이 되었다. 남편을 10대에 잃고 자녀도 없이 왕실 어른이 되어 70대까지 살다가 음력으로는 1903년(광무 7년) 11월 15일, 양력으로는 1904년(광무 8년) 1월 2일, 경운궁(덕수궁) 수인당壽仁堂에서 세상을 떠났다. 그녀는 헌종을 떠나보내고 청상과부가 되어 55년 동안 궁궐에 홀로 남아 외롭고도 고독했을 삶을 참으로 오래도록 펼쳤다. 왕실 치다꺼리만 오랫동안 하다가 73세에 덧없는 인생을 접었다.

그녀의 성품을 알 수 있는 애책문哀冊文의 앞부분만 읽어봐도 그녀가 어떤 왕비였는지 알 수 있다. "그녀는 인척들이 높은 벼슬을 지내는 것을 경계하여 사적인 문제에 대해 말하지 않았으며, 목소리가 안방에서 울려나가게 말한 적이

헌종의 원비 효현왕후 김씨가 잠들어 있는 경릉景陵의 비각·비석이다. 비석에는 '대한 헌종성황제경릉 효현성황후부좌 효정성황후부좌大韓 憲宗成皇帝景陵 孝顯成皇后祔左 孝定成皇后祔左'라고 새겨져 있다. 하나의 비석에 세 명이 소개되어 있다. 왕과 원비, 계비가 나란히 잠들어 있기 때문이다.

없으며, 교화는 이미 널리 펼쳤다. 또한 나라의 재물에 손해를 줄까 싶어 옷은 우리나라에서 나는 천으로만 지어 입었고, 백성들의 굶주림을 염려하여 음식을 줄였다. 미물微物들에게도 골고루 은혜를 베풀어, 화초는 북돋아 키우고 처마 밑에 떨어진 참새 새끼도 날 수 있을 때까지 키워주었다. 근면하고 검소했기 때문에 칭찬들이 많으니, 그녀의 아름다운 내력을 사책史冊에 어찌 다 기록하겠냐"고 1904년(고종 41년) 3월 15일 『고종실록』에 〈명헌태후의 애책문哀冊文〉이란 제목으로 실려 있다.

명헌태후明憲太后는 바로 효정왕후 홍씨를 일컫는 것이다. 현재의 덕수궁인 경운궁慶運宮 수인당壽仁堂에서 세상을 떠난 그녀의 정식 시호는 명헌숙경예인정목홍성장순정휘장소단희수현의헌강수유령자온공안효정왕후明憲淑敬睿仁正穆弘聖章純貞徽莊昭端禧顯懿獻康綏裕寧慈溫恭安孝定王后로 엄청 길다. 그녀의 애책문哀冊文에 "만백성이 비 오듯 눈물을 흘리고 온갖 신령들이 별처럼 여기저기서 모여 오는데 정숙한 대궐과 영원히 이별하고 머나먼 교외로 떠나갑니다. 우리 황상폐하皇上陛下

는 태후太后의 궁宮이 영영 닫히게 되었음을 슬퍼하고 어두컴컴한 저승을 구슬피 생각하면서 이에 신에게 명을 내리시어 공경히 애책문을 지어 올리도록 하였습니다"라는 내용도 실려 있다. 앞에서도 말했지만 애책문哀冊文을 짓는 사람들은 하나같이 애달프고 구슬픈 문장만을 어디서 찾아내는지 참 잘도 만들어낸다. 비유도 아주 잘한다. 여기서 황상폐하는 고종황제를 말한다.

그녀의 능호는 경릉景陵이며 능은 삼연릉三連陵으로 조성되어 있다. 남편인 헌종 곁에 원비 효현왕후 김씨, 그리고 그녀가 나란히 안장되어 있으며 조선 왕릉 중 유일하게 삼연릉 방식으로 조성되어 눈길을 끌고 있다. 그녀에게 옥책玉冊과 금보金寶를 올린 내용이 〈왕대비전에게 가상하는 존호 옥책문과 금보를 올리고 진하를 받고 대사령을 반포하다〉란 제목으로 1890년(고종 27년) 1월 27일 『고종실록』에 기록되어 있다. 헌종의 계비 효정왕후 홍씨는 계비였지만 철종 대와 고종 대까지 55년 동안 하늘에 구름이 지나가는 것같이 조용히 살다가 세상을 떠난 왕비라고 칭송받고 있다. 기막힌 표현이 아닌가. 하지만 한 명의 자녀도 낳지 못한 그녀의 삶은 그럴 수밖에 없었을지도 모른다. 『고종실록』에 실려 있는 "훌륭한 덕이 역사에 기록되고 유순한 빛이 왕후의 자리에 어울린다. 충성스럽고 곧은 것을 이름 있는 가문에서 이어받아 품성이 법도에 맞았고, 왕실에서 왕비자리를 이어 행동이 규범에 맞았다. 선왕의 훌륭한 정사를 도우니 하늘에 구름이 지나가는 것과 같이 조용했으며, 거룩한 어머니를 기쁘게 봉양하니 봄기운이 사방에 퍼지듯 화기로웠다. 말이 곧 법이 되고, 행동이 곧 규범이 되었다"라는 글을 읽으며 헌종의 계비 효정왕후 홍씨에 대해 더 이상의 칭찬은 필요 없을 것 같았다. 그녀의 성품을 본받고 싶은 마음뿐이었다.

헌종의 계비 효정왕후孝定王后 홍씨도 원비 효현왕후孝顯王后 김씨와 마찬가지로 자녀를 낳지 못하였다. 그 덕으로 왕 곁에 함께 잠들 수 있게 되었다. 그녀가 잠들어 있는 삼연릉 모습은 어느 왕릉의 모습보다 아름답다. 보면 볼수록 평화로워 보인다. 원비와 계비가 함께 왕 곁에 잠들지 못한 것을 보면 왠지 모르게

헌종·원비 효현왕후 김씨·계비 효정왕후 홍씨가 나란히 잠든 경릉景陵의 삼연릉 모습이다. 만추에 석양빛을 받으며 문무 석인이 석마를 대동하고 늠름하게 서 있다. 능침은 세 개지만 장명등은 하나다. 그 창으로 내다본 풍경은 석양빛을 받아 찬란하기만 하다.

마음이 편안하지가 않다. 홀로 잠든 원비를 생각해도 그렇고, 계비를 생각해도 안돼 보인다. 그런데 경릉景陵은 그런 걱정을 할 필요가 없다. 왕 곁에 원비와 계비 모두 함께 잠들었기 때문이다.

그녀는 동구릉의 마지막 입주자가 되어 원비와 함께 왕 곁에 나란히 잠들어 있다. 그녀가 잠들어 있는 경릉景陵은 경기도 구리시 동구릉로 197(인창동) 동구릉 능역 안에 위치해 있다. 그녀의 애책문哀冊文뿐 아니라 묘지문墓誌文도, 행록行錄

도, 구구절절 잘도 지었다. 가슴이 따뜻한 문장가들이 많았던 모양이다. 그래도 왕들 중에는 영조가 애책문과 묘지문 등을 짓는 데 으뜸이 아니었나 싶다. 장수왕이기도 했지만 많은 애책문과 묘지문을 남겼다.

남편인 헌종과 몇 년 살지 못하고 홀로 구중궁궐에서 55년을 어른들 모시면서 살다가 어른이 되어 세상과 이별하고 왕 곁에 잠든 헌종의 계비 효정왕후 홍씨의 애틋한 애책문哀冊文을 끝으로 싣는다. 그녀의 애책문哀冊文은 영돈녕원사 심수택이 지었다. 글이 마음을 움직이게 한다. 그녀의 일생을 생각하니 이 글을 지은 영돈녕원사 심수택의 마음처럼 나도 슬프다.

"산릉山陵은 경릉景陵의 곁에다 좋은 자리를 잡았습니다. 봉황새가 춤을 추고 용이 날아드니 신령이 아껴두고 귀신이 숨겨둔 곳입니다. 아름다운 기운이 차고 넘치고 선왕의 능침陵寢이 가까이에 있습니다. 냇가의 풀은 향기가 그윽하고 사시사철 제사는 끊어지지 않습니다. 선군先君을 생각하며 힘썼는데 더구나 명당 자리에다 같이 모신 경우에야 더 말할 것이 있겠습니까? 부부간의 화목한 정이 완연하고 근엄한 의관衣冠으로 함께 노니는 모습이 어찌 저승과 이승에 차이가 있겠습니까? 아마도 영혼에 유감이 없을 것입니다. 저승길이 아득하니 영구가 갈 길도 아득합니다. 애도의 글을 쓰자니 마음속에 감회가 솟구칩니다. 아! 슬픕니다. 세월이 흘러 대가 바뀌기는 성인에게나 보통 사람에게나 마찬가지입니다. 비록 떠나는 이를 멈춰 세울 수는 없지만 남겨놓은 덕은 빛을 뿌립니다. 다 그려낼 수 없다는 것을 알면서도 삼가 애책문哀冊文에 썼습니다. 어찌 정리와 예의를 대략 펼 따름이겠습니까? 천추만대에 할 말이 있을 것입니다. 아! 슬픕니다."

25

강화도령 아내가 된 철인왕후 김씨

(제25대 왕 철종의 비)

철인왕후哲人王后 김씨(1837~1878)는 철종 대에 권력을 마음껏 휘둘렀던 영은부원군 김문근(1801~1863)과 흥양부부인 민씨의 1남 1녀 중 외동딸로 1837년(헌종 3년)에 태어났다. 그녀는 조선 제25대 왕 철종(1831~1863)의 비가 되었다. 그녀는 어렵사리 원자를 낳았지만 왕으로 만들지 못하였다. 철인왕후 김씨의 본관 역시 안동이다.

그녀는 1851년(철종 2년) 15세 때 왕비로 간택되어 궁궐로 들어왔다. 그때 철종의 나이는 21세로 그녀보다 6세나 많았다. 그녀는 대왕대비인 순원왕후 김씨(1789~1857)에게 조카뻘이다. 근친임에도 그녀를 왕비로 책봉한 것은 안동 김씨 집안이 계속해서 권력을 독점하기 위해서였다. 그녀와 헌종의 원비 효현왕후 김씨와도 친척간이다. 철종은 왕위에 오를 당시 나이가 19세였는데도 아직 부인이 없었다. 대부분의 왕족들이 10세 내외로 조혼을 하는 편이었는데 철종은 부모님이 안 계셔서 그랬는지 결혼을 하지 않고 있었다. 그리하여 순원왕후 김

서삼릉의 왕자공주 묘에 철인왕후 김씨가 낳은 원자의 묘도 자리하고 있다. 왕자 8명, 왕녀 14명의 기가 일제강점기와 광복 이후 이곳으로 이장되었다. 이곳에 보통 사람들 묘만도 못하게 조성되어 있다.

씨는 자신의 집안사람을 철종의 비로 맞아들이게 하였다. 이는 안동 김씨가 계속해서 조정을 장악하고 자신들의 부를 축적하기 위한 의도였다.

영화나 드라마에서는 언제나 강화도령 철종에게 첫사랑의 여인이 있었다고 그려낸다. 맞는 이야기인 듯하다. 강화 나들길 제14코스에 '강화도령 첫사랑 길'이 조성되어 많은 사람들이 찾고 있는 것만 보아도 그렇다. 1963년 이서구의 KBS라디오 연속극《강화도령》에 나온 이름은 봉이었고, 1975년 TBC방송국《임금님의 첫사랑》에 나온 이름은 양순이었다. 현재 강화 나들길 '강화도령 첫사랑 길'의 표지판에는 양순이가 아닌 봉이로 소개되어 있다. 그러나 『조선왕조실록』 어디에도 봉이란 여인의 이야기도, 양순이란 여인의 이야기도 나오지 않는다. 그냥 전해오는 이야기일 뿐이다.

그런데 요즘 들어 TV에 광해군과 더불어 철종이 자주 등장한다. 강화도령 철종이 등장하는 드라마《바람과 구름과 비》가 지난해 인기리에 방영되었다. 거기엔 철종의 첫사랑으로 반달이라는 이름을 가진 무녀, 무녀의 딸로 봉련이가 등장하는데 아들까지 낳았다. 철종의 외손자인 셈이다. 이제는 철종의 첫사랑여인을 넘어 딸과 외손자까지 등장한다. 드라마 작가들의 상상력이 어디까지 계속될지 알 수 없는데, 흥선대원군과 추존 왕 익종(추존 왕 문조)의 비인 신정왕후 조씨, 그리고 고종과 민자영(명성황후 민씨)까지 등장하며 흥미를 더해주었다.

철종이 등장하는 이 드라마가 끝나기 무섭게 다시 다른 채널에서《철인왕후》를 방영하면서 시청자들을 끌어모았다. 기존의 정통사극과 전혀 다른 캐릭터로 철종과 철인왕후 김씨, 순원왕후 김씨, 효명세자빈 등등이 출연해서 엉뚱한 연기로 웃음을 자아내게 했다. 틀을 깬 사극이지만 나름 흥미를 가져다주었다. 실제로 철인왕후 김씨와 철종과의 사이에 원자가 탄생하였다. 그녀가 왕비에 오른 지 7년 만인 1858년(철종 9년) 음력 10월에 창덕궁 대조전大造殿에서 원자를 낳았다. 그러나 원자는 일 년을 살지 못하고 숨을 거두었다. 그 원자의 묘가 서삼릉에 자리하고 있다. 그곳에는 조선왕실의 왕자의 묘 8기, 공주의 묘 14기

등 총 22기가 있다. 이들은 일제감점기와 광복 이후 이장한 묘들이다. 이장과 함께 같은 크기의 묘비를 만들어 세웠다. 비석의 앞면에는 묘비명을 적고, 뒷면과 측면에는 원래 위치, 이장연월일을 새겼다. 원래 비석은 손실되었으며 각각 비석과 상석을 같은 규모로 설치했다. 이곳에 철인왕후 김씨가 낳은 원자도 끼어 있다. 그 원자가 왕자와 공주가 모여 잠든 묘역의 왼쪽에서 두 번째 줄의 두 번째에 잠들어 있다. 이곳에 명성황후 민씨의 소생이 4명이나 있다. 조기 사망한 왕자 3명, 왕녀 1명이 함께 잠들어 있다.

조선왕조를 가만히 들여다보면 원자가 일찍 죽은 경우가 안타깝게도 많았다. 그나마 다행이랄까? 철

철인왕후 김씨가 남편인 철종과 나란히 잠든 서삼릉의 예릉睿陵 전경이다. 둘 다 겨울이지만 눈이 내리지 않았을 때와 눈이 내렸을 때의 풍경은 완전 다르다.

종의 원자는 철종과 철인왕후 김씨의 예릉睿陵이 있는 서삼릉 능역 안의 왕자·공주의 묘역에 자리하고 있다. 원래는 서울특별시 서대문구 연희동에 있었는데 일제강점기 때 현재 장소로 이장되었다. 세자로 책봉되기 전 죽었기 때문에 그 원자의 봉분 앞에 세운 묘비에는 '원자지묘元子之墓'라는 글귀만 새겨져 있다. 일년도 못 살고 죽은 원자가 늦게나마 부모님 가까이에 잠들게 되었다. 원자를 잃은 후 철인왕후 김씨는 자녀를 더 이상 낳지 못하였다. 그녀는 탐욕스러운 아버

지 김문근과는 달리 말수가 적고 즐거움이나 성냄을 얼굴에 잘 나타내지 않는 등 부덕이 높은 것으로 칭송이 자자하였다. 그녀의 묘지문墓誌文에도 그녀의 행실에 대해 자세히 기록되어 있다.

그녀는 승하하기 하루 전에도 직접 머리를 빗고 세수를 하였으며, 비록 본가 사람이라 하더라도 속옷 차림으로 만나지 않았다. 각전各殿이 왔을 때에는 부축하여 일어나서 맞이하고 공경스럽게 대하면서 조금도 해이하지 않았다. 그녀는 1878년(고종 15년) 5월 11일 한밤중에 우레 소리가 일자 증세가 갑자기 더하였는데 좌우에 있는 사람들에게 묻기를, "우레 소리가 왜 저렇게 큰가?"라고 하였다. 그리고 5월 12일 새벽이 되자 우레 소리가 더욱 요란해지면서 장수長壽를 상징하는 별이 갑자기 빛을 잃었는데 이것은 하늘이 암시한 징조가 아니겠냐고 『조선왕조실록』은 전한다.

철인왕후 김씨는 철종(1831~1863)이 33세 젊은 나이로 죽고, 이듬해 고종(1852~1919)이 즉위하자 왕대비가 되었다. 그녀는 철종이 세상을 떠난 이후 15년

철인왕후 김씨가 철종과 잠들어 있는 예릉睿陵의 비각·비석 모습이다. 비석에는 '대한 철종장황제예릉 철인장황후 부좌大韓 哲宗章皇帝睿陵 哲仁章皇后 祔左'라고 새겨져 있다.

을 더 살다가 1878년(고종 15년) 창경궁 양화당養和堂에서 28년의 궁궐생활을 접고 42세 나이로 세상을 하직하였다. 철종이 기다리고 있을지는 모르겠으나 어쨌든 철종에게 유일한 왕비였으니 그녀는 철종 곁에 나란히 잠들었다. 그런데 철인왕후 김씨가 철종 곁에 편안히 잠들어 있을지는 모르겠다. 먼저 세상을 떠난 철종이 첫사랑 여인 봉이를 찾아서 강화도로 달려가 있는 것은 아닌지 알 수 없으니 그렇다. 강화도 '찬우물약수터'에서 철종과 사랑놀이를 하였던 첫사랑 봉이와 눈물의 재회를 했는지도 알 수 없는 노릇 아닌가. 그녀의 따뜻한 성품을 그대로 그려낸 1878년(고종 15년) 9월 18일 『고종실록』의 〈대행 대비의 묘지문〉을 가려서 소개해본다. 판중추부사判中樞府事 김병국이 지은 글이다.

그는 28년 동안의 숨은 노력과 너그러운 교화를 신의 변변치 못한 글재주로 다 표현할 수 없어 성상께서 지어 내려주신 글을 공경히 받들어 첫머리에 제시하였다고 했다. 성상은 바로 고종이다. "우리 철종대왕비哲宗大王妃께서 병으로 편치 않다가 무인년(1878) 5월 12일 인시寅時에 창경궁 양화당養和堂에서 승하昇遐하셨으니, 춘추는 42세이다. 우리 전하께서는 엄숙한 여막에서 두려워서 어쩔 줄을 모르셨다. 신은 대비의 가까운 친척으로서 지문을 지으라는 명을 받았는데, 이어 친히 지은 행록行錄을 내려 보냈으니, 다음과 같았다. '대비께서는 정유년(1837) 3월 23일 신시申時에 순화방順化坊의 사제私第에서 탄강誕降하였다. 어려서부터 성품이 효성스러워 부모의 뜻을 공순히 받들었는데 크고 작은 일을 가리지 않고 혹시라도 자기 마음대로 하지 않았다. 병이 있으면 걱정하는 표정이 매우 불안하였고 병이 회복되면 처음과 같았다. 동기를 사랑하는 것이 지성에서 나왔으며 어른을 섬기는 예절을 게을리하지 않고 능하였다. 점점 자라면서 침묵하며 말이 적었고 기쁨과 노여움을 얼굴에 나타내지 않았다. 덕과 도량이 일찍 성숙하여 근엄하기가 마치 어른 같았고 내외의 친척들이 칭송하지 않는 사람이 없었다." 이것이 지문誌文 내용이다.

철인왕후 김씨의 능호는 예릉睿陵이며 능은 쌍릉으로 조성되었다. 예릉은 조

예릉의 능침 공간 석마를 동반한 문무석인들 모습이다. 하얀 눈이 내린 예릉의 풍경과 흐린 날의 풍경이다. 달라도 너무나 다르다.

한 명의 자녀도 남기지 못하고 세상을 떠난 조선 제25대 왕 철종의 비 철인왕후 김씨의 예릉睿陵 능침 모습이다. 장명등
이 눈이 부시도록 아름답다.

선왕조의 상설제도를 따라 조성된 마지막 왕릉이다. 제26대 왕 고종과 제27대
왕 순종의 능은 황제 릉으로 조성되었기 때문이다. 고종과 명성황후 민씨가 함
께 잠든 홍릉洪陵과 조선의 마지막 왕인 순종과 원비 순명황후 민씨, 계비 순정
황후 윤씨가 함께 잠든 유릉裕陵은 그동안 보아왔던 왕릉들 모습과 달라도 너무
많이 다르다. 홍살문 앞에 서자마자 낯설어 놀라게 된다.

철인왕후 김씨는 다행히 조선왕조 상설제도에 따라 조성된 마지막 왕릉에 잠들게 되었다. 그녀는 경기도 고양시 덕양구 서삼릉길 233-126(원당동) 서삼릉 능역 안에 자리한 예릉睿陵에 철종과 나란히 잠들었다. 그녀가 서삼릉의 마지막 입주자다. 그녀는 원자로 왕위를 이을 한 명의 아들을 낳았지만 조기 사망하여 자녀를 한 명도 남기지 못했다. 그녀의 원자가 잠든 서삼릉의 왕자·공주 묘역과 그녀의 예릉睿陵과는 2.59km 정도 떨어져 있다. 걸어서 갈 수 있는 거리다.

26

일본인들에게 살해된 후 시신이 불태워진 명성황후 민씨

(제26대 왕 고종의 비)

명성황후明成皇后 민씨(1851~1895)는 여성부원군 민치록(1799~1858)과 민치록의 재취인 한창부부인 이씨(1818~1874)의 딸로 1851년(철종 2년) 태어났다. 그녀는 조선 제26대 왕 고종(1852~1919)의 비가 되어 조선 제27대 왕 순종(1874~1926)을 낳아 왕으로 만들었다. 그녀의 본관은 여흥이다.

그녀는 숙종의 제1계비인 인현왕후 민씨의 생부인 민유중(1630~1687)의 6대손으로 인현왕후 민씨(1667~1701)와 같은 집안 출신이다. 그녀의 본명은 민자영이며, 대한제국의 초대 황후다. 그녀는 8세 때 아버지 민치록을 여의고 홀어머니와 함께 살다가 그녀의 먼 친척뻘인 흥선대원군 부인의 천거로 고종의 비가 되었다. 그녀는 자신보다 한 살 적은 고종과 1866년(고종 3년) 16세에 가례를 올리고 입궁하였다. 그녀가 왕비로 책봉될 수 있었던 것은 그동안 3대(순조·헌종·철종)에 걸친 안동 김씨의 세도정치에 의한 국정 폐단을 되풀이하지 않겠다는 시아버지 흥선대원군(1820~1898)의 의지 때문이었다. 그리하여 외척이 별로 없는 홍선대원군의 부인인 여흥부대부인 민씨(1818~1898) 집안에서 왕비를 맞아들였다. 그녀의 친정 배경이 미흡한 것이 그녀가 왕비가 되는 데 오히려 도움이 되었다. 집안 환경이 안 좋았지만 명성황후 민씨는 왕비가 될 운명을 타고났던 모양이다.

그녀의 남편 고종은 12세 어린 나이에 왕위에 올라 추존 왕 문조(익종)의 비인 신정왕후 조씨(1808~1890)의 수렴청정을 받았다. 이어서 시아버지인 홍선군興宣君이 대원군大院君으로 봉해지면서 국정을 총괄하게 되었다. 고종은 왕위에 오르긴 하였지만 아버지인 홍선대원군이 오랫동안 정권을 쥐고 있었기에 꼭두각시에, 허수아비 왕으로 존재하고 있었다. 명성황후 민씨는 고종이 20세가 넘어갔는데도 친정체제를 확립할 수 없자 홍선대원군과 대립하기 시작하였다. 홍선대원군에게 그녀는 고종의 친정親政 욕심을 강하게 표출하였다. 사실 홍선대원군이 10년 넘게 정권을 쥐고 흔들고 있어 누가 왕인지 알 수 없을 정도였다.

마침내 그녀의 소원대로 홍선대원군이 물러나고 고종이 친정을 시작하였다. 하지만 고종이 정권을 장악한 게 아니라 명성황후 민씨의 척족들이 장악하게 되었다. 그동안 외척이었던 안동 김씨의 세도정치에 데어 신정왕후 조씨와 홍선대원군이 그토록 우려하던 외척정치가 또다시 시작된 것이다. 이들은 홍선대원군이 강력하게 진행하던 쇄국정책과는 달리 대외개방정책을 취하였다. 명성황후 민씨와 홍선대원군의 갈등이 여기에도 한몫을 하였다.

그녀의 아버지 민치록의 정실부인 오씨는 자녀가 없었던 것으로 추정되며, 그녀의 어머니 한산 이씨는 1남 3녀 형제가 있었으나 모두 죽고 명성황후 민씨만이 살아남았다. 그녀는 인현왕후 민씨의 아버지 민유중의 아들 민진후의 5대손으로, 할아버지 민기현은 예조참판과 개성부유수를 지냈다. 하지만 그녀의 아버지 민치록은 정3품 사도사첨정에 이르렀고, 만년에 고향으로 돌아와 경기도 여주에서 선영을 돌보며 소일하고 있었다. 그녀의 생가는 인현왕후 민씨의 아버지 민유중의 묘소를 지키기 위해 지은 집으로, 그녀의 아버지는 문음蔭敍으로 출사出仕하기에 앞서서 민유중의 묘를 지키는 일을 하였다. 그러고는 대를 잇기 위하여 그녀의 11촌 아저씨인 민치구의 아들 민승호를 양자로 들였다. 민승호는 바로 흥선대원군의 처남으로, 흥선대원군 부인의 남동생이었다.

명성황후 민씨의 아버지 민치록이 문음門蔭으로 벼슬을 얻어 관청에 출근했다고 했는데 문음은 자신의 실력이 아닌 할아버지나 아버지의 공으로 얻는 벼슬을 말한다. 전현직 고관의 자녀가 과거에 응하지 않고 채용되던 일이다. 음서蔭敍·음관蔭官·음사蔭仕·음직蔭職 등 모두 같은 말이다. 이 제도는 고려와 조선

조선의 마지막 왕인 제27대 왕 순종을 낳은 명성황후 민씨의 생가와 그녀의 탄생을 기념하기 위해 그녀의 공부방 자리에 세워놓은 비각 안의 비석 모습이다. 비석에는 '명성황후탄강구리明成皇后誕降舊里'라고 쓰여 있다. 그 옆의 작은 문을 통해 올라가면 인현왕후 민씨의 아버지인 민유중의 묘소가 있다. 그녀에게 6대조 할아버지다.

시대 관리 선발 제도의 하나로서 선조나 친척이 국가에 큰 공을 세웠거나 고관직을 얻으면 후손이 일정한 벼슬을 얻게 하는 제도이다. 과거나 천거와 함께 중요한 관리 선발 제도의 하나였다.

국가유공자의 후손에 대한 음직蔭職 수여는 삼국시대부터 사례가 보이나, 문음제도는 고려시대에 들어서 관직 제도를 정비하면서 정착한 것으로 보인다. 고려시대에는 많은 사람이 문음으로 관직에 진출하였고, 재상까지 오르기도 했다. 후기로 오면서 과거의 비중이 높아졌으나 유아나 미성년자도 문음으로 관직을 얻어 사회문제가 되었다. 조선시대에는 18세 이상으로 연령제한을 가하고, 문음이 가능한 관원과 문음 수혜자의 범위를 줄였다. 그러나 조선 말기까지도

문음은 일정하게 존재하였고, 지방관이나 무관직, 하위직에는 문음자가 상당수 진출하였다. 그야말로 이 제도는 조상 덕을 대대손손 톡톡히 볼 수 있는 제도다. 다행히 현재는 공무원시험을 안 보고 공무원이 될 수는 없다. 국가유공자 자녀에게만 공무원시험에서 약간의 가산점을 주는 제도가 있을 뿐이다.

명성황후 민씨는 어려서 아버지 민치록으로부터 학문을 배웠는데, 『소학』·『효경』·『여훈』 등을 즐겨 읽었고, 특히 역사를 좋아하여 치란과 국가의 전고에 밝았다. 현재 그녀의 생가를 복원해놓았는데 공부방 자리에는 '명성황후탄강구리비明成皇后誕降舊里碑'가 세워져 있다. 그런데 그 자리는 1895년(고종 32년) 동학농민운동 당시에 불에 타버렸다. 그 후 명성황후 민씨가 태어난 곳을 기념하기 위하여 그 자리에 1904년(고종 41년)에 탄강구리비誕降舊里碑를 세웠다. 글씨를 쓴 이는 알 수 없으나 황태자 시절의 순종이 썼을 것으로 추측하고 있을 뿐이다. 현재 유형문화재 제41호로 지정되어 있다.

그녀는 1858년(철종 9년) 9세 되던 해에 아버지 민치록을 잃었다. 아버지가 죽자, 그녀는 염습殮襲하는 모습을 어른처럼 지켜보아 주위 사람을 놀라게 하였다고 한다. 김동인의 역사소설 『운현궁의 봄』에서도 명성황후 민씨는 부친 민치록이 병으로 자리에 누웠을 때에 간호를 잘한 효녀로 묘사되고 있다. 그녀는 아버지 민치록이 죽은 뒤 홀로 된 어머니와 함께 한양(현 서울)의 감고당感古堂으로 올라와 살았다. 감고당(현 안국동의 덕성여고 자리)은 조선 제19대 왕 숙종(1661~1720)이 계비 인현왕후 민씨의 친정집으로 지어준 집이다. 명성황후 민씨가 아버지를 염습하는 모습을 지켜본 내용이 1897년(고종 34년) 11월 22일 『고종실록』에 〈대행 황후의 지문의 어제 행록을 내리다〉란 제목으로 실려 있다. "9세 때 순간공의 초상을 당해 곡읍哭泣의 초상 범절은 마치 성인成人과 다름없었다. 염할 때에 집안사람들이 나이가 어린 것을 생각하여 잠깐 피할 것을 권하자 정색하여 말하기를, '어째서 남의 지극한 인정을 빼앗으려 합니까?'라고 하였다. 양례襄禮 때에도 일을 끝마치고 곡을 실컷 한 다음에야 물러갔다"라고 기록되어 있다. 그녀의 대담한 성격을 알 수 있다. 순간공은 명성황후 민씨의 아버지 민치록을 가리킨다.

　한양의 감고당感古堂은 인현왕후 민씨의 아버지 민유중이 살았으며, 인현왕후 민씨가 폐비가 되어 홀로 머물러 살던 사가다. 그녀의 5대조 작은할머니인 인현왕후 민씨(1667~1701)는 희빈 장씨(1659~1701)에 의해 왕비 자리에서 쫓겨나 5년 동안 이곳에 머물렀다. 그 후 계속 민유중의 후손들이 이곳에서 살았다. 명성황후 민씨가 여주군 근동면 섬락리(지금의 여주시 능현동) 사저에서 감고당感古堂으로 옮겨올 당시에는 그녀의 아버지 민치록의 소유였다. 이곳에서 명성황후 민씨는 홀어머니와 친척들의 도움을 받으면서 살다가 왕비로 책봉되었다. 그녀는 9세 때 고향인 여주를 떠나 왕비로 간택되어 책봉될 때까지 7년 정도를 감고당에서 살았다. 원래 감고당은 서울 종로구 덕성여고 자리에 있다가 도봉구 쌍문동으로 이전된 후 2006년 여주시가 명성황후 민씨의 생가 성역화 사업을 추진하면서 현재 자리로 다시 이전 건축되었다.

　명성황후 민씨가 간택되어 왕비가 되는 과정은 『동치오년병인삼월가례도감의궤同治五年丙寅三月嘉禮都監儀軌』에 자세히 설명되어 있다. 거기에 보면 우선 1866년(고종 3년) 음력 1월 1일, 대왕대비 조씨(추존 왕 문조의 비)가 조선에 있는 12세~17세 사이의 모든 처녀들에게 금혼령을 내린다. 그리고 음력 2월 25일, 초간택을 행하였고, 민치록의 딸 명성황후 민씨는 김우근의 딸, 조면호의 딸, 서상조의 딸, 유초환의 딸과 더불어 5명이 재간택에 들어간다. 마침내 음력 3월 6일 그녀는 삼간택에 뽑혀 최종 왕비로 정해졌다. 그녀의 남편이 될 고종은 운현궁雲峴宮에서 그녀를 데리고 음력 3월 21일, 창덕궁昌德宮으로 돌아오는 친영親迎을 거행하였다. 명성황후 민씨의 아버지 민치록은 왕의 장인에게 추증하는 예에 따라 증 의정부영의정議政府領議政에 추증되었고, 아버지의 본부인 해주 오씨는 해령부부인에 추증되었으며, 생모 감고당 한산 이씨는 한창부부인의 작위를 받았다. 그녀의 아버지는 이미 세상을 떠났지만 그녀가 왕비에 오르면서 그녀의 덕

흥선대원군의 사저인 운현궁雲峴宮의 정문과 노안당老安堂·이로당二老堂·노락당老樂堂 모습이다. 명성황후 민씨는 삼간택이
끝난 후 이곳 노락당에서 신부수업을 받았으며 고종과 가례를 올렸다.

을 톡톡히 보았다. 명성황후 민씨를 낳아준 생모는 그녀가 왕비에 오르는 것도
지켜보았으며 왕비에 오른 지 8년째 되던 해에 세상을 떠났다.

한편 흥선대원군은 고종이 즉위하기 전 안동 김씨 가문인 김병학의 딸과 김
병문의 딸 중에서 고종의 배필을 정하기로 비밀 묵계를 체결하였으나 약속을
깨게 되었다. 이에 김병학 등 흥선대원군을 지지했던 일부 안동 김씨 세력이 등
을 돌리게 되었다. 명성황후 민씨는 그 점을 기억하고 있다가 흥선대원군을 축
출할 때 안동 김씨 세력과도 손을 잡았다. 안동 김씨 세력은 고종의 비까지 안
동 김씨 가문에서 책봉하려고 하였다.

명성황후 민씨(1851~1895)가 왕비로 책봉되어 입궁할 무렵 고종은 15세였
다. 그런데 고종은 왕비를 들이기 전 이미 후궁 귀인 이씨(1847~1928)를 총애하
고 있었다. 고종은 가례를 올린 첫날밤에도 왕비 처소에 들지 않고 귀인 이씨
(영보당)의 처소에 들었다. 첫날밤부터 고종이 명성황후 민씨의 자존심을 건드

린 셈이다. 명성황후 민씨는 가례를 올린 지 2년이 넘어가도록 태기가 없었다. 그런데 우려했던 대로 1868년(고종 5년) 명성황후 민씨보다 4세가 많은 귀인 이씨가 먼저 왕자를 생산하였다. 귀인 이씨와의 사이에서 고종의 첫아들 완화군(1868~1880)이 태어난 것이다. 그러니 첫아들을 낳은 귀인 이씨(영보당)에 대한 고종의 총애는 더하면 더하였지 식을 리 없었다.

명성황후 민씨는 아들을 먼저 낳지 못하였지만 권력기반을 다지기 위하여 힘을 모았다. 그녀의 양오빠인 민승호 등 일가친척, 흥선대원군이 실각시킨 풍양 조씨 조영하, 안동 김씨 김병기, 흥선대원군의 형 흥인군, 서원철폐에 불만을 품고 있던 유림의 거두 최익현 등과 제휴하였다. 이처럼 세력을 다지던 명성황후 민씨는 차츰 고종의 총애를 받아 드디어 1871년(고종 8년) 왕자를 낳았다. 그러나 어렵게 낳은 왕자가 항문폐색으로 인하여 5일 만에 죽고 말았다. 명성황후 민씨는 임신 중에 흥선대원군이 보낸 산삼을 너무 많이 달여 먹었기 때문에 왕자가 죽었다고 의심하였다. 그 일로 두 사람의 관계는 더욱 악화되었다. 흥선대원군은 며느리에게 선물을 주고도 욕을 먹었다. 이는 둘의 신뢰가 깨져 있었기 때문이다.

그런데 그 무렵 13세가 된 고종의 첫아들 완화군(완친왕)이 갑자기 죽었다. 그러자 명성황후 민씨는 아픔이 가시지도 않았을 완화군(1868~1880)의 생모 귀인 이씨(1847~1928)를 궁궐에서 쫓아냈다. 귀인 이씨뿐만 아니라 훗날 순헌황귀비 엄씨(1854~1911)도 고종의 승은을 입은 다음날 바로 쫓아낸 명성황후 민씨가 아닌가. 그런데 순헌황귀비 엄씨는 명성황후 민씨가 살해된 뒤 5일 만에 고종이 불러들여 후비 역할을 하게 되었다. 명성황후 민씨의 자존심을 또다시 상하게 만든 고종이다. 이제 명성황후 민씨는 세상을 떠났고, 순헌황귀비 엄씨는 보란 듯이 고종과의 사이에 의민황태자(1897~1970)를 낳았다. 그런데 귀인 이씨는 아들마저 잃고 고종 곁을 영영 떠날 수밖에 없었다. 처음부터 명성황후 민씨의 힘이 고종보다 더 세었던 모양이었다.

명성황후 민씨는 남편은커녕 시아버지도 두려워하지 않았다. 아니, 시아버지인 흥선대원군을 원수처럼 여겼다. 귀인 이씨의 아들 완화군을 총애하던 것과 자신이 낳은 아들에게는 무관심과 냉소적인 태도를 보인 것 역시 그녀가 흥선대원군을 싫어하는 원인이 되었다. "며느리 사랑은 시아버지"라는 말이 무색할 정도로 그녀는 흥선대원군과 사이가 안 좋았다. 완친왕(완화군)을 총애했던 흥선대원군은 영친왕(의민황태자)이 3세가 되었을 때 세상을 떠났다. 명성황후 민씨가 살아 있었다면 순헌황귀비 엄씨가 영친왕을 감히 낳지 못했을 것이다.

사실 흥선대원군은 고종의 후궁 귀인 이씨 소생인 완화군을 세자로 책립하려고도 하였다. 그도 그럴 것이, 며느리 명성황후 민씨가 고종의 장남으로 태어난 완화군이 13세가 되도록 왕자를 낳지 못하니 세자 책봉을 마냥 미룰 수는 없고, 그런 계획을 세울 수도 있었겠다 싶다. 하지만 그런 시아버지를 그녀가 이해할 리 없었다. 자신이 왕비이니, 자신이 낳은 왕자가 세자로 책봉되어야 함이 마땅할 텐데 후궁 소생을 세자로 책봉까지 하려고 한 흥선대원군을 미워할 수밖에 없었다.

한편 시아버지 쪽에서 생각하면 명성황후 민씨는 배은망덕한 며느리로 생각되었을 것이다. 그 당시 그것도 왕실에서 며느리가 어떻게 사사건건 시아버지와 갈등을 빚을 수 있었는지 알 수 없는 일이다. 오늘날이어도 며느리가 시아버지와 그렇게 의견 충돌을 노골적으로 일으킨다는 것은 쉽지 않은 일이다. 그러니 흥선대원군은 며느리가 죽이고 싶을 정도로 미웠을 것이다. 아마 내쫓고 싶었을지도 모른다. 조선의 왕비들이 강하긴 했지만 명성황후 민씨처럼 시아버지와 맞선 왕비는 없었던 것 같다. 세자빈 중에 소현세자 빈인 민회빈愍懷嬪 강씨가 인조와 맞서긴 했지만….

왕이 20세가 되면 대비들이 수렴청정垂簾聽政을 거두었는데 흥선대원군(1820~1898년)은 고종이 20세가 넘어갔는데도 대리청정을 계속 하면서 왕권을 행사하고 있음에 명성황후 민씨는 강하게 반기를 들었다. 그 결과 둘의 관계는

명성황후 민씨가 어렵게 얻은 아들 순종의 유릉裕陵 능침
전경과 그녀가 살해된 뒤 고종과 순헌황귀비 엄씨 사이
에서 태어난 의민황태자(영친왕)의 영원英園 모습이다.

더욱 악화되었고, 흥선대원군은 마침내 하야를 하고 말았다. 그리고 1874년(고종 11년) 그렇게 바라던 아들 순종(1874~1926)이 태어났다. 왕자 탄생이 늦어도 너무 늦었지만 명성황후 민씨의 위상은 순종을 낳으면서 점점 올라갔다. 그녀는 자신의 친정 사람들을 요직에 등용하면서 고종보다도 더 큰 권력을 행사하기 시작했다. 명성황후 민씨와 그녀의 외척은 흥선대원군 시대의 대외 폐쇄정책과 달리 개화와 개방을 위해 적극적인 정책을 추진해나갔다.

그러나 그녀의 개화·개방정책은 보수세력의 반발을 가져왔고, 1882년(고종 19년) 임오군란壬午軍亂이 발발하여 급기야 명성황후 민씨가 피난을 떠나는 지경에 이르렀다. 그녀는 궁궐을 탈출하여 경기도 광주와 여주, 그리고 충청도 음성, 충주 등지에서 51일 동안 피신해 있었다. 그 당시 명성황후 민씨의 생활상이 그대로 나타나는 피난일기가 2006년 발견되어 그때의 상황을 잘 알려주고 있다. 그 일기에는 명성황후 민씨의 동정이 8쪽 분량으로 아주 상세히 기록되어 있다. 임오군란 당시 명성황후 민씨의 피난생활에 대해 자세하게 기술된《임오유월일기》내용을 보면, "1882년 6월 13일, 중궁전하가 서울 벽동에 있는 익찬 민응식의 집으로 옮겨왔다. 이때 인후증을 앓아 박하 유를 올렸다", 이렇게 시작된 일기는 "50일 뒤인 8월 1일 임금이 머무는 어군막에 있다가 오후 4시쯤인 신시에 환궁하셨다"로 끝이 난다.

명성황후 민씨는 궁궐을 빠져나와 거처를 한 군데로 정했던 것이 아니었다. 알려진 것과 달리 서울과 경기도, 충청도 등 7, 8군데로 피난을 다녔음을 알 수 있다. 그래서 목구멍에 병이 생기고 부스럼증을 앓는 등 건강이 상당히 좋지 않았다고 기록은 밝히고 있다. 또 임오군란이 끝나기 전 청나라 군대가 입성했을 때 명성황후 민씨가 청군이 붙인 방문을 벗겨오도록 했다는 기록도 있지만 통신이 발달하지 않았던 때, 그것도 그 산골에서 청나라에게 군사 요청을 하기는 상황이 어려웠지 않았나 싶다.

어찌되었거나《임오유월일기》는 명성황후 민씨의 일가 중 한 사람이 쓴 것으로 추정되고 있다. 현재 세계기록유산에 등재된 우리나라 기록물은 『조선왕조실록』을 비롯하여 『훈민정음해례본』, 이순신 장군의《난중일기》등 16건으로, 아시아에서 가장 많은 세계기록유산을 보유하고 있다. 이것만 보아도 우리 민족은 기록의 귀재임에는 틀림없다. 우리가 지난 소중한 역사를 알 수 있는 것은 바로 그 당시의 기록이 남아 있기 때문이다. 선조들이 기록을 꼼꼼히 적어놓아 지난 역사를 후세들에게 전해주고 있음에 큰 감동이 일지 않을 수 없다. 이 일기는 임오군란 당시 51일간 쓴 명성황후 민씨의 동정에 관한 가장 상세한 기록으로 그때의 시대상과 정국을 이해하는 데 귀중한 사료로 평가받고 있다. 명성황후 민씨는 현재의 충청북도 충주시 노은면 가신3리 558번지에 있었던 이시영의 집에 잠시 은거하였다고 한다. 그곳을 행궁으로 지으려다 말았다는 이야기를 증명해주려는 듯 커다란 주춧돌 몇 개가 남아 명성황후 민씨의 흔적을 더듬게 해주고 있다.

홍선대원군은 명성황후 민씨가 얼마나 미웠는지 그녀가 피난을 가자 다시 권력을 잡은 뒤 그녀의 장례식을 선포하면서 며느리의 존재를 아예 없애버리려고 했다. 홍선대원군은 10년의 대리청정으로도 못내 아쉬웠는지 또다시 명성황후 민씨가 환궁하기 전까지 왕권을 휘둘렀다. 그런데 그 당시 홍선대원군이 명성황후 민씨가 죽었다고 믿었다는 게 의문이다. 그리고 아들 고종이 얼마나 무능해 보였으면 아들에게 넘겨준 왕권을 다시 빼앗아 좌지우지했는지 이 또한 의문이다.

하지만 홍선대원군의 통제에 불안을 느낀 청나라가 가만있을 리 없었다. 급기야 홍선대원군을 중국의 톈진으로 납치한 후 4년간이나 돌려보내지 않았다. 홍선대원군이나 명성황후 민씨나 인생이 그야말로 파란만장을 넘어 엉망진창이었다. 홍선대원군이 납치되면서 명성황후 민씨는 충주 산골짜기에서 한양의 궁궐로 무사히 돌아올 수 있었다. 조선의 왕비들은 폐비 3명을 포함하여 41명이 있지만 명성황후 민씨처럼 50일이 넘도록 피난까지 가서 목숨을 지킨 왕비는 없었다. 조선의 왕비들 중 그 누가 행복했을지 그저 궁금할 뿐이다. "인간은 평등하다"는 말이 왜 명언인지 왕비들의 삶만 잘 들여다봐도 알 수 있다.

명성황후 민씨는 임오군란 때 극적으로 목숨을 지켰으나 2년이 지난 1884년(고종 21년), 개화파가 주도한 갑신정변甲申政變 때도 고종과 함께 경우궁景祐宮에 감금되는 곤욕을 치렀다. 경우궁은 정조의 후궁으로 순조를 낳은 수빈 박씨의 사당이다. 갑신정변 이후 일본에 의한 경제적 침투는 더욱 심해졌고, 1894년(고종 31년)에는 농민군이 주도한 동학농민운동이 발발했다. 농민군 반란 진압을 명분으로 청나라와 일본 군대가 조선에 들어와 충돌한 전쟁이 청일전쟁이다. 청

명성황후 민씨의 홍릉洪陵 초장지에 '홍릉터'였음을 알리는 표석이 세워져 있다. 명성황후 민씨는 살해된 지 2년 만에 장례가 치러져 처음에 서울 청량리 홍릉에 잠들었다. 그 후 현재의 남양주 홍릉으로 천장되어 고종과 합장되었다. 비를 흠뻑 맞고 있는 표석이 너무나 슬프게 보인다. 석물이 있어야 할 자리에 잡풀들과 나무들이 들어서 있다.

일전쟁으로 일본이 승리하며 조선에 대한 일본의 정치적·경제적 영향력은 압도적으로 커졌다. 명성황후 민씨는 이때 일본을 견제할 수 있는 유일한 세력이 러시아임을 인식하고 친일 세력을 축출한 후 러시아와의 관계를 강화했다. 그 결과 일본의 눈엣가시가 되어 1895년(고종 32년), 을미사변乙未事變을 초래하여 국모인 자신이 살해되는 끔찍한 일을 당하고 말았다.

그녀는 한 치 앞의 불행을 예측하지 못하였다. 바로 1895년(고종 32년) 음력 8월 20일(양력 10월 8일), 일본공사 미우라가 을미사변을 일으켜 경복궁의 건청궁乾淸宮을 습격하여 그녀를 살해하는 폭거를 자행하였으니 말이다. 일본 군인과 정치 낭인들이 흥선대원군을 내세워 왕궁을 습격하고, 그녀를 살해하고 말았다. 고종은 을미사변으로 왕비를 잃었을 뿐만 아니라 일본의 압력으로 음력 8월 22일(양력 10월 10일), 그녀를 서인으로 강등시키기까지 하였다.

게다가 을미사변 이후, 그녀의 왕릉 조성부터 어려움을 겪었다. 1895년(고종 32년) 12월, 현재의 동구릉에 소재한 현종의 숭릉崇陵 오른쪽에 무덤을 조성하고 숙릉肅陵이라 했다. 그러나 1896년(고종 33년) 2월 11일, 고종이 신변을 보호받기 위해 러시아공사관으로 피신을 하는 아관파천俄館播遷까지 단행되면서 그녀의 장례식은 연기됐다. 고종은 왕태자(순종)와 궁녀 복장으로 변신한 뒤 궁녀들이 타고 다니는 가마에 몸을 숨겼다. 그리고 어두운 밤을 이용해 경복궁의 영추문迎秋門을 황급히 빠져나와 러시아공사관으로 몸을 피했다. 왕태후王太后와 왕태자비

王太子妃는 경운궁慶運宮으로 이어했다. 경운궁은 현재 덕수궁을 말한다. 이 비극적인 아관파천 사실이 1896년(고종 33년) 2월 11일『고종실록』에까지 〈러시아 공사관으로 주필을 이어하다〉란 제목으로 실려 있다.

명성황후 민씨는 잔인하게 살해된 지 2년이 흐른 1897년(고종 34년)에 가서야 장례식이 다시 추진되었고, 장지도 동구릉의 숭릉崇陵 쪽에서 청량리 쪽으로 바뀌었다. 왕릉의 이름도 숙릉肅陵에서 홍릉洪陵으로 바뀌어 장례가 치러졌다. 홍릉에는 그녀가 평소에 쓰던 서책과 거울, 자기, 옷, 장식품 등이 부장품으로 매장됐다. 그녀의 남편 고종은 청량리 홍릉에 잠든 그녀를 보러 가기 위하여 종로에서 청량리까지 전차를 놓았다. 그로 인하여 돈의문(서대문)에서 종로를 거쳐 청량리(홍릉)까지 뻗은 선로 위에 전차가 다니게 되었다. 1899년(고종 36년) 우리나라에 최초의 전차가 개통된 것이다. 그 이후 1968년 사라질 때까지 약 70년가량 전차는 대한민국의 수도 서울 도심을 달렸다. 왠지 다시 달리면 서울의 도심 분위기가 유럽의 분위기가 날 것만 같다. 그리고 서울을 더 여행하고 싶어질 것만 같다.

그녀는 청량리의 초장지를 떠나 남양주에 자리한 홍릉洪陵에 잠들어 있다. 고종이 길지가 아니라며 청량리에서 남양주로 천장을 하였기 때문이다. 그 후 고종이 덕수궁의 함녕전咸寧殿에서 68세 나이로 세상을 떠나면서 부인 명성황후 민씨와 남양주 홍릉에 합장되었다. 명성황후 민씨는 일본 자객들에게 살해된 후 시신이 불태워졌기 때문에 시신이 남아 있지도 않았다. 시신뿐인가? 그녀에겐 사진과 영정조차도 남아 있지 않다.

명성황후 민씨는 임오군란·갑신정변·동학농민운동 등 사건이 있을 때마다 목숨을 지키느라 애쓴 왕비다. 그런데 끝내 그녀는 순탄하게 죽음을 맞이하지 못했다. 1895년(고종 32년) 10월 8일(음력 8월 20일) 새벽, 일본 정부의 사주를 받은 일본 자객 48명이 경복궁 북쪽에 있는 건청궁乾淸宮 안의 왕비 침전인 곤녕합坤寧閣의 옥호루玉壺樓를 습격하여 명성황후 민씨를 찾아내 잔인하게 살해하였다. 이

1919년 1월 21일(음력 1918년 12월 20일), 고종이 승하한 덕수궁의 함녕전咸寧殿 모습이다.

사건이 바로 우리나라 궁궐에서 일어난 끔찍한 을미사변乙未事變이다.

일본인들에게 처참히 살해된 명성황후 민씨는 폐비가 된 뒤, 서인이 되고 말았다. 그러나 그녀가 살해된 이튿날 음력 8월 23일 다행히 서인에서 빈호를 특별히 주고, 그해 음력 10월 10일(양력 11월 26일)에는 왕후로 복위시키는 조서를 내렸다. 그녀는 비록 세상에 없었지만 왕비에서 서인으로 하루 동안 강등되었다가 빈이 되었고, 빈에서 46일 만에 다시 왕비로 복위되었다. 어이없게도 명성황후 민씨는 47일 동안 폐비가 되었다. 자칫하다가는 연산군의 어머니 폐비 윤씨 신세가 될 뻔하였다. 고종이 자신의 비인 명성황후 민씨에게 서인으로 삼는다는 조령을 내린 기사가 1895년(고종 32년) 8월 22일 『고종실록』에 〈왕후 민씨를 서인으로 강등시키다〉란 제목으로 실려 있다. 그리고 이어서 서인으로 강등시킨 다음날인 8월 23일 빈호를 특별히 준 〈폐서인 민씨에게 빈의 칭호를 특사하다〉란 제목의 기사도 기록되어 있다. 고종은 명성황후 민씨를 서인으로 강등시켰다. 그 내용인즉 "민씨는 오래된 악을 고치지 않고 그 패거리와 보잘것없는 무리를 몰래 끌어들여 짐의 동정을 살피고 국무대신國務大臣을 만나는 것을 방해하며 또한 짐의 나라의 군사를 해산한다고 짐의 명령을 위조하여 변란을 격발시켰다. 사변이 터지자 짐을 떠나고 그 몸을 피하여 임오년(1882)의 지나간 일을 답습하였으며 찾아도 나타나지 않았다. 이것은 왕후의 작위와 덕에 타당하지 않을 뿐만 아니라 그 죄악이 가득 차 선왕先王들의 종묘를 받들 수 없는 것이다. 짐이 할 수 없이 짐의 가문의 고사故事를 삼가 본받아 왕후 민씨를 폐하여 서인 庶人으로 삼는다"라고 『고종실록』에 기록되어 있다. 그리고 이튿날 고종이 조령 을 내리기를, "짐朕은 왕태자王太子의 정성과 효성, 정리情理를 고려하여 폐서인廢 庶人 민씨閔氏에게 빈嬪의 칭호를 특사特賜하노라." 하였다. 명성황후 민씨는 시아 버지 흥선대원군뿐만 아니라 남편 고종에게도 신뢰와 사랑을 받지 못했음을 알 수 있는 기록이다.

명성황후 민씨는 경복궁의 후원 향원정香遠亭 뒤에 있는 건청궁乾淸宮의 곤녕 합坤寧閤 옥호루玉壺樓에서 끔찍하게 살해되었다. 일본공사 미우라가 지휘하는 폭도들이 경복궁에 난입하자 수비대장 홍계훈이 이들을 가로막았으나 홍계훈 과 수비대원들은 일본 폭도들과 그 폭도들에게 협력한 조선인 병사들이 쏜 총 에 맞아 죽었다. 홍계훈을 죽인 무사들은 궁궐에 들어와 명성황후 민씨를 찾아 다녔다. 명성황후 민씨는 궁녀복으로 갈아입고 건청궁 곤녕합에 있는 옥호루로 피신하였는데 그때 이미 건청궁에 들어온 일본 무사들이 궁녀와 내관 40여 명 을 붙잡아 학살하고 있었다.

내부대신 이경직이 두 팔을 벌려 곤녕합 옥호루에서 명성황후 민씨와 궁녀 들 앞을 가로막자 무사들은 이경직의 양 팔목을 잘라 죽이고 명성황후 민씨를 찾아냈다. 목숨에 연연한 조선인 안내자들은 궁녀들의 얼굴을 일일이 확인해보 고 궁녀로 변장한 명성황후 민씨를 찾아내주었다. 어디든 구차하게 목숨을 부 지하려는 간신 무리가 있게 마련이다. 무사들은 명성황후 민씨의 발을 걸어 넘 어트린 후 가슴을 수차례 밟은 다음 칼로 난자질하여 살해하고는 그 시신을 궁 궐 밖으로 옮겼다. 그리고 시신에 석유를 붓고 불태워버렸다. 우리나라 왕궁에 서 도저히 있을 수 없는 일이 일어나고야 만 것이다.

명성황후 민씨가 일본 자객들에게 처참히 살해된 건청궁乾淸宮의 전경, 그리고 고종황제의 편전 겸 침전인 장안당長安堂과 왕비의 침전인 곤녕합坤寧閣 옥호루玉壺樓 모습이다. 옥호루에서 조선의 국모 명성황후 민씨가 살해되었다.

〈대행 황후의 지문의 어제 행록을 내리다〉란 제목으로 1897년(고종 34년) 11월 22일 『고종실록』에 실린 기사 내용 중 명성황후 민씨가 살해된 사실이 실린 일부분만 골라 소개해본다. "황후는 경복궁景福宮의 곤녕합坤寧閣에서 8월 20일 무자일戊子日 묘시卯時에 세상을 떠났다. 나이는 45세이다. 이날 새벽에 짐과 황후가 곤녕합 북쪽의 소헌小軒에 있을 때 흉악한 역적들이 대궐 안에 난입하여 소란을 피우니 황후가 개연히 짐에게 권하기를, '원컨대 종묘사직宗廟社稷의 중대함을 잊지 말 것입니다'라고 하였는데 위급한 중에도 종묘사직을 돌보는 마음이 이와 같았다. 조금 후에 황후를 다시 볼 수 없었으니 오직 이 한 마디 말을 남기고 드디어 천고에 영원히 이별하게 되었다. 아! 슬프다"라고 기록되었다.

당시 명성황후 민씨의 나이는 45세였다. 그녀가 살해됐다는 것은 경복궁 내 강녕전康寧殿에 머물며 휴식을 취하고 있던 흥선대원군에게 즉각 보고되었다. 흥선대원군은 겁에 질린 고종이 건청궁乾淸宮에서 그를 부른 뒤에야 아들과 만났다. 흥선대원군이 건청궁으로 향하던 바로 그 시각, 명성황후 민씨의 시신은 홑이불에 싸인 채 궁궐 밖 소나무 숲으로 옮겨져 새벽하늘로 한줄기 연기가 되어 사라지고 있었다. 한 나라의 국모가 이렇게 잔인하게 죽어갈 수 있는지, 세상천지에 이런 천인공노할 일이 일어날 수 있는지 기가 막힐 노릇이었다. 흥선대원군은 며느리가 처절하게 죽어갔는데 고종과 만난 자리에서 고종의 형이자 자신의 장남인 이재면을 궁내부대신에 앉히고 다시 정권을 장악하였다. 흥선대원군과 명성황후 민씨는 서로 인연이 되지 말았어야 하였다. 악연 중에도 이런 악연은 없을 것이다.

흥선대원군(1820~1898)은 명성황후 민씨(1851~1895)보다 3년 더 살다가 부인 여흥부대부인 민씨(1818~1898)가 죽자 한 달 뒤 그의 별장 아소당의 정침正寢에서 세상을 떠났다. 여흥부대부인 민씨는 음력으로는 1897년 12월 16일(양력 1898년 1월 8일)에 세상을 떠났다. 흥선대원군은 뒤뜰에 임시로 매장되었다가 1898년 5월 16일 한성부 성저십리 서강방 상수일리에 부인 여흥부대부인 민씨와 합장, 이장되었다. 그리고 1908년(융희 2년) 1월 30일 경기도 파주군 운천면 대덕동 산 동쪽 언덕으로 이장되었다. 1907년 왕의 예로써 다시 장례하라는 명이 내려진 이후 흥원의 천봉은 융희 원년 1907년 11월 10일에 시작돼 융희 2년 1908년 2월 1일에 마무리됐다. 그 후 1966년 6월 16일 다시 경기도 남양주군으로 이장되었다. 현재 경기 남양주시 화도읍 창현리 산22-2번지에 흥선대원군은 부인 여흥부대부인 민씨와 합장되어 잠들어 있다.

명성황후 민씨 암살은 바로 한성부에 체재하던 프랑스와 청나라 공사관의 외교관 및 외교관 부인, 언론인들 입을 통해 외국에 알려졌다. 조선 주재 러시

명성황후 민씨와 대립각을 세웠던 시아버지 흥선대원군의 묘 전경과 후경 모습이다. 흥선대원군은 1898년(고종 35년)에
그의 별장 아소당 정침正寢에서 세상을 떠났다. 부인이 세상 뜬 다음 달에 그도 세상을 떠났다.

아공사 웨베르는 즉시 보고서를 작성하여 러시아 황제 니콜라이 2세에게 보고하였다. 당시 러시아 황제 니콜라이 2세는 웨베르 보고서를 직접 읽은 뒤, 표지에 친필로 "이런 일이 실제로 일어났단 말인가. 정말 놀라운 일이다"라고 적은 뒤, 즉각 한반도에 가까운 아무르 주 주둔군에게 비상 대기령을 내렸다. 프랑스 공사관에서는 명성황후 민씨 암살 배후로 흥선대원군을 의심하였다. 세상 어디에도 일어날 수 없는 끔찍한 일이 이 조선 땅에서 일어났고, 일어나서는 안 될 일이 이 조선 땅에서 실제 일어났다. 외세에게 왕비가 살해되는 그런 나라가 세상 어디

홍릉洪陵의 석물들과 지당地塘 모습이다. 석물들이 능침 공간이 아닌 침전寢殿 앞에서 홍살문까지 일렬로 양쪽에 늘어서 있다. 홍릉은 황제릉으로 조성되어 그동안 조성된 조선 왕릉과 확연히 다르다. 우선 석물들부터 낯설다. 문석인·무석인·기린·코끼리·사자·해태·낙타·말 등이 양쪽으로 나란히 설치되어 있다. 말만 두 쌍이다.

에 또 있을까? 그런데 그 배후가 시아버지 흥선대원군이라니 믿기가 싫다.

명성황후 민씨를 비롯한 조선의 왕비들 대부분이 불행하였다. 무덤에서 시신을 꺼내 갯벌에 내동댕이치거나 왕릉을 파헤쳐 봉분도 없는 무덤으로 만들고 석물들은 사신들의 숙소나 청계천 다리를 놓는 데 쓰이는 등 시신조차 편히 쉬지 못했던 왕비들도 있었다. 오히려 왕위에 오를 왕자를 낳지 않은 왕비들이 왕위에 오를 왕자를 낳은 왕비들보다 편안히 잠들 수 있었다. 그래서 무자식이 상팔자라는 말이 생겨난 게 아닌가 싶다. 자식이 없는 왕비들은 크게 욕심을 낼 일도, 크게 신경 쓸 일이 없었다. 그러면서 대접은 자식을 낳지 않았어도 극진히 받았다. 중전에서 대비로, 대비에서 왕대비로, 왕대비에서 대왕대비로까지 승진

홍릉洪陵의 비각碑閣·비석碑石 모습이다. 비석에는 '대한 고종태황제홍릉 명성태황후부좌大韓 高宗太皇帝洪陵 明成太皇后祔左'라고 새겨져 있다.

을 거듭하며 최고의 권력을 누릴 수 있었다. 물론 아들을 낳지 못해 마음고생은 많이 했을 것이다.

공주보다 왕자를 낳은 왕비들과 후궁들은 낳았을 때의 기쁨만큼 대가도 치렀다. 자신이 낳은 왕자가 왕위에 오르기까지 항상 위험을 감수해야만 하였다. 조선의 왕자들을 보면 세자로 책봉된 뒤에 요절하거나 폐세자가 되는 경우가 많았다. 또한 왕위에 올랐다고 좋아할 일만도 아니었다. 단명을 하거나 폐왕이 될 수도 있었기 때문이다. 거기에 후사를 잇지 못한 채 죽으면 왕위계승문제로 보통 골치를 썩는 게 아니었다.

명성황후 민씨의 파란만장한 삶에서 그녀가 유일하게 남기고 세상을 떠난 그녀의 아들 순종은 무엇을 배우고 익혔는지 모르겠다. 무엇보다 그녀의 삶을 통해 순종은 나라의 소중함을 깊이 깨닫게 되었을 것이다. 다행인지 불행인지, 그녀는 남편인 고종의 뒤를 이어 왕위를 계승할 아들을 딱 1명 남겨놓고 세상을 떠났다. 하지만 그녀는 자신의 아들이 조선왕조의 문을 닫아거는 왕이 될 줄은 몰랐을 것이다. 그러나 그녀가 유일하게 남겨놓은 아들이 조선왕조 마지막 왕이 되었다. 그녀가 끔찍하게 죽어간 1895년(고종 32년) 그녀의 아들 순종은 22세

조선의 마지막 왕인 제27대 순종을 낳은 명성황후 민씨와 고종이 합장되어 잠들어 있는 홍릉洪陵의 능침과 능침에서 바라본 비각과 침전(일자각) 모습이다. 홍릉은 황제릉으로 조성되어 다른 왕릉에서 볼 수 없는 석물들이 홍살문과 침전(일자각) 사이에 설치되어 있다. 조선 왕릉 중 유일하게 혼유석 앞에 향로석까지 설치되어 있다.

일본인들에게 살해된 후 시신이 불태워진 명성황후 민씨　　**443**

의 성인이 되어 있었다. 철이 다 든 나이였다. 그렇게 죽어간 어머니를 보면서 순종은 나라를 어떻게 이끌어가야 할지 걱정이 앞섰을 것이다.

어쩌면 그녀의 희생으로 인하여 그녀의 아들 순종이 조금은 강인해졌는지도 모른다. 하지만 순종은 조선왕조의 문을 닫아건 왕이 되었고, 그 문을 다시는 열 수 없는 왕이 되었다. 순종은 일본에게 대항도 못한 채 뜻은 다르지만 그의 묘호처럼 일본에게 순종하면서 살다가 세상을 떠나가야만 하였다. 힘을 잃은 나라에서 꿈도 펼치지 못한 채 세상을 떠났다.

우리나라의 왕비가 그것도 이웃나라 일본에게 살해되는 비극적인 역사를 간직한 채 우리는 살아가고 있다. 명성황후 민씨를 비롯하여 조선의 왕비들 중 진정으로 행복한 왕비가 몇이나 있었는지 또다시 궁금해진다. 어머니인 명성황후 민씨의 인생이 그렇게 비참했으니 그녀의 아들 인생이 무지개 빛깔일 리 없다. 그녀의 아들 순종 역시 나라 잃고 비참한 삶을 살아가다가 해방을 보지 못한 채 세상을 떠나고 말았다.

명성황후 민씨의 능호는 홍릉洪陵이며 고종과 합장릉으로 조성되었다. 원래 그녀가 죽은 후 동구릉 능역 내에 그녀의 왕릉을 조성하려고 하였다. 그러나 고종의 아관파천俄館播遷으로 인해 왕릉 조성은 중단되고 말았다. 그때 그녀의 능호는 숙릉肅陵이었다. 그리고 2년 뒤 1897년(고종 34년)에 능호를 홍릉洪陵이라 다시 내리고, 서울특별시 동대문구 회기로 57에 시신도 없는 그녀의 왕릉을 조성하였다. 그 후 고종이 1919년에 세상을 떠나자 경기도 남양주시 홍유릉로 352-1 홍·유릉 능역 안에 조성된 홍릉으로 천장되어 고종과 함께 합장되었다. 그녀는 죽어서도 편안하게 자리를 잡지 못하고 불태워진 시신이 옮겨 다녀야만 하였다. 현재 자리가 그녀의 영원한 안식처가 되길 바랄 뿐이다. 부디 그녀가 편안히 잠들 수 있었으면 좋겠다. 명성황후 민씨와 고종이 함께 잠든 홍릉 곁에 왕이 된 아들 순종과 원비 순명황후 민씨, 계비 순정황후 윤씨가 함께 잠든 유릉裕陵이 있다. 모자母子가 함께 있어 영혼이나마 행복할 것이라 믿고 싶다.

27

한 지붕 세 가족이 된 순명황후 민씨
(제27대 왕 순종의 원비)

순명황후純明皇后 민씨(1872~1904)는 여은부원군 민태호(1834~1884)와 민태호의 재취인 진양부부인 송씨의 3남 1녀 중 외동딸로 1872년(고종 9년) 태어났다. 그녀는 조선 제27대 왕 순종(1874~1926)의 원비가 되었다. 그런데 순종에게 문제가 있었는지 그와 22년이나 함께 해로했지만 자녀가 한 명도 태어나지 않았다. 그녀의 본관은 여흥이다.

그녀는 1882년(고종 19년) 11세 나이로 세자빈에 책봉되었고, 1894년(고종 31년)부터 왕태자비로 불렸으며, 1897년(광무 원년) 황태자비로 책봉되었다. 그런데 그녀는 남편인 순종이 황제로 즉위하기 전인 1904년(고종 41년) 경운궁(덕수궁)의 강태실康泰室에서 33세 나이로 사망하였다. 그녀는 원래 양주 땅 용마산 기슭에 잠들었다. 처음의 묘 이름은 유강원裕康園이었다. 그녀가 황후에 오르기 전 황태자비로 눈을 감았으므로 시호도 황후가 아닌 순명비純明妃라 하였다. 그 후 1907년(순종 즉위년) 순종이 왕위에 오르면서 그녀는 순명황후純明皇后로 추봉되었

순명황후 민씨의 초장지 유강원裕康園의 전경과 그곳에 남아 있는 문무석인, 석호, 석양, 석마, 난간석, 장명등, 하대석 등 석물들 모습이다. 주인을 잃었지만 그 자리를 굳건히 지키고 있다. 그런데 문무석인 표정이 몹시 무섭다.

고, 유강원도 유릉裕陵으로 승격되었다.

그녀는 어린 나이였음에도 세자빈으로 책봉되어 입궁한 뒤에는 행동과 얼굴 빛이 법도에 알맞게 단정하였으며 세 분의 전하를 섬기어 새벽과 저녁마다 미흡한 구석이 있을세라 잠자리와 음식을 극진히 보살피면서 매일 밤이 깊어진 다음에야 사침私寢으로 돌아가곤 하였다. 어떤 때에는 시립侍立한 채로 진종일 보내거나 한밤을 다 지새우다가 고종이 그의 수고를 염려하여 쉬라고 명해야만 물러나왔다. 그러고서도 또 여러 가지 책들을 보곤 하여 고종이 권하면서 "곤하지 않으시오?"라고 물었더니 그녀가 말하기를, "좋아서 하는 일은 피곤한 줄을 모르는 법입니다"라고 하였다. 간혹 몸이 불편하여 잠꼬대를 하면서 신음 소리를 내곤 하였지만 그래도 꼭꼭 이른 새벽에 일어나서 성복을 하고 아침 문안을 하였으며

순종의 원비 순명황후 민씨가 계비 순정황후 윤씨와 남편 순종과 한 능침에 잠들어 있는 유릉裕陵 전경이다. 유릉은 조선 왕릉 중 유일하게 동봉삼실릉으로 조성되어 있다. 한 능침에 세 분이 함께 잠들었다. 홍릉과 더불어 유릉은 그동안 보아왔던 조선 왕릉의 모습과 확연히 달라 낯설다. 침전寢殿도 정자각이 아닌 일자각이다.

감히 지친 기색을 나타내지 않았다. 이것은 그녀의 아버지인 충문공忠文公이 오랜 집안 가풍에 의거하여 여인들이 지켜야 할 법도를 조정의 규범처럼 엄격하게 세운 결과, 그녀가 어린 나이에도 그러한 것들이 가정교육을 통해서 몸에 완연히 배었기 때문이라고 『조선왕조실록』은 전한다.

그녀가 세자빈으로 뽑혀 별궁으로 들어갈 때 가져간 것이 오직 화장품 함과 한 부의 《소학》뿐이었는데 《소학》을 섭렵하며 열심히 공부하다가 밤이 깊어서야 자리에 들었다. 이처럼 순명황후 민씨는 어려서부터 책을 좋아한 영특한 왕비였다.

그녀의 묘지문墓誌文을 읽어보면 그녀가 책을 많이 읽어서일까, 그녀의 강하고 곧은 성품이 그대로 나타나 있다. 그녀는 가풍이 있는 가문에서 훈계를 받은 것이 있는 데다 타고난 미덕까지 있었으므로 굳이 타이르지 않아도 저절로 그

렇게 된 것이라고 본다. 아무튼 그녀의 묘지문에는 공감 가는 이야기가 줄줄이 실려 있다. "궁인宮人이 혹 말하기를, '무당이나 점쟁이도 신령스러운 것이 많아 화를 복으로 전환시킬 수 있다'라고 하면 그녀는 웃으면서 말하기를, '너희들은

유릉裕陵의 일자각인 침전寢殿과 침전 앞에 사진으로 소개한 제수진설도祭需陳設圖와 기신제忌晨祭 모습이다. 제향일은 매년 4월 25일이다.

어리석기 그지없다. 화와 복은 원래 분수가 정해져 있다. 기도를 드린다고 해서 해결된다면 세상에 어찌 가난한 사람이나 일찍 죽는 사람이 있겠는가?'라고 하였다."

오늘날 어린이대공원이 자리한 서울특별시 광진구 능동 18번지에 대한제국 마지막 황제 순종의 원비인 순명황후 민씨의 유강원裕康園이 있었다. 그녀가 처음에 잠들었던 유강원 자리에는 현재 어린이대공원이 들어서 있다. 어린이대공원 정문 좌측 외진 곳에 유강원 터가 있다. 그곳에는 순명황후 민씨와 함께했던 20여 기의 석물이 그대로 남아 있다. 그녀는 몸만 쏙 빠져나와 남편인 순종 곁으로 갔다. 그리하여 장명등을 비롯한 하대석·난간석·문무석인·석마·석양·석호 등 동물을 조각한 석물들이 그 자리에 그대로 남아 있다. 그 조각품들은 매우 뛰어난 조각솜씨를 보여줄 뿐만 아니라 조선 말 왕실의 석물 조각품으로 중요한 자료가 되고 있다. 순명황후 민씨는 1926년 남편인 순종이 죽고 남양주 홍릉洪陵 곁에 유릉裕陵이 조성되면서 이곳 어린이대공원에 자리한 유강원에서 천장되어 순종과 합장되었다. 그리고 후에 계비 순정황후 윤씨도 그곳에 합장되어 한 능침에 세 명이 함께 잠들게 되었다.

그녀의 묘지문墓誌文에는 그녀의 효성이 오롯이 드러나 있는 글들이 많다. 그중 고부간인 그녀와 시어머니 명성황후 민씨 간의 사랑을 느낄 수 있는 애틋한 글만을 뽑아 실어본다. 그녀는 결혼한 지 14년, 24세 나이에 시어머니의 위급했던 상황과 일본 자객들에게 잔인하게 살해된 너무나 끔찍한 일을 목격한 며느리다. 1905년(고종 42년) 1월 4일『고종실록』에 실린 〈순명비의 묘지문〉 내용에서 순명황후 민씨의 시어머니 명성황후 민씨에 대한 진한 효성과 진한 사랑을 듬뿍 느낄 수 있다. 여기서 성모聖母는 명성황후 민씨를 가리키는 것이다. 하나하나 소개해본다.

"임오년(1882)에 난병亂兵들이 대궐을 습격하여 전궁이 파천하였을 때에는 명성황후明成皇后의 행처行處를 몰랐는데, 비는 음식을 대할 때마다 맨밥만을 들면서 고기반찬을 입에 대지 않았으며 밤이 되면 반드시 노정露庭에서 하늘에 빌곤 하였다. 이불을 덮지 않고 옷을 입은 채로 쪽잠에 들곤 하였는데 명성황후를 맞이하는 날까지 계속 그렇게 하였다."

명성황후 민씨가 궁궐을 빠져나가 51일 동안 피난을 갔을 때 명성황후 민씨의 무사함을 바라는 그녀의 효심이 잘 나타나 있다.

"을미년(1895년)에 이르러 흉악한 무리들이 대궐을 침범하였을 때 비는 명성황후明成皇后를 보호하다가 그만 흉악한 무리들에게 앞길이 막혔으며 끝내 천고에 있어본 적이 없는 큰 참변을 당하였다. 비는 또 기막혀 쓰러지고 반나절이 지나간 다음에 시녀에게 전하와 황태자의 안부를 물어보고는 그길로 눈을 감은 채 깨어나지 못하였고 구급약을 갖추어 치료해서 새벽에야 소생하였다. 비는 이로 말미암아 언제나 마치 젖어미를 잃은 젖먹이 모양 정신없이 지냈으며 때로는 한창 음식을 들다가도 한숨을 쉬고는 슬픔에 겨워 목이 메곤 하였고 옷과 앞섶, 베개와 이불을 하염없이 흐르는 눈물로 적셨다. 짐이 가엾게 여겨 갈수록 더욱 어루만져주고 위로의 말로 타일러주어 만류하면 비는 일부러 기쁨이 어린 낯빛을 짓고 짐더러 지나치게 마음을 쓰지 말라고 권고하기까지 하였지만 항상 슬픈 내심이 얼굴빛에 자연히 어리는 것을 가릴 수 없었다. 평소에 비를 보살펴 준 명성황후의 사랑이 비록 그의 골수를 적실 만한 것이기는 하였지만 비가 갈수록 더욱 그리워한 것은 역시 천성적으로 효성을 다하려는 마음을 지녔기 때문이었다."

을미사변을 목격하고 끔찍하게 살해된 시어머니의 사랑을 잊지 못하는 그녀의 심정이 안타깝게 나타나 있다.

"을미년(1895년) 난리 때에 비는 성모를 막아 나서 보호하다가 역적들에게 앞길이 막혀 그만 발이 미끄러져 떨어지는 통에 허리를 상한 것이 그대로 고질병으로 되었다. 천하 만고에 있어보지 못한 큰 참변을 당한 때로부터 비는 늘 의식이 혼미하여 어지러웠으며 꿈속에서도 간혹 흐느끼다가 '아무개가 여기에 있

다'라고 하고는 깜짝 놀라 깨어나
서 눈물을 하염없이 흘리는가 하
면 울음을 삼키면서 어깨를 들먹이
곤 하였다. 간혹 교교한 정적이 깃
든 밤의 전각에 등불 빛이 은은하
게 흐를 때 마치 무엇을 보는 것 같
았으니, 지성으로 애통해하고 그리
워한 나머지 망자의 혼이 그 효성
과 사모하는 마음에 감응하였던 것
이리라."

　묘지문 곳곳에 그녀가 을미사변
을 겪은 후 시어머니인 명성황후
민씨를 애통하게 그리워하고 사모
하는 심정이 나타나 있다.

　앞에서 소개했듯이 그녀의 묘지
문에서 그녀와 명성황후 민씨는 며
느리와 시어머니 관계가 아닌 딸과

유릉裕陵의 비각과 침전 앞 월대에 올라서서 바라본 석물들
모습이다. 비석에는 '대한 순종효황제유릉 순명효황후부좌,
순정효황후부우大韓 純宗孝皇帝裕陵 純明孝皇后祔左 純貞孝皇后祔右'라
고 새겨져 있다. 그리고 명성황후 민씨의 홍릉洪陵과 마찬가
지로 침전 앞부터 문석인·무석인·기린·코끼리·사자·해태·낙
타·말 등의 순서로 홍살문까지 도열해 있다. 말만 두 마리다.
능침 공간에는 능침과 혼유석·장명등·망주석만이 자리하고
있을 뿐이다.

어머니의 관계처럼 정을 나누며 지낸 것을 알 수 있다. 명성황후 민씨를 잃고,
"언제나 마치 젖어미를 잃은 젖먹이 모양 정신없이 지냈으며 때로는 한창 음식
을 들다가도 한숨을 쉬고는 슬픔에 겨워 목이 메곤 하였고 옷과 앞섶, 베개와
이불을 하염없이 흐르는 눈물로 적셨다"는 내용 하나만 읽어봐도 그렇다. 명성
황후 민씨를 인정 없고 매섭고 차가운 여인으로만 생각했는데 며느리 순명황후
민씨를 통해 명성황후 민씨의 다른 면을 발견하게 되었다. 그녀에게 따뜻한 인
간애가 느껴진다.

　순종의 원비 순명황후 민씨가 떠나간 유강원 터는 그대로 능 터로 남게 되었

유릉裕陵의 능침은 침전寢殿인 일자각과 일직선으로 조성되지 않았다. 침전에서 유릉의 정면이 아닌 옆구리가 보인다. 능침이 침전과 마주하지 않고, 침전 오른쪽 위 산줄기와 마주하고 있다. 능침 앞에 세워진 장명등 역시 침전과 마주하지 않고 옆으로 틀어져 세워져 있다.

고, 그로 인하여 마을 이름이 능동陵洞이 되었다. 그녀가 유강원을 떠난 뒤 27년 동안 그 자리에 서울컨트리클럽으로 이름이 바뀐 경성골프구락부가 들어섰다. 그런데 1970년 12월 서울컨트리클럽을 외각으로 옮기고, 그 자리에 어린이를 위한 대공원을 만들게 되었다. 그녀는 남편의 부름을 받고 석물들은 모두 남겨 놓은 채 몸만 쏙 빠져 떠나갔지만 그녀가 떠난 뒤 그 넓은 자리에 어린이대공원 이 들어섰으니 그녀도 이래저래 기쁠 것이다.

명성황후 민씨의 큰며느리인 순명황후 민씨의 시어머니에 대한 사랑은 감 동적이다. 명성황후 민씨가 잔인하게 피살당하는 것을 목격했으니 어찌 무섭고 슬프지 않았겠는가. 그녀는 지성으로 명성황후 민씨의 죽음을 애통해하고 꿈속 에서까지 흐느끼곤 했다고 한다. 하지만 그녀는 안타깝게도 왕비에 오르지 못 하고 세자빈 시절에 세상을 떠났다.

순명황후 민씨는 남편 순종의 능호가 따로 없어 그녀가 받은 능호 유릉裕陵을 남편, 계비와 함께 쓰게 되었다. 그녀의 능호를 따른 유릉은 동봉삼실 합장릉으 로 조성되었다. 한 능침에 3명이 나란히 잠들어 있다. 하나의 방에 3개의 침대가 있는 것이나 다름없다. 아무튼 그녀는 원비였지만 홀로 잠들 뻔했는데 왕 곁에 잠들 수 있게 되었다. 순종의 원비 순명황후 민씨는 1926년 경기도 남양주시 홍 유릉로 352-1(금곡동)로 천장되어 홍·유릉 능역 안의 유릉裕陵에 순종과 계비 순 정황후 윤씨와 함께 합장되었다. 『순종실록』 1권 〈총서〉에 그녀의 약력이 짧게 기록되어 있다. 그녀는 안타깝게도 한 명의 자녀도 낳지 못했다.

28

망국의 슬픔을 겪어야 했던 순정황후 윤씨

(제27대 왕 순종의 계비)

순정황후純貞皇后 윤씨(1894~1966)는 해풍부원군 윤택영(1876~1935)과 경흥부부인 유씨의 2남 1녀 중 외동딸로 1894년(고종 31년)에 태어났다. 그녀는 조선 제27대 왕 순종(1874~1926)의 계비가 되었다. 원비가 그랬듯이 그녀도 역시 순종과의 사이에 자녀를 얻지 못하여 왕을 낳은 왕의 어머니가 되지 못했다. 순종도 조선 제20대 왕 경종처럼 불임이었던 모양이다. 그녀의 본관은 해평이다.

원비인 순명황후 민씨가 1904년(고종 41년) 사망하자, 1906년(고종 43년) 12월 13세 나이에 황태자비로 책봉되어 입궁하였다. 이후 1907년(고종 44년, 순종 즉위 년) 시아버지인 고종(1852~1919)이 일본에 의해 강제로 왕위에서 물러나면서 남편 순종이 제2대 황제에 오르게 되어 그녀도 황후가 되었다. 그녀는 그해에 여학女學에 입학하여 황후궁皇后宮에 여시강女侍講을 두고 한문을 많이 익혔다. 그녀의 약력이 짧게 기록되어 있는 『순종실록』 1권 〈총서〉 일부를 보면 "갑오년 1894년(고종 31년) 8월 20일 갑자일甲子日에 양근楊根 서종면西宗面 문호리汝湖里 외가

계비 순정황후 윤씨가 원비 순명황후 민씨·순조와 함께 잠
들어 있는 유릉裕陵의 전경과 침전寢殿인 일자각 모습이다.

집에서 출생하였다. 광무光武 11년 1월 24일 병오년 1906년(고종 43년) 12월 11일
에 황태자비로 책봉되었고, 융희 원년 8월 27일 정미년 1907년(고종 44년) 7월
19일에 황후로 올려 책봉되었다"고 기록되어 있다.

　　그 당시 그녀의 아버지 윤택영이 거액의 뇌물을 고종의 후궁이자 영친왕
(1897~1970) 어머니인 순헌황귀비 엄씨(1854~1911)에게 바쳐서 그녀가 간택되
었다는 소문이 돌기도 하였다. 명성황후 민씨(1851~1895)가 세상을 뜬 뒤 고종
(1852~1919)의 총애를 한몸에 받고 있던 순헌황귀비 엄씨(1854~1911)였으니 그 소
문이 뜬소문일 리는 없다. 그녀의 아버지 윤택영은 그녀의 남편 순종보다 2세나
어리다. 사위가 장인보다 나이가 더 많다. 그녀는 1910년(순종 4년) 국권이 강탈
될 때 병풍 뒤에 숨어서 어전회의를 엿듣고, 친일파들이 순종에게 합방조약에
날인할 것을 강요하자, 이를 저지하고자 치마 속에 옥새玉璽를 감추고 내놓지 않
았다는 왕비다. 하지만 그녀의 큰아버지 윤덕영에게 왕의 도장인 옥새를 강제

유릉裕陵의 산릉제례 준비를 위해 지은 재실 전경과 산릉제례에 사용할 물을 긷는 제정祭井 모습이다. 제정이 두 개나 있다.

로 빼앗기고 말았다. 그녀의 아버지 윤택영이나 큰아버지 윤덕영은 마지막 왕
비 자리에 올라 있던 그녀에게 도움이 전혀 되지 않았다. 그녀를 이용하여 권력
을 휘둘렀을 뿐이다.

　창덕궁의 대조전大造殿 동쪽에는 1910년, 순종이 마지막 어전회의御前會議를 열
어 경술국치를 결정했던 비운의 장소 흥복헌興福軒이 딸려 있다. 대조전의 대청
마루를 중심으로 서쪽에는 왕비 침소인 서온돌과 융경헌隆慶軒이 있고, 동쪽에
는 왕의 침소인 동온돌과 흥복헌興福軒이 대칭적으로 위치해 있다. "복을 일으
킨다"는 이곳 흥복헌은 1910년 8월 22일, 대한제국의 비극적인 마지막 한일합

병 어전회의가 열렸던 곳이다. 어전회의가 열린 7일 후, 일본에 의해 우리나라 국권이 넘어갔음이 발표되었다. 이날이 1910년 8월 29일로 '경술국치일'이다. 비극 중의 비극의 날이다. 그 후 이곳에서 1926년 4월, 순종황제가 승하함으로써 제국은 종말을 맞았다. 복을 일으킨다는 현판의 의미와 달리 나라가 넘어가고 말았다. 흥복헌은 앞에서 보면 현판에 비해 전각이 작아 보인다. 그러나 뒤편에서 보면 아주 넓다.

순종의 계비 순정황후 윤씨는 나라가 망한 후 일본의 침탈행위를 경험하였으며, 해방과 6·25를 겪고 만년에는 불교에 귀의하여 대지월大地月이라는 법명을 받기도 하였다. 그 후 순종이 세상을 떠나고 40년을 홀로 지내다가 1966년 71세를 일기로 창덕궁의 낙선재樂善齋에서 심장마비로 사망하였다. 슬하에 소생은 없다. 그녀는 순종과 한 능침에 원비인 순명황후 민씨와 합장되어 잠들어 있다. 원비가 세상을 일찍 뜨는 바람에 그녀가 왕비가 되어 왕과 원비와 한 방에 잠들게 되었다. 원비와 계비는 서로 얼굴을 알 수 없다. 후궁이 계비에 오른 경우 왕비가 살았을 때 그 후궁을 본 적이 있으면 모를까 원비가 죽어야만 계비를 얻었으니 원비가 계비를 모르고, 계비 또한 원비를 모르는 게 당연하였다. 그러니 죽어서 원비와 계비가 왕 곁에 함께 잠들 경우 무덤 속에서나마 "처음 뵙겠습니다. 형님! 그래, 아우!"할 것만 같다. 이 세상에서 가장 멀고도 먼 사이가 왕의 여인들 사이가 아닌가 싶다.

순정황후 윤씨의 능호는 유릉裕陵이며 동봉삼실同封三室 합장릉으로 조성되었다. 동봉삼실로 조성된 왕릉은 조선 최초이자 마지막이다. 동봉이실(합장)로 조성된 왕릉은 많았지만 동봉삼실로 조성된 왕릉은 유릉이 처음이다. 그녀는 남편과 원비와 한 방 안에서 오순도순 이야기를 나누고 있지 않을까 싶다. 나라를 빼앗기고 나라 잃은 설움을 겪다가 세상을 먼저 떠난 남편에게 그녀는 위로의 말을 계속 해주고 있을지도 모른다. 일본에게 빼앗겼던 나라를 되찾았고, 대한민국이 나날이 발전하고 있음을 이야기해주고 있을지도 모른다.

유릉裕陵의 독특한 어정(우물) 모습과 예감(소전대)·수복방·산
신석 모습이다. 어정御井도 낯설지만 굴뚝 모양의 예감瘞坎도
낯설다.

　그녀는 해방되고도 20년은 더 살다가 세상을 떠났다. 그녀가 전하는 해방 이
야기를 들으며 순종의 원비 순명황후 민씨는 어안이 벙벙할 것이다. 나라의 흥
망성쇠興亡盛衰를 모두 지켜본 계비 순정황후 윤씨와 달리 원비 순명왕후 민씨는

낮선 유릉裕陵의 주인을 소개하는 비각과 비석 모습이다. 비각 앞에 문무석인이 세워져 있고, 비석에는 '대한 순종효황제 유릉 순명효황후부좌, 순정효황후부우大韓 純宗孝皇帝裕陵 純明孝皇后祔左 純貞孝皇后祔右'라고 새겨져 있다.

일본에게 나라를 강제로 빼앗기기 전 세상을 떠났으니 하는 말이다. 아무튼 계비 순정황후 윤씨는 조선의 마지막 왕비로 국권을 잃는 아픔을 뼈저리게 겪어야 하였다. 이제는 그녀가 편히 잠들었으면 좋겠다. 원비 순명황후 민씨에 비해 오랫동안 살았음에도 계비 순정황후 윤씨에 대한 기록은 『조선왕조실록』에 별로 나와 있지 않다. 그녀는 남편인 순종과 22년을 부부로 산 원비보다 2년 적은 20년을 부부로 살았다. 순종은 계비인 그녀에게도 후사를 얻지 못하고 1926년 53세 나이로 세상을 떠나 그녀는 1966년까지 40년을 홀로 지내다가 순종과 원비 순명황후 민씨가 먼저 자리를 잡아놓은 유릉裕陵에 나란히 잠들었다. 『순종실록부록』의 〈순종 황제의 행장〉에 실린 글을 일부 실어본다.

조선왕조 마지막 왕비였던 순정황후 윤씨는 시아버지 고종, 시어머니 명성황후 민씨가 먼저 자리를 잡아놓은 경기도 남양주시 홍유릉로 352-1(금곡동) 홍·유릉 능역 안의 유릉에 순종과 원비인 순명황후 민씨와 정답게 잠들어 있다. 그녀나 원비나 자녀가 없었기에 왕 곁에 함께 잠들 수 있었을 것이다. 왕 곁에 원비와 계비 모두 잠든 경우를 보면 원비와 계비 모두 왕위를 이을 아들을 낳지 못한 왕비들이다. 역사상 왕릉을 조성하는 데도 왕위를 이어받은 아들의 힘이

조선의 마지막 왕인 제27대 왕 순종이 두 왕비를 모두 거느리고 한 능침에 잠들어 있는 동봉삼실릉同封三室陵으로 조성한 유릉裕陵의 전경과 후경이다. 유릉의 능침은 침전과 일직선으로 자리하지 않고 침전 오른쪽으로 비켜나 있다.

조선의 마지막 황태자 의민황태자(영친왕)가 그의 부인과 합장되어 잠들어 있는 영원英園과 의친왕, 덕혜옹주, 황세손 이구의 묘 모습이다. 이구의 회인원懷仁園은 아직도 석물이 아무것도 없다.

큰 영향을 미쳤다. 왕위에 오른 아들을 두고 세상을 뜬 왕비는 왕 곁에 묻어달라고 굳이 말할 필요조차 없었다.

그 밖의 홍·유릉 능역 안에는 조선 말 왕실 가족들이 많이 잠들어 있다. 고종의 아들이자 순종의 이복동생인 조선의 마지막 황태자! 의민황태자(영친왕) 부부가 영원英園에 잠들어 있고, 고종의 5남이며 후궁 귀인 장씨의 소생인 의친왕 (1877~1955)의 묘, 고종의 후궁 광화당(1887~1970) 이씨의 묘, 고종의 후궁 삼축당 (1890~1972) 김씨의 묘, 고종과 후궁 귀인 양씨 사이에서 태어난 고종의 고명딸인 덕혜옹주(1912~1989)의 묘, 그리고 의친왕의 계비 수인당의 묘가 있으며, 영친왕의 아들이자 대한민국의 마지막 황세손 이구의 회인원懷仁園이 2005년에 조성되어 있다. 순종의 계비였던 순정황후 윤씨 역시 원비 순명황후 민씨와 마찬가지로 자녀를 한 명도 낳지 못해 순종은 이복동생인 영친왕을 왕세제王世弟로 책봉할 수밖에 없었다. 그러나 영친왕은 왕세제가 아닌 조선 최초의 황태자이자 마지막 황태자가 되었다.

간추린 조선왕조 이야기

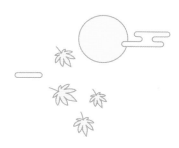

조선왕조는 1392년 8월 5일 개국을 한 뒤 1910년 8월 29일에 종말을 고하였다. 건국 시조 태조를 시작으로 27명의 왕이 519년 동안 조선의 역사를 만들어내는 데 앞장섰다. 그 중 2명은 왕위에서 폐위되어 묘호를 받지 못해 종묘에 신주도 봉안되지 못하였다. 조선 제10대 왕 연산군과 제15대 왕 광해군이다. 그들은 왕의 자리에 10년 이상 올라 있었지만 하루아침에 폐왕이 되는 신세가 되고 말 았다.

왕은 여러 개의 이름을 가지고 있다. 어려서 불렸던 아명에서부터 죽고 나서 붙여지는 묘호에 이르기까지 보통 3개 이상은 된다. 살아 있을 때 휘諱라 하고, 죽은 후 종묘宗廟에 올리는 이름을 묘호廟號라 한다. 묘호는 두 글자인데 앞의 글 자는 생전에 왕의 업적을 평가하여 붙이는 것으로 왕에 따라 달라지고, 뒤의 글 자는 '조祖'나 '종宗' 중 하나를 붙인다. '조'는 나라를 세우거나 중흥시키는 등 공적이 두드러지는 경우에, '종'은 앞선 왕의 업적을 물려받아 덕으로 나라를 다스려 문물을 융성하게 한 경우에 붙인다. 그런데 처음에 묘호가 정해진 뒤 바뀐 왕들이 추존 왕을 포함하여 무려 8명이나 된다. 세조는 신종, 선조는 선종, 인조는 열종, 영조는 영종, 정조는 정종, 순조는 순종, 추존 왕 장조는 장종, 추존 왕 문조는 익종이었다. 이들 모두 후손들에 의해 묘호에 붙었던 '종'이 '조'로 바뀌었다. 그 결과 조선을 건국한 태조를 포함하여 실제 왕 7명, 추존 왕 2명 등 모두 9명의 묘호에 조가 붙어 있다.

왕실의 호칭도 다양하다. 왕비가 낳은 아들은 '대군大君'이라 불렸고, 딸은 '공주公主'라 불렸다. 그리고 후궁이 낳은 아들은 '군君', 딸은 '옹주翁主'라 불렸다. 또한 왕비의 아버지는 '부원군府院君'이라 불렸고, 왕비의 어머니는 '부부인府夫人'이라 불렸다. 한편 세자로 책봉되어 있다가 왕위에 오르지 못하고 세상을 떠났을 때 아들이 왕위에 오르면 아버지에게 묘호廟號가 올려졌다. 그들을 추존 왕이라 부르는데 조선의 추존 왕은 모두 9명이다. 그들 중에는 조선을 건국한 태조의 4대 조상으로 목조, 익조, 도조, 환조 등 4명의 추존 왕이 있고, 덕종, 원종, 진종, 장조, 문조 등 5명의 일반 추존 왕이 있다. 그들 중 원종만 세자 출신이 아니었다. 그는 아들 인조가 반정으로 왕위에 오르면서 서자 신분으로 추존 왕이 되었다. 원래 대원군이 되어야 맞다. 또한 적통이 끊어져 방계혈통이 왕이 된 경우에는 그 왕의 아버지를 '대원군'이라 부른다. 조선시대 대원군은 덕흥대원군, 전계대원군, 흥선대원군 등 3명이 있다.

안타깝게도 조선의 세자들 중 상당수가 왕이 되지 못하고 세상을 떠났다. 폐세자가 5명, 요절한 세자가 6명, 황태자가 1명으로 모두 12명이나 된다. 그리고 2명의 왕세손이 조기 사망하였다. 폐세자들 중 사도세자만이 죽은 뒤 유일하게 복위되었다. 사도세자는 아버지 영조에 의해 뒤주에 들어가기 전 폐위되었다가 죽은 뒤 뒤주 밖으로 나와 세자로 복위되었다. 이들 14명은 모두 왕이 되지 못하고 요절한 비운의 왕세자·왕세손들이다.

그리고 황제 칭호를 받은 조선의 왕이 10명이나 된다. 1897년(고종 34년) 10월

12일, 문무백관이 지켜보는 가운데 고종이 황제로 즉위하였다. 그때 고종은 국호를 대한제국으로 바꾸었고, 연호를 광무光武라 하여 우리나라가 자주독립국임을 국내외에 선포하였다. 그 뒤 고종은 건국 왕 태조를 태조고황제로 추존하였고, 그의 4대조인 추존 왕 장조를 장조의황제, 정조를 정조선황제, 순조를 순조숙황제, 추존 왕 문조를 문조익황제로 추존하였다. 그리고 1907년, 고종이 물러나고 순종이 즉위하면서 연호를 융희隆熙로 바꾸고, 추존 왕 진종을 진종소황제, 헌종을 헌종성황제, 철종을 철종장황제로 추존하였다. 그 결과 고종과 순종을 포함하여 10명의 왕이 황제 칭호를 받았다. 고종은 고종태황제, 순종은 순종효황제다. 하지만 자주독립과 부국강병의 기치를 내걸고 탄생했던 대한제국은 13년 만에 역사의 뒤안길로 사라지고 말았다. 경술국치일인 1910년 8월 29일, 일본에 강제 합병되면서 멸망하고 말았다.

실제 왕위에 오른 조선의 왕은 27명(연산군·광해군 포함), 실제 왕비에 오른 조선의 왕비는 41명(연산군 부인·광해군 부인·폐비 윤씨 포함)이 된다. 조선왕조 이야기를 테마별로 나누어 정리하면서 폐왕이 되어 종묘에 신주가 모셔져 있지 않았지만 연산군과 광해군을 실제 왕에 포함시켰고, 성종의 계비였던 폐비 윤씨와 연산군 부인 폐비 신씨(거창군부인 신씨), 광해군 부인 폐비 유씨(문성군부인 유씨)도 실제 왕비에 포함시켰다. 하지만 희빈 장씨(장희빈)는 왕비에 올라 있긴 했지만 폐비가 되면서 후궁으로 강등되었으므로 후궁들 이야기에 포함시켰다. 한편 9명의 추존 왕과 추존 왕비들 중 왕과 왕비로 추존된 건국 왕 태조의 4대 조상 이야기는 생략하였으며, 5명의 실제 추존 왕과 왕비 이야기만 정리에 포함했다.

또한 조선의 실제 왕을 낳았지만 자신은 실제 왕위에 오르지 못한 왕의 아버지들 8명의 이야기도 정리했다. 5명의 추존 왕과 3명의 대원군이 바로 이들이다. 그리고 조선의 실제 왕을 낳았지만 자신은 실제 왕비에 오르지 못한 왕의 어머니들 12명의 이야기도 정리했다. 추존 왕비 4명, 폐비 윤씨, 대원군 부인 3명, 후궁 4명 등이 바로 이들이다. 이 이야기에는 왕을 낳은 왕의 생모들만 다

루기로 하여 정조의 양모인 추존 왕 진종의 비는 제외했다. 그 대신 폐비 윤씨를 포함하였다. 그녀는 성종의 계비로 연산군을 낳아 3년 정도 왕비에 올랐다가 영원한 폐비가 되었기에 그랬다. 실제 왕을 낳은 후궁들이 4명 있고, 추존 왕을 낳은 후궁들이 4명 있는데 이들 중 실제 왕을 낳은 후궁들 4명만 포함했다.

그동안 글을 쓰면서 42기의 조선 왕릉 중 북한에 있는 2기를 제외한 모든 왕릉을 답사하였다. 아울러 폐위가 된 연산군과 광해군 묘, 그리고 그들을 낳은 폐비 윤씨와 공빈 김씨의 묘도 답사를 하였으며, 칠궁에 신주가 모셔져 있는 왕을 낳은 7명의 후궁들의 원園을 비롯하여, 왕이 되지 못하고 죽은 12명의 세자와 2명의 왕세손 원園도 모두 답사를 마쳤다. 답사를 하면서 그들과 조선 역사에 관한 이야기를 충분히 나누었다. 한 번 만나고 아쉬우면 다시 찾아가 이야기를 나누다 돌아오곤 하였다. 대여섯 번 이상 찾아간 곳도 여러 곳이 있다. 아마 융·건릉은 열 번은 더 찾아갔을 것이다. 그 밖에 왕을 낳은 3명의 대원군 묘는 물론 후궁, 왕자, 공주 등의 묘도 대부분 찾아가 이야기를 나누었다. 그뿐만이 아니라 그들의 흔적이 남아 있는 궁궐을 비롯하여 행궁, 잠저 및 잠저지, 생가는 물론 유배지까지 샅샅이 찾아다니며 실제 그들을 만난 것처럼 이야기를 나누고 사진을 직접 찍어왔다. 그렇게 찾아다니며 나눈 이야기와 직접 찍은 사진들을 여러 권의 책에 담았다. 그런데 북한에 있는 조선 건국 왕 태조의 4대 조상과 태조의 원비 신의왕후 한씨의 제릉과 제2대 왕 정종과 정안왕후 김씨의 후릉을 답사할 수 없어서 안타까웠다.

현재 남아 있는 조선왕조 무덤은 모두 120기가 된다. 그 중 일반추존왕릉 5기를 포함하여 왕릉이 42기, 원이 14기, 묘가 64기이다. 42기의 왕릉 중 북한에 있는 2기를 제외한 40기만이 2009년 6월 30일 유네스코가 제정한 세계유산에 등재되었다. 5명의 일반추존왕릉까지 모두 세계유산이 되었다. 책 뒤편 부록에 42기(북한에 소재한 제릉과 후릉 포함)의 조선 왕릉과 14기의 조선 원, 3기의 대원군 묘, 그리고 끝으로 북한에 소재한 태조 이성계의 4대조인 목조·익조·도조·

환조 부부의 왕릉 소재지까지 소개하여 답사하고자 하는 독자들에게 참고가 될수 있도록 하였다. 태조 이성계는 자신의 4대 조상을 왕과 왕후로 추존하였다.

조선 왕릉은 단릉, 쌍릉, 합장릉, 동원이강릉, 동원상하릉, 삼연릉 등으로 조성되어 있다. 27명의 왕 중 태조·단종·중종 등 3명의 왕은 홀로 잠들어 있다. 나머지 24명의 왕은 원비 아니면 계비와 나란히 잠들었거나 합장되어 잠들어 있다. 하지만 41명의 실제 왕비들 중 28명만 왕 곁에 잠들어 있고, 13명은 홀로 잠들어 있다. 그 중 8명의 원비가 홀로 잠들어 있다. 이처럼 왕들이 원비보다 계비를 곁에 두고 잠들어 있는 경우가 더 많았다. 53년이나 원비로 살아온 영조의 원비 정성왕후 서씨도 15세에 영조의 계비가 된 정순왕후 김씨에게 왕 곁을 빼앗기고 홀로 잠들어 있으니 말하면 무엇하겠는가.

왕은 나이에 제한 없이 왕위에 올랐다. 태조는 58세로 조선왕조 역대 왕들중 가장 많은 나이에 왕위에 올랐고, 헌종은 8세로 가장 어린 나이에 왕위에 올랐다. 재위기간도 제각각이었다. 왕위에 오르면 태조·정종·태종·고종 외에는 죽을 때까지 왕의 자리를 모두 지켰기 때문이다. 영조는 재위기간이 51년 7개월로 가장 길고, 인종은 재위기간이 8개월로 가장 짧다. 왕들 대부분이 단명하였다. 장수한 왕은 영조로 83세까지 천수를 누리다가 죽었다. 반면 단종은 세상을 떠난 왕들 중 가장 어린 나이인 17세에 죽었다. 왕비들도 단명을 한 경우가 많다. 16세, 17세 세자빈 시절에 죽어 남편이 왕위에 오르면서 왕비로 추존되었으며, 죽은 후 추존된 왕비가 4명이나 된다. 왕비가 된 후 산후통으로 사망한 왕비들도 여러 명이 된다.

조선을 실제 이끌어온 왕들을 보면 장남보다 차남이 왕위에 오른 경우가 훨씬 더 많다. 장남으로 왕위에 오른 왕은 문종·단종·연산군·인종·인조·현종·숙종·경종·헌종 등 9명이다. 그 중 7명의 왕만 적자이고, 인조와 경종은 적자가 아니다. 제14대 왕 선조부터는 방계 혈통도 보위에 오르기 시작하면서 후궁의 아들들이 줄줄이 왕위에 올랐다. 왕비들도 맏딸보다는 외동딸이나 막내딸이 왕비에 오른 경우가 더 많았다.

조선의 실제 왕 27명 중 14명만 왕을 낳았고, 13명은 왕을 낳지 못하였다. 왕을 낳은 14명의 왕들 중 태조·세종·성종·중종·숙종 등 5명의 왕은 2명의 왕을 낳았다. 그리하여 19명이 왕의 아들로 태어나 실제 조선의 왕이 되었다. 나머지 8명의 왕은 앞에서도 밝혔듯이 추존 왕의 아들 5명과 대원군의 아들 3명이다. 이들이 조선의 왕에 합류하였다. 그 중 다산왕은 태종과 성종이다. 태종은 슬하에 12남 19녀를, 성종은 19남 13녀를 두어 1, 2위를 차지하였다. 아들이 가장 많은 왕은 성종이 19남, 세종이 18남이고, 딸이 가장 많은 왕은 태종으로 19녀다. 자녀가 20명이 넘는 왕은 정종·태종·세종·성종·중종·선조 등 6명이며, 태종과 성종은 30명이 넘는 자녀를 낳았다. 반면 자녀를 한 명도 낳지 못한 왕은 단종·인종·경종·순종 등 4명이나 된다. 명종과 헌종은 자녀를 한 명 낳았지만 일찍 세상을 떠났다. 또한 철종은 5남 6녀를 낳았으나 옹주 한 명만이 간신히 살아남아 태극기를 만든 박영효에게 14세에 출가시켰는데 출가한 지 3개월 만에 요절하고 마는 비운을 겪었다.

왕비와 후궁을 합쳐 부인을 10명 이상 둔 왕들은 정종·태종·성종·중종·고종 등이다. 여인들 때문에 골치깨나 아팠던 숙종은 9명의 부인을 두었다. 후궁도 없이 부인을 왕비 한 명만 둔 왕은 현종뿐이다. 현종은 15년 3개월이나 재위하였는데 특이한 왕이라고 할 수 있다. 왕비 외에 후궁을 한 명도 두지 않은 왕은 현종·경종·순종 등 3명이다. 그 중 경종과 순종은 후궁은 두지 않았지만 원비가 일찍 죽는 바람에 왕비를 2명씩 두었다. 27명의 조선 왕들 중 왕비를 한 명 둔 왕은 16명, 왕비를 2명 둔 왕은 8명, 왕비를 3명 둔 왕은 성종·중종·숙종 등 3명이다. 성종은 폐비 윤씨를 포함해 3명의 왕비를 둔 왕이 되었고, 숙종은 희빈 장씨를 왕비가 아닌 후궁에 포함시켜 4명이 아닌 3명의 왕비를 둔 왕이 되었다.

조선의 왕은 공식적으로 최대 9명까지만 후궁을 들일 수 있었다. 그런데 9명을 넘는 왕들이 수두룩했다. 평균으로는 6.4명이지만 태종은 무려 19명을 두어 랭킹 1위를 차지했다. 그 뒤를 이어 광해군 14명, 성종 13명, 고종 12명, 연산군과 중종은 각각 11명의 후궁을 두었다. 반면 현종·경종·순종은 한 명의 후궁도 두지 않았다. 하지만 그들은 모두 병약한 체질이라고 알려져 있다. 순조는 1명의 후궁을 두었고, 단종과 헌종은 2명, 인종과 효종은 3명, 인조·영조·정조는 평균도 안 되는 4명을 두었다.

실제 왕과 실제 왕비들 중 연산군과 광해군은 물론 그들의 비와 성종의 비였던 폐비 윤씨는 종묘에 신주가 자리하지 못하였다. 연산군은 11년 9개월, 광해군은 15년 1개월이나 왕위에 올라 있었지만 그들의 실정으로 죽어서도 대접을 받지 못하고 있다. 그들은 폐위되어 죄인으로 살다가 유배지에서 각각 생을 마감하였다. 그들의 무덤도 왕릉이 아닌 왕자의 묘로 조성되어 있다. 또한 왕비에 올라 3년간이나 왕비 노릇을 한 폐비 윤씨도 대접을 못 받는 것은 마찬가지다. 그녀는 아들 연산군이 보위에 올라 잠시 제헌왕후로 추존되면서 그녀의 묘도 회릉으로 격상되었으나 연산군이 폐위되는 바람에 다시 서인으로 강등되어 왕비 대접은커녕 후궁 대접도 못 받는 신세가 되어버렸다. 종묘 다음으로 큰, 왕을 낳은 후궁들의 사당인 칠궁에도 그녀의 신주는 입주하지 못하였다.

칠궁에는 후궁으로 왕의 어머니가 된 추존 왕 원종의 어머니 인빈 김씨, 경종의 어머니 희빈 장씨, 영조의 어머니 숙빈 최씨, 추존 왕 진종의 어머니 정빈 이씨, 추존 왕 장조의 어머니 영빈 이씨, 순조의 어머니 수빈 박씨, 영친왕의 어머니 순헌황귀비 엄씨 등 7명의 신주가 모셔져 있다. 폐비 윤씨에 비하면 희빈 장씨(장희빈)는 행운이다. 왕비에 올라 있다가 폐비가 되었는데 서인이 아닌 빈으로 강등되어 후궁 자리는 유지하게 되었기 때문이다. 선조의 제1후궁 공빈 김씨 또한 억울하게 되었다. 아들 광해군이 폐왕이 되는 바람에 폐비 윤씨와 마찬가지로 종묘는커녕 칠궁에도 신주가 입주하지 못했다.

추존 왕비를 포함하면 조선의 왕비는 모두 50명이다. 이들 중 47명의 왕비들 신주가 종묘에 모셔져 있다. 왕비 자리에 올라보지도 않았던 추존 왕비 9명과 조선이 건국하기 전에 죽은 태조의 원비 신의왕후 한씨, 그리고 세자빈 시절에 죽었지만 왕비로 추존된 4명의 신주도 모두 남편들과 함께 종묘에 나란히 모셔져 있다. 세자빈 시절에 죽어 죽은 후 왕비로 추존된 세자빈으로는 문종의 비 현덕왕후 권씨, 예종의 비 장순왕후 한씨, 경종의 비 단의왕후 심씨, 순종의 비 순명황후 민씨 등이다. 그녀들은 왕비에 오르기 전 죽었지만 남편이 왕위에 오르면서 왕비로 추존되어 신주가 종묘에 모셔지게 되었다. 복위되지 못한 성종의 계비 윤씨, 연산군·광해군 부인의 신주만 종묘에 모셔지지 못했다.

한편 조선의 왕비들 중 11명이 폐비 경력을 갖고 있다. 그들 중 태조의 계비 신덕왕후 강씨, 문종의 비 현덕왕후 권씨, 단종의 비 정순왕후 송씨, 중종의 원비 단경왕후 신씨, 선조의 계비 인목왕후 김씨, 숙종의 제1계비 인현왕후 민씨, 고종의 비 명성황후 민씨 등 7명은 조선이 패망하기 전 왕비로 복위되었으나 나머지 4명은 아예 복위되지 못한 채 조선이 문을 닫아걸었다. 폐서인이 된 성종의 계비 윤씨, 군부인으로 강등된 연산군과 광해군의 부인, 그리고 후궁으로 강등된 희빈 장씨 등이 왕비로 복위되지 못하고 영원히 폐비로 남게 되었다. 폐비가 되어 복위되지 못한 4명의 신주 중 희빈 장씨의 신주만 칠궁에 모셔져 있다.

종묘에는 본래의 건물 정전正殿과 별도의 사당 영녕전永寧殿을 비롯하여 여러 부속건물이 있다. 태조 이성계가 1394년(태조 3년)에 한양으로 도읍을 옮기면서 짓기 시작하여 그 이듬해에 완성되었다. 태조는 4대 조상을 창업 왕으로 추존하여 정전에 모셨다. 그 후 세종 때 정종이 죽자 모셔둘 정전이 없어 중국 송나라 제도를 따라 1421년(세종 3년)에 영녕전을 세워 4대 추존 왕의 신주를 옮겨다 모셨다. 그런데 1592년(선조 25년), 임진왜란으로 종묘의 정전이 경복궁과 함께 불에 타버렸다. 그 후 1608년(광해군 원년), 광해군 때 다시 지어 몇 차례 보수를 통해 현재 19칸의 건물이 되었다. 광해군은 아마 자신도 죽으면 종묘에 당연히 신주가 봉안되리라 믿고 불타버린 종묘를 정성을 다해 재건하였을 것이다. 하지만 그는 폐위되어 안타깝게도 종묘에 신주가 모셔지지 못했다.

"신주단지 모시듯 한다"는 말의 의미를 증명이라도 하듯 선조는 임진왜란 때 한양을 버리고 의주로 피난을 떠나는 극단적인 상황에서도 종묘에 모셔져 있는 신주와 함께하였다. 그때 신주를 그대로 놓고 피난을 갔으면 그 신주들 역시 모두 불타버렸을 것이다. 선조가 한 일 중에 신주단지를 잘 모신 일이 그래도 가장 잘한 일이 아닌가 싶다.

종묘의 정전에는 19명의 왕과 30명의 왕후 신주가 모셔져 있다. 정전뿐 아니라 영녕전도 임진왜란 때 불에 타 1608년(광해군 원년)에 다시 지었다. 그곳에는 현재 16칸에 15명의 왕과 17명의 왕후, 그리고 조선의 마지막 황태자인 의민황태자(영친왕) 부부의 신주가 모셔져 있다. 계산해보니 정전에 49분의 신주가 모셔져 있고, 영녕전에 34분의 신주가 모셔져 있다. 정전 앞에 세워져 있는 공신당功臣堂에는 조선시대 83명의 공신들 신주를 모셔놓았다. 우연의 일치일까? 종묘에 83명의 왕과 왕비들의 신주가 모셔져 있고, 공신당에 83명의 공신들 신주가 모셔져 있다.

종묘의 정전과 영녕전 및 주변 환경이 원형 그대로 보존되어 있어 1995년 유네스코에서 제정한 '세계유산'으로 등재되었다. 한편 중요무형문화재인 종묘제례와 종묘제례악은 2001년 '인류 구전 및 무형유산걸작'으로 등재되었다.

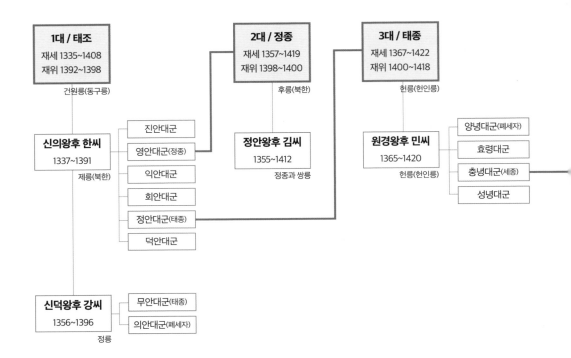

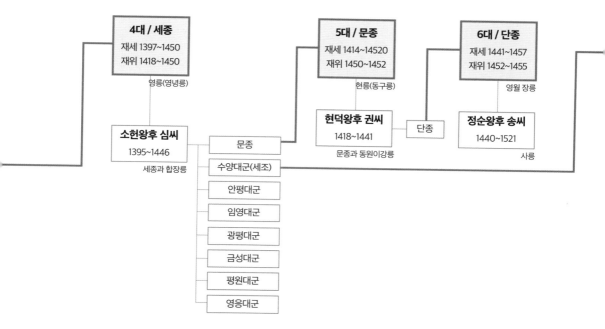

4대 / 세종 재세 1397~1450 재위 1418~1450 영릉(영녕릉)	

소헌왕후 심씨 1395~1446 세종과 합장릉	문종
	수양대군(세조)
	안평대군
	임영대군
	광평대군
	금성대군
	평원대군
	영응대군

5대 / 문종
재세 1414~14520
재위 1450~1452
현릉(동구릉)

현덕왕후 권씨
1418~1441
문종과 동원이강릉 — 단종

6대 / 단종
재세 1441~1457
재위 1452~1455
영월 장릉

정순왕후 송씨
1440~1521
사릉

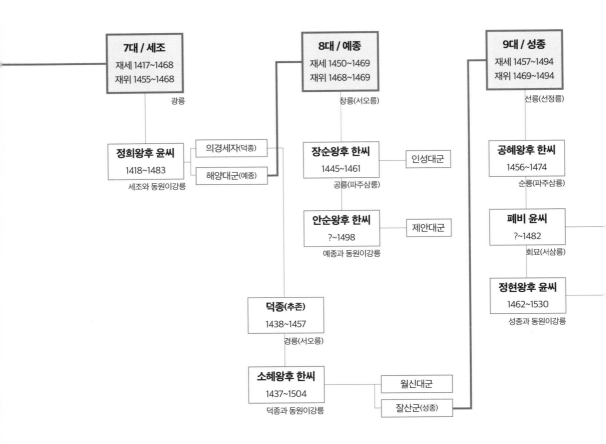

7대 / 세조
재세 1417~1468
재위 1455~1468
광릉

정희왕후 윤씨
1418~1483
세조와 동원이강릉

의경세자(덕종)
해양대군(예종)

8대 / 예종
재세 1450~1469
재위 1468~1469
창릉(서오릉)

장순왕후 한씨
1445~1461
공릉(파주삼릉)

인성대군

안순왕후 한씨
?~1498
예종과 동원이강릉

제안대군

덕종(추존)
1438~1457
경릉(서오릉)

소혜왕후 한씨
1437~1504
덕종과 동원이강릉

월신대군
잘산군(성종)

9대 / 성종
재세 1457~1494
재위 1469~1494
선릉(선정릉)

공혜왕후 한씨
1456~1474
순릉(파주삼릉)

폐비 윤씨
?~1482
회묘(서삼릉)

정현왕후 윤씨
1462~1530
성종과 동원이강릉

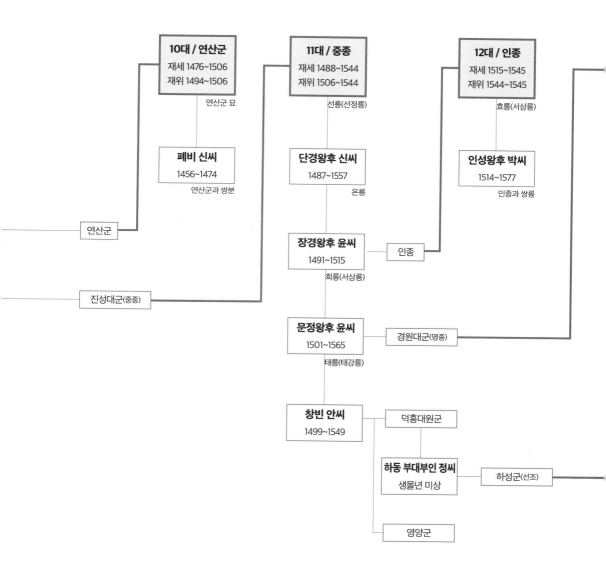

10대 / 연산군
재세 1476~1506
재위 1494~1506

연산군 묘

11대 / 중종
재세 1488~1544
재위 1506~1544

선릉(선정릉)

12대 / 인종
재세 1515~1545
재위 1544~1545

효릉(서삼릉)

폐비 신씨
1456~1474

연산군과 쌍분

단경왕후 신씨
1487~1557

온릉

인성왕후 박씨
1514~1577

인종과 쌍릉

연산군

장경왕후 윤씨
1491~1515

희릉(서삼릉)

인종

진성대군(중종)

문정왕후 윤씨
1501~1565

태릉(태강릉)

경원대군(명종)

창빈 안씨
1499~1549

덕흥대원군

하동 부대부인 정씨
생몰년 미상

하성군(선조)

영양군

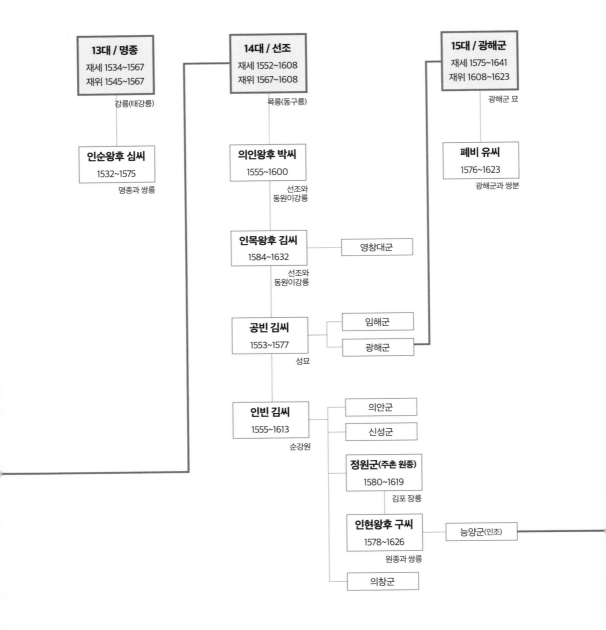

16대 / 인조
재세 1595~1649
재위 1623~1649
파주 장릉

인열왕후 한씨
1594~1635
인조와 합장릉

소현세자

봉림대군(효종)

인평대군

용성대군

장렬왕후 조씨
1624~1688
휘릉(동구릉)

17대 / 효종
재세 1619~1659
재위 1649~1659
영릉(영녕릉)

인선왕후 장씨
1618~1674
효종과 동원상하릉

현종

18대 / 현종
재세 1641~1674
재위 1659~1674
숭릉(동구릉)

명성왕후 김씨
1618~1674
현종과 쌍릉

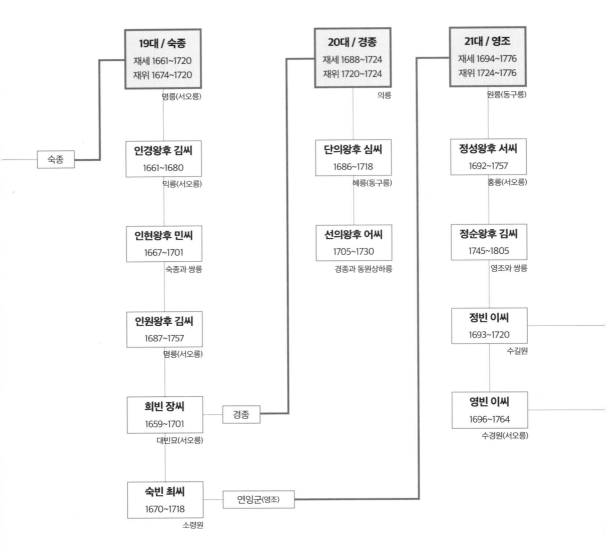

19대 / 숙종 재세 1661~1720 재위 1674~1720 명릉(서오릉)	**20대 / 경종** 재세 1688~1724 재위 1720~1724 의릉	**21대 / 영조** 재세 1694~1776 재위 1724~1776 원릉(동구릉)

숙종

인경왕후 김씨
1661~1680
익릉(서오릉)

단의왕후 심씨
1686~1718
혜릉(동구릉)

정성왕후 서씨
1692~1757
홍릉(서오릉)

인현왕후 민씨
1667~1701
숙종과 쌍릉

선의왕후 어씨
1705~1730
경종과 동원상하릉

정순왕후 김씨
1745~1805
영조와 쌍릉

인원왕후 김씨
1687~1757
명릉(서오릉)

정빈 이씨
1693~1720
수길원

희빈 장씨
1659~1701
대빈묘(서오릉)

경종

영빈 이씨
1696~1764
수경원(서오릉)

숙빈 최씨
1670~1718
소령원

연잉군(영조)

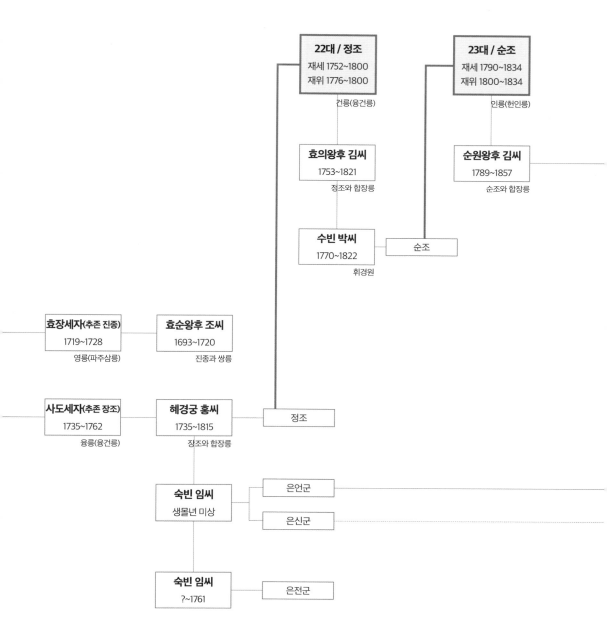

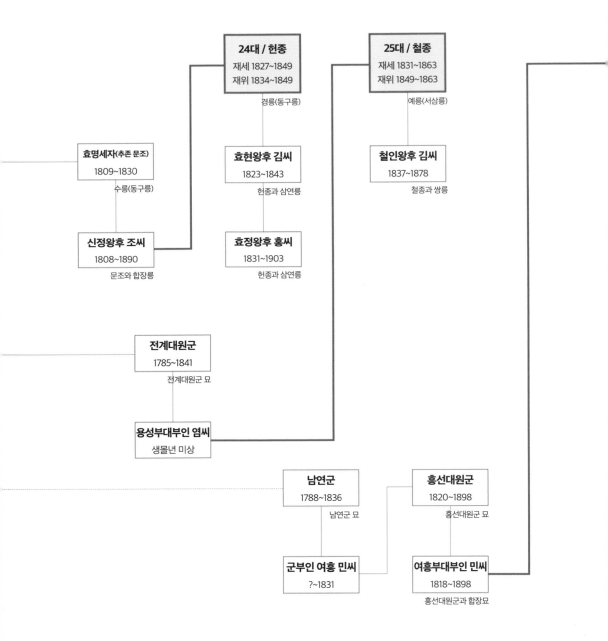

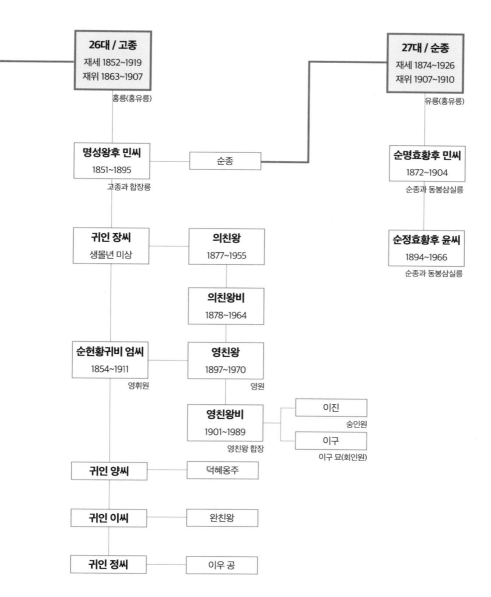

부록 2 조선 왕릉 42기

조선시대 왕족의 무덤은 능·원·묘로 구분했다. 왕과 왕비의 무덤을 '능', 왕세손, 세자와 세자빈 및 왕비가 되지 못한 왕을 낳은 후궁들의 무덤을 '원'이라 했다. 또 폐위된 왕과 왕비를 포함한 왕을 낳은 대원군부부 외 왕족의 무덤은 일반인과 같이 '묘'라 했다. 조선왕실의 무덤은 120기가 남아 있다. 그 중 왕릉이 42기, 원이 14기, 묘가 64기다. 조선 왕릉은 『국조오례의』와 『경국대전』에 근거하여 조성했다. 왕과 왕비를 하나의 봉분에 합장한 형태를 기본으로 했으나 능의 형식은 다양하다. 아래 표에서도 볼 수 있듯이 왕릉은 합장릉을 비롯하여 단릉, 쌍릉, 동원이강릉, 동원상하릉, 삼연릉 등 다양한 형식으로 조성되어 있다.

구분	왕·왕후	능호	주소	형식	사적
1	태조	건원릉	경기도 구리시 동구릉로 197 (인창동)	단릉	193호
	원비 신의왕후 한씨	제릉	개성시 판문군 상도리(북한)	단릉	
	계비 신덕왕후 강씨	정릉	서울특별시 성북구 아리랑로19길 116(정릉동)	단릉	208호
2	정종·정안왕후 김씨	후릉	개성시 판문군 령정리(북한)	쌍릉	
3	태종·원경왕후 민씨	헌릉	서울특별시 서초구 헌인릉길 34(내곡동)	쌍릉	194호
4	세종·소헌왕후 심씨	영릉	경기도 여주시 능서면 영릉로 269-50(번도리)	합장릉	195호
5	문종·현덕왕후 권씨	현릉	경기도 구리시 동구릉로 197 (인창동)	동원이강릉	193호

구분	왕·왕후	능호	주소	형식	사적
6	단종	장릉	강원도 영월군 영월읍 단종로 190(영흥리)	단릉	196호
	정순왕후 송씨	사릉	경기도 남양주시 진건읍 사릉로 180(사능리)	단릉	209호
7	세조·정희왕후 윤씨	광릉	경기도 남양주시 광릉수목원로 354(진접읍, 광릉)	동원이 강릉	197호
추존	덕종·소혜왕후 한씨	경릉	경기도 고양시 덕양구 용두동 475-92번지(서오릉)	동원이 강릉	198호
8	예종·계비 안순왕후 한씨	창릉	경기도 고양시 덕양구 용두동 475-92번지(서오릉)	동원이 강릉	198호
	원비 장순왕후 한씨	공릉	경기도 파주시 조리읍 봉일천리 산15-1(파주 삼릉)	단릉	205호
9	성종·계비 정현왕후 윤씨	선릉	서울특별시 강남구 선릉로100길 1(삼성동)	동원이 강릉	199호
	원비 공혜왕후 한씨	순릉	경기 파주시 조리읍 삼릉로 89(봉일천리)	단릉	205호
10	연산군·폐비 신씨	연산군 묘	서울특별시 도봉구 방학로 17길 46(방학동)	쌍분	363호
11	중종	정릉	서울특별시 강남구 선릉로100길 1(삼성동)	단릉	199호
	원비 단경왕후 신씨	온릉	경기도 양주시 장흥면 호국로 255-41(일영리)	단릉	210호
	제1계비 장경왕후 윤씨	희릉	경기도 고양시 덕양구 서삼릉길 233-126(원당동)	단릉	200호
	제2계비 문정왕후 윤씨	태릉	서울특별시 노원구 화랑로 681 (공릉동)	단릉	201호
12	인종·인성왕후 박씨	효릉	경기도 고양시 덕양구 서삼릉길 233-126(원당동)	쌍릉	200호
13	명종·인순왕후 심씨	강릉	서울특별시 노원구 화랑로 681 (공릉동)	쌍릉	201호
14	선조·원비 의안왕후 박씨·계비 인목왕후 김씨	목릉	경기도 구리시 동구릉로 197 (인창동)	동원이 강릉	193호
15	광해군·폐비 류씨	광해군 묘	경기도 남양주시 진건읍 사릉로 264번길 140-66	쌍분	363호
추존	원종·인헌왕후 구씨	장릉	경기도 김포시 장릉로 79(풍무동)	쌍릉	202호
16	인조·인열왕후 한씨	장릉	경기도 파주시 탄현면 장릉로 90	합장릉	203호
	계비 장렬왕후 조씨	휘릉	경기도 구리시 동구릉로 197 (인창동)	단릉	193호

구분	왕·왕후	능호	주 소	형식	사적
17	효종·인선왕후 장씨	영릉	경기도 여주시 능서면 영릉로 269-50(번도리)	쌍릉	195호
18	현종·명성왕후 김씨	숭릉	경기도 구리시 동구릉로 197 (인창동)	쌍릉	193호
19	숙종·제1계비 인현왕후 민씨·제2계비 인원왕후 김씨	명릉	경기도 고양시 덕양구 용두동 475-92번지(서오릉)	동원이 강릉	198호
	원비 인경왕후 김씨	익릉	경기도 고양시 덕양구 용두동 475-92번지(서오릉)	단릉	198호
20	경종·계비 선의왕후 어씨	의릉	서울특별시 성북구 화랑로32길 146-20(석관동)	쌍릉	204호
	원비 단의왕후 심씨	혜릉	경기도 구리시 동구릉로 197 (인창동)	단릉	
21	영조·계비 정순왕후 김씨	원릉	경기도 구리시 동구릉로 197 (인창동)	쌍릉	193호
추존	원비 정성왕후 서씨	홍릉	경기도 고양시 덕양구 용두동 475-92번지(서오릉)	단릉	198호
추존	진종·효순왕후 조씨	영릉	경기도 파주시 조리읍 삼릉로 89 (봉일천리)	쌍릉	205호
추존	장조·헌경왕후 홍씨	융릉	경기도 화성시 효행로 481번길 21(안녕동)	합장릉	206호
22	정조·효의왕후 김씨	건릉	경기도 화성시 효행로 481번길 21(안녕동)	합장릉	206호
23	순조·순원왕후 김씨	인릉	서울특별시 서초구 헌인릉길 34 (내곡동)	합장릉	194호
추존	문조·신정왕후 조씨	수릉	경기도 구리시 동구릉로 197 (인창동)	합장릉	193호
24	헌종·원비 효현왕후 김씨 ·계비 효정왕후 홍씨	경릉	경기도 구리시 동구릉로 197 (인창동)	삼연릉	193호
25	철종·철인왕후 김씨	예릉	경기도 고양시 덕양구 서삼릉길 233-126(원당동)	쌍릉	200호
26	고종, 명성황후 민씨	홍릉	경기도 남양주시 홍유릉로 352-1(금곡동)	합장릉	207호
27	순종·원비 순명황후 민씨 ·계비 순정황후 윤씨	유릉	경기도 남양주시 홍유릉로 352-1(금곡동)	합장릉	207호

	원호	존호	소재지	사적	비고
1	순창원 順昌園	순회세자 공회빈 윤씨	경기도 고양시 덕양구 서오릉로 334-32	198호	제13대 명종 적장자 부부
2	순강원 順康園	인빈 김씨 (제14대 선조의 후궁)	경기 남양주시 진접읍 내각2로 184-31 외 (내각리)	356호	추존 왕 원종의 생모
3	소경원 紹慶園	소현세자	경기도 고양시 덕양구 서삼릉길 233-126	200호	제16대 인조의 적장자
4	영회원 永懷園	민회빈 강씨 (소현세자빈)	경기도 광명시 범안로 740-79	357호	소현세자의 부인
5	소령원 昭寧園	숙빈 최씨 (제19대 숙종의 후궁)	경기도 파주시 광탄면 소령원길 41-65	358호	제21대 영조의 생모
6	수길원 綏吉園	정빈 이씨 (제21대 영조의 후궁)	경기도 파주시 광탄면 소령원길 41-65	359호	추존 왕 진종(효장세자)의 생모
7	수경원 綏慶園	영빈 이씨 (제21대 영조의 후궁)	경기도 고양시 덕양구 서오릉로 334-32	198호	추존 왕 장조(사도세자)의 생모
8	의령원 懿寧園	의소세손	경기도 고양시 덕양구 서삼릉길 233-126(원당동)	200호	추존 왕 장조(사도세자)의 적장자
9	효창원 孝昌園	문효세자	경기도 고양시 덕양구 서삼릉길 233-126(원당동)	200호	제22대 정조의 서자
10	휘경원 徽慶園	수빈 박씨 (제22대 정조의 후궁)	경기도 남양주시 진접읍 부평리 267 외	360호	제23대 순조의 생모
11	영휘원 永徽園	순헌황귀비 엄씨 (제26대 고종의 후궁)	서울특별시 동대문구 홍릉로 90 (청량리동)	361호	영친왕(의민황태자)의 생모
12	영원 英園	영친왕(의민황태자) 영친왕비(이방자)	경기도 남양주시 홍유릉로 352-1 (금곡동)	207호	제26대 고종의 서자 부부
13	숭인원 崇仁園	이 진(황세손)	서울특별시 동대문구 홍릉로 90 (청량리동)	361호	영친왕(의민황태자)의 장남
14	회인원 懷仁園	이 구(황세손)	경기도 남양주시 홍유릉로 352-1 (금곡동)	207호	영친왕(의민황태자)의 차남

부록4 대원군 묘 3기

	존호	관계	소재지	사적	비고
1	덕흥대원군 이 초	제11대 중종의 서자로 제14대 선조의 생부	경기도 남양주시 별내면 덕송리 산5-13번지	경기도 기념물 제55호	덕흥대원군과 하동부대부인 정씨의 쌍묘
2	전계대원군 이 광	은언군(사도세자의 서자)의 서자로 제25대 철종의 생부	경기도 포천군 포천시 선단동 산11번지	포천시 향토유적지 제1호	전계대원군과 정실 완양부대부인 최씨의 합장묘와 철종의 생모인 용성부대부인 염씨의 단묘
3	흥선대원군 이하응	남연군(사도세자의 서자인 은신군의 양자)의 아들로 제26대 고종의 생부	경기도 남양주시 화도읍 폭포로 384	경기도 기념물 제48호	흥선대원군과 여흥부대부인 민씨의 합장묘

부록5 태조의 4대조 왕릉 4기

구분	추존 왕·왕후	능호	소재지	형식	관계
1	목조	덕릉	함경남도 신흥군 가평면 능리	동원상하릉	고조부
	효공왕후	안릉	함경북도 경흥에서 1410년(태종 10년) 천장함		고조모
2	익조	지릉	함경남도 안변군 서곡면 능리	단릉	증조부
	정숙왕후 최씨	숙릉	함경남도 문천군 문천면 능전리	단릉	증조모
3	도조	의릉	함경남도 흥남시 운남면 운흥리	단릉	조부
	경순왕후 박씨	순릉	함경남도 흥남시 마전리	단릉	조모
4	환조	정릉	함경남도 함흥시 귀주동	동원상하릉	부
	의혜왕후 최씨	화릉			모

부록6 조선 왕릉 상설도

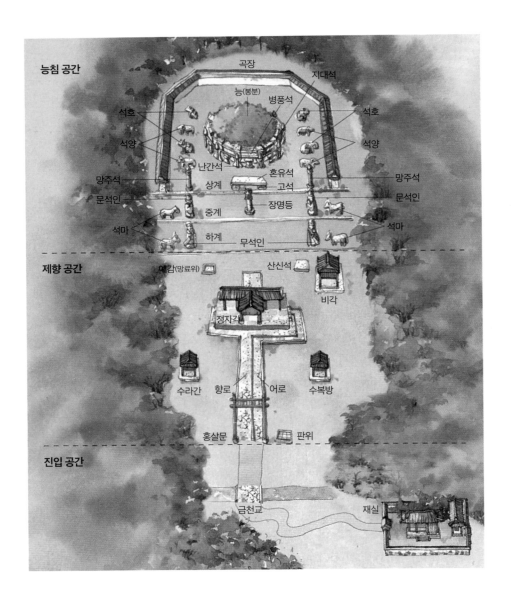

능침 공간

곡장
지대석
능(봉분)
병풍석
석호
석호
석양
석양
난간석
혼유석
망주석
상계
고석
망주석
문석인
문석인
중계
장명등
석마
하계
무석인
석마

제향 공간

예감(망료위)
산신석
비각
정자각
수라간
향로
어로
수복방
홍살문
판위

진입 공간

금천교
재실

- 곡장曲墻: 봉분을 보호하기 위하여 봉분의 동, 서, 북 삼면에 둘러놓은 담장
- 능침陵寢: 능 주인이 잠들어 있는 곳. 능상陵上이라고도 한다.
- 병풍석屏風石: 봉분을 보호하기 위해 봉분 밑부분에 둘러 세운 열두 돌. 병풍석에는 12방위를 나타내는 십이지신상을 해당 방위에 맞게 양각하였는데, 모든 방위에서 침범하는 부정과 잡귀를 몰아내기 위하여 새겼다. 둘레돌, 호석護石이라고도 한다.
- 지대석址臺石: 병풍석의 면석을 받쳐놓은 기초가 되는 돌
- 난간석欄干石: 봉분을 둘러싼 울타리 돌
- 상계上階: 능침과 혼유석, 석양, 석호, 망주석, 곡장이 있는 가장 위의 단으로 초계라고도 한다.
- 중계中階: 문석인과 석마가 있는 중간단
- 하계下階: 무석인과 석마가 있는 아랫단
- 석양石羊: 죽은 이의 명복을 빌며 땅속의 사악한 것을 물리친다는 뜻으로 설치했다.
- 석호石虎: 석양과 함께 능침을 수호하는 호랑이 모양의 수호신. 밖을 지켜보는 형태로 설치했다.
- 망주석望柱石: 봉분 좌우에 각 1주씩 세우는 기둥. 혼령이 봉분을 찾는 표지 구실을 한다는 설과 음양의 조화, 풍수적 기능을 한다는 설 등 기능에 대해 여러 주장이 있다.
- 혼유석魂遊石: 일반인의 묘에는 상석이라 하여 제물을 차려놓지만, 왕릉은 정자각에서 제를 올리므로 혼령이 앉아 쉬는 곳이다.
- 고석鼓石: 북 모양을 닮은 혼유석의 받침돌. 사악한 것을 경계하는 의미로 귀면鬼面을 새겨놓았다.
- 장명등長明燈: 왕릉의 장생발복長生發福을 기원하는 등
- 문석인文石人: 장명등 좌우에 있으며, 두 손으로 홀을 쥐고 서 있다.
- 무석인武石人: 문석인 아래에서 왕을 호위하고 있으며, 두 손으로 장검을 짚고 위엄 있는 자세로 서 있다.
- 석마石馬: 문석인과 무석인은 각각 석마를 데리고 있다.
- 예감瘞坎: 제향 후 축문을 태우는 곳으로 석함, 망료위望燎位라고도 한다. 정자각 뒤 왼쪽에 있다.
- 산신석山神石: 장사 후 3년 동안 후토신(땅을 관장하는 신)에게 제사를 지내는 곳으로 정자각 뒤 오른쪽에 있다. 보통 예감과 마주 보는 곳에 자리하고 있다.
- 정자각丁字閣: 제향을 올리는 곳으로 정丁자 모양으로 지은 집. 정자각에 오를 때는 동쪽으로 오르고 내려올 때는 서쪽으로 내려오는데 이를 일러 동입서출東入西出이라 한다.
- 비각碑閣: 비석이나 신도비를 세워둔 곳. 신도비神道碑는 능 주인의 업적을 기록한 비석을 말한다.
- 향로香路와 어로御路: 홍살문에서 정자각까지 이어진 길. 박석을 깔아놓았으며 왼쪽의 약간 높은 길은

제향때 축문을 들고 가는 길이라 하여 향로라 하고, 오른쪽의 약간 낮은 길은 임금이 다니는 길이라 하여 어로라고 한다.

- 수복방守僕房: 능을 지키는 수복이 지내던 곳으로 정자각 오른쪽 앞에 있다.
- 수라간水剌間: 제향 때 음식을 준비하는 곳으로 정자각 왼쪽 앞에 있다.
- 배위拜位: 홍살문 옆 한 평 정도의 땅에 돌을 깔아놓은 곳으로 왕이나 제관이 절을 하는 곳이다. 판위板位, 어배석御拜石, 망릉위望陵位라고도 한다.
- 홍살문紅箭門: 신성한 지역임을 알리는 문. 붉은 칠을 한 둥근 기둥 2개를 세우고 위에는 살을 박아놓았다. 홍문紅門 또는 홍전문紅箭門이라고도 한다.

참고문헌

『조선왕조실록』 국사편찬위원회

『우리궁궐이야기』 홍순민, 청년사

『한양읽기 궁궐』 홍순민, ㈜ 눌와

『五宮과 都城』 공준원, 세계문예

『5궁과 도성』 공준원, 생각나눔

『五大古宮』 윤종순, 성민출판사

『설민석의 조선왕조실록』 설민석, 세계사

『한권으로 읽는 조선왕조실록』 박영규, 들녘

『왕릉』 한국문원편집실, 한국문원

『왕의 상징 어보』 국립고궁박물관

『종횡무진 한국사 상, 하』 남경태, 도서출판 그린비

『매천야록』 황현, 문학과지성사

『연려실기술』 이긍익 공편, 민족문화추진회

『자해필담』 김시양

『조선선비 살해사건』 이덕일, 다산초당

『여기자가 파헤친 조선 왕릉의 비밀』 한성희, 솔
　　지미디어

『조선의 선비』 이준구·강호성, 스타북스

『신들의 정원 조선 왕릉』 이정근, 책보세

『한국민족문화대백과사전』 한국학중앙연구원

『한국고전용어사전』 세종대왕기념사업회

『브리태니커 세계대백과사전』 브리태니커·동아
　　일보 공동출판, 한국브리태니커회사

『두산백과』 동아출판

『문화원형백과』 한국콘텐츠진흥원

『추존 왕 장조의 고백』 이덕일, 휴머니스트

『여인열전』 이덕일, 김영사

『조선왕 독살사건』 이덕일, 다산초당

『한중록』 혜경궁홍씨, 마당미디어

『조선 사람들의 개성여행』 채수 외, 지만지

『조선왕비 오백년사』 윤정란, 이가출판사

『왕을 낳은 후궁들』 최선경, 김영사

『145년 만의 귀환, 외규장각 의궤』 이수미 외, 국립
　　중앙박물관

『고궁의 보물』 장경희, 국립고궁박물관

「조선왕계도」 국립고궁박물관

「조선 왕릉 답사수첩」 문화재청

『조선 왕릉 실록』 이규원, 글로세움

『조선 왕을 말하다』 ① 이덕일, 역사의 아침

『조선 왕을 말하다』 ② 이덕일, 역사의 아침

『역사에게 길을 묻다』 이덕일, 이학사

『왕이 못 된 세자들』 함규진, 김영사

『왕릉풍수와 조선의 역사』 장영훈, 대원미디어

『조선의 왕비』 윤정란, 차림

『국립고궁박물관 길잡이』 국립고궁박물관

『사치하는 자는 장 100대에 처하라』 책으로 보는
　　TV 조선왕조실록 ①KBS 〈TV 조선왕조실록〉
　　제작팀, 가람기획

『전하! 뜻을 거두어 주소서』 책으로 보는TV 조선
　　왕조실록 ②KBS 〈TV조선왕조실록〉 제작팀,
　　가람기획

『조선의 성리학과 실학』 윤사순, 삼인

『단종애사』 이광수, 우신사

『계축일기』 이혜숙, 창비

『인현왕후전』 우응순 주해, 마당미디어

『요화 장희빈』 2 이준범, 민예사

『궁궐에 핀 비밀의 꽃 궁녀』 신명호, 시공사

『명성황후-최후의 새벽』 쓰노다 후사코, 조선일
　　　보사

『역사저널 그날』 KBS 역사저널 그날 제작팀,
　　　민음사

『한국향토문화전자대전』 한국학중앙연구원

『조선을 뒤흔든 16인의 왕후들』 이수광, 다산북스

『왕에게 가다』 문화재청, 조선 왕릉관리소

『하멜표류기』 H.하멜, 신복룡 역주, 집문당

『조선전』 뒤 알드, 신복룡 역주, 집문당

『조선 서해 탐사기』 B. 홀 지음, 신복룡·정성자
　　　역주, 집문당

『조선의 숨겨진 왕가이야기』 이순자, 평단

『조선의 왕비와 후궁』 고궁박물관

『의유당관북유람일기』 류준경, 신구문화사

『조선의 왕비와 후궁』 고궁박물관

『왕으로 산다는 것』 신병주, 매경출판

『왕비로 산다는 것』 신병주, 매일경제신문사